चित्रलेखा का महत्त्व

चित्रलेखा का महत्त्व

सम्पादक
मधुरेश

लोकभारती प्रकाशन
पहली मंजिल, दरबारी बिल्डिंग, महात्मा गाँधी मार्ग, इलाहाबाद-1

लोकभारती प्रकाशन
पहली मंजिल, दरबारी बिल्डिंग, महात्मा गाँधी मार्ग
इलाहाबाद-211 001
वेबसाइट : www.lokbhartiprakashan.com
ईमेल : info@lokbhartiprakashan.com
शाखाएँ : 1-बी, नेताजी सुभाष मार्ग, दरियागंज
नयी दिल्ली-110 002
अशोक राजपथ, साइंस कॉलेज के सामने
पटना-800 006 (बिहार)
36-ए, शेक्सपियर सरणी
कोलकाता-700 017

मूल्य : ₹ 395

संस्करण : 2014

इण्डियन प्रेस प्रा. लि.
इलाहाबाद द्वारा मुद्रित

CHITRALEKHA KA MAHATVA
by Madhuresh

ISBN : 978-81-8031-931-0

स्मृति-शेष डॉ. शिवकुमार मिश्र
के लिए सादर

अनुक्रम

———

भूमिका

भगवतीचरण वर्मा (1903-1981) छायावादोत्तर हिन्दी कविता की उस कवित्रयी के एक घटक थे जो सन् '37 में जयशंकर प्रसाद के आकस्मिक निधन के बावजूद छायावादी कवियों के जीवन-काल में ही हिन्दी काव्य-मंच पर स्थापित होने के लिए संघर्ष कर रही थी। इस त्रयी के अन्य दो कवि दिनकर और बच्चन थे। अपने कवि-कर्म के साथ इन कवियों ने किसी-न-किसी स्तर पर गद्य के क्षेत्र में भी अपना अप्रतिम योगदान दिया। बहुधा यह तय कर पाना भी कठिन लगता है कि वे कवि के रूप में अधिक बड़े और समर्थ हैं या गद्यकार के रूप में।

अपने आरम्भिक उपन्यास 'पतन' के बाद भगवती बाबू का दूसरा उपन्यास 'चित्रलेखा' सन् 1934 में प्रकाशित हुआ। उसके प्रकाशन के बाद से ही उसकी मौलिकता को लेकर सवाल उठाये जाते रहे हैं। भगवतीचरण वर्मा ने उसके प्रेरणास्रोतों को कभी छिपाने का प्रयास भी नहीं किया। पचास के दशक में ख़ासतौर से बाज़ार की साप्ताहिक छुट्टी के दिन शहर की दुकानों में की पटरी पर किताबें बेचनेवाले किसी विक्रेता से ली गयी किताब की याद मुझे अभी भी है। वह किताब थी 'बापू के तीन हत्यारे' और लेखक के रूप में उस पर तब पर्याप्त अटपटा-सा लगनेवाला नाम 'बिज्जी' अंकित था। यह वही बिज्जी थे जो बाद में राजस्थानी लोककथाओं के अद्भुत सर्जक के रूप में विजय दान देथा के नाम से विख्यात हुए। पुस्तक में बच्चन, पन्त और नरेन्द्र शर्मा को बापू का वास्तविक हत्यारा सिद्ध किया गया था जिन्होंने बापू कि हत्या पर तब भी बाज़ार को ध्यान में रखकर इतनी घटिया कविताएँ लिखी थीं। लेखक का कहना था कि नाथूराम गोडसे ने तो सिर्फ़ बापू के पार्थिव शरीर की हत्या की है, उनके वास्तविक हत्यारे ये कवि हैं जिन्होंने उनकी आत्मा की हत्या की है। बिज्जी ने अपनी पुस्तक में आगे लिखे जानेवाले कुछ लेखों की एक लम्बी सूची भी दी थी, जिसमें शायद सोलह शीर्षक थे। उनमें के दो शीर्षक अभी भी याद हैं। 'अछूत निराला' और 'चित्रलेखा या चित्रलेख?' 'चित्रलेखा' से सम्बन्धित आलेख में, लगता है उनका आशय शायद अनातोले फ्रांस के 'थायस' के प्रभाव की चर्चा ही उनका अभीष्ट रहा होगा। फिर पता नहीं चला कि वे लेख कभी लिखे गये या नहीं।

अपने उपन्यास की संक्षिप्त भूमिका में भगवतीचरण वर्मा ने भी 'थायस' के प्रभाव का उल्लेख किया है। लेकिन अपने और अनातोले फ्रांस के बीच या 'थायस' और 'चित्रलेखा' के बीच अन्तर का आग्रह भी उस भूमिका में स्पष्ट है। दो भिन्न देशों, सभ्यताओं और दार्शनिक-सांस्कृतिक परम्पराओंवाले देशों के लेखकों और उनकी कृतियों में ऐसा कोई अन्तर न होना ही अस्वाभाविक होता।

अपने प्रकाशन के लगभग तत्काल बाद से ही 'चित्रलेखा' किसी-न-किसी रूप में चर्चा और विवादों में रही है। लेकिन उसका ख़ुमार आज भी बना है। केदार शर्मा ने लम्बे अन्तराल के बीच, उस पर दो बार फ़िल्म बनायी। अंग्रेज़ी सहित तथा अन्य अनेक भारतीय भाषाओं

में उसका अनुवाद हुआ। काव्य और उपन्यास के क्षेत्र में भगवतीचरण वर्मा एक लम्बी कालावधि में सक्रिय रहे। लेकिन वे आज भी मुख्यतः 'चित्रलेखा' के लेखक के रूप में ही जाने जाते हैं। 'चित्रलेखा' आज भी पढ़ा और पढ़ाया जानेवाला उपन्यास है। प्रकाशन के अस्सी वर्ष बाद भी हिन्दी के कुछ श्रेष्ठ, उल्लेखनीय और पठनीय उपन्यासों में उसे निर्विवाद रूप से सम्मिलित किया जा सकता है।

जैसा कि प्रायः कोई नयी ज़मीन तोड़नेवाली हर रचना के साथ होता है, वह अपने साथ अनेक प्रश्नों और विवादों को भी लेकर आती है। 'चित्रलेखा' के साथ भी यह सच है। एक ओर यदि वैचारिक धरातल पर भगवतीचरण वर्मा और उनकी रचना का विरोध हुआ, वहीं कभी उनके स्त्री पात्रों, कभी बीजगुप्त के प्रेम-दर्शन और जीवन-पद्धति को आधार बनाकर लेखक पर अनेक सवाल उठाये गये। उसके दृष्टिकोण को पूर्वाग्रहग्रस्त भी घोषित किया गया। लेखक के नियतिवादी जीवन-दर्शन के प्रसंग में उसके पात्रों की निर्जीवित और असहायता का सवाल भी उठाया गया। रचनात्मक स्तर पर भी अनेक परवर्ती लेखकों ने 'चित्रलेखा' का प्रतिवाद किया। यशपाल का 'दिव्या' शायद इस प्रतिवाद का प्रस्थान बिन्दु था। रांगेय राघव ने 'टेढ़े-मेढ़े रास्ते' के उत्तर में 'सीधा-सादा रास्ता' लिखा। इस रचनात्मक प्रतिवाद का ही कदाचित् सबसे विस्फोटक उदाहरण आगरा के ही अनाम प्रायः वनकाम सुनील का 'सामन्त बीजगुप्त' था जो सन् 1955 में प्रकाशित हुआ।

इस लम्बी कालावधि में 'चित्रलेखा' से सम्बन्धित बहुत-सी सामग्री प्रकाशित होती रही है। लेकिन सामान्य पाठकों और साहित्य-रसिकों को उसे तलाशना और उस तक पहुँच पाना दुष्कर होता है। फिर उसकी उपलब्धता भी आज एक समस्या है। आज स्त्री-विमर्श और स्त्री-चिन्ता के दौर में अनेक लेखिकाओं ने अनेक पुरानी रचनाओं में स्त्री की उपस्थिति को आधार बनाकर उनका पुनर्मूल्यांकन किया है। इस प्रक्रिया में उन रचनाओं के अनेक नये आयाम उद्घाटित होना स्वाभाविक है।

किसी भी रचना पर विचार और मूल्यांकन की प्रक्रिया में पहला काम उस रचना को वस्तुपरकता के साथ देखना और समझना है। 'चित्रलेखा' को सम्पूर्णता में समझने के लिए यहाँ बहुत से ऐसे पक्षों पर लिखवाया गया है जिसके बिना उसका कोई भी मूल्यांकन अधूरा होगा। अनेक लेखिकाओं—मैत्रेयी पुष्पा, नमिता सिंह, लता शर्मा आदि ने स्त्री-दृष्टि से उसका मूल्यांकन किया है। मेरे अनुरोध पर प्रो. जवरीमल्ल पारख ने साहित्य और फ़िल्म के अन्तर्सम्बन्ध पर विचार करते हुए 'चित्रलेखा' के इस पक्ष पर लिखा है। पूर्व प्रकाशित सामग्री में भी बहुत-सी सामग्री ऐसी है जो अब दुर्लभ की कोटि में आ चुकी है, मेरे विशेष अनुरोध पर भाई शिवकुमार मिश्र इस पुस्तक के लिए 'चित्रलेखा के अस्सी वर्ष' लेख लिखनेवाले थे। उनके आकस्मिक निधन ने उसे नहीं होने दिया। उस अधूरी योजना की स्मृति में पुस्तक उन्हीं को समर्पित है। यहाँ जो सामग्री संकलित है उसके माध्यम से 'चित्रलेखा' को समूचे परिप्रेक्ष्य में अधिक पूर्णता से समझा जा सकेगा। ऐसा होने पर मुझे सन्तोष होगा और सुख मिलेगा। यही शायद इस आयोजन की सार्थकता भी होगी।

मधुरेश

21.4.2014

चित्रलेखा का महत्त्व

गुलाबराय

उपन्यास और नीति

वैसे तो उपन्यास और नीति का प्रश्न कला और नीति या आचार के व्यापक प्रश्न का ही अंग है, किन्तु उपन्यास के सम्बन्ध में यह प्रश्न कुछ उग्र रूप धारण कर लेता है। इसका कारण यह है कि अधिकांश लोग उपन्यास को मनोरंजन की वस्तु समझ लेते हैं। उनके लिए नीति की अपेक्षा मन को रमाने के गुण की अधिक खोज होती है, किन्तु उपन्यास अपने विकास में उस श्रेणी को पार कर चुका है जहाँ वह केवल कौतूहल की तृप्ति और मनोरंजन का साधन था। अब वह विचार के प्रचार में निबन्ध के निकट आता जा रहा है।

हमारे देश में तो साहित्य या काव्य को 'आह्लादैकमयी' और 'नियतिकृत नियम रहिता' कहा अवश्य है, और ये गुण उसमें किसी अंश में घटते भी हैं, किन्तु काव्य के प्रयोजनों में 'कान्ता-सम्मिततयोपदेशयुजे' अर्थात् कान्ता का-सा प्रेमपूर्ण उपदेश देना भी काव्य के प्रयोजनों में आता है। जो बातें काव्य के लिए व्यापक रूप से कही जाती हैं वे उपन्यास पर भी काव्य के अंग होने के कारण लागू होती हैं। प्रश्न यह होता है उपदेश और नीति के लिए हम नीति और धर्मशास्त्र के ग्रन्थ ही क्यों न पढ़ें, उपन्यास या काव्य क्यों पढ़ें? इसका उत्तर हमारे यहाँ के साहित्यशास्त्रियों ने इस प्रकार दिया है—वेदादि का उपदेश तो प्रभु के आदेश-सा होता है, उसमें विधि-निषेध की आज्ञा-मात्र रहती है। पुराणों का उपदेश सुहृद् का-सा होता है, उसमें ऊँच-नीच समझाकर बात को उदाहरण द्वारा पुष्ट किया जाता है, किन्तु काव्य का उपदेश स्त्री के उपदेश की भाँति प्रेम का आग्रह और हित-चिन्तन की भावना लेकर आता है। उपन्यास के द्वारा जो बातें कही जाती हैं वे सीधी उपदेश के रूप में नहीं वरन् एक सरस और हृदयग्राही ढंग से कही जाती हैं।

उपन्यास भी एक प्रकार से गद्य का प्रबन्ध-काव्य है। सीधा उपदेश तो प्रबन्ध-काव्य में भी ग्राह्य नहीं होता। वह तभी काव्य होता है जब प्रबन्ध के अन्तर्गत किसी उपयुक्त पात्र द्वारा, जैसे 'रामचरितमानस' में सती अनसूया द्वारा पातिव्रत धर्म का उपदेश दिलाया गया है, अभिव्यक्ति प्राप्त करता है। 'परीक्षा गुरु' आदि में नीति का उपदेश कुछ अधिक मात्रा में और प्रायः इसी ढंग से दिया गया है। उसने 'हितोपदेश' का ढंग अपनाया है, जिसमें बीच-बीच में उपदेशात्मक पद्यों का समावेश होता गया है। आजकल का उपन्यासकार गद्य की शक्तियों में अधिक विश्वास करता है और उपन्यास रंगमंच की भाँति विचारों के प्रचार का माध्यम बनता जाता है। हिन्दी-उपन्यास के माध्यम से गाँधीवाद (जैसे प्रेमचन्द और सियारामशरण के उपन्यासों में) और मार्क्सवाद (जैसे यशपाल, नागर और राहुल के उपन्यासों में) दोनों ही विचारधाराओं का प्रचार हुआ है। इन विचारों का प्रचार उपन्यास के उद्देश्य या जीवन-दर्शन के अन्तर्गत आता है।

यद्यपि गाँधीवादी विचारधारा समाज में प्रतिष्ठित नैतिक मानों के कुछ अधिक अनुकूल पड़ती है, फिर भी यह नहीं कहा जा सकता कि मार्क्सवादी विचारधारा नितान्त अनैतिक है। उद्देश्य तो उसका भी शोषितों का उद्धार है, जो सर्वथा नैतिक है; किन्तु वह साधनों की नैतिकता की परवाह नहीं करता है और न वह हिंसा-अहिंसा का ही इतना ध्यान रखता है।

नीति के व्यापक अर्थ में हमारे जीवन को आगे बढ़ानेवाली जितनी चीज़ें हैं वे सब उसके अन्तर्गत आती हैं। मालिक-नौकर, अधिकारी-अधिकृत, अवर्ण-सवर्ण, साहूकार और कर्ज़दार, पूँजीपति और मजदूर, पिता-पुत्र, पति-पत्नी तथा सास-बहू आदि के जितने सम्बन्ध हैं वे सब नीति के ही अन्तर्गत आते हैं और प्रेमचन्द, कौशिक एवं सुदर्शन आदि के उपन्यासों में इस मानवता-सम्बन्धी नीति का अच्छा उद्‌घाटन हुआ है।

नीति का एक संकुचित अर्थ भी है और उसमें अधिकांशतः यौन-सम्बन्ध आते हैं। लोकमत में नीति से मतलब प्रायः यौन-नीति से होता है। किसी वस्तु को नैतिक या अनैतिक कहने का आधार या तो शास्त्र होता है, या अन्तःकरण या लोकमत। आजकल शास्त्र की बात भी लोकमत में ही अभिव्यक्त हुआ करती है। अन्तःकरण का सम्बन्ध व्यक्ति से रहता है और समाज का सम्बन्ध अधिकांश में लोकमत से रहता है। लोकमत से यदि कोई वस्तु ऊपर आती है तो वह है बौद्धिक विवेचन। श्री भगवतीचरण वर्मा ने अपनी 'चित्रलेखा' में इसी का आश्रय लिया है। कुछ उपन्यासों में यथार्थवाद के नाम पर मनोविश्लेषण और कुछ में स्वतन्त्रता के नाम पर नीति की अवहेलना की गयी है।

उग्र, ऋषभचरण जैन और चतुरसेन शास्त्री आदि के उपन्यासों में वासना के नग्न रूप का चित्रण हुआ है। उनका मुक्त-कण्ठ से यही उद्‌घोष है कि वे चुनौती देते हैं कि कोई माई का लाल उनको झूठा प्रमाणित कर दे। यदि समाज बुरा है तो उसकी उपन्यासों में जो छाया पड़ेगी बुरी ही पड़ेगी। यह तो हम मानते हैं कि संसार सितासित तन्तुओं के ताने-बाने से बुना हुआ है, 'गुण दोषमय विश्व कीन्ह कर्तार'। लेकिन गुण और दोष, पाप और पुण्य का भी एक अनुपात होता है। यदि उपन्यासकार पाठकों की इन्द्रिय-लोलुप मनोवृत्ति की उत्तेजना और तुष्टि के लिए पाप-पक्ष को अतिरंजित करके दिखावे तो यह उसका ही उत्तरदायित्व है। मनुष्य भलाई की अपेक्षा बुराई को जल्दी ग्रहण करता है, क्योंकि उसको प्रलोभनों का एक काल्पनिक सुख मिलता है। पहले तो काल्पनिक सुख कल्पना में ही सीमित रहता है, किन्तु जब मनुष्य उस कल्पना को वास्तविकता में परिणत करने का प्रयत्न करता है तब या तो नैराश्य का सामना करना पड़ता है और मनुष्य मानसिक विकृतियों का शिकार बनता है या वह घर-फूँक तमाशा देखकर अभावों और दारिद्र्य का भागीदार बनता है। यथार्थवाद के नाम पर विलास और वासनामय जीवन के अतिरंजित चित्र अंकित किये जाते हैं। नारकीय जीवन को उभार में लाया जाता है और कल्पना के निर्बाध और निरावरण नृत्य के लिए निमन्त्रण दिया जाता है। तथाकथित यथार्थवादी उपन्यासकारों की दूसरी युक्ति यह है कि वे समाज को उन गहन गर्तों से बचाते हैं जिनमें कि लोग प्रायः पड़ जाते हैं। इसके बहाने वे वास्तव में उन गहन गर्तों और भीषण अन्धकारमय कन्दराओं का पथ प्रदर्शन कर देते हैं।

उपन्यासकारों का एक दूसरा वर्ग वह है कि जो लोक-प्रतिष्ठित आचार-सम्बन्धी विचारों की सापेक्षता दिखाकर उनकी निस्सारता व्यञ्जित करते हैं और सिद्धान्तियों का व्यावहारिक असंयम या उनकी दुर्बलता को दिखाकर इस व्यञ्जना को पुष्ट करते हैं। भगवतीचरण वर्मा की 'चित्रलेखा' इसी कोटि में आती है। लेखक परिस्थितियों के वात्याचक्र में डालकर सिद्धान्ती कुमारगिरि का पतन करा देता है। अपने सिद्धान्तों की अभिव्यक्ति वर्मा जी रत्नाम्बर जी महाराज द्वारा कराते हैं।... "जो कुछ मनुष्य करता है, वह उसके स्वभाव के अनुकूल होता

है, और स्वभाव प्राकृतिक है। मनुष्य अपना स्वामी नहीं, वह परिस्थितियों का दास है—विवश है। वह कर्त्ता नहीं है, केवल साधन है, फिर पुण्य और पाप कैसा?''

यह दृष्टिकोण एक प्रकार से मनुष्य के संकल्प-स्वातन्त्र्य (Freedom of the will) का विरोधी है। मनुष्य किसी अंश तक परिस्थितियों का दास अवश्य है, किन्तु उसकी मनुष्यता और पुरुषार्थ परिस्थितियों से ऊँचा उठाने में है। परिस्थितियों का शिकार बनते हुए भी किसी अंश में मनुष्य का सक्रिय सहयोग नहीं तो निष्क्रिय सहयोग अवश्य रहता है। इसी निष्क्रिय सहयोग के लिए मनुष्य उत्तरदायी ठहराया जाता है। मनुष्य प्रकृति के ऊपर जाता है... ''प्रकृतिरेषा भूतानां निवृत्तिस्तु महाफलाः।'' प्रकृति को गीता में बलवती कहा है, किन्तु मनुष्य का संकल्प उसको प्रकृति से ऊँचा उठाता रहा है। यही मनुष्य और पशु का भेद है, प्रकृति से ऊँचे उठने के प्रयत्न ही सभ्यता की श्रेणियाँ हैं।

वर्मा जी का यह विवेचन नितान्त निष्फल नहीं है। यह पापी के प्रति सहानुभूति उत्पन्न करने में सहायक होगा, किन्तु प्रकृति की सीमाएँ स्वीकार करनी होंगी। पतित के प्रति सहानुभूति करना धर्म है किन्तु प्रकृति का सहारा लेकर गिरना मानव-श्रेष्ठता का तिरस्कार है। मनोविश्लेषण के नाम पर नीति की अवहेलना करनेवालों में इलाचन्द्र जोशी, नरोत्तम नागर एवं वात्स्यायन प्रभृति मुख्य हैं।

मनोविश्लेषण भी परिस्थिति और प्रकृतिवाद का एक मनोवैज्ञानिक रूप है। इनके उपन्यासों से मनोविज्ञान के सिद्धान्त के उदाहरण तो उपस्थित कर दिये जाते हैं किन्तु कहीं-कहीं तो रीतिकाल की भाँति उदाहरण उदाहरण के लिए ही होते हैं। हर एक देश की परम्पराएँ और नैतिक मान्यताएँ अलग-अलग होती हैं। यूरोप द्वारा प्रतिपादित सिद्धान्त शुद्ध विज्ञान के सिद्धान्तों की भाँति मनुष्य-मात्र पर लागू नहीं होते। मानव-विज्ञानों में मनुष्य की स्वतन्त्रता का एक बड़ा अंश रहता है। इसलिए कार्य-कारण-शृंखला भी पूरी तौर से नहीं लग सकती। अभी फ्रायड के सिद्धान्तों को भारतीय जीवन की कसौटी पर कसने की आवश्यकता है तब उनका उपन्यास में उतारना वांछनीय होगा। अस्तु, उन सिद्धान्तों का प्रवृत्ति-मात्र का मूल्य हो सकता है किन्तु दुनिया के लोग पाप-प्रवृत्ति को ही सिद्धान्त मान बैठते हैं। हमारे नवीन उपन्यासों में उन्नयन (Sublimation) के मार्गों पर कम प्रकाश डाला गया है। फ्रायड भी अनैतिक नहीं है। उसने उन्नयन को माना है। मनोविश्लेषण-सम्बन्धी उपन्यास मनोवैज्ञानिक के सिद्धान्तों को उदाहृत तो करते ही हैं उनका नैतिक मूल्य भी होता है। (यद्यपि मैं श्री इलाचन्द्र जोशी से इस बात में सहमत नहीं हूँ कि मनोविश्लेषण अमृतधारा की भाँति सब समस्याओं का हल है।) जोशी जी के 'प्रेत और छाया' में एक नैतिक तथ्य है, वह यह कि यदि किसी में अपने जन्म आदि के सम्बन्ध में झूठी भी हीनता-ग्रन्थि उत्पन्न हो जाय तो कभी-कभी वह अपने नीच जन्म को सार्थक करने के लिए बड़े-बड़े नीचता के काम कर बैठता है। इसलिए हमको दूसरे में हीनता के भाव उत्पन्न करने में अत्यन्त सचेत रहना चाहिए। इसका नायक पारसनाथ ऐसी ही ग्रन्थि का शिकार हुआ है, किन्तु इसमें कहीं-कहीं पतन के चित्र अधिक वासनामय और आकर्षक हैं। 'मैं भूखा हूँ, तुम भी भूखी होगी' की व्यञ्जना विशेष परिस्थितियों के कारण स्पष्ट से भी अधिक स्पष्ट है।

श्री जैनेन्द्र जी ने तो अपनी 'सुनीता' में गाँधीवाद के एक चरम सीमावाले प्रयोग में सुनीता को निरावरण करा दिया है। इसका फल बुरा नहीं हुआ, किन्तु ऐसे अतिमानवीय उदाहरण संसार में मिलते ही कम हैं और उनके उज्ज्वल पक्ष की ओर सहज में निगाह भी नहीं जा सकती। जैनेन्द्र जी ने इसमें जो घर और बाहर का साम्य उपस्थित कराया है वह भी ठीक नहीं। हरिप्रसन्न भी श्रीकान्त का मित्र होने के कारण पूर्णतया 'पर' नहीं है। इसको 'स्व' और 'पर' का समझौता नहीं कह सकते। हरिप्रसन्न सुनीता के लिए 'पर' हो सकता है, किन्तु श्रीकान्त के नाते वह भी 'स्व' बन जाता है।

सामाजिक अत्याचार के उद्घाटन और कभी-कभी स्वतन्त्रता के नाम पर अश्लीलता को प्रश्रय दिया जाता है। ऐसे लोगों को बन्धनों के सामाजिक मूल्य पर भी ध्यान रखना चाहिए। मैं यह नहीं कहता कि सामाजिक बन्धन लचीले न बनाये जायँ, किन्तु वे केवल स्वतन्त्रता के प्रदर्शन के लिए तोड़े न जायँ। उपन्यास-लेखकों का उत्तरदायित्व महान् है। जहाँ उनका कर्त्तव्य है कि वे जीवन के शुक्ल और कृष्ण दोनों पक्षों का चित्रण करें, क्योंकि जीवन की पूर्णता दोनों में है, वहाँ उनका यह भी कर्त्तव्य हो जाता है कि कृष्ण-पक्ष की आकर्षक अतिरंजना न करें। दूसरी बात यह है कि यह मानते हुए भी कि उपन्यास सामाजिक प्रयोगशाला है प्रयोगों को सिद्धान्त का मूल्य न दे दें, वे वकील न बनें, कम-से-कम सन्दिग्ध मामलों में। अपनी वकालत में न्यायाधीश के लिए भी स्थान रखें। वे स्वयं न्यायाधीश न बन जायँ। पाठकों को भी यह चाहिए कि प्रवृत्तियों को सिद्धान्त न समझें। उपन्यासकार जहाँ तक हो असाधारणता की ओर न जायँ। वे स्वस्थ जीवन का चित्रण करें और ऐसे समाज के निर्माण का प्रयत्न करें जिससे विविधता में एकता और साम्य हो। पाठकों को चाहिए कि वे उपन्यास के आलोक से जीवन को समझने की कोशिश अवश्य करें, किन्तु उपन्यासों द्वारा चित्रित जीवन को सत्य की चरम स्थिति न समझें। उसे एक सामाजिक प्रयोग का ही महत्त्व दें।

——————

लक्ष्मीकान्त वर्मा

प्रेमचन्दोत्तर काल : नये धरातल

प्रेमचन्द के आदर्शोन्मुख यथार्थवाद ने हिन्दी उपन्यास को कई अर्थों में आदर्श के साथ-साथ यथार्थ बृहत्तर क्षेत्र प्रदान किया था। उन्होंने सामन्तवादी कृत्रिमता और ढहते हुए मूल्यों को अपने उपन्यासों में चित्रित करके जीवन के उन गलित और कुत्सित प्रसंगों को उभारकर सामने लाने का प्रयास किया था जो अंग्रेज़ी साम्राज्यवाद, मशीन-युग और पनपते हुए सामाजिक असन्तुलन के कारण समस्त राष्ट्रीय चेतना को दबाये जा रहे थे। उनका मोह राष्ट्रीय आन्दोलनों के प्रति था इसलिए वे अपने परम्परावादी आदर्शवाद को उस राष्ट्रीय चेतना से सम्बद्ध करने की चेष्टा भी करते रहे थे। उनके उपन्यासों में इसी कारण कई प्रकार की समस्याएँ उठती थीं जिनमें से कुछ का निर्वाह तो वे करते थे और कुछ छूट जाती थीं। प्रमाण के लिए समाजगत मूल्यों और वैयक्तिक मूल्यों की सीमाएँ उनके उपन्यासों में केवल उठकर रह जाती हैं, उनका स्पष्टीकरण सफलतापूर्वक नहीं हो पाता। कहीं-कहीं सांस्कृतिक मूल्यों और सभ्यता के विकासोन्मुख तत्त्वों का भी संघर्ष उठ खड़ा होता था वहाँ पर भी परम्परागत सांस्कृतिक स्थापनाओं और सभ्यता के विकासोन्मुख शक्तियों के बीच पिसते हुए मानव-जीवन का चित्रण तो वह बड़ी सफलता से करते थे, लेकिन वहाँ पर भी वह उगती हुई नयी दिशाओं और नयी सम्भावनाओं को न ठीक तरह से आँक पाते थे, न उनकी अवहेलना कर पाते थे। कहने का सारांश यह कि समस्त राष्ट्रीय चेतना के प्रति जागरूक होते हुए भी प्रेमचन्द में आधुनिकता नहीं थी। उनके उपन्यासों और कहानियों में बहुत-कुछ परम्परा का परिष्कृत रूप है, आधुनिक विचारों का संसर्ग नहीं।

इस स्थिति में प्रेमचन्द का उतना दोष नहीं है जितना कि उस युग की प्रचलित विचार-धारा का। प्रेमचन्द का युग वस्तुतः विचारों का उदय-काल था। उसमें मूल्य स्थिर और स्थापित नहीं हो पाते थे, उनका केवल आभास-मात्र ही मिल पाता था। उसकी विस्तृत रूप-रेखा न तो तब तक बन ही पायी और न उसके बनने की उस समय कोई विशेष आशा ही थी। लेकिन वे नये मूल्य, जो विकसित हो रहे थे, उनके नये नैतिक स्तर, नवीन चिन्तन-शक्ति के साथ संघर्षशील थे। नये आयामों को निर्धारित करने की अनुभूति सबके मन में थी। प्रेमचन्द के साथ इस उगती हुई नयी पीढ़ी का संघर्ष सांस्कृतिक परम्परा और आधुनिक विचारधारा का संघर्ष था। जिसकी सर्वप्रथम सफल अभिव्यक्ति हमें भगवतीचरण वर्मा की 'चित्रलेखा' में स्पष्ट दिखलायी पड़ती है।

'चित्रलेखा' : नये नैतिक दृष्टिकोण की अन्वेषणात्मक जिज्ञासा

'चित्रलेखा' की मौलिक समस्या नैतिक मूल्यों का पुनःस्थापन-मात्र है। पाप-पुण्य, सत्य-असत्य, जीवन और यथार्थ, व्यक्ति और समूह की आधारभूत समस्या—यही 'चित्रलेखा' की प्रमुख विषय-वस्तु है। परम्परा की सुधारवादी प्रवृत्ति, जिसकी स्थापना प्रेमचन्द ने की थी, युग की समस्याओं को देखते हुए पर्याप्त नहीं थी। मानवानुभूतियों की गहराई में छिपा हुआ विद्रोह ऊबकर और खीझकर समस्त बन्धनों को तोड़कर अकेला खड़ा होना चाहता था, लेकिन

संस्कार के बन्धन में उलझने के नाते उसे फिर से प्राचीन ऐतिहासिक पृष्ठभूमि में मूल समस्याओं को देखने के लिए बाध्य होना पड़ रहा था। 'चित्रलेखा' का ऐतिहासिक आवरण केवल उस मोह का आडम्बर था, जिसे लेखक छोड़ने में अपने को असमर्थ पा रहा था।

वस्तुतः 'चित्रलेखा' आधुनिक युग की विविधमुखी समस्याओं की प्रतीक है। इस उपन्यास से उन नये मूल्यों के स्तर अधिक उभरकर आने लगे जो अभी तक दबे थे और संस्कारों के बोझ से कराह रहे थे। यही नहीं 'चित्रलेखा' उन अनेक सामाजिक समस्याओं की पूर्ति थी जो 'सेवा सदन' , 'प्रेमाश्रम', 'कर्मभूमि' और 'रंगभूमि' में प्रेमचन्द द्वारा प्रस्तुत की गयी थी। इसके अतिरिक्त उसमें दार्शनिक जीवन के खोखलेपन का उद्घाटन भी था, जो समस्त भारतीय चेतना पर जाले-सा छाया हुआ था।

'शेखर : एक जीबनी' : वेदनानुभूति में प्रौढ़ श्रद्धा

'चित्रलेखा' के उपरान्त 'शेखर : एक जीवनी' का प्रकाशन सर्वथा नयी दिशा की निश्चित धारणा का प्रतीक बनकर व्यक्त हुआ। 'चित्रलेखा' के ऐतिहासिक आवरण को हटाकर नैतिक समस्या अपने असली रूप में प्रस्तुत हुई। मनुष्य के संस्कार, मोह, चेतन, उपचेतन स्तरों के विभिन्न आक्रोश, आरोह-अवरोह, नये सन्दर्भों में मानवीय संवेदनाओं का मूल्य, नैतिक मानदण्ड की नयी मर्यादा, साथ-ही-साथ वर्तमान विकृतियाँ, राष्ट्रीय आन्दोलन सम्बन्धी तत्कालीन भावनाएँ इन सबकी समवेत अभिव्यक्ति ने जीवन को झिंझोड़-सा दिया और यही 'शेखर : एक जीवनी' की सबसे बड़ी सफलता थी।

'संन्यासी' : जीवन की विकृतियाँ

'शेखर : एक जीवनी' के प्रकाशन के साथ-साथ इलाचन्द्र जोशी के 'संन्यासी' का प्रकाशन उन सभी मनोवैज्ञानिक विश्लेषण और आदमी की मनःचेतना की पर्तों में खोयी उसकी वास्तविक असहायता और विवशता का एक सफल चित्रण है। इस उपन्यास के दो प्रभाव हिन्दी उपन्यास पर पड़े : पहला तो यह कि कुछ उपन्यास इस शिल्प के आधार पर भी लिखे गये जो सफल नहीं हो सके। दूसरे यह कि इस उपन्यास में व्यक्त मनोवैज्ञानिक तथ्यों की सार्थकता का प्रभाव उपन्यासों की शैली पर प्रत्यक्ष-अप्रत्यक्ष रूप में व्यय हुआ। मानव-जीवन-सम्बन्धी अनेक ग्रन्थियों की ओर सहज ही ध्यान आकृष्ट होने लगा।

इन मनोविज्ञान-प्रधान प्रवृत्तियों में जैनेन्द्र का भी विशेष महत्त्व है, लेकिन जैनेन्द्र में इतनी जटिलता और नैतिक-अनैतिक की परम्परागत रूढ़िग्राहिता है कि वे स्पष्टता की कमी होने के कारण प्रभावशाली नहीं हो पाते।

सारांश में जिस नैतिक मूल्य का प्रश्न 'चित्रलेखा' में उठाया गया था, उसकी चरम परिणति 'शेखर : एक जीवनी' में, जहाँ तक मनोवैज्ञानिक स्तरों का प्रश्न है, उसकी पुष्टि इलाचन्द्र जोशी और जैनेन्द्र के उपन्यासों द्वारा हुई। इस बौद्धिक विकास के अन्वेषण और विश्लेषण के महत्त्वपूर्ण क्षणों में कई और नये धरातल भी अपने-आप उभर रहे थे। मनुष्य के मानवीय पक्षों का यथार्थ की भौतिक क्रूरता का, वेदनापूर्ण परिचय उस मानवीय दुःख और असंगति (Human tragedy) के सन्दर्भ में व्यक्त होने लगा जो बहुत-कुछ वैज्ञानिक जड़ता, मनोवैज्ञानिक अनिवार्यता और वैयक्तिक ग्रन्थियों से सम्बन्ध रखते थे। इन नये स्तरों पर आकर मनोवैज्ञानिक अध्ययन और विश्लेषण के माध्यम से, आरोपित सामाजिक आदर्शों की अपेक्षा वैयक्तिक मर्यादाएँ, अनिवार्यताएँ और नैतिक मूल्यों का विस्फोट-सा होने लगा। समाज

के माध्यम से व्यक्ति को देखने की अपेक्षा समस्त चेतना-सूत्र का संचालन व्यक्ति में प्रतिष्ठित हो गया। कई विकृतियाँ भी विकसित हुईं जैसे यौन-सम्बन्धी कथाओं में सारा क्षेत्र भर गया, एक ओर अतिवादी सामाजिक यथार्थवाद अपनी संस्कारहीन अमर्यादित सीमाएँ निर्धारित करने लगा। लेकिन इन सब विकृतियों के अतिरिक्त भी जिस नये धरातल का उभार प्रेमचन्दोत्तर-काल में हुआ वह कई जीवन्त-प्रवृत्तियों के सशक्त तत्त्वों को व्यक्त करने में सफल हुआ। इसमें सन्देह नहीं कि इस नये धरातल के समक्ष कोई विशेष महत्त्वपूर्ण आन्दोलन नहीं था वरन् यह स्वतः प्रेमचन्द की परम्परा से विकसित होकर प्रतिष्ठित हुआ है। इस नये धरातल के तत्त्व हैं—

(1) सूक्ष्म मानवीय संवेदनाओं से मानव-जीवन की व्याख्या-भावनाओं का मर्मान्तक विकास, जिसे हम अक्सर (tragedy of human emotions) भी कहते हैं।

(2) मानव-जीवन के अन्तर और बाह्य जगत् के संघर्ष का अध्ययन।

(3) जीवन के नये मानदण्डों के आधार पर सामाजिक और वैयक्तिक सीमाओं का संघर्ष।

(4) नयी नैतिक आस्था का अन्वेषण और नये मूल्यों की स्थापना में मानव-जीवन की करुणाजनक स्थिति और उससे व्याप्त तिक्तता का जीवन पर प्रभाव!

इन तत्त्वों का विकास स्वयं प्रेमचन्द के जीवन-काल ही में हो रहा था। इसके भी कई कारण थे। जिस आदर्शोन्मुख यथार्थवाद की भूमि पर हिन्दी-उपन्यासों का विकास प्रेमचन्द-युग में हुआ था वह सतही थी और अधिक दिन टिक नहीं सकती थी। आदर्शोन्मुख यथार्थ की परिणति क्रमशः बौद्धिक जागरूकता और मानवीय चिन्तन के आधार पर नये मोड़ों की ओर जाने में विवश थी। अनुभूतियाँ केवल एक परिधि में बाँधी नहीं जा सकतीं, इसलिए जिज्ञासाओं का नया स्तर और उनकी नयी दिशाएँ विकसित होनी अनिवार्य थीं।

दूसरा कारण जो इस बौद्धिक जागरूकता की आत्मा है वह है उन नये मन्तव्यों की स्थापना, जो कालगत विषमताओं, दुविधाओं और संकीर्णताओं के विरोध में नये अर्थों को प्रतिष्ठित करने में गतिशील है। एक ओर सामूहिक चेतना (totalitarianism) की आतंकजन्य स्थिति और दूसरी ओर वैयक्तिक अस्तित्व का सक्रिय विरोध—इन दोनों की नैतिक गहनता और उसकी अनिवार्यता भी उपर्युक्त तत्त्वों को विकसित करने में सहायक रहे हैं।

मार्क्स और फ्रायड के विचार भी हमारी चेतना को नये मोड़ दे रहे थे। एक ओर मार्क्सवादी रूढ़ियाँ थीं जो दवा और काल की उपेक्षा करके कुछ तथाकथित ऐतिहासिक सत्यों को ही सब-कुछ मान चुकी थीं। उन ऐतिहासिक सत्यों की पीठिका में सम्भावित मानव-अनुभूतियों के बृहत् इतिहास की अवहेलना करके उनकी विचारधारा की एकांगिता हमारे साहित्य में उपस्थित हो रही थी। दूसरी ओर यही विकृत प्रभाव फ्रायड का भी पड़ा था। मनुष्य बड़ा है या उसकी मनोग्रन्थियाँ—यह भी एक प्रश्न था जो सम्पूर्ण शक्ति से प्रेमचन्दोत्तर-काल के उपन्यासों में व्यक्त हुआ है। इन स्थितियों में जो विभिन्न प्रवृत्तियाँ उपन्यास-क्षेत्र में विकसित हुईं, वे इस प्रकार हैं—

प्रथम वृत्ति

(1) नये नैतिक मूल्यों को स्थापित करने की सशक्त अन्वेषणात्मक प्रवृत्तियाँ उत्तरोत्तर विकसित हो रही थीं। वे नैतिक मूल्य, जो प्रेमचन्द के उपन्यासों में सामाजिक चेतना और वैयक्तिक मर्यादा के आधार पर विकसित हुए थे, पर्याप्त नहीं थे। उनके अतिरिक्त सर्वथा

आधुनिक युग की पृष्ठभूमि में नये नैतिक मूल्यों की आवश्यकता थी। भगवतीचरण वर्मा की 'चित्रलेखा' इसकी सफल प्रतीक है।

(2) मनोवैज्ञानिक रूपान्तरों में वस्तुपरक माध्यम से मन और अन्तरमन के चेतन और उपचेतन स्तरों की क्रियाशील, ग्रन्थिपूर्ण अनिवार्यता भी उपन्यास-शिल्प का अंग बन चुकी थी। मनोविश्लेषण की वास्तविकता और घटनाओं की अनिवार्यता कथा-साहित्य के विषयवस्तु बन चुके थे। जैनेन्द्र और इलाचन्द्र जोशी के उपन्यासों में यह तत्त्व प्रतिपालित होता है। जहाँ इन लोगों में इतनी बड़ी आधुनिकता थी वहाँ यह भी स्पष्ट है कि ये लोग नये नैतिक मूल्यों को नये सन्दर्भों में सन्तुलित करने में असमर्थ भी थे। नये स्वप्नों और नैतिक स्थापनाओं के साथ-साथ मनोविश्लेषणात्मक विवेचना में पात्रों की असफलता, घटनाओं की कृत्रिमता इनके उपन्यासों में स्पष्ट दिखलायी पड़ते हैं।

(3) इन प्रवृत्तियों की अपेक्षा बँगला-साहित्य और उसके शिल्प और विधान का प्रभाव हिन्दी-उपन्यासों पर अपनी अलग छाप डाल चुका था। शरच्चन्द्र से प्रभावित होकर हिन्दी-उपन्यास की एक नयी दिशा निर्मित हो चुकी थी। यद्यपि यह प्रभाव स्थायी नहीं था लेकिन इसका महत्त्व केवल इतना अवश्य था कि इस बीच कुछ साधारण उपन्यास रोमानी भावभूमि पर विशेष प्रकार के नारी-पात्रों को लेकर लिखे गये, जिनमें भगवतीप्रसाद वाजपेयी और अंचल के कुछ उपन्यासों का महत्त्वपूर्ण स्थान है। यह प्रवृत्ति अधिक सशक्त नहीं हो सकी।

द्वितीय वृत्ति

इस द्वितीय वृत्ति की विशेषता मनोवैज्ञानिक दृष्टिकोण से और शिल्प-विधान के दृष्टिकोण से भिन्न थी। वे दुविधाएँ और अस्पष्ट मूल्यगत भ्रान्तियाँ, जो जैनेन्द्र और इलाचन्द्र जोशी के उपन्यासों में केवल धुँधले तथा सन्दिग्ध रूप में प्रस्तुत होकर रह गयी थीं उनका सर्वथा नये धरातल पर विकास हुआ। अज्ञेय के 'शेखर : एक जीवनी' का इस वृत्त में बहुत बड़ा महत्त्व है। इस वृत्त की विशेषताएँ इस प्रकार हैं—

(1) वह बौद्धिक जागरूकता को, जो केवल तत्त्व अन्वेषण के रूप में व्यक्त हुई थी, मानवीय संवेदनशील स्तर की सार्थकता प्राप्त हो गयी। फलस्वरूप मानव-जीवन की वेदनानुभूति में निहित एकता (fraternity of pain) के आस्थामय स्वरों का परिष्कार हुआ। समतल जीवन के साथ-साथ वे स्थितियाँ, जो केवल ग्रन्थि बनकर जैनेन्द्र और इलाचन्द्र जोशी के उपन्यासों में व्यक्त हुई थीं, उनमें सजीवता, मानव-अनुभूति की असंगति, उसकी दुःखान्तपूर्ण स्थिति, उसके अहम् का स्फोटात्मक (dynamic) गुरुत्व भी प्राप्त हो गया। विस्थापित भावनाओं (displaced emotions) और आन्तरिक संघर्षों के साथ-साथ नये मूल्यों की स्थापनाएँ और नये सामाजिक चेतना के स्तर भी उभरकर प्रस्तुत हुए। डॉ. देवराज का 'पथ की खोज' और उपेन्द्रनाथ अश्क का 'गिरती दीवारें' इसी पक्ष को प्रस्तुत करते हैं।

(2) इस मनोवैज्ञानिक विश्लेषण और सामाजिक यथार्थ के संघर्ष में जो महत्त्वपूर्ण विकास उपन्यास के माध्यम से स्पष्ट होकर आया उससे व्यक्ति की प्रतिष्ठा का स्वर सबल तथा प्रौढ़ रूप में उभरा और उसकी वास्तविक प्रतिष्ठा भी हो सकी। 'शेखर : एक जीवनी' का शेखर, 'पथ की खोज' का चन्द्रनाथ, 'गिरती दीवारें' का चेतन इस दृष्टि से औपन्यासिक पात्रों के विकास के स्पष्ट प्रतीक हैं। आगे चलकर अज्ञेय के 'नदी के द्वीप' में भुवन और

रेखा के व्यक्तित्व वैयक्तिक जीवन की चरम परिणति के रूप में प्रस्तुत हुए हैं जिनकी नैतिक और मूल्यगत स्थितियों के बारे में चाहे जितनी सम्मतियाँ हों फिर भी यह स्वीकार करना ही होगा कि उनसे अधिक आधुनिक पात्रों की रचना इधर के उपन्यासों में नहीं हुई है।

(3) बाह्य जगत् और अन्तर्मन के बीच उपन्यसकार नहीं है, वरन् उन दोनों की स्थितियों में अनुभूति का झीना सूत्र है, जो वास्तव में दोनों स्थितियों के द्वन्द्वात्मक संघर्षों को सहन करता है और उसे सहन करने में वह उन स्थितियों को झेलता है, जो क्षण-प्रति-क्षण घटित होती है। इस भावना की सार्थकता इस वर्ग के लेखकों में अज्ञेय ही निभा पाये हैं। यद्यपि यह विषय सूक्ष्म मनोवैज्ञानिक विश्लेषण से सम्बन्ध रखता है फिर भी वस्तुपरक आत्मानुभूति (subjective objectivity) के प्रगीतात्मक अनुभूतिप्रधान तत्त्वों का उभार इन कृतियों में सबल और सशक्त रूप से हुआ है।

तृतीय वृत्ति : समाज, यथार्थवाद और समस्यामूलक उपन्यास

सामाजिक यथार्थवाद के अंकुर प्रेमचन्द के जीवन-काल ही में प्रस्फुटित एवं विकसित हो रहे थे। स्वयं इसका प्रभाव 'गोदान' में भी मर्यादित रूप में व्यक्त हुआ है, किन्तु प्रेमचन्दोत्तरकालीन उपन्यासों में इसकी विकृत प्रवृत्तियाँ भी बड़े सशक्त रूप से दृढ़ता एवं संकल्प के साथ प्रतिष्ठित हुईं। पात्रों की सहज स्वाभाविक प्रवृत्ति पर पंक्तिबद्ध लेखक का मन्तव्य इतना प्रबल था कि उसके सम्मुख कथानक का ह्रास, वैयक्तिक मर्यादा का उल्लंघन, अस्वाभाविक सत्यों का प्रतिपादन, आवश्यक-अनावश्यक रूप से भौतिक द्वन्द्ववाद के सिद्धान्तों का आरोपण, अरुचिपूर्ण प्रवृत्तियों, असंस्कारी अवैज्ञानिक तथ्य अधिक उतर आये। इनकी विशेषताएँ इस प्रकार हैं—

(1) हिन्दी-उपन्यासों में वास्तविक सामाजिक यथार्थवाद की अपेक्षा भ्रमपूर्ण यथार्थवाद (Pseudo Realism) चित्रित हुआ है। यह यथार्थवाद हमारे संस्कारगत जीवन के विपक्ष में उन तत्त्वों पर सारी कथावस्तु आधारित करता है जिसमें लक्ष्यबद्ध पात्र केवल वर्गसंघर्ष को चित्रित करने के लिए खड़े किये जाते हैं। अपवाद वहाँ उपस्थित होता है जहाँ वह न तो सिद्धान्त की पुष्टि कर पाते हैं और न उस व्यक्त जीवन का निर्वाह ही कर पाते हैं। नागार्जुन और यशपाल के उपन्यासों में इसका सफल चित्रण मिलता है। यशपाल में यह खण्डित सत्य साम्यवादी पार्टी के आधार पर विकसित हुई प्रेरणा के रूप में व्यक्त हुई है, जिसे न तो साम्यवादी पार्टी ही स्वीकार करती है और न संस्कारगत स्थिति ही। अमृतराय का 'बीज' भी अपरिपक्व सामाजिक यथार्थवाद का खण्डित सत्य चित्रित करता है।

कथानक का ह्रास, शिल्प की अल्पज्ञता इत्यादि स्पष्ट रूप से उभरने लगे। मनोवैज्ञानिक तथ्यों की स्वाभाविकता की अवहेलना के साथ जिस सामाजिक यथार्थवाद की परिणति हिन्दी-उपन्यासों में हुई वह संस्कारहीन थी, उन तथ्यों को स्वीकार नहीं करता था जो भारतीय जीवन के साथ सम्बद्ध है। इसका बड़ा विचित्र प्रमाण हमें राहुल सांकृत्यायन की दो पुस्तकों में मिलता है—पहली पुस्तक तो 'बाईसवीं सदी' है और दूसरी पुस्तक उनकी कहानियों का संग्रह 'वोल्गा से गंगा' है। प्रथम पुस्तक में एक कल्पना-लोक (Utopia) का भ्रामक दर्शन है, दूसरी पुस्तक में ऐतिहासिक भौतिक द्वन्द्ववाद के आधार पर कुछ ऐसी मनगढ़न्त कल्पनाएँ हैं जिन्हें न तो भौतिक द्वन्द्ववाद ही स्वीकार कर सकता है और न उन देशों की सांस्कृतिक चेतना जिनकी कहानियाँ उसमें लिखी गयी हैं। कहने की आवश्यकता नहीं कि सामाजिक

यथार्थवाद की यह परिणति अपने समय की सबसे बड़ी विडम्बना थी। कहानी अथवा कथा का मूल्य कुछ नहीं था, मानवीय संवेदनाओं का मूल्य कुछ नहीं था—उन लेखकों के सामने सत्य केवल वह था जो भौतिक द्वन्द्ववाद कहता था अथवा साम्यवादी पार्टी की नीति कहती थी।

चतुर्थ वृत्ति : मर्यादित यथार्थवाद : मानवीय अनुभूतियों में विश्वास और शिल्पगत प्रयोग

किन्तु इन अतिवादों से बचकर कुछ ऐसे धरातल विकसित हो रहे थे जिनमें सन्तुलन और संवेदनीयता दोनों ही सत्य थे और जिनका आभास नागार्जुन तथा कुछ अन्य साम्यवादी लेखकों की नयी कृतियों में भी मिलता है। सामाजिक यथार्थवाद, मनोवैज्ञानिक विश्लेषणवाद और वैयक्तिक अनुभूति तीनों स्वस्थ पक्षों को लेकर कुछ नये कथा-प्रयोगों की परम्परा भी स्थापित की जाने लगी। इन नयी कृतियों का मुख्य प्रतिपाद्य मध्यवर्गीय जीवन की विषमताएँ और उन विषमताओं में प्रताड़ित जीवन का व्यंग्य था, जिसे इस वर्ग के लेखक स्वयं झेल रहे थे। युद्धोत्तर-काल के ये लेखक उन भ्रान्तियों से मुक्त हैं जो प्रेमचन्दोत्तर-काल के बहुत-से लेखकों में व्याप्त हैं।

इस दिशा में डॉ. धर्मवीर भारती, डॉ. लक्ष्मीनारायण लाल, राजेन्द्र यादव, प्रभाकर माचवे और गिरधर गोपाल उल्लेखनीय हैं। डॉ. धर्मवीर भारती के 'गुनाहों का देवता' और 'सूरज का सातवाँ घोड़ा' कई अंशों में आधुनिक उपन्यास-शैली के शिल्प-विधान और कथानक के नये उभरते हुए मूल्यों और मान्यताओं को स्वीकार करते हैं। उपन्यास के कई पात्रों में सशक्त व्यक्तित्व है। इसके अतिरिक्त उनमें वे स्तर भी हैं जो परम्परागत उपन्यासों की सार्थकता और उनमें व्यक्त शैलियों को स्वीकार करते हुए नये पथ और नयी दिशा की ओर इंगित करते हैं।

डॉ. लक्ष्मीनारायण लाल का उपन्यास 'बया का घोंसला और साँप' भारतीय ग्रामीण वर्ग और मध्यवर्ग की विषमताओं का सफल परिचय देता है। यद्यपि लक्ष्मीनारायण लाल ने शैली के क्षेत्र में बहुत-कुछ प्रेमचन्द की परम्परा अपनायी है, किन्तु विषय-वस्तु में नये दृष्टिकोण का प्रतिपादन सफलतापूर्वक किया गया है।

प्रभाकर माचवे का लघु उपन्यास 'परन्तु' कथावस्तु और पात्रों के चरित्र-चित्रण में 'मिथ्या सामाजिक यथार्थवाद' की मान्यताओं से प्रभावित है, फिर भी उसमें शिल्पगत नवीनता अवश्य है। विषय-वस्तु, कथानक और निर्वाह में उपन्यास में बहुत-कुछ अधकचरापन है, लेकिन उससे यह बात स्पष्टतया सिद्ध होती है कि हिन्दी-उपन्यास ने नवीन धरातल की सार्थकता स्वीकार की है, क्योंकि प्रभाकर माचवे की शिल्प-योजना में पूर्व शिल्प की कृत्रिमता और विषय-वस्तु की जीर्णता दोनों की झलक मिल जाती है।

गिरधर गोपाल, जिनका नवीनतम उपन्यास 'चाँदनी के खँडहर' अभी हाल ही में प्रकाशित हुआ है, मध्यवर्गीय जीवन की विशृंखल आस्था का पूर्ण परिचायक है। यथार्थ-जीवन का सच्चा चित्रण, आर्थिक संकट से आक्रान्त मध्यवर्गीय जीवन की घुटन, आदर्शों का खण्डन, परम्पराओं के पञ्जे में जकड़ी हुई मानवीय चेतना का तर्क और बौद्धिक आयामों से संघर्ष इत्यादि इस उपन्यास में सफलतापूर्वक व्यक्त किया गया है।

ठीक इसी परम्परा में राजेन्द्र यादव का नवीनतम उपन्यास 'प्रेत बोलते हैं' भी आता है। इस उपन्यास में भी वही मध्यवर्गीय जीवन, उसकी कुण्ठाएँ और उन कुण्ठाओं की पृष्ठभूमि में परम्पराओं का विकृत रूप बड़ी सतर्कता से चित्रित किया गया है। शिल्पगत प्रयोग

में गठन तथा उसका निर्वाह भी प्रशंसनीय है। यद्यपि उसमें प्रौढ़ता नहीं है; बहुत-कुछ किशोर-भावनाओं की अभिव्यक्ति-मात्र है, लेकिन फिर भी कथा-सूत्र में सजीवता और सक्रियता दोनों का यथेष्ट सम्मिश्रण है।

इस चतुर्थ वृत्ति की विशेष प्रवृत्तियाँ, जो इधर के उपन्यासों में बड़ी तेजी से आती प्रतीत हो रही हैं, इस प्रकार हैं—

(1) मानवीय संवेदनाओं (Human feelings) के प्रति इस वृत्ति के लेखक अधिक जागरूक हैं। उनकी निष्ठा वाद-विवादों की अपेक्षा उन मूलभूत मानवीय तत्त्वों में अधिक है जो जीवन की निरपेक्ष अनुभूतियों से सम्बद्ध है। यही कारण है कि इस वृत्ति के लेखकों में अनास्था और विक्षिप्तता की अपेक्षा परिस्थितियों को झेलने में, वेदना को स्वीकार करके नये मूल्यों को स्थापित करने में अधिक आस्था है।

(2) मर्यादित यथार्थ की सार्थकता में विश्वास इस वर्ग की चौथी विशेषता है। यथार्थवाद की विकृत प्रवृत्तियाँ इसके लिए अधिक मूल्यवान् नहीं हैं।

(3) जीवन के नये आयामों और मूल्यों में आस्था के साथ-साथ आधुनिकता की स्वीकृति भी इस वर्ग के लेखकों की विकासशील प्रवृत्ति का परिचय देती है।

(4) यह स्पष्ट प्रतीत होता है कि युद्धोत्तर उपन्यासों के क्रमिक विकास में शिल्प-नियोजन का एक महत्त्वपूर्ण प्रयोग किया जा रहा है और परम्परागत रूप-विधान की असमर्थता को हटाने की चेष्टा की जा रही है। इस दृष्टिकोण से, डॉ. धर्मवीर भारती का 'सूरज का सातवाँ घोड़ा', राजेन्द्र यादव का 'प्रेत बोलते हैं', प्रभाकर माचवे का 'परन्तु' और गिरधर गोपाल का 'चाँदनी के खँडहर' उन नये शिल्प-प्रयोगों का परिचय कराते हैं जो नयी अभिव्यक्ति को विकसित करते हैं।

इस प्रकार आज की आधुनिकतम प्रवृत्ति में जो भी नये हस्ताक्षर आज आ रहे हैं उनका अपना पथ है और उनकी अपनी शिल्पगत धारणाएँ हैं। उपन्यासों के क्षेत्र में हिन्दी एक नया मोड़ ले रही है या शायद ले चुकी है—जो अभी उतना परिपक्व न हो, पर जिसकी सम्भावनाएँ अपरिमित हैं।

———

ज्ञानचन्द जैन

भगवती बाबू का रचना-संसार

भगवती बाबू अब नहीं हैं, यह भावना उनके जाने के दो दशक के बीत जाने पर भी मन में उसी प्रकार उत्पन्न नहीं होती, जिस प्रकार अमृतलाल नागर या यशपाल के सम्बन्ध में उत्पन्न नहीं होती। अमृतलाल नागर के लेखन से तो मैं प्रारम्भ से जुड़ा रहा। वह अपनी सभी पुस्तकें छपकर आने पर उसकी पहली प्रति मुझे भेंट करते थे। यशपाल की भेंट की हुई कई प्रसिद्ध कृतियाँ मेरे पास हैं जो उनकी याद दिलाती रहती हैं। भगवती बाबू के लेखन से भी मैं उनके 'चित्रलेखा', महानगरवासी बन जाने के बाद घनिष्ठ रूप से जुड़ा रहा। जब भी किसी नये उपन्यास का कोई परिच्छेद पूरा करते तो उनके फ़ोन की घण्टी मेरे कार्यालय में तीसरे पहर तीन बजे ही घनघना उठती और मैं उनके यहाँ पहुँच जाता। कभी मूड होता तो अपने नये उपन्यास का लिखा गया परिच्छेद स्वयं सुनाते, कभी पढ़ने के लिए मुझे दे देते। शाम की गोष्ठी में उनकी निर्माणाधीन नयी रचना के बारे में चर्चा होती। अमृतलाल नागर अपनी नयी कृति के बारे में बताते या मूड होने पर सुनाते।

भगवती बाबू द्वारा भेंट की गयी पुस्तकों के माध्यम से उनका सम्पूर्ण रचना-संसार मेरी आँखों के सामने है। वह कहा करते थे—मैं कवि हूँ, कहानीकार हूँ, उपन्यासकार हूँ, नाटककार हूँ, निबन्ध-लेखक हूँ। प्रायः समस्त साहित्यिक विधाओं पर मेरा समान अधिकार है। न मैं दार्शनिक हूँ, न चिन्तक हूँ, न द्रष्टा हूँ, मैं कलाकार मात्र हूँ। किसी भी रचनाकार की रचना उसका यश : शरीर होता है। उसका यह यश : शरीर उसके बाद भी जीवित रहता है। अतएव भगवती बाबू, यशपाल या अमृतलाल नागर के सम्बन्ध में मेरे अन्दर यह भावना उत्पन्न नहीं हो पाती कि वे नहीं हैं। जब भी उनकी कोई रचना उठा लेता हूँ तो उनका सम्पूर्ण व्यक्तित्व-चित्र मेरी आँखों के सामने साकार हो उठता है।

मैं 1950 तक हिन्दी-उपन्यासों का अध्येता रहा हूँ। उसके प्रारम्भ काल से लेकर 1975-80 तक की हिन्दी-उपन्यास की यात्रा का चित्र मेरी आँखों के सामने है। मैं प्रेमचन्द और प्रसाद-काल के हिन्दी-उपन्यासों का गहन अध्येता रहा। इस काल के अच्छे-बुरे, सफल-असफल सभी उपन्यास मैंने पढ़े हैं और प्रेमचन्द पूर्व—के हिन्दी-उपन्यास नाम से एक अध्ययन भी प्रस्तुत किया है। उत्तर-प्रेमचन्द-काल के अनेक प्रसिद्ध उपन्यासकारों को मैंने पढ़ा है। मैं इसे अपना सौभाग्य मानता हूँ कि उत्तर-प्रेमचन्द-काल के तीन श्रेष्ठ उपन्यासकारों—भगवतीचरण वर्मा, यशपाल और अमृतलाल नागर को बहुत निकट से जानने और एक सचेत पाठक की दृष्टि से रचनाकार के व्यक्तित्व के परिप्रेक्ष्य में उनके कृतित्व को परखने का मुझे अवसर मिला।

भगवती बाबू का व्यक्तित्व भावनाप्रधान था। उन्होंने अपने जीवन के प्रायः सभी महत्त्वपूर्ण मोड़ों पर अपने निर्णय भवना के आधार पर लिये, बुद्धि के आधार पर नहीं। उन्होंने अपना साहित्यिक जीवन कवि के रूप में प्रारम्भ किया। पहली कविता 14 वर्ष की अवस्था में, जब स्कूल में आठवें दर्जे में पढ़ते थे, स्कूली हस्तलिखित पत्रिका में निकली। 1917 के

उत्तरार्द्ध अथवा 1918 के पूर्वार्द्ध में अमर देशभक्त गणेशशंकर विद्यार्थी सम्पादित साप्ताहिक 'प्रताप' में उनकी पहली कविता छपी। जब पूरे बीस बरस के भी नहीं थे और इण्टर में पढ़ते थे, हिन्दी साहित्य में कवि के रूप में स्थापित हो गये।

उनके व्यक्तित्व-निर्माण में गणेश जी का प्रमुख स्थान रहा। उनके प्रेरणाकेन्द्र, मार्गदर्शक रहे। उन्हीं की प्रेरणा से गद्य-लेखन में प्रवृत्त हुए। 19 वर्ष की अवस्था में कार्ल मार्क्स पर उनका लेख 'प्रभा' में छपा जो गणेश जी के सम्पादन में निकलनेवाली हिन्दी की पहली राजनीतिक मासिक पत्रिका थी। नवयुवकों को परखना, उन्हें अनुप्राणित करना, उनके जीवन को बनाना गणेश जी की विशेषता रही।

भगवती बाबू के साहित्यिक व्यक्तित्व के विकास में विश्वम्भरनाथ शर्मा 'कौशिक' का प्रमुख योगदान रहा, जो प्रेमचन्द के अवतरण के पूर्व हिन्दी-कहानी लेखकों में अपना स्थान बना चुके थे। उनकी लिखी 'दुबे' जी की चिट्ठियाँ हिन्दी के व्यंग्य-साहित्य की अनमोल निधि हैं। भगवती बाबू के अन्दरवाले व्यंग्यकार ने उनसे प्रेरणा प्राप्त की। कौशिक जी उपन्यासकार भी थे। उनका लिखा 'माँ' उपन्यास एक समय उतना ही लोकप्रिय हुआ जितना प्रेमचन्द की 'रंगभूमि'। भगवती बाबू ने अपना पहला उपन्यास 'पतन' 1928 में लिखा था। उस पर अलेक्जेण्डर ड्यूमा का प्रभाव था, इसे वे स्वीकार करते थे। उनके इस उपन्यास की कौशिक जी की मण्डली में इतनी हँसी उड़ायी गयी कि भगवती बाबू ने उसकी गणना अपने उपन्यासों में करना छोड़ दिया। 'चित्रलेखा' को अपना पहला उपन्यास मानते थे जिसने उनके जीवन की धारा बदल दी। उसी ने उनके अन्दर आत्मविश्वास जगाया कि वह एक सशक्त उपन्यासकार की क्षमता रखते हैं।

भगवती बाबू कहते थे—मैं कलाकार या साहित्यकार इसलिए बन गया कि मेरे अन्दर अपने को ठीक से अभिव्यक्त करने की प्रवृत्ति थी। मुझमें भावनात्मक अभिव्यक्ति की प्रेरणा जन्मज़ात थी। उन्होंने कला और साहित्य पर अपना मौलिक चिन्तन किया था। सोचा करते थे, इस भावनात्मक अभिव्यक्ति का मूलाधार क्या है? भावनात्मक अभिव्यक्ति का मूलाधार शब्द तो नहीं है। साहित्य को छोड़कर जितनी अन्य कलाएँ हैं, सब निःशब्द हैं। कला का क्षेत्र ही है भावनात्मक अभिव्यक्ति। फिर क्या है जिसे हम भावनात्मक अभिव्यक्ति का मूलाधार कह सकते हैं, जो सब कलाओं में समान रूप से मौजूद है।

वह अक्सर कहा करते थे, अगर उनका जन्म एक इज़्ज़तदार मध्यवर्गीय परिवार में न हुआ होता तो शायद साहित्यकार न होकर संगीतकार होते। उन्हें लय और ताल का अभ्यास बचपन से था। दूसरों की कविताओं को गाकर पढ़ने में आनन्द आता था। मुहल्ले की रामलीला में तुलसीदास की रामायण का गान किया करते थे। आर्यसमाजी ताऊ के प्रभाव से वेश्यानृत्य को देखना दूषित मानने लगे थे, फिर भी सांस्कृतिक समारोहों में नृत्य देखने में आनन्द आता था।

अपने चिन्तन के फलस्वरूप इस निष्कर्ष पर पहुँचे थे कि संगीत और कविता में एक तत्त्व समान है। वह है छन्दात्मक लय। इस लय की आवृत्ति को कविता में छन्द का नाम दिया जाता है और संगीत में ताल। लय गति का ही एक रूप है। इस आधार पर उनका मत था—भावनात्मक अभिव्यक्ति का मूलाधार गति है और गति ही जीवन है। जब गति समाप्त हो जाती है तो मनुष्य निर्जीव कहलाता है। जीवन स्वयं भावनात्मक है। बुद्धि तो मनुष्य

के भावनात्मक विकास में सहायक तत्त्व है। भावना और बुद्धि इन दो तत्त्वों के योग पर हमारा जीवन निर्भर है। बुद्धि को भावना का एक भाग कहा जा सकता है। मानव विकास के क्रम में बुद्धि की पृथक् संज्ञा हो गयी। हमें जीवन में प्रेरणा भावना से प्राप्त होती है, बुद्धि से नहीं। प्रेरणा स्वयं में गति है।

उनके मन में प्रश्न उठता—क्या बिना शब्द के भावनात्मक अभिव्यक्ति सम्भव है? उत्तर मिलता—हाँ। हम अपनी भावनाओं की अभिव्यक्ति अपने शारीरिक हाव-भावों से करते हैं।

उनकी धारणा थी कि आदि मानव में कला का विकास अभिनय के साथ हुआ होगा। बाद में अभिनय में लय का योग होने से नृत्य कला का विकास हुआ। इस तरह नृत्य कला मानव समाज की आदि कला कही जा सकती है। इस आदि कला के विकास के साथ ही या उसके बाद स्वर के विकास के साथ स्वर और लय के योग से कविता का जन्म हुआ।

कविता साहित्य का प्रमुख अंग है। पुराने आचार्य तो साहित्य में कविता को ही महत्त्व देते थे। कहानी या उपन्यास को कला का अंग नहीं मानते थे, क्योंकि कविता में ही भावना को प्रधानता मिलती है। कहानी, उपन्यास, नाटक, निबन्ध इन सब में कुछ-न-कुछ बौद्धिकता आ ही जाती है। ललित कलाओं में केवल साहित्य ही शब्द के उपकरण पर आधारित है। बुद्धि का एकमात्र आधार शब्द ही है।

वह बताते थे—मैंने समस्त जीवन में केवल एक ही प्रेरणा अनुभव की कि मैं लिखूँ। लिखते समय यही मनोवृत्ति रहती है कि कैसे लिखूँ कि दूसरे को अपने में तन्मय कर सकूँ। क्या लिखा जाता है, कला इसमें नहीं है। कैसे लिखा जाता है, कला इसमें है। कला भावना का श्रेष्ठ शिल्प है। कलाकार की सफलता की कसौटी यही है कि दूसरे जब उसकी कृति को पढ़ें तो उसकी भावना से तादात्म्य स्थापित कर लें। उसी भावना में स्वयं बहने लगें। कलाकार में यह क्षमता तभी आती है जब वह अपनी कला को अपने जीवन से एक रूप कर दे। वह निजी जीवन में कष्ट सहकर, तप कर अपनी कला को इतना प्राणवान्, इतना परिमार्जित कर ले कि पाठक को भी अपने रंग में रंग दे। उसे रसविभोर कर दे। कलाकार की अलग पहचान बनती है उसके शिल्प से। कला का शिल्प कला का शरीर कहा जा सकता है। वस्तु-विषय द्वारा उदात्त अथवा अनुदात्त भावना का आरोपण होता है, उसे कला का प्राण कहा जा सकता है।

मैं जो कुछ लिखता हूँ चाहे कविता और चाहे उपन्यास, साधारण बौद्धिक जन के लिए लिखना हूँ, साहित्य में सुरुचि और सांस्कृतिक परिष्कार होना चाहिए। उसे विचारप्रधान न होकर विचारोत्तेजक होना चाहिए। साहित्य विचारोत्तेजक तभी बनता है जब उसमें विचार का भावनात्मक पक्ष प्रस्तुत किया जाय, तार्किक पक्ष नहीं। वही साहित्य उच्च साहित्य की श्रेणी में आता है जो किसी 'वाद' विशेष से बँधा न हो, वरन् साधारण, सुसंस्कृत, बौद्धिक पाठक के लिए लिखा जाय।

कलाकार होने के नाते मैं अपना क्षेत्र भावनात्मक मानता हूँ, बौद्धिक नहीं। कविता में भावना को ही प्रधानता मिलती है। उपन्यास, कहानी, नाटक, निबन्ध में कुछ-न-कुछ बौद्धिकता भी रहती है। जो कुछ मैंने सीखा है, शास्त्रीय ग्रन्थों से नहीं जीवन के अनुभवों से। मैं जीवन की अलिखित किताब बराबर ध्यान से पढ़ता रहता हूँ।

मेरी रचना-प्रक्रिया में मेरी समस्त मानसिक प्रक्रिया निहित रहती है। मेरा सामाजिक, नैतिक और आर्थिक परिवेश निहित रहता है। मेरी कला, मेरे साहित्य में मेरे जीवन का प्रतिबिम्ब है। मेरे साहित्य में वही कमियाँ और कमज़ोरियाँ हैं जो मेरे जीवन में हैं।

मैं मानता हूँ कि हरेक जीवन मनोवृत्ति और परिस्थितियों के ताने-बाने से बुना हुआ होता है। उसमें उल्लास-उच्छ्वास, सफलता-विफलता, जय-पराजय, हँसने-रोने के विविध रंग उभरते और मिटते रहते हैं।

मैं बचपन से आस्था, भक्ति और विश्वास के वातावरण में पला-बढ़ा। मेरी स्वाभाविक प्रवृत्ति है—आस्था, विश्वास और जन-कल्याण की भावना। वही मेरे लिये सत्य और नित्य रही। उसी से मैं जाने या अनजाने अनुशासित होता हूँ अपने जीवन में भी और अपनी कला में भी।

मुझमें संयम और साधना की कमी रही है। किन्तु उस पर मेरा विश्वास अटल है। इच्छा भी होती है कि उसे अपने जीवन में अपनाऊँ। उस दिशा में प्रयास भी करता हूँ। मेरे जीवन में कुरूपताएँ भी रहती हैं। लेकिन एक बात मैं जानता हूँ इन सब में मेरा दोष ज़रा भी नहीं है। निर्धारित कर्म की गति में मुझे जो कुछ करना था मैंने किया।

नियतिवाद (अथवा भाग्यवाद) मेरे जीवन का सत्य है जिसे लोगों ने मेरे जीवन-दर्शन का नाम दे दिया है। सच तो यह है कि मैं दर्शनशास्त्र से बहुत दूर रहा हूँ। मेरा जीवन-दर्शन मेरा जीवन-दृष्टिकोण कहा जा सकता है। वह नितान्त भावनात्मक है और मात्र मेरे लिये है। मेरा यह जीवन-दृष्टिकोण मेरी हरेक भावनात्मक अभिव्यक्ति में मौजूद है कविता में भी और उपन्यास में भी।

मेरा जीवन-दर्शन निराशा का दर्शन नहीं है। एक अदृश्य और असीम सत्ता पर अपने को पूर्ण रूप से अवलम्बित छोड़ देने में मुझे एक प्रकार का सन्तोष मिलता है और अपनी स्वाभाविक प्रवृत्तियों—दया, ममता, न्याय, सत्य और प्रेम आदि में स्थिर रहने की प्रेरणा मिलती है।

हम हमेशा से अहम्मन्य रहे हैं, इससे इनकार नहीं किया जा सकता। अपनी इस अहम्मन्यता के साथ हम अपने को नितान्त विवश और असहाय भी अनुभव करते हैं। अजीब तरह के विरोधी तत्त्वों का जमाव है हमारे अन्दर। बौद्धिक क्षेत्र में किसी से दबना या किसी के आगे झुकना जैसे हमने जाना ही नहीं। लोग बाग हमें आसानी से मूर्ख बना लेते हैं। यह जानते हुए कि हम मूर्ख बनाये जा रहे हैं, हम मूर्ख बन भी जाते हैं। लेकिन इस मूर्ख बनने से हमें कोई ऐसा नुकसान नहीं हुआ कि हमें परिताप हो।

परिताप या पछताना नियतिवादवाले हमारे दार्शनिक दृष्टिकोण में इसकी कोई गुंजाइश भी नहीं है। 'जो होना है वह हो चुका है।' हम इतना जानते हैं और इसलिए हम जीवित रहनेवाले क्षण में ही विश्वास करते हैं। जो हो चुका है वह स्वाभाविक था क्योंकि उसे होना ही था, इसलिए उस पर परिताप या पछताना व्यर्थ है। जो होनेवाला है वह भी हो चुका है, इसलिए उसकी चिन्ता भी व्यर्थ है। जो कुछ सामने है वही सत्य है, वही नित्य है।

हमें इतनी सबल जीवनी-शक्ति मिली है कि हमने मुसीबतों की चिन्ता नहीं की और मुसीबतों के प्रहार से बचने के लिए हमारे अन्दरवाली मस्ती हमारा एक अच्छा-ख़ासा कवच

रहा है। इस मस्ती के साथ-साथ हममें विनोद और व्यंग्य भी प्रचुर मात्रा में है। यह विनोद और व्यंग्य हमें जीवन के अभावों और विवशताओं का मुकाबला करने में समर्थ बनाता है, अपने ऊपर पड़नेवाली चोटों के जवाब के रूप में सामने आता है। यह व्यंग्य-विनोद हमारी स्वाभाविक धारा नहीं है इतना निश्चित है। अपने नियतिवादी जीवन-दृष्टिकोण के कारण मैंने अपने जीवन में कुण्ठाओं और कटुताओं को अपने ऊपर हावी नहीं होने दिया। अपने अन्दरवाली उमंग और उत्फुल्लता हरेक परिस्थितियों में क़ायम रखी। अपनी असफलताओं तथा अपने अज्ञान पर क्लेश नहीं अनुभव किया।

मेरी कृतियों में विशेष रूप से उपन्यासों और कहानियों में अनास्था, अविश्वास और व्यंग्य-विनोद का जो पहलू दिखायी पड़ता है वह मेरे जीवन-दर्शन का ही एक भाग है। मेरे अन्दरवाली कटुता और कुण्ठा हास्य-व्यंग्य के रूप में मेरी रचना में प्रकट हो जाने के बाद मेरे अन्दर नहीं रह पाती।

मेरे साहित्य में मेरा जो अहंवाद दिखायी पड़ता है और जिसके लिए मुझे लांछित किया जाता है, वह मेरा दम्भ नहीं है। अपनी रचना में मेरा उद्देश्य व्यक्ति के आरोपण का नहीं, अपने व्यक्तित्व के आरोपण का रहता है। अपने व्यक्तित्व का आरोपण ही मेरी कला की समस्त प्रेरणा है। मेरे सृजन का मूल स्रोत है।

भगवती बाबू कहा करते थे—अजीब तरह के विरोधी तत्त्वों का जमाव है हमारे अन्दर हम उद्धत हैं, हम कायर हैं, हमें अपनी असमर्थता और विवशता का पग-पग पर अनुभव हुआ है। हम जानते हैं कि हम अज्ञानी हैं, लेकिन हम हर जगह अपने ज्ञान का प्रदर्शन करते रहते हैं। हममें धन-वैभव और सफलता के प्रति असीम मोह है, लेकिन इसके लिए प्रयत्न करने में हमारी कोई रुचि नहीं है। हम जीवन में धन-वैभव की निस्सारता पग-पग पर देखते रहते हैं।

प्रकृति से मैं वस्तुवादी भौतिकतावादी हूँ। जो कुछ मेरे लिये है लौकिक है, पारलौकिक दृष्टि मुझे मिली नहीं। अध्यात्मवाद से मैं दूर रहा, रहस्यवाद पर विश्वास नहीं है।

भगवती बाबू ने 1960 में एक कविता लिखी थी जिसमें उनके व्यक्तित्व का अन्तरंग चित्र है। कवि अपने को सलाह देता है—

देखो, सोचो, समझो, सुनो-गुनो औ जानो।
इसको, उसको सम्भव हो निज को पहचानो।
लेकिन अपना चेहरा जैसा है रहने दो।
जीवन की धारा में अपने को बहने दो।
तुम जो कुछ हो, वही रहोगे—मेरी मानो।

पल में हँस देते हो, पल में रो पड़ते हो
अपने में रम कर तुम अपने से लड़ते हो।
पर यह सब तुम करते, इस पर मुझको शक है
दर्शन मीमांसा-यह फ़ुरसत की बकझक है।
जमने की कोशिश में रोज़ तुम उखड़ते हो।

थोड़ी सी घुटन और थोड़ी रंगीनी में
चुटकी भर मिरचे में, मुट्ठी भर चीनी में।
ज़िन्दगी तुम्हारी सीमित है—इतना सच है।
इससे जो कुछ ज़्यादा, यह सब तो लालच है—
दोस्त उम्र कटने दो इस तमाशबीनी में।

(2)

मैंने अक्सर देखा है, भगवती बाबू प्रायः गुनगुनाकर कविता लिखा करते थे। वह बताते थे—भावना का आवेग मुझे कभी-कभी प्रेरित करता था कि मैं कविता के माध्यम से अपनी अभिव्यक्ति करूँ। प्रेरणा शिल्प के योग से कविता का सृजन करती है। मेरी कविता में मेरे शिल्प के साथ मेरी अन्दरवाली भावना प्रमुख होती है। भावना का रूप जीवन की परिस्थितियों के साथ बदलता रहता है। कभी हर्ष, कभी विषाद, कभी आशा, कभी निराशा, उसी के अनुरूप मेरी कविता का रंग भी बदलता रहता है। मेरी कविता में जितनी बौद्धिकता मिलती है वह उसके शिल्प में है। बौद्धिक प्राणी होने के नाते भावनात्मक अभिव्यक्ति के समय मेरा जीवन-दर्शन अनायास आ जाता है।

जिन कविताओं के कारण मेरा नाम छायावाद के प्रमुख कवियों में लिया जाता है उनमें से कोई भी कविता ऐसी नहीं जिसे मैंने किसी भावनात्मक आवेग में लिखा हो। अचानक ही गुनगुनायी हुई एक या दो पंक्तियाँ मेरे पास थीं, बाक़ी रूप लिखने के क्रम में बौद्धिक प्रयत्नों से प्रकट हुआ। मेरा अनुभव रहा है, सुनियोजित शिल्प के साथ हरेक भावना प्राणवान् होकर एक नये रूप में जन्म लेती है। किन्तु यह नियोजन प्रयत्न करने पर भी लाया नहीं जा सकता। मैं जन्मजात कवि होने के साथ जन्मजात कलाकार भी रहा। एक कुशल कलाकार एक कुशल शिल्पी भी होता है। कविता की रचना के समय उसकी समस्त मानसिक प्रक्रियाओं के दौरान मेरे अन्दर का यह शिल्पी हमेशा मेरे पास मौजूद रहता है अनजाने रूप में। मैंने कभी किसी विशेष भावना से अभिभूत होकर कोई कविता आरम्भ नहीं की। मैंने कविता लिखने के लिए कविता लिखी और भावों को कविता लिखने के क्रम में न जाने कितनी जानी-अनजानी तहों से निकाला है।

उन्होंने अपनी प्रसिद्ध कविता 'अर्पित मेरी भावना इसे स्वीकार करो' की रचना-प्रक्रिया का विस्तार से वर्णन किया है। यह कविता उन्होंने रेडियो सेवा-काल में 1955 में लिखी थी जब दिल्ली आकाशवाणी केन्द्र में हिन्दी सलाहकार थे। उन्होंने रेडियो पर एक कवि-सम्मेलन का आयोजन किया था और उसमें उन्हें भी अपनी एक नयी कविता पढ़नी थी जो उस समय तक नहीं लिखी गयी थी। आमन्त्रित कवियों में सुमित्रानन्दन पन्त और नरेन्द्र शर्मा उन्हीं के साथ ठहरे थे। सुबह के समय उनसे मिलने बहुत-से साहित्यकार आ गये थे। जब सब लोग ड्राइंग रूम में बैठे बतिया रहे थे, वह चुपचाप उठकर, अपने कमरे में चले आये। कविता लिखनी थी और उनकी समझ में नहीं आ रहा था कि क्या लिखें? अचानक उनके मन में एक पंक्ति उठी—अर्पित मेरी भावना इसे स्वीकार करो। कुछ देर गुनगुनाने के बाद उन्होंने उसे काग़ज़ पर लिखा और क़लम चल पड़ी। उनके अन्दर का कवि और शिल्पी उस भावना के समर्पण को रूप देने लगा।

तुमने गति का संघर्ष दिया मेरे मन को,
सपनों की छवि के इन्द्रजाल का सम्मोहन
तुमने आँसू की सृष्टि रची है आँखों में।
अधरों को दी है शुभ्र मधुरिमा की पुलकन
उल्लास और उच्छ्वास तुम्हारे ही अवयव

(3)

भगवती बाबू जिस प्रकार जन्मजात कवि थे उसी प्रकार जन्मजात कथाकार-उपन्यासकार थे। उनके कवि का जन्म 14-15 वर्ष की आयु में कानपुर में हुआ। उनके उपन्यासकार का जन्म 27-28 वर्ष की आयु में उनकी माँ की जन्मभूमि हमीरपुर में हुआ। कहानी बुनने और गढ़ने की प्रवृत्ति माँ से घुट्टी में पायी।

वह अपने पहले उपन्यास 'पतन' की गणना अपने उपन्यासों में नहीं करते थे, उसे प्रायोगिक रचना मानते थे। अपना पहला उपन्यास 'चित्रलेखा' मानते थे, जिसे 1930-31 में हमीरपुर में आरम्भ किया और दो-ढाई साल में डेढ़ सौ पन्ने का उपन्यास पूरा किया, 1934 में प्रकाशित हुआ। उन्होंने कुल 15 उपन्यास लिखे। 1931 से 1946 के बीच, जो उनके जीवन का भंयकर संघर्षकाल था, पन्द्रह वर्षों में तीन उपन्यास लिखे। 1957 में पूर्णकालिक शुद्ध साहित्यिक जीवन बिताने और अपनी पुस्तकों की रायल्टी की आय से जीविकोपार्जन करने का संकल्प लेने के बाद 1981 तक चौबीस वर्षों में एक दर्जन उपन्यास लिखे। उन्होंने लगभग पाँच हजार पृष्ठ के उपन्यासों का सृजन किया। चार बड़े उपन्यास लगभग ढाई हज़ार पृष्ठ के थे। उनके अतिरिक्त लगभग 300-350 पृष्ठों के पाँच मझोले उपन्यास तथा डेढ़-दो सौ पृष्ठ के छह छोटे उपन्यास लिखे। उनके चार बड़े उपन्यास—'टेढ़े-मेढ़े रास्ते, 'भूले-बिसरे चित्र', 'सीधी-सच्ची बातें' तथा 'प्रश्न और मरीचिका', मझोले उपन्यासों में 'सामर्थ्य और सीमा' तथा 'सबहि नचावत राम गोसाईं' तथा छोटे उपन्यासों में 'चित्रलेखा' उनकी सबसे उल्लेखनीय कृतियाँ हैं। अन्तिम काल में लिखी गयी उनकी तीन रचनाओं में 'धुप्पल' भी है जिसे आत्मकथापरक उपन्यास की संज्ञा दी गयी है। वास्तव में यह उनकी अधूरी आत्मकथा का ही संशोधित रूप है। उनकी अधूरी आत्मकथा 'कहि न जाय का कहिये' शीर्षक से प्रकाशित हो गयी है। इसमें उनका 1935 तक का जीवन वृत्तान्त है। उन्होंने अपने अन्तिम दिनों में घाघ कवि की कहावत 'ददुवा हम पै विपदा तीन' को अपने जीवन पर घटित करते हुए तीन आत्मकथात्मक लेख, एक तो बड़ेन-बड़ेन मा नाम, 'दूजे बसे डगर माँ गाम' तथा 'तापै भये वित्त से हीन' लिखे थे। इन्हें भी उसी में जोड़ दिया गया है।

भगवती बाबू के 15 उपन्यासों में तीन 'चित्रलेखा', 'तीन वर्ष' तथा 'टेढ़े-मेढ़े रास्ते' को छोड़कर बाक़ी सभी एक दर्जन उपन्यास लखनऊ निवास-काल में लिखे गये। मुझे उनके सभी मुख्य उपन्यासों के मुख्यांश उनके मुख से सुनने अथवा उनके सामने बैठकर पाण्डुलिपि के रूप में पढ़ने का अवसर मिला। उनके महानगरवासी बनने के बाद मुझे उनके उपन्यास लेखन तथा उपन्यासों की रचना-प्रक्रिया को निकट से देखने का सुअवसर मिला। उनका उपन्यास लिखने का कोई निर्धारित समय नहीं था, कभी सुबह लिखते, कभी दोपहर के समय। सन्ध्या काल सैर-सपाटे का समय होता था। कभी अपने ड्राइंग रूम में बैठकर लिखते, कभी

ड्राइंग रूम से लगे हुए बरामदे में। बरामदा उनका सबसे प्रिय लिखने का स्थान था। बाहर लान में सबसे छोटे बेटे धीरेन्द्र के बच्चे खेला करते। लान के बाद बँगले की चहारदीवारी और उसके बाद सड़क। बरामदे में बैठे हुए सड़क की चहल-पहल दिखायी पड़ती, कभी रोडवेज की बसें दौड़ती हुई निकल जातीं, कभी इक्का-दुक्का कारें और कभी रिक्शे। सड़क की इस चहल-पहल अथवा लान में बच्चों की किलकारियों से उनका ध्यान भंग नहीं होता था। लिखते समय वह अपने में तल्लीन हो जाते थे। मन की स्क्रीन पर उपन्यास की कल्पित दुनिया के चित्र उमड़ते जाते और उनकी लेखनी उन्हें शब्दबद्ध करती जाती। वह कभी अन्य उपन्यासकारों की भाँति उपन्यास की कोई रूप-रेखा नहीं तैयार करते थे, कोई पेपर वर्क नही करते थे, उपन्यास की थीम अवश्य उनके मन में रहती थी। उसे कैसे आरम्भ करेंगे और उसका अन्त क्या होगा, यह भी पहले से सोच लेते थे। इसके बाद लिखने बैठ जाते थे। कथा बुनने और गढ़ने का काम अपने अन्दर के कथाकार पर छोड़ देते थे। उनके अन्दर एक कलाकार अथवा शिल्पकार था जो संयोजन और सन्तुलन का उसी प्रकार ध्यान रखता था जैसे कोई चित्रकार चित्र बनाते समय अथवा मूर्तिकार मूर्ति गढ़ते समय रखता है।

उन्हें एक बार लिखने के बाद बहुत कम काट-छाँट की आवश्यकता पड़ती थी। कभी-कभी उपन्यास की गाड़ी अटक जाती तो अवश्य लिखे हुए पन्नों पर दुबारा नज़र डालते थे। कभी-कभी तीन-तीन, चार-चार, पेज या पूरा चैप्टर भी काट देते और क़लम फिर चल पड़ती थी। उनकी पाण्डुलिपि किसी संगीत की स्वर-लिपि जैसी होती थी। कुछ अक्षरों की रेखाएँ जैसे स्वर और ताल के साथ ऊपर या नीचे निकल जाती थीं। पहली पाण्डुलिपि तैयार होने के बाद प्रेस कापी तैयार करते थे। उसमें संशोधन और सम्पादन करते जाते। कभी-कभी उपन्यास के एक-दो परिच्छेद बाक़ी रह जाते, तभी प्रेस कापी तैयार करने बैठ जाते थे।

वह सौन्दर्य प्रिय थे। उपन्यास लिखने के बढ़िया चिकने काग़ज़ के चमड़े की जिल्दवाले रजिस्टर दफ़्तरी से बनवा लेते थे। कितनी बार मैं उनके साथ पेपर मर्चेण्ट की दुकान पर काग़ज़ ख़रीदने और फिर रजिस्टर बनाने के लिए दफ़्तरी को देने के लिए साथ गया हूँ। जब 'नवजीवन' के प्रधान सम्पादक बनकर आये थे और दस-ग्यारह महीने के बाद त्यागपत्र दे दिया था तो उनकी सेक्रेटेरियट टेबुल की दराज़ में एक मोटा, चमड़े की जिल्दवाला रजिस्टर मिला था। सम्भवतः उपन्यास लिखने के लिए बम्बई से लाये होंगे। कितने दिनों तक उनकी यादगार के रूप में मेरे पास पड़ा रहा। बाद में वह चमड़े के जिल्द बँधे रजिस्टर की जगह बढ़िया चिकने काग़ज़ की प्लास्टिक की जिल्दवाली बड़े साइज़ की 300-350 पेज की कापी का इस्तेमाल करने लगे। वह उपन्यास, कविता या लेख लिखने के लिए बढ़िया-से-बढ़िया क़ीमती फाउण्टेनपेन का इस्तेमाल करते थे जिसमें स्याही का प्रवाह समान गति से होता है। वह एक दिन में 7-8 पेज और कभी 10-12 पेज का गैटर आसानी से लिख लेते थे। उनके उपन्यास 'भूले-बिसरे चित्र' के अन्तिम खण्ड की पाण्डुलिपि, ट्रेन से दिल्ली जाते समय खो गयी थी। लगभग 150 पेज के उस खण्ड की पाण्डुलिपि अपनी स्मृति से 10-12 दिन में दुबारा तैयार कर दी।

वह उपन्यास में परफेक्शन लाने—उसे सर्वाङ्गपूर्ण बनाने के लिए पुनर्लेखन में विश्वास नहीं करते थे। एक बार जो लिख दिया वही फाइनल। पहले दो उपन्यासों (चित्रलेखा तथा

तीन वर्ष) को छोड़कर उनका उपन्यास लेखन बहुत-कुछ अख़बारी लेखन के ढंग का होता था। अख़बार-चाहे दैनिक पत्र हो, चाहे साप्ताहिक या मासिक पत्र, उसमें हर काम की 'डेड लाइन' बँधी होती है, क्योंकि एक निश्चित समयावधि में निकालना पड़ता है। जब 'नवजीवन' में प्रधान सम्पादक थे, सिर्फ़ दो कालम का सम्पादकीय लिख देना अपना दायित्व मानते थे, बाक़ी सारा दायित्व समाचार सम्पादक के नाते मेरे ऊपर था। सम्पादकीय प्रायः दोपहर डेढ़ बजे तक लिखकर दे देना पड़ता था। वह प्रायः ग्यारह बजे तक दफ़्तर आते थे। उस दिन के सभी प्रमुख अंग्रेज़ी और हिन्दी दैनिक उनकी मेज़ पर रहते थे। उन पर सरसरी नज़र डाल लेते थे। 10-15 मिनट चाय की चुस्कियों के साथ मुझसे बतियाते थे। यदि सम्पादकीय का विषय घर से ही सोचकर आते तो मुझे बताते, यदि नहीं सोचकर आते तो मुझसे राय-मशविरा करते और इसके बाद लिखने बैठ जाते। प्रायः डेढ़ घण्टे में डेढ़ कालम का अग्रलेख तथा आधे कालम की एक और कभी दो टिप्पणियाँ लिख डालते। 'टेढ़े-मेढ़े रास्ते' के लेखन के समय में उनकी आदत पड़ गयी थी कि आधा उपन्यास पूरा हो जाने पर प्रकाशक को पाण्डुलिपि सौंप देते थे कि वह उसे कम्पोजिंग के लिए प्रेस में दे दे। प्रकाशक को भरोसा रहता था कि जब तक इतना मैटर कम्पोज करवायेगा, तब तक वह और कापी दे देंगे। इस तरह कम्पोजिंग रुकने नहीं पायेगी और उपन्यास एक निश्चित समयावधि में तैयार हो जायेगा। इससे उनके मन में भी उपन्यास को पूरा करने के लिए एक 'डेड लाइन' बँध जाती थी। जब से वह गृहस्थी चलाने के लिए पुस्तक की रायल्टी से होनेवाली बँधी आय पर निर्भर हो गये थे, उनके लिए आवश्यक हो गया था कि साल में उनका एक नया उपन्यास बाज़ार में आता रहे। इसलिए बड़े उपन्यासों के बीच में एक-दो छोटे या मझोले उपन्यास लिखते रहते थे। जब 1957 में पूर्णकालिक शुद्ध साहित्यिक जीवन बिताने का फैसला लिया था, उनकी पुस्तकों की रायल्टी से आय छह-सात हज़ार साल यानी 500-600 रु. महीना थी। छह-सात साल के बाद 1960 के दशक में एक दिन हम लोगों की सन्ध्याकालीन गोष्ठी में उन्होंने हमें ख़ुशख़बरी दी थी कि उनकी रायल्टी की आय ढाई हज़ार रु. प्रतिमाह हो गयी है।

उन्होंने एक बार हम लोगों की सन्ध्यागोष्ठी में विस्तार से बताया था कि उन्हें अपना प्रथम उपन्यास 'चित्रलेखा' लिखने की प्रेरणा कैसे मिली। कानपुर में वकालत न चलने पर हमीरपुर यह सोचकर गये थे कि छोटा शहर है, वहाँ शायद वकालत चल जाये। एक दफ़्तर भी किराये पर ले लिया था, एक मुन्शी भी रख लिया था। परन्तु दिन भर मुवक्किलों के आने की उम्मीद में खाली बैठे हुए मक्खियाँ मारनी पड़ती थीं। घुटन, कुण्ठा और निष्क्रियता से भरे वातावरण में ज़िन्दगी बीत रही थी। समय की प्रचुरता थी। जीवन की असफलता को ढँकने के लिए अपने को किसी सर्जनात्मक साहित्यिक कृति की रचना में लगा देने की प्रवृत्ति मन में पहले से मौजूद थी। अनातोले फ्रांस की 'थाया' पढ़कर पाप और पुण्य की समस्या मन में चक्कर लगा रही थी। एक दिन सहसा मन के अन्दर घुटन और कुण्ठा के काले मेघों को छिन्न-भिन्न करता हुआ एक प्रकाश-पुञ्ज उनके अन्दर प्रस्फुटित हुआ। उन्हें पता नहीं था कि यह उनके अन्दर का कथाकार था जो गहरी नींद से जाग उठा था। उन्होंने क़लम उठायी और लिख दिया—

श्वेतांक ने पूछा—'और पाप?'

और 'चित्रलेखा' उपन्यास का लेखन आरम्भ हो गया। उनके अन्दर का कथाकार मानो गुरु रत्नाम्बर के रूप में उपक्रमणिका में अवतरित हो गया। क़लम आगे चली—

महाप्रभु रत्नाम्बर मानो एक गहरी निद्रा से चौंक उठे। उन्होंने श्वेतांक की ओर एक बार बड़े ध्यान से देखा—'पाप? बड़ा कठिन प्रश्न है वत्स। पर साथ ही बड़ा स्वाभाविक। तुम पूछते हो पाप क्या है?' इसके बाद रत्नाम्बर ने कुछ देर तक कोलाहल से भरे पाटलिपुत्र की ओर, जिसके गगनचुम्बन करने का दम्भ भरनेवाले ऊँचे-ऊँचे प्रासाद अरुणिमा के धुँधले प्रकाश में अब भी दिखलायी दे रहे थे देखा—'हाँ, पाप की परिभाषा करने की मैंने भी कई बार चेष्टा की, पर सदा असफल रहा हूँ। पाप क्या है, और उसका निवास कहाँ है, यह एक बड़ी कठिन समस्या है, जिसको आज तक नहीं सुलझा सका हूँ। अविकल परिश्रम करने के बाद, अनुभव के सागर में उतराने के बाद भी जिस समस्या को नहीं हल कर सका हूँ, उसे किस प्रकार तुमको समझा दूँ?'

रत्नाम्बर ने रुककर फिर कहा—'पर श्वेतांक, यदि तुम पाप को जानना ही चाहते हो तो तुम्हें संसार में ढूँढ़ना पड़ेगा। इसके लिए यदि तैयार हो तो सम्भव है, पाप का पता लगा सको।'

श्वेतांक ने रत्नाम्बर के सामने मस्तक नमाते हुए कहा—'मैं प्रस्तुत हूँ।' इसके बाद रत्नाम्बर अपने दूसरे शिष्य विशालदेव से पूछते हैं 'और कदाचित् तुम भी पाप को ढूँढ़ना चाहोगे? विशालदेव गुरु के सामने मस्तक नमाकर कहता है—' 'महाप्रभु का अनुमान उचित है।'

गुरु रत्नाम्बर अपने दोनों शिष्यों को मगध साम्राज्य की राजधानी पाटलिपुत्र के निवासी एक योगी और एक भोगी के पास ले जाते हैं? योगी का नाम था—कुमारगिरि, भोगी का नाम सामन्त बीजगुप्त। विशालदेव ब्राह्मण था, ध्यान और आराधना में अनुरक्ति थी। योगी कुमारगिरि भी ब्राह्मण था, युवावस्था में ही विरक्त हो गया था। अपनी वासनाओं का उन्मूलन कर दिया था, क्योंकि वासनाओं को ही पाप का मूल मानता था। अपने अन्दर वासनाओं को उत्पन्न होने ही नहीं देता था, जिससे मुख पर अलौकिक शक्ति का तेज चमकता था। गुरुदेव रत्नाम्बर अपने शिष्य विशालदेव को साल भर के लिए योगी कुमारगिरि के सुपुर्द कर देते हैं ताकि वह जीवन का अनुभव प्राप्त कर सके। पुण्य का रूप देख ले तो पाप का पता चल जायेगा।

श्वेतांक क्षत्रिय था और सामन्त बीजगुप्त भी क्षत्रिय था। राज्यसत्ता का स्तम्भ था। पच्चीस वर्ष का युवा हो जाने पर भी अविवाहित था। उसके हृदय में यौवन की उमंग तथा मस्ती और आँखों में मदिरा की लाली रहती थी। मगध की सर्वसुन्दरी युवती, राजनर्तकी चित्रलेखा नृत्य और संगीत कला में ही दक्ष नहीं थी, परम मेधाविनी और पण्डिता थी, अतुल वैभव की स्वामिनी थी। वेश्या नहीं थी। स्वेच्छा से सामन्त बीजगुप्त का वरण पति के रूप में कर लिया था। इसके पहले उसके जीवन में दो पुरुषों का प्रवेश हो चुका था। सामन्त बीजगुप्त और राजनर्तकी चित्रलेखा दोनों पति-पत्नी के रूप में जीवन व्यतीत करते थे। गुरुदेव रत्नाम्बर, श्वेतांक को अपने भूतपूर्व शिष्य बीजगुप्त के सुपुर्द कर देते हैं, ताकि वह साल भर उनके भवन में, उनके साथ छाया की तरह रहकर, जहाँ दिन-रात रत्नजड़ित पात्रों में मदिरा,

मस्ती और संसार की समस्त वासनाओं का निवास रहता था, पता लगा सके कि पाप क्या है?

उपन्यास आरम्भ करने से पहले भगवती बाबू ने मन में उसकी थीम सोच ली थी। पाप और पुण्य की शाश्वत समस्या पर विचार करते हुए उनके मन में भाव उठा था—जिसे पापी कहा जाता है वह पापी न होकर एक बहुत बड़ा महात्मा हो सकता है और जो बहुत बड़ा महात्मा समझा जाता है वह पापी हो सकता है। उन्हें अपने उपन्यास में योगी और भोगी का चरित्रांकन करते हुए दिखाना था कि भोगी का चरित्र योगी के चरित्र से कहीं अधिक ऊँचा उतरता है, क्योंकि उसके चरित्र में कहीं किसी तरह की कुण्ठा नहीं, उसके जीवन में किसी तरह का अवरोध नहीं। यह स्थिर कर लेने के बाद उन्होंने अपने उपन्यास की कथा बुनने और मढ़ने का भार अपने अन्दर के कथाकार को सौंप दिया। कथा में संयोजन और सन्तुलन बनाये रखने का दायित्व उनके अन्दर निवास करनेवाले कलाकार का था।

उनका पहला उपन्यास कितना शक्तिशाली और प्रभावशाली था, इसका प्रथम अनुभव तब हुआ जब वे अपने कवि-मित्र हितैषी के साथ भदरी गये। वहाँ राजभवन में सायंकालीन गोष्ठी में पहले हितैषी का काव्य-पाठ हुआ। इसके बाद उनसे कविता सुनाने का अनुरोध किया गया। उन्होंने अपना काव्य पाठ न कर अपने लिखे जा रहे अधूरे उपन्यास के पाँच-छह परिच्छेद पढ़कर सुनाये। सभी उनके उस उपन्यास को सुनकर पुलकित, विस्मित और चकित हो गये। तभी भगवती बाबू को विश्वास हो गया कि वह केवल कवि नहीं हैं, एक सशक्त उपन्यासकार की भी क्षमता रखते हैं।

—————

श्रीलाल शुक्ल

भगवतीचरण वर्मा : जीवन और साहित्य

भगवतीचरण वर्मा के आलोचकों को प्रायः यह शिकायत रही है कि साहित्यिक कर्म के विषय में उनकी अवधारणा हलकेपन की थी। इस धारणा को मजबूत करने में स्वयं भगवती बाबू का हाथ रहा है जो अपने मौखिक वक्तव्यों, प्रकाशित साक्षात्कारों और लेखों में कभी भी यह कहते न चूकते थे कि "मैं तो भाई, अपनी जीविका के लिए लिखता हूँ और साहित्य के ऊँचे या गहरे उद्देश्यों से मेरा कोई मतलब नहीं है।" कुछ हद तक यह वक्तव्य सही भी है, क्योंकि आरम्भिक वर्षों में 'एक दिन' और बाद में 'युवराज चूड़ा' जैसी कृतियाँ भगवती बाबू ने केवल आर्थिक दृष्टि से लिखीं, पर यह भुलाना भी मुश्किल है कि लेखक अभिव्यक्ति की अनिवार्यता से प्रेरित हो या शुद्ध व्यावसायिकता से, अन्ततः उसकी क्षमता, कुशलता और प्रतिभा ही विजयी होती है। इस दृष्टि से देखा जाय तो भगवती बाबू ने जो ऐसी बहुत ही रचनाएँ केवल हलकेपन या खिलन्दड़ी मुद्रा में लिखीं, उनमें भी कई अंश अत्यन्त सक्षम और महत्त्वपूर्ण हैं। आख़िरकार, 'मुग़लों ने सल्तनत बख़्श दी,' 'प्रायश्चित्त' या 'दो बाँके' जैसी रचनाएँ खिलन्दड़ी मुद्रा में ही लिखी जा सकती थीं। परन्तु इसके बावजूद तत्कालीन सामाजिक मूल्यों और वृत्तियों पर इनसे ज़्यादा दिलचस्प या खरा व्यंग्य—निराला को छोड़कर—उस समय किसी भी लेखक की क़लम से नहीं आ रहा था। भगवती बाबू के साहित्य का आकलन करते हुए यह एक बड़ी विडम्बना होगी कि उसे स्वयं भगवती बाबू द्वारा निर्धारित मानदण्डों पर आँका जाय और उस पर साहित्य के अन्य वस्तुपरक मानदण्ड न लागू किये जायें।

जो भी हो, 1924 में जब भगवती बाबू ने इलाहाबाद विश्वविद्यालय में प्रवेश लिया, और उस समय के 'आक्सफोर्ड एण्ड कैम्ब्रिज' हॉस्टल में रहना शुरू किया तो उनकी स्थिति उन्हीं के उपन्यास 'तीन वर्ष' के कुछ पात्रों से मिलती थी। वे बाईस वर्ष के होनेवाले थे, स्वयं मध्य-वित्त परिवार में उत्पन्न होकर, पारिवारिक बँटवारों और परिवार के कर्त्ताओं की असामयिक मृत्यु से उत्पन्न विपन्नता तथा दूसरी कठिनाइयाँ झेलते हुए भी वे अपने मध्य-वित्त संस्कारों को यथावत् सुरक्षित रखे हुए थे, और उनमें सबसे महत्त्वपूर्ण प्रवृत्ति थी—किसी के समक्ष दीनता न दिखाना, किसी से सहानुभूति की भीख़ न माँगना, स्वयं आत्मदया से द्रवित न होना, बड़ी-से-बड़ी विपत्ति को मानव-समाज में घटनेवाली एक सामान्य घटना मानते हुए उससे कम-से-कम विक्षुब्ध होना और साहित्य के क्षेत्र में उनकी प्रवृत्ति उन्हें जिधर लिये जा रही थी उस ओर अपने को स्वच्छन्द छोड़ते हुए अपने विरुद्ध कोई मानसिक अवरोध न उत्पन्न होने देना। ऐसी स्थिति में एक प्रकार की लापरवाही, निर्भीकता, उलझनों के प्रति उदासीनता, यथार्थ के प्रति सिनिसिज़्म जैसी प्रवृत्तियाँ भी कभी-कभी पैदा होती हैं, जो अब तक भगवती बाबू के स्वभाव का अंग बन चुकी थीं।

उन दिनों के भगवती बाबू को जानने के लिए इस स्थिति की कल्पना कीजिये : वे इलाहाबाद विश्वविद्यालय के छात्र हैं, उनका उद्देश्य गहन अध्ययन करना या अपना अधिक-से-अधिक बौद्धिक विकास करना नहीं है। वे केवल एक डिग्री चाहते हैं, इसलिए बी.ए. में उन विषयों को जल्दी-जल्दी स्वीकार करते हैं जिनके पीरियड शुरू में पड़ते हों, ताकि मध्याह्न तक वे प्रतिदिन स्वच्छन्द हो जायें। प्रत्येक शुक्रवार को वे इलाहाबद से कानपुर आते हैं, क्योंकि उनकी पत्नी कानपुर में हैं और सोमवार को भी कानुपर में रहकर, मंगलवार को वे पुनः विश्वविद्यालय में आ जाते हैं। बी.ए. की तैयारी इसी तरह होती है, सप्ताह में तीन दिन वे प्रायः अपने परिवार के साथ कानपुर में बिताते हैं और शेष चार दिनों के कुछ घण्टे विश्वविद्यालय में।

ग़रीब हैं, फिर भी अच्छे सूट पहनते हैं। टेनिस, नाटक आदि का शौक़ है। दुबले-पतले हैं, शरीर केवल पाँच फीट साढ़े तीन इंच, पर वेल-प्रोपोर्शण्ड हैं, यानी सुविभक्तांग। आँखें बड़ी-बड़ी और कभी स्नेहपूर्ण और किसी समय क्रोध की मुद्रा ग्रहण किये हुए; खुली तबीयत, अपना स्नेह और नाराज़गी, पसन्द और नापसन्दगी ऊँचे स्वर में व्यक्त करने के लिए हमेशा तैयार। पत्नी उमा के प्रति अत्यन्त स्नेहपूर्ण और करुणाभाव से ग्रसित, क्योंकि उसके स्नेह और त्याग का प्रतिक़ार करने में वे अपने को सर्वथा असमर्थ पा रहे हैं। बिना अपने को दीन बनाये हुए, आर्थिक संकट झेलते हुए, कुछ अर्थार्जन भी करते हुए वे अपनी पढ़ाई का ख़र्च स्वयं चलाते हैं, कुछ हद तक परिवार का भी। इन परिस्थितियों में यदि कवि भगवतीचरण वर्मा का दृष्टिकोण जीवन के प्रति भाग्यवादी हो जाय और वे जीवन को दिन-प्रतिदिन के स्तर पर ही जीने की स्थिति मानने लगें तो आश्चर्य नहीं होना चाहिए।

इलाहाबाद विश्वविद्यालय में वर्मा जी का सम्पर्क श्री सुमित्रानन्दन पन्त से हुआ और कुछ ही समय में दोनों का परिचय आजीवन मैत्री में बदल गया। वहीं श्री रामकुमार वर्मा से भी उनकी मैत्री हुई। साहित्यिक जीवन के उन्हें खट्टे-मीठे अनुभव होते रहे। उदाहरण के लिए, आर्थिक दुश्चिन्ताओं से घिरे हुए वे 'अभ्युदय' के सम्पादक कृष्णकान्त मालवीय से मिलने गये। मालवीय जी को ज्ञात था कि वर्मा जी दान या मदद के रूप में कुछ नहीं लेंगे, इसलिए उन्होंने वर्मा जी को एक अंग्रेज़ी का लघु उपन्यास हिन्दी में अनुवाद करने के लिए दिया। इस कार्य के लिए वर्मा जी को पचास रुपये मिले जो उन दिनों छोटी रक़म न थी। उपन्यास का अनुवाद कभी नहीं छपा, शायद मालवीय जी को अनुवाद की आवश्यकता थी ही नहीं।

1925 में वर्मा जी के यहाँ कन्या ने जन्म लिया। नामकरण हुआ शकुन्तला। वे आज की विदुषी महिला डॉ. (श्रीमती) शकुन्तला श्रीवास्तव हैं।

1926 में द्वितीय श्रेणी में बी.ए. पास करने के बाद उन्होंने हिन्दी में एम.ए. करना चाहा, उसी के साथ क़ानून की डिग्री के लिए भी नाम लिखाया। प्रथम श्रेणी में एम.ए. (प्रीवियस) की परीक्षा पास की और एम.ए. का कोर्स पूरा करने के बजाय अगले वर्ष एल-एल. बी. कोर्स का अन्तिम वर्ष पूरा किया। इस प्रकार 1928 में वे बाक़ायदा एल-एल.बी. बन गये।

एल-एल. बी. की डिग्री से लैस होकर वे वकालत करने के लिए कानपुर लौटे। पर उन्हें शुरू से ही लगा कि एम.ए. फाइनल की जगह एल-एल. बी. को प्राथमिकता देकर उन्होंने ग़लती की है। घर के लोगों को भी ऐसा अनुभव हो रहा था कि एम.ए. की डिग्री उनकी जीविका के लिए अधिक उपयोगी सिद्ध होती। घर का वातावरण उदासीभरा था, जमा-पूँजी

ख़र्च हो चुकी थी, विद्या अर्थकरी नहीं सिद्ध हो रही थी। इसी दौरान भगवती बाबू के यहाँ दूसरी सन्तान पैदा हो चुकी थी। इस पुत्र का नाम रखा गया अभय—पूरा नाम अभयप्रताप सिंह।

अपनी एक ताई के प्रोत्साहन से वे इलाहाबाद वापस आये और उन्होंने एम.ए. फाइनल में प्रवेश ले लिया। पर समूची पारिवारिक स्थिति उनको बराबर टीसती रहती थी और उनको स्पष्ट हो गया था कि विश्वविद्यालय में टिककर आगे की पढ़ाई करने का समय समाप्त हो चुका है, इसलिए दो महीने बाद ही वे विश्वविद्यालय छोड़कर फिर कानपुर आ गये और अपने पिता के एक पुराने सहयोगी वकील बाबू मुन्नालाल के जूनियर के रूप में उन्होंने वकालत शुरू कर दी।

1928 की सबसे विशिष्ट घटना यह है कि उस वर्ष वर्मा जी ने अपना पहला उपन्यास 'पतन' पूरा किया और वह गंगा पुस्तक माला, लखनऊ में प्रकाशित हुआ। कविता के साथ-साथ उपन्यास की ओर उन्मुख होने का प्रमुख कारण कदाचित् आर्थिक था, वर्मा जी को विदित था कि गद्य लिखकर कविता की अपेक्षा अधिक अर्थार्जन हो सकता है। पर वास्तविक स्थिति यही है कि वर्मा जी की प्रतिभा बहुआयामी थी और लेखन के विभिन्न स्वरूपों में निरन्तर अपनी अभिव्यक्ति का माध्यम खोजती रहती थी।

'पतन' वर्मा जी का पहला उपन्यास है और कई अर्थों में अपरिपक्व है। किन्तु कथा लेखन के क्षेत्र में वर्मा जी के जो चिन्तन-विषय आगे विकसित हुए उनका पर्याप्त आभास 'पतन' में मिल जाता है। पहली उल्लेखनीय बात तो यही है कि वे उपन्यास को मुख्यतः एक रोचक और काल्पनिक वृत्तान्त के रूप में देखते हैं और इस कारण अपने तथाकथित ऐतिहासिक उपन्यासों में भी तथ्यपूर्ण ऐतिहासिक सामग्री का समावेश आवश्यक नहीं मानते हैं। 'पतन' का कथानक अवध के अन्तिम बादशाह वाजिदअली शाह के समय का है और इस दृष्टि से इसे ऐतिहासिक उपन्यास कहा जा सकता है। किन्तु उपन्यास का ऐतिहासिकता से कोई विशेष सम्बन्ध नहीं है। वस्तुतः यह प्रेम, घृणा, प्रतिस्पर्द्धा, व्यक्तिगत सत्ता और शक्ति की प्राप्ति और प्रयोग आदि की पूर्णतया काल्पनिक और कुछ स्तरों पर, चमत्कारिक कथा है, जिसमें इतिहास के क्षीण तन्तुओं का केवल रोचकता बढ़ाने के लिए प्रयोग किया गया है। आगे चलकर वर्मा जी ने 'चित्रलेखा' नामक जो सुविख्यात उपन्यास लिखा, उसमें भी ऐतिहासिक और सांस्कृतिक परिवेश को केवल पृष्ठभूमि की भाँति इस्तेमाल करने की प्रवृत्ति इसी रूप में मिलती है।

वकालत तो नहीं चली पर उन दिनों वर्मा जी ने कई कविताएँ लिखीं, पत्रिकाओं में उनका नाम एक परिचित कवि के रूप में छपने लगा और कवि-सम्मेलनों में उन्हें उत्साह से बुलाया जाने लगा। कवि-सम्मेलनों में उनकी लोकप्रियता का कारण कविताएँ ही नहीं, उनके सस्वर पाठ की विशिष्ट शैली भी थी जो उस समय के घनाक्षरी-सवैया सुनानेवाले कवियों के ढर्रे से अलग थी। 'क्रय-विक्रय', 'कसक कहानी', 'नूरजहाँ की क़ब्र पर' जैसी कविताएँ जो अधिकांशतः बाद में 'मधुकण' में संगृहीत हुईं, उन्हीं दिनों की देन हैं, और, जैसा कि पहले उल्लेख किया गया, प्रथम उपन्यास 'पतन' भी उन्हीं दिनों लिखा गया। इस उपन्यास का प्रकाशनाधिकार वर्मा जी को गंगा पुस्तकमाला के संचालक और प्रकाशक श्री दुलारेलाल भार्गव के हाथ बारह आना (पचहत्तर पैसे) प्रति पृष्ठ की दर से बेचना पड़ा था। उस समय हिन्दी प्रकाशन के क्षेत्र में ऐसी ही परम्परा थी। गंगा-पुस्तकमाला के हाथ पं. सूर्यकान्त त्रिपाठी

'निराला' तक को अपनी कुछ पुस्तकों का प्रकाशनाधिकार लगभग ऐसी ही दरों पर सौंपना पड़ा था।

'पतन' का प्रकाशन 1928 में हुआ था और 1929 के अप्रैल में वर्मा जी को बुन्देलखण्ड की रियासत छतरपुर से वहाँ आने का निमन्त्रण प्राप्त हुआ। यह निमन्त्रण स्वयं महाराजा छतरपुर का था और उसे उनकी ओर से उस समय के प्रसिद्ध साहित्यकार और आलोचक तथा महाराजा के सचिव बाबू गुलाबराय ने भिजवाया था। महाराजा 'पतन' में अवध के अन्तिम नवाब वाजिदअली शाह का प्रसंग देखकर अवध के इतिहास के प्रति आकृष्ट हुए थे और उसके कुछ पक्षों पर भगवती बाबू से न केवल विचार-विमर्श करना चाहते थे, बल्कि उनसे कुछ लिखवाना भी चाहते थे।

भगवती बाबू ने उत्साहपूर्वक यह निमन्त्रण स्वीकार किया, यद्यपि उन्हें उसके उद्देश्य का पता न था। वहाँ उनका सम्पर्क बाबू गुलाबराय से हुआ और उन्हें बुन्देलखण्ड की सुषमा तथा खजुराहो के ऐतिहासिक मन्दिरों को देखने का अवसर प्राप्त हुआ। (खजुराहो तक छतरपुर रियासत का ही भाग था।) किन्तु महाराजा के साथ साक्षात्कार निरर्थक सिद्ध हुआ। वर्मा जी को अवध के इतिहास में कोई दिलचस्पी नहीं थी और न उन्होंने उसे पढ़ा ही था। यह उनके चरित्र और स्वभाव की ऋजुता का परिचायक है कि गोल-मटोल जवाब देकर उन्होंने महाराजा को उलझाने और अपनी इच्छानुकूल कोई साहित्यिक कार्य हाथ में लेने की कोशिश नहीं की। केवल सन्तोषजनक विदाई प्राप्त करके वे कानपुर लौट आये।

ऊपर से मध्य-वित्त दिखनेवाले भगवती बाबू का परिवार अभावों के दौर से गुज़र रहा था और उस समय उनके जीवन में सार्थकता का जो भी अनुभव हो सकता था, वह साहित्य के माध्यम से था। वकालत में न उनकी रुचि थी और न ही वह चल रही थी। यह उनकी प्राणवत्ता ही थी जो उस समय भी उन्हें कौशिक-मण्डली का एक सक्रिय सदस्य बनाये हुए थी। ऐसी स्थिति में, 1929 में , पत्नी उमा यक्ष्मा की शिकार हुईं। उस समय यह जानलेवा बीमारी थी और इलाज के लिए उन्हें जलवायु-परिवर्तन की सलाह दी गयी। इलाहाबाद विश्वविद्यालय के अपने एक पुराने साथी की सहायता से, जो अल्मोड़ा क्षेत्र के एक सम्पन्न नागरिक थे, उन्होंने अपनी पत्नी तथा परिवार के दूसरे सदस्यों को अल्मोड़ा में रखने की व्यवस्था की। वहाँ के डॉक्टरों की देखरेख में उमा जी के स्वास्थ्य में सुधार हुआ। इस दौरान वर्मा जी बराबर अल्मोड़ा आते-जाते रहे, पर वकालत के नाम पर प्रायः कानपुर ही में रहते रहे। 1930 के शरद्काल में उमा जी सपरिवार अल्मोड़ा से कानपुर वापस आयीं। तब तक भगवती बाबू को विश्वास हो गया था कि वे कानपुर में वकालत करके सफल नहीं हो सकेंगे। अतः उन्होंने पूरे परिवार के साथ कानपुर से लगभग चालीस मील दूर हमीरपुर में बसकर वकालत शुरू करने का निश्चय किया। हमीरपुर में भगवती बाबू का ननिहाल था और वहाँ उनके नाना का बहुत बड़ा मकान भी था। फिर भी उन्होंने अलग एक मकान किराये पर लिया, बाज़ार में आफ़िस के लिए एक छोटे कमरे की व्यवस्था की, एक मुहर्रिर की नियुक्ति की और उस वकालत में जमने की कोशिश की जिसमें न उनकी रुचि थी और जिसमें न वे जमना ही चाहते थे।

हमीरपुर में भगवती बाबू एक वर्ष से ऊपर रहे। अपने-आप में हमीरपुर एक छोटा-सा अविकसित कस्बा था जो यातायात की दृष्टि से उस समय बहुत ही दुर्गम था। इसके एक

ओर कानपुर की दिशा में यमुना नदी और दूसरी ओर, महोबा की तरफ़, बेतवा थी। आसपास नगरों से कटा हुआ यह एक टापू-जैसा था। पर वकालत की दृष्टि से वह इसलिए महत्त्वपूर्ण था कि वह जिले का मुख्यालय था। हिन्दी साहित्य की दृष्टि से इसका एक और महत्त्व है, वह यह कि मुन्शी प्रेमचन्द लगभग दो दशक पहले धनपतराय के वास्तविक नाम से इसी ज़िले में डिप्टी इन्स्पेक्टर आफ़ स्कूल रह चुके थे और यहीं से सरकारी नौकरी से इस्तीफ़ा देकर उन्होंने एक स्वतन्त्र लेखक की हैसियत और उसी के साथ जुड़े हुए संघर्षों का वरण किया था।

एक साहित्यिक घटना : चित्रलेखा का प्रकाशन

कानपुर की कौशिक-मण्डली में श्री बालकृष्ण शर्मा 'नवीन' जिन दो पाश्चात्य लेखकों को बड़े सम्मान से याद किया करते थे, वे थे ऑस्कर वाइल्ड और अनातोले फ्रांस। ख़ास तौर से वे अनातोले फ्रांस के उपन्यास 'थाया' का लगातार ज़िक्र करते, जिसके लिए उक्त लेखक को नोबुल पुरस्कार से सम्मानित किया जा चुका था। हमीरपुर के उनींदे माहौल में वकील की हैसियत से भगवती बाबू के पास करने को लगभग कुछ भी नहीं था। ज़िला मुख्यालय पर अफ़सरों की संख्या बहुत कम थी और इसलिए स्थानीय क्लब में अफ़सरों और वकीलों का काफ़ी सम्पर्क हुआ करता था। भगवती बाबू भी क्लब के सदस्य बन गये। वहाँ टेनिस, ब्रिज, शतरंज आदि खेलों में वे लोकप्रिय होने लगे। ज़िले के तत्कालीन कलेक्टर श्री भडकामकर से उनका सामाजिक सम्पर्क हो चुका था। श्री भडकामकर के निजी पुस्तकालय में एक दिन भगवती बाबू को अनातोले फ्रांस की 'थाया' का अंग्रेज़ी अनुवाद देखने को मिला जिसे वे माँगकर अपने घर ले आये और बड़ी उत्सुकतापूर्वक पढ़ गये। उसी से उन्हें भारतीय परिवेश में पाप और पुण्य की समस्या पर एक उपन्यास लिखने की प्रेरणा मिली और एक दिन मुवक्किलों के इन्तज़ार में बैठे-बैठे सूने दफ़्तर में उन्होंने 'चित्रलेखा' की शुरुआत कर दी।

इधर परिवार की आर्थिक स्थिति बहुत ज़्यादा गिर गयी थी और दुश्चिन्ताओं के कारण उस उपन्यास पर तेज़ी से काम नहीं हो पाया। लेखन की गति शिथिल रही। उन्हीं दिनों उन्हें किसी समाचार-पत्र में उज्जैन के एक उद्योगपति श्री लालचन्द सेठी के प्राइवेट सेक्रेटरी के पद का विज्ञापन दिखायी दिया और उन्होंने इसके लिए आवेदनपत्र भेज दिया। वर्मा जी कुछ समय पहले उज्जैन के कवि-सम्मेलन में काव्यपाठ कर आये थे और वहाँ के प्रतिष्ठित नागरिकों की प्रशंसा प्राप्त कर चुके थे। यह हो या कोई दूसरा कारण, कुछ ही दिनों में वर्मा जी के पास श्री सेठी की ओर से नियुक्ति-पत्र आ गया और वे श्री सेठी के निजी सचिव के रूप में उज्जैन पहुँच गये। वहाँ उनके रहने की उत्तम व्यवस्था हुई, दो सौ पचास रुपये मासिक वेतन निश्चित हुआ और जो काम मिला, वह बहुत हलका था। उनका मुख्य काम था प्रतिदिन श्री सेठी को अख़बार के महत्त्वपूर्ण अंश सुनाना और उनकी निजी डाक के उत्तर तैयार करना। भोजन भी वे प्रायः सेठी जी के साथ करते थे। एक सप्ताह के भीतर ही वर्मा जी को विश्वास हो गया कि यह काम वे नहीं कर पायेंगे। केवल धन के लिए किसी सेठ की निजी नौकरी करने में उन्हें कोई सार्थकता नहीं दिखी और उसके मुक़ाबले हमीरपुर का संघर्षशील जीवन उन्हें फिर से अपनी ओर खींचने लगा। उन्होंने एक सप्ताह में ही सेठी जी को त्याग-पत्र देते हुए विदा ली। यद्यपि हमीरपुर जाने के लिए इलाहाबाद होकर निकलना

आवश्यक नहीं था, फिर भी यात्रा के अवसर का लाभ उठाते हुए उन्होंने इलाहाबाद के मार्ग से हमीरपुर पहुँचने का निश्चय किया। वापसी की यह यात्रा भगवती बाबू के भविष्य के लिए बहुत निर्णायक सिद्ध हुई।

इलाहाबाद में भगवती बाबू के सनेही-मण्डल के कवि श्री जगदम्बाप्रसाद मिश्र 'हितैषी' मिले, जो कानपुर के रहनेवाले थे और वर्मा जी के मित्रों में से थे। उन दिनों, जबकि उत्तर प्रदेश में और विशेषतः इस प्रदेश के अवध-क्षेत्र में ताल्लुक़ेदारियाँ और बड़ी-बड़ी ज़मींदारियाँ काफ़ी संख्या में थीं, कवियों और साहित्यकारों का राजाओं और बड़े ज़मींदारों के यहाँ जाना और उनका आतिथ्य ग्रहण करना सामान्य रीति थी। वैसे इसके अनेक अपवाद भी थे। जो भी हो, उस समय इलाहाबाद से मिले हुए प्रतापगढ़ ज़िले की कालाकाँकर रियासत में श्री सुमित्रानन्दन पन्त वहाँ के ताल्लुक़ेदार श्री अवधेशसिंह और उनके भाई कुँवर सुरेशसिंह के मित्र और अतिथि के रूप में रह रहे थे। इसलिए जब हितैषी जी ने भगवती बाबू से कालाकाँकर चलने की ज़िद की तो उन्होंने उनकी बात मान ली। कालाकाँकर में वर्मा जी की पन्त जी से मुलाक़ात हुई और वहाँ कुछ दिन रुककर वे इलाहाबाद के लिए वापस लौटे। रास्ते में हितैषी जी ने उनसे भदरी रियासत में उतरने का आग्रह किया, जहाँ के ताल्लुक़ेदार राजा बजरंगबहादुर सिंह बड़े ही राष्ट्रप्रेमी और साहित्यिक रुचि के थे। भले ही अनिच्छापूर्वक हो, वर्मा जी हितैषी जी के साथ भदरी गये जहाँ उनका बड़ी आत्मीयता के साथ स्वागत किया गया। रात को हितैषी जी का काव्य-पाठ समाप्त होने पर उनसे भी काव्य-पाठ की फ़रमाइश की गयी। पर कविता की जगह उन्होंने 'चित्रलेखा' की अधूरी पाण्डुलिपि से कुछ अध्याय सुनाये। भदरी के राजा साहब वर्मा जी से अत्यधिक प्रभावित हुए। वर्मा जी के विषय में जानकारी लेकर उन्होंने दूसरे ही दिन उनसे आग्रह किया कि वे हमीरपुर छोड़कर प्रतापगढ़ चले आयें। भदरी रियासत के सैकड़ों मुक़दमे ज़िले के मुख्यालय प्रतापगढ़ की अदालतों में चलते रहते थे। उन्होंने अपनी रियासत के मुक़दमों का काम वर्मा जी को सौंपने और प्रतापगढ़ में भदरी रियासत की कोठी में उनके रहने की व्यवस्था करने का आश्वासन दिया। यह दिसम्बर, 1931 की बात है। जनवरी, 1932 में वर्मा जी हमीरपुर छोड़कर सपरिवार प्रतापगढ़ में वकालत करने के लिए आ गये। यह दूसरी बात है कि वकालत यहाँ भी नहीं चली; 'चित्रलेखा' का लेखन अवश्य चल निकला।

प्रतापगढ़ में वर्माजी को कोई भौतिक कष्ट न था, सिवाय इसके कि पत्नी की बीमारी समाप्त नहीं हुई थी। उनके रहन-सहन का व्यय किसी-न-किसी बहाने भदरी राज से निकल आता था। पर रियासत के मुक़दमें उन्हें नहीं मिलते थे। उसके लिए पहले से ही कुछ वकील नियुक्त थे। बाहर के मुक़दमें प्राप्त करने का कोई तरीक़ा न था। जब वर्मा जी ने राजा साहब भदरी से मुक़दमों की माँग की तो उन्हें सलाह दी गयी कि प्रतापगढ़ छोड़कर वे भदरी ही चले आवें और रियासत के कामकाज में मैनेजर को सहयोग दें। एक प्रकार से उन्हें 'मैनेजर' के प्रशिक्षण के लिए आमन्त्रित किया गया। फलतः परिवार को अपने छोटे भाई आनन्दस्वरूप वर्मा के यहाँ इलाहाबाद में छोड़कर वे भदरी चले गये। (श्री आनन्दस्वरूप वर्मा बी. एस-सी. तक पढ़कर अब तक इलाहाबाद में अध्यापक बन गये थे।)

भदरी में भी वर्मा जी को कोई काम नहीं दिया गया और उन्हें यही संकेत दिया गया कि वे वहाँ सुविधापूर्वक रहते हुए साहित्य-सर्जना करते रहें। वर्मा जी को इस प्रकार का संरक्षित जीवन पसन्द नहीं था, फिर भी उन्होंने कुछ महीने वहाँ बिताये। राजा साहब भदरी

बड़े राष्ट्रवादी और महामना मदनमोहन मालवीय के सहयोगियों में से थे। उनके साथ वर्मा जी को बम्बई की यात्रा का अवसर मिला और उन्हीं के साथ वे यरवदा जेल में महात्मा गाँधी से मिलने गये। राजा साहब के साथ उन्होंने मालवीय जी की ओर से, गोरे जेलर की उपस्थिति के कारण, सांकेतिक भाषा में 1932 के आन्दोलन को रोकने या आगे बढ़ाने के विषय में निर्देश प्राप्त करना चाहा। आन्दोलन शिथिल पड़ गया था और महात्मा जी ने सहमति दी कि यदि जनता की उसमें रुचि न हो तो उसे चलाते रहना उचित न होगा। वहाँ से लौटने के बाद वर्मा जी ने राजा साहब से फिर कुछ काम करने की माँग की और उन्हें साहित्य-सर्जना में लगे रहने की पुनः सलाह दी गयी। फलतः उन्होंने निर्णय किया कि भदरी में इस प्रकार रुके रहने का उनके लिए कोई औचित्य नहीं है। दूसरे ही दिन उन्होंने सद्भावना के वातावरण में राजा साहब से विदाई ली और वापस इलाहाबाद चले आये।

राजा साहब ने उनकी भावी योजनाओं में निरन्तर सहायता देने का आश्वासन भी दिया।

इलाहाबाद में उन्होंने राजा साहब भदरी के आर्थिक सहयोग के आधार पर पुराणों और दूसरे धार्मिक ग्रन्थों के उत्कृष्ट और पुस्तकालय संस्करण प्रकाशित करने की योजना बनायी। पुराणों के सम्पादन और हिन्दी अनुवाद के कार्य के लिए श्री चन्द्रशेखर शास्त्री (श्री प्रफुल्लचन्द्र ओझा 'मुक्त' के पिता) के सहयोग का आश्वासन उन्हें पहले ही मिल चुका था। इस योजना के लिए काफ़ी मात्रा में वर्मा जी ने क़ीमती काग़ज़ आदि ख़रीद लिया था और इलाहाबाद लॉ जर्नल प्रेस से ग्रन्थों के प्रकाशन की व्यवस्था भी कर ली थी। पर दुर्भाग्यवश शास्त्री जी अपना वादा पूरा नहीं कर पाये और इस योजना को बीच ही में छोड़ देना पड़ा।

यही समय था जब श्री कृष्णकान्त मालवीय के साथ वर्मा जी की आनन्द भवन में श्रीमती सरोजिनी नायडू से मुलाक़ात हुई। श्रीमती नायडू तथा पण्डित जवाहरलाल नेहरू को उन्होंने वहाँ अपनी कविताएँ सुनायीं और प्रशंसा अर्जित की। कवि नरेन्द्र शर्मा से उन्हीं दिनों वर्मा जी का सम्पर्क और घनिष्ठ हुआ।

बेकारी के आलम में वर्मा जी ने 'हिन्दुस्तानी अकादमी' की पुस्तकों के विक्रेता का काम शुरू किया, पर अपने ख़र्चे पर कई जगहों का दौरा करने पर भी उन्हें कोई सफलता नहीं मिली। इधर क्षयरोग से पीड़ित पत्नी की स्थिति बिगड़ती जा रही थी। अन्ततः 1933 में उमा जी का देहान्त हो गया। अब तक वर्मा की तीन सन्तानें हो चुकी थीं, बड़ी कन्या शकुन्तला और दो पुत्र, अभय और विजय। वर्मा जी के लिए यह भावात्मक झटका तो था ही, इससे पारिवारिक दायित्व भी बढ़ गये। किन्तु उनकी माता ने बच्चों का भार किसी प्रकार से सँभाल लिया। वर्ष भर के बाद परिवार की व्यवस्था की दृष्टि से और भावात्मक स्तर पर अपने को बचाने के लिए उन्होंने गिरिजा नाम की कन्या से दूसरा विवाह किया। वे इलाहाबाद के ही एक परिवार की थीं।

एक ओर जीविकोपार्जन के क्षेत्र में वे बराबर लड़खड़ा रहे थे और दूसरी ओर साहित्य में वे सुदृढ़ होते जा रहे थे। अब तक उनकी अनेक कविताएँ पत्र-पत्रिकाओं में प्रकाशित हो चुकी थीं और छायावाद-युग के एक नवोदित कवि के रूप में उनकी प्रतिष्ठा बन चुकी थी; यह दूसरी बात है कि बाद में उनकी गिनती कवियों के समुदाय में हुई जिसे उत्तर छायावादी कहा जाता है। 1932 में पण्डित चन्द्रशेखर शास्त्री को प्रकाशक का दर्जा देते हुए वर्मा जी अपना प्रथम काव्य-संग्रह 'मधुकण' छपा चुके थे। 1934 में 'चित्रलेखा' के प्रकाशन के साथ

उनकी साहित्यिक स्थिति ने एक नया मोड़ लिया। यद्यपि आरम्भ के तीन वर्षों में इस उपन्यास की बहुत कम प्रतियाँ बिकीं, फिर भी इस उपन्यास के प्रकाशन के साथ ही कथालेखक और कवि की हैसियत से वर्मा जी का नाम स्थापित साहित्यकारों में लिया जाने लगा। बाद में श्री पुरुषोत्तमदास टण्डन के हस्तक्षेप से साहित्य-भवन ने वर्मा जी को दूसरे प्रकाशक के लिए छूट दे दी और इस बार 1937 में वाचस्पति पाठक की प्रेरणा से चित्रलेखा भारती भण्डार, लीडर प्रेस, इलाहाबाद से प्रकाशित हुई। भारती भण्डार का पहला संस्करण एक हज़ार प्रतियों का निकला और दूसरे वर्ष दूसरा संस्करण पाँच हज़ार प्रतियों का। उपन्यास-साहित्य में ही नहीं, हिन्दी के प्रकाशन-इतिहास में भी चित्रलेखा एक असामान्य घटना है। बँगला, गुजराती, मलयालम, तमिल आदि भाषाओं में अनूदित होने के अतिरिक्त केवल हिन्दी में ही अब तक इसकी ढाई लाख से ऊपर प्रतियाँ बिक चुकी हैं। 'चित्रलेखा' के प्रकाशन के बाद वर्मा जी ने जो काम हाथ में लिये और जिस तरह से नये-नये क़ाम उन्हें मिलते रहे, उसका प्रमुख कारण 'चित्रलेखा' के माध्यम से अर्जित प्रतिष्ठा थी। आर्थिक दृष्टि से भी 'चित्रलेखा' के कारण वर्मा जी की स्थिति कुछ हद तक बदली। यही नहीं, 1940 में केदार शर्मा के निर्देशन में 'चित्रलेखा' पर एक फ़िल्म भी बनी जो उन दिनों काफ़ी सफल रही। इससे वर्मा जी का नाम साहित्येतर क्षेत्रों में भी फैला और उन्हें अर्थ-लाभ भी हुआ।

'चित्रलेखा' की भूमिका में वर्मा जी ने स्पष्ट कर दिया था कि उनकी 'चित्रलेखा' और अनातोले फ्रांस की 'थाया' में वही अन्तर है जो उनमें और अनातोले फ्रांस में है। प्रकारान्तर से उन्होंने यह स्वीकार किया कि उन्हें चित्रलेखा के लेखन की प्रेरणा अनातोले फ्रांस से मिली है और दोनों पुस्तकों की मूलभूत विषयवस्तु में कुछ समानता है। पर जहाँ दार्शनिक विवेचन की पृष्ठभूमि में 'थाया' एक अत्यन्त गम्भीर और सशक्त उपन्यास है, वहीं ऊपरी दार्शनिकता और अविश्वसनीय ऐतिहासिकता के बावजूद 'चित्रलेखा' अत्यन्त नाटकीय और थाया की अपेक्षा सामान्य पाठक के लिए कहीं अधिक पठनीय है। वर्मा जी ने स्वयं कई स्थलों पर स्वीकार किया है कि न उनकी रुचि साहित्य के गम्भीर अध्ययन में रही है और न दर्शनशास्त्र में। बाद के उपन्यासों और कविताओं में प्रतिपादित जिस नियतिवाद की वे बराबर चर्चा करते हैं, वह भी वास्तव में उनका दर्शन नहीं है, एक दृष्टिमात्र है। पाप और पुण्य की जैसी मीमांसा 'थाया' में मिलती है, उसका 'चित्रलेखा' में न वैसा विवेचन है और न वहाँ मानवीय ओजस्विता के विकास की वैसी महागाथा ही है। अपने निन्दनीय अतीत के बावजूद 'थाया' जिस दैवी ओजस्विता की अधिकारिणी बनती है, वह वास्तव में परिस्थितियों पर मानवीय गरिमा की चरम विजय है। इसके विपरीत 'चित्रलेखा' में पाप और पुण्य का विश्लेषण केवल इतना बताता है कि मनुष्य पाप और पुण्य के कार्यों का कर्त्ता नहीं है, परिस्थितियाँ ही मुख्यतः इसकी निर्णायक हैं, और एक स्थिति में जो पाप है, वही दूसरी स्थिति में पुण्य हो सकता है। इस जीवन-दर्शन में अतिसरलीकरण का प्रयास है, जिसे सूक्ष्म दार्शनिक दृष्टि इतनी आसानी से ग्रहण नहीं करेगी। एक ओर तो यह, दूसरी ओर 'चित्रलेखा' में जिस मौर्यकालीन पृष्ठभूमि का सांस्कृतिक घटाटोप निर्मित किया गया है, उसका ऐतिहासिक तथ्यों और यथार्थ में बहुत कम सम्बन्ध है। ऐतिहासिक दृष्टि से उपन्यास में कई काल-विपर्यय (ऐनॉक्रॉनिज़्म) के उदाहरण भी मिल जायेंगे। 'पतन' लिखते समय भगवती बाबू ने अवध के तत्कालीन इतिहास, कला और संस्कृति के प्रति भी ऐसी ही उदासीनता दिखायी थी।

पर इसे भगवती बाबू की प्रतिभा का चमत्कार ही मानना चाहिए कि उपर्युक्त बड़ी कमज़ोरियों के बावजूद कथा की अनूठी संरचना, पात्रों की नाटकीय चित्रात्मकता, वर्णन की प्रखरता और अत्यन्त संवेदनपरक भाषा के सहारे चित्रलेखा हिन्दी कथा-साहित्य में ही नहीं, भारतीय साहित्य के लिए एक अद्भुत अवदान बन गयी है। इसके पहले हिन्दी में, गम्भीरता के बावजूद, शायद ही कोई इतना 'क्रिस्प' या सघन उपन्यास लिखा गया हो। एक बार फिर 'चित्रलेखा' ने 'विकार ऑफ़ वेकफ़ील्ड' की भूमिका में गोल्डस्मिथ के इस पुराने वक्तव्य की पुष्टि की है कि सर्वथा दोषरहित होने पर भी कोई कृति कलाहीन बनी रह सकती है और उसी के साथ अनेक दोष होने पर भी कोई रचना कला का उत्कृष्ट नमूना बन सकती है।

'चित्रलेखा' की अभूतपूर्व सफलता के कुछ कारण ऊपर बताये गये हैं। उनके अलावा हमें कथा के प्रवाह को और अनावश्यक विस्तार पर लगे हुए सशक्त लेखकीय नियन्त्रण को भी न भुलाना चाहिए। शैली की दृष्टि से यह अत्यन्त संयत और अनुशासित लेखन है। पर सबसे अधिक महत्त्वपूर्ण तत्त्व-कथा की संरचना है।

'चित्रलेखा' का सम्पूर्ण वातावरण आभिजात्यपूर्ण है, पर उसकी कथा का तन्त्र वस्तुतः उन लोककथाओं की प्रचलित परम्पराओं के अनुरूप है, जिनमें किसी राजा के दो या तीन राजकुमार किसी अलभ्य वस्तु की तलाश में दुर्गम मार्गों पर निकलते हैं और विकट परिस्थितियों को झेलते हुए, अलग-अलग अनुभवों से गुज़रते हुए, अपनी-अपनी रामकहानी लेकर वापस लौटते हैं। लोककथाओं में प्रायः ये अनुभव विपरीत परिस्थितियों के होते हैं। 'चित्रलेखा' की पृष्ठभूमि ऐतिहासिक है, उसकी शैली अपने रचनाकाल के हिसाब से बड़ी आधुनिक है, पर उसका तन्त्र मूलतः ऐसी ही लोककथाओं का है। यहाँ भी महात्मा रत्नाम्बर के दो शिष्य, श्वेतांक और विशालदेव, पाप-पुण्य का रहस्य समझने के लिए विपरीत दिशाओं में जाते हैं। रत्नाम्बर श्वेतांक को विलास और वैभव के प्रतीक बीजगुप्त और चित्रलेखा के संरक्षण में छोड़ते हैं और विशालदेव को परमत्यागी अन्तर्क्रियाओं का नाटकीय संयोजन कराकर भगवती बाबू श्वेतांक और विशालदेव को दो सर्वथा भिन्न निष्कर्षों के साथ गुरु के पास अन्तिम समाधान के लिए खड़ा कर देते हैं। छोटे आकार का उपन्यास होते हुए भी चित्रलेखा पाठक को एक साथ ऐतिहासिक रोमांस, वैभव-विलास के अनुभव, योगमार्ग की विकट साधन और उसके जोख़िम, पाप-पुण्य का आसानी से समझ में आनेवाला दर्शन आदि तो देती ही है, अनजाने ही उसे लोक-कथा की उस भूली हुई दुनिया में भी लौटा लाती है जो 'नॉस्टेल्जिया' के रूप में उसकी मानसिकता का अनिवार्य अंग बनी हुई है।

———

ब्रजनारायण सिंह

भगवतीचरण वर्मा और उनका जीवन-दर्शन

किसी कलाकार का अपने जीवन के अनुभवों पर आधारित जो अनुभूत सत्य होता है वही उसका निज का जीवन-दर्शन बन जाया करता है। वर्मा जी ने भी साधारण स्थिति के निम्न-मध्यवर्गीय परिवार से उठकर इतनी लम्बी अवधि में जो जीवन-संघर्ष झेला है और संसार के विविध अनुभवों और व्यक्तियों के द्वारा जो कुछ जीवन-सत्य प्राप्त किया है, उसे उन्होंने अपनी कृतियों में यत्र-तत्र प्रस्तुत करने का प्रयत्न किया है। वर्मा जी के जीवन-दर्शन से पूर्णतः अवगत होने से पूर्व उनकी जीवन-विषयक कल्पना को जान लेना इस स्थल पर समीचीन होगा। वर्मा जी जीवन को उसके समग्र रूप में देखने के आदी हैं और काफ़ी दूर तक वे आस्थावादी कलाकार हैं। जीवन के विषय में उनकी व्याख्या है कि जीवन एक निरन्तर कर्म-शृंखला है और इसीलिए एक कर्म दूसरे से जुड़ा है। 'चित्रलेखा' में वे कहते हैं—"जीवन अविकल कर्म है, न बुझनेवाली पिपासा है। जीवन हलचल है, परिवर्तन है और हलचल तथा परिवर्तन में सुख और शान्ति का कोई स्थान नहीं।"[1] क्योंकि जहाँ कर्म या क्रिया है वहीं उसकी प्रतिक्रिया (परिणाम) भी होना स्वाभाविक है और इसीलिए कथाकार जीवन को केवल क्रिया और प्रतिक्रिया के रूप में ही देखता है, "जीवन का नियम है कर्म और जहाँ क्रिया है, वहीं प्रतिक्रिया भी है।"[2]

इस क्रिया-प्रतिक्रिया के रूप में ही जीवन और मृत्यु का कर्म चला करता है। वर्मा जी जीवन को मृत्यु-प्रेरित कर्म-शृंखला मानते हैं। मनुष्य जन्म लेता है और उसी दिन से मृत्यु की ओर उन्मुख होने लगता है। अतएव मृत्यु ही जीवन का चरम सत्य है। पर इस सत्य को जानते हुए भी वे व्यक्ति की अकर्मण्यता या निराशावादी जीवन-दृष्टि को नहीं स्वीकार करते। यद्यपि "मृत्यु जीवन का अन्त है यह स्पष्ट है, लेकिन मृत्यु से समस्त जीवन को विषाक्त कर लेना जीवन का उपहास है"[3] और जीवन के इस संघर्ष को जीवन का एक आवश्यक अंग मानते हुए व्यक्ति को बराबर कर्म (क्रिया) करते रहना चाहिए। "हमें परिस्थितियों का मुक़ाबला करना पड़ेगा। जो कुछ जैसा है उसे वैसा स्वीकार करके उससे लड़ो, उसको बदलो। बाक़ी होगा वही जो भगवान् का विधान है। हमें अपना कर्त्तव्य करते जाना है।"[4] और इसी कर्म भावना से प्रेरित उनका नियतिवादी दर्शन उनकी विभिन्न कृतियों में हमें देखने को मिलता है।

अपनी आरम्भिक कृतियों (चित्रलेखा) से लेकर 'सीधी-सच्ची बातें' तक वर्मा जी ने इसी नियतिवादी दर्शन को विभिन्न रूपों में प्रस्तुत करने का प्रयत्न किया है। कहीं यह दर्शन पाप

1. चित्रलेखा, पृ. 25।
2. भूले- बिसरे चित्र, पृ. 730।
3. टेढ़े-मेढ़े रास्ते, पृ. 277।
4. सामर्थ्य और सीमा, पृ. 74।

और पुण्य की सीमाओं में बँधा हुआ व्यक्ति की परिस्थितियों की ओर संकेत करता है और व्यक्ति को स्वयं कुछ महत्त्व न देकर उसे परिस्थितियों का दासमात्र मानता है। अपनी विशिष्ट परिस्थितियों में मनुष्य जन्म लेता है और किसी एक निश्चित विधान के अनुरूप वह कर्म करता जाता है या उसे करना पड़ता है। मनुष्य को चाहते हुए भी इस विधान से मुक्ति नहीं मिलती, इसीलिए वह विवश है। "प्रत्येक व्यक्ति इस संसार के रंगमंच पर एक अभिनय करने आता है। अपनी मनःप्रवृत्ति से प्रेरित होकर अपने पाठ को दुहराता है—यही मनुष्य का जीवन है। जो कुछ मनुष्य करता है, वह उसके स्वभाव के अनुकूल होता है, और स्वभाव प्राकृतिक है। मनुष्य अपना स्वामी नहीं, वह परिस्थितियों का दास है, विवश है। वह कर्त्ता नहीं, वह केवल साधन है।"[1] इसी 'अदृश्य के विधान' की दासता के रूप में वह सब-कुछ करता है।

अपने इसी नियतिवादी दर्शन को सत्य प्रमाणित करने के लिए उन्होंने विभिन्न पात्रों के माध्यम से नियति की व्यापक विभीषिका को चित्रित करने का प्रयत्न किया है। मनुष्य में अहं की भावना होती है और इस अहं की भावना से प्रेरित होकर ही व्यक्ति नियामक बनता है। यही शक्ति का सिद्धान्त है। शक्ति जिसके हाथ में है वही सामर्थ्यवान् है। वही न्यायी है क्योंकि न्याय और अन्याय का कर्त्ता भी वही है और उसका निर्णायक भी। इसीलिए ऐतिहासिक सत्य और वास्तविक सत्य को वे बिलकुल अलग वस्तु मानते हैं, क्योंकि "इतिहासकार क्या वास्तविक सत्य को जानता था? वह तो जीवन की गतिविधि पर अपने ही दृष्टिकोण को प्रस्तुत करता है। यह दृष्टिकोण असत्य हो सकता है, अर्द्धसत्य हो सकता है, सत्य तो नहीं होता।"[2] अतीत का सत्य क्योंकि वर्तमान का सत्य कभी नहीं होता, इसीलिए वर्तमान के सत्य को निर्मित करनेवाला आज का शक्तिशाली व्यक्ति है वह "जो क़ानून बनाता है, जो शक्तिशाली है, हज़ारों, लाखों, करोड़ों आदमियों से अपनी अधीनता स्वीकार कराने के लिए यह क़ानून बनाया जाता है। पुराने क़ानून अगर शक्तिशाली लोगों के पक्ष में नहीं हुए तो उन्हें बड़ी निर्दयता से नष्ट कर दिया जाता है।" क्योंकि 'क़ानून भावना पर शासन नहीं करता, वह कर्म पर शासन करता है। समर्थ सब-कुछ कर सकता है, अपनी भावना की तुष्टि के लिए असमर्थ कुछ कर सकता है, कुछ नहीं कर सकता। असमर्थ जो कुछ कर सकता है, वह क़ानून के अन्दर है, जो नहीं कर सकता, क़ानून के बाहर है।"[3] इसीलिए शक्तिशाली का क़ानून असमर्थ के लिए न होकर समर्थ की स्वार्थ-सिद्धि का ही उपकरण होता है, क्योंकि ऐसे क़ानून की मूल भावना सहानुभूति और करुणा न होकर मानव-समाज की कुरूप हिंसा होती है, "क़ानून की यह कठोर हिंसा मनुष्य की विकृतियों से युक्त हिंसा और निर्दयता की प्रतिक्रिया है।"[4] इतना ही नहीं, इसी सामर्थ्य के सिद्धान्त से अनुप्राणित होने के कारण हमारी नैतिकता भी एक छलनामात्र है। शक्तिशाली इसी नैतिकता के आवरण के सहारे अपनी स्वार्थसिद्धि करता है। "यह नैतिकता भी उतना ही बड़ा धोखा और छल है, जितना हमारा सामाजिक संगठन। भावना को स्वार्थ के साँचे में ढालकर नैतिकता की रचना की जाती है, और इस नैतिकता के धोखे में दुनिया को ढालकर समर्थ असमर्थों पर शासन करता है।"[5]

---

1. चित्रलेखा, पृ. 190।
2. वह फिर नहीं आयी, पृ. 46।
3. वही, पृ. 47।
4. वही, पृ. 49।
5. वही, पृ. 49।

इस प्रकार नैतिकता भी क़ानून का ही एक अंग बन जाती है। अन्तर इतना ही है कि जहाँ क़ानून निषेधों की ओर संकेत करता है नैतिकता स्वयं प्रेरित होती है।[1]

शक्ति का यह सिद्धान्त केवल अधिकारों की प्राप्ति की दिशा में ही कार्य नहीं करता वह हमारे दैनन्दिन जीवन के व्यवहारों को भी प्रभावित करता रहता है। हम वाद-विवाद करते हैं, दूसरों को अपने मत में शामिल करने के लिए अर्थात् परोक्ष रूप से उस पर अपना पाण्डित्य-प्रदर्शन करने के लिए, बौद्धिक दृष्टि से उसे अपने से हीन साबित करने के लिए। यह तर्क भी आवश्यक का रूप है, "दूसरे से हम तर्क करते हैं, सत्य को पाने के लिए नहीं, बल्कि दूसरे को अर्थात् अपने विपक्षी को तर्क में पराजित करके उस पर अपना व्यक्तित्व हावी करने के लिए, उसे अपना अनुयायी बनाने के लिए। दूसरे से तर्क करने के समय हममें अपने विश्वास की मादकता रहती है, हम अपने सिद्धान्त के अन्धविश्वासी पुजारी की कट्टरता को लेकर मैदान में आते हैं।"[2] अहं की इसी भावना से प्रेरित तर्क का अस्त्र लेकर सबल निर्बल को अपने मत में, अपने विश्वास में दीक्षित करने में प्रयत्नशील रहता है, पर विजय किसकी होती है, कह सकना कठिन है। शक्तिशाली भी उसी अदृष्ट शक्ति के हाथ में उतना ही निरीह हो जाता है जितना सामर्थ्यहीन व्यक्ति, क्योंकि बनाने और मिटानेवाला दूसरा है। इसके उदाहरण हैं 'सामर्थ्य और सीमा' के मकोला, देवलंकर एलबर्ट, किशन मंसूर आदि।

जीवन की वास्तविकता प्रतीक्षा है। घटनाओं और उसके परिणामों की प्रतीक्षा करते-करते मानव-जीवन समाप्त होता है या लेखक के शब्दों में "हमारी सारी ज़िन्दगी ही इन्तज़ार की ज़िन्दगी है, लेकिन सच पूछा जाय तो यह इन्तज़ार मृत्युवत् है। जिस दिन हम पैदा होते हैं उसी दिन से हमारा मृत्यृ का इन्तज़ार आरम्भ हो जाता है। यह मृत्यु अनिवार्यता है और यही अनिवार्यता सत्य है।"[3] पर इस अनिवार्यता को ही जीवन मान लेने से जीवन में एक ऐसी नीरसता उत्पन्न हो जाती है कि जीवन में प्रतीक्षा और रहस्य दोनों का ही कौतूहल समाप्त हो जाता है, इसीलिए कथाकार की दृष्टि में "मृत्यु से समस्त जीवन को विषाक्त बना लेना जीवन का उपहास"[4] करना है। कर्मठ व्यक्ति जीवन को जीवन के रूप में ही ग्रहण करना चाहिए। मृत्यृ की अनिवार्यता और उसके चैलेंज को स्वीकार कर उससे संघर्ष करने में ही मनुष्य की सार्थकता है। यह मृत्यु अनिवार्यता है और यही अनिवार्यता सत्य है। ज़िन्दगी की सार्थकता इस अनिवार्यता की उपेक्षा करने में ही है, क्योंकि हमें कर्म करना है—आज के कर्म में हम अपने को खो दें, इन्तज़ार की भावना को हम दूर कर दें यही ज़िन्दगी का सीधा-सादा नुस्ख़ा है।"[5] इसीलिए आत्महत्या करना उचित नहीं है। यद्यपि हमारे ऋषियों ने समाज की जो व्यवस्था की है उसमें जिन समाधियों का वर्णन है, वह लेखक की दृष्टि में एक प्रकार से आत्महत्या का ही रूप है। "जो अनेक प्रकार की समाधियाँ बतलायी गयी हैं ये सब आत्महत्याओं के दूसरे नाम ही तो हैं। यह जो हिम समाधि होती है जहाँ मनुष्य हिमालय में जाकर बर्फ़ से दबकर प्राण त्याग देता है, जो जल-समाधि होती है जहाँ आदमी

---

1. वह फिर नहीं आयी, पृ. 50।
2. टेढ़े-मेढ़े रास्ते, पृ. 277।
3. सीधी-सच्ची बातें, पृ. 351।
4. टेढ़े-मेढ़े रास्ते, पृ. 277।
5. सीधी-सच्ची बातें, पृ. 35।

पानी में डूबकर मर जाता है, यह सब आत्महत्याओं के धर्मों द्वारा स्वीकृत रूप ही तो हैं। लेकिन इन समाधियों की व्यवस्था युवाओं और सशक्तों के लिए नहीं है।"[1]

इस प्रकार आत्महत्या के प्रसंग में लेखक का विचार है कि आत्महत्या उसी के लिए उपयुक्त है जो सामाजिक संघर्ष के लिए असमर्थ हो गये हैं जिनमें समाज से टक्कर लेने या संघर्ष करने की क्षमता समाप्त हो गयी है। आत्महत्या उनके लिए उपयुक्त नहीं है जिनमें समाज की मान्यताओं और विकृतियों से जूझने की सामर्थ्य बाक़ी है। इसे हम दूसरे शब्दों में कह सकते हैं कि शक्ति के सिद्धान्त की दृष्टि से भी जिनमें सामर्थ्य नहीं रह गयी, असमर्थ हो गये हैं, उनका आत्महत्या कर लेना पाप नहीं है क्योंकि उससे समाज की गति में कोई बाधा उत्पन्न नहीं होती।

शरीर और आत्मा के प्रसंग में भी वर्मा जी शरीर और आत्मा के सम्बन्ध को शाश्वत मानते हैं। दोनों तत्त्वों को भारतीय दर्शन की परम्परा के अनुरूप एक-दूसरे से पृथक् नहीं मानते, क्योंकि बिना शरीर के आत्मा का स्वतन्त्र कोई और अस्तित्व नहीं होता, इसी के साथ आत्मा के प्रत्येक कर्म का कर्त्ता और उसका उत्तरदायी शरीर ही होता है। और इसलिए आत्मा को अविकारी मानना सामाजिक दृष्टि से उचित नहीं प्रतीत होता। "शरीर और आत्मा दो पृथक् तत्त्व हैं मैं मानता हूँ, लेकिन जैसा मैंने आरम्भ में ही कहा, बिना शरीर के आत्मा का कोई अस्तित्व नहीं है—कम-से-कम इस भौतिक जगत् में। आत्मा का हर एक कर्म, हर एक भाग शरीर द्वारा होता है, आपको इतना तो स्वीकार करना पड़ेगा। लेकिन यह मान लेना कि आत्मा निर्विकार है, ग़लत होगा। आत्मा के पास गुणों के साथ विकृतियाँ मौजूद हैं। ज्ञान और अज्ञान, मानवता और पशुताएँ सब आत्मा के ही धर्म हैं।"[2] इतना ही नहीं, अन्यत्र इसी बात को और भी स्पष्ट शब्दों में स्वीकार करता हुआ लेखक कहता है, "शरीर की हर एक कमज़ोरी आत्मा की कमज़ोरी है, क्योंकि कर्त्ता आत्मा है, शरीर तो आत्मा के साधन के रूप में मिला है। शरीर का हर एक कर्म आत्मा का कर्म है, शरीर की हर एक कमज़ोरी आत्मा की कमज़ोरी है।"[3] इस प्रकार इस दिशा में भी वर्मा जी निरे व्यक्तिवादी कलाकार न होकर सामाजिक पक्ष की महत्ता बराबर स्वीकार करते हैं।

समाज के सन्दर्भ में मानव-विकृतियों को वर्मा जी परम्परा के अनुरूप नितान्त वैयक्तिक वस्तु नहीं मानते। साधारणतः यही विश्वास किया जाता है कि मानव में विकृतियों का जन्म तभी होता है जब वह समाज की बँधी-बँधायी परम्परा से अपनी भावनाओं का सामंजस्य नहीं बिठा पाता और नितान्त असामाजिक बनकर स्वेच्छाचारिता के साथ अपनी मान्यताओं को समाज पर लादना चाहता है। उसका यह व्यवहार असामाजिक होता है इसलिए "यह असामाजिकता वैयक्तिक तत्त्व है, इसीलिए विकृति भी वैयक्तिक तत्त्व" हुई। पर वर्मा जी इस धारणा के विरुद्ध प्रतिवाद करते हुए रेखा के माध्यम से कहते हैं, "मैं विकृति को वैयक्तिक तत्त्व नहीं मान पाती डॉक्टर और मान भी नहीं पाऊँगी। जो कुछ हो चुका है वह स्वाभाविक है, जो कुछ हो रहा है वह स्वाभाविक है, और जो कुछ होना है या होगा, वह भी स्वाभाविक है—ऐसी हालत में जो कुछ स्वाभाविक है उसमें विकार कैसा! सामाजिक मान्यताएँ

1. सामर्थ्य और सीमा, पृ. 332।
2. रेखा, पृ. 268।
3. वही, पृ. 267।

और आस्थाएँ बदलती रहती हैं, इसलिए जिसे हम विकृति कहते हैं उसका रूप और उसकी, परिभाषा इस नित्य बदलते हुए समाज में बदलते रहेंगे।''[1]

अपनी उक्त धारणा के अनुरूप वर्मा जी का पाप और पुण्य विषयक दृष्टिकोण भी समाज़-सापेक्ष ही है जिसे वे 'चित्रलेखा' में स्पष्ट करते हुए कहते हैं, ''जो कुछ मनुष्य करता है, वह उसके स्वभाव के अनुकूल होता है, और स्वभाव प्राकृतिक है।''[2] इस प्राकृतिक कर्म को विकृति का रूप देना या पाप और पुण्य की परिधि में बाँधना युक्तिसंगत प्रतीत नहीं होता, क्योंकि मनुष्य के कर्म की उत्तरदायी उसकी परिस्थितियाँ होती हैं। परिस्थितियों के पाश में आबद्ध मनुष्य विवशता से कर्म करता है। इसीलिए ''मनुष्य अपना स्वामी नहीं है, वह परिस्थितियों का दास है। वह कर्त्ता नहीं है, वह केवल साधन है। फिर पुण्य और पाप कैसा?''[3] प्राणी की यही विवशता जीवन के प्रत्येक क्षेत्र में कार्य करती है। यह विवशता नियति-प्रेरित है, अर्थात् उनके नियतिवादी दर्शन की सर्जक।

बहुधा यह तर्क दिया जाता है कि क्या व्यक्ति को परिस्थितियों का दासत्व स्वीकार कर लेना चाहिए? क्या व्यक्ति का अपने कर्मों के प्रति कोई उत्तरदायित्व नहीं होता? क्या उसे अपनी परिस्थितियों का निर्माण या परिस्थितियों से संघर्ष नहीं करना चाहिए? इन सारे ही प्रश्नों का उत्तर है मनुष्य की सामर्थ्य, अर्थात् शक्तिशाली व्यक्ति परिस्थितियों का निर्माण करता है, परिस्थितियों से टकराता है और परिस्थितियों को अपने अनुकूल बनाता है। यही मानव का प्रकृति के विरुद्ध संघर्ष है। वर्मा जी का यह दृढ़ विश्वास है कि मानव अपने को कितना भी सक्षम कह ले, पर वह प्रकृति या अदृष्ट शक्ति का दास ही रहता है। इसी भावना को पुष्ट करने के लिए 'सामर्थ्य' पर 'सीमा' का प्रश्नचिह्न लगाकर वर्मा जी ने सामर्थ्य को केवल सीमित ही चित्रित नहीं किया, वरन् प्रकृति की शक्ति के आगे उसे नगण्य भी प्रमाणित कर दिया है। 'सामर्थ्य और सीमा' की मानकुमारी कहती है, ''सबमें अहं का अभिमान था, अपनी शक्ति पर विश्वास था, लेकिन किसी में क्षमता नहीं थी, और वे सब अपनी विवशताओं और सीमाओं में जकड़े हुए चले गये।''[4] यही सीमा कई बार जब नितान्त वैयक्तिक बनती है तो किसी एक व्यक्ति के कर्मों की उत्तरदायी बनती है और तभी हम उसे पाप की परिधि में बाँधने लगते हैं। थोड़ी तटस्थता से यदि हम विचार करें तो यह पाप उस विशिष्ट व्यक्ति की विवशता ही है जिसे न चाहते हुए भी वह करता है। इसी के उदाहरण हैं, कुमारगिरि, चित्रलेखा, रेखा, प्रभाशंकर, रानी श्यामला आदि पात्र, जिनकी परिस्थितियों ने उन्हें विवश करके वह सब करने को मज़बूर कर दिया, जिन्हें वे वास्तव में करना नहीं चाहते थे। कहीं यह विवशता पैसे के रूप में आती है, कहीं मानसिक विकृति के रूप में तथा कहीं भोग की कामना के रूप में। पर इसका यह अभिप्राय नहीं कि वर्मा जी केवल व्यक्ति को ही महत्ता देते हैं समाज को नहीं। या दूसरे शब्दों में विकृति को स्वाभाविक मानकर संयम को महत्त्व नहीं देते। रेखा में स्पष्ट रूप से संयम की महत्ता को स्वीकार करते हुए वे प्रभाशंकर के माध्यम से कहते हैं ''भूख शरीर का ही गुण नहीं, वह जीवन का गुण है। जिसे हम इच्छा

1. रेखा, पृ. 300।
2. चित्रलेखा, पृ. 190।
3. चित्रलेखा, पृ. 190।
4. सामर्थ्य और सीमा, पृष्ठ 342।

अथवा अभिलाषा कहते हैं, वह भूख का ही तो दूसरा रूप है। यह सारा कौतूहल, उत्सुकता, इच्छा, अभिलाषा, प्रेरणा—ये सब भूख के रूपान्तर है, तो इस भूख से त्राण नहीं मिलने का। हाँ, मैं जीवन में संयम की महत्ता स्वीकार करता हूँ। भूख स्वयं में विकृति नहीं है, उसकी उग्रता और भूख को वहन करनेवाले व्यक्ति का असंयम—ये दोनों मिलकर विकृतियों को जन्म देते हैं। इसीलिए जीवन में संयम की नितान्त आवश्यकता है कि हम विकृतियों से बचे रह सकें।"[1]

इस प्रकार वर्मा जी की समस्त औपन्यासिक कृतियों पर एक विश्लेषणात्मक दृष्टि डालने पर हम उनकी जीवन-सम्बन्धी मान्यताओं की विशिष्ट रूप-रेखा प्राप्त करते हैं जिसके आधार पर उन्हें हम जीवन के प्रति एक आस्थावान् कलाकार के रूप में देख सकते हैं। उन्हें गीत के कर्मयोग पर पूरी आस्था है। वे मानव-जीवन को ईश्वरीय प्रदत्त वस्तु के रूप में स्वीकार करने के समर्थक हैं, इसीलिए जीवन की उपयोगिता के प्रति उपयोगितावादी दृष्टिकोण में उनका दृढ़ विश्वास है। यदि हमें जीवन मिला है तो उसका हमें पूर्णरूपेण उपभोग करना चाहिए। व्यक्ति को जीवन-संघर्ष को वीरता और कर्मठता से झेलना चाहिए। वे जीवन को केवल संयम और त्याग के खोखले आदर्श में बाँध देने के समर्थक नहीं और इसीलिए वे केवल आत्मा की महत्ता पर विश्वास करनेवाले न होकर शरीर के धर्म को भी उतना ही महत्त्वपूर्ण मानते हैं। आत्मिक विकास अपने-आपमें महत्त्वपूर्ण हो सकता है, पर शरीर की आवश्यकता भी उतनी ही महत्त्वपूर्ण है इससे इनकार नहीं किया जा सकता। इसीलिए मानवमात्र का कल्याण इसी में है कि वह जीवन की आवश्यकताओं को समझे और जीवन को उचित रूप में ग्रहण करे। इसीलिए वर्मा जी पाप और पुण्य को विशेष महत्त्व नहीं देते। पाप और पुण्य एक तो समाज-सापेक्ष मान्यताएँ हैं और दूसरे वे परिस्थितियों और व्यक्तियों पर निर्भर करती हैं। इसमें व्यक्ति की रुचि का अपना विशेष महत्त्व रहता है पर इस दिशा में भी वे पूर्ण स्वतन्त्रता या अराजकता के समर्थक नहीं हैं। स्वतन्त्रता, जब तक वह किसी व्यक्ति या समाज को हानि नहीं पहुँचाती, व्यक्ति की ऐसी स्वतन्त्रता जायज़ है। पर जहाँ स्वतन्त्रता अराजकता का रूप धारण कर ले तब उसके लिए नियमन की आवश्यकता होती है।

पाप और पुण्य विषयक जीवन-दृष्टि के अतिरिक्त वर्मा जी सामाजिक क्षेत्र में प्राणी-प्राणी के बीच की विषमता से बहुत दुःखी हैं। इस दिशा में उनकी निराशा इस सीमा तक पहुँच गयी है कि वे विषमता को मानव-जीवन का अनिवार्य और शाश्वत अंग मानने लगे हैं और कोई भी सामाजिक व्यवस्था इस विषमता को मिटाने में सफल नही हो सकती, क्योंकि यह विषमता शक्ति के सिद्धान्त पर आधारित है, अर्थात् मनुष्य की पशुता की उपज है और जब तक मनुष्य में से इस पशुत्व को हम नहीं निकाल सकते, तब तक शायद इस विषमता का अन्त कर सकना भी मानवमात्र के लिए असम्भव है। इसीलिए इस दिशा में वे यह मानकर चलते हैं कि जीवन में जो कुछ मिला है उसे एक कर्त्तव्य के रूप में स्वीकार करके परिणाम की चिन्ता न करते हुए, मनुष्य को अपने कर्म में रत रहना चाहिए। बाक़ी होगा वही जो विधि का विधान है। कम-से-कम नियति के सहारे व्यक्ति को क्षणमात्र के लिए उस कुण्ठा और घुटन से राहत तो मिल जाती है जो अपने अहं से प्रेरित रहते हुए वह नहीं प्राप्त कर पाता। संक्षेप में वर्मा जी जीवन को यथार्थवादी दृष्टि से देखने और उसे उसकी दुर्बलताओं के साथ स्वीकार करते हुए उसके संयमित उपभोग के समर्थक कलाकार हैं।

1. रेखा, पृ. 299।

———————

भारत भूषण अग्रवाल

भगवतीचरण वर्मा : पाश्चात्य प्रभाव विशेष सन्दर्भ : 'थायस' और 'चित्रलेखा'

वय एवं रचना-क्रम दोनों ही दृष्टियों से प्रेमचन्द-परवर्ती उपन्यासकारों में सबसे पहले भगवतीचरण वर्मा आते हैं। वर्मा का जन्म साधारण मध्यवित्त परिवार में हुआ, पर शैशव में ही पितृहीन हो जाने के कारण उन्हें जीवन के आरम्भ से ही कठिन परिस्थितियों का सामना करना पड़ा और अर्थाभाव की चेतना उनमें निरन्तर बनी रही। तथापि उन्होंने उच्च शिक्षा प्राप्त की है, सो भी तत्कालीन सांस्कृतिक सक्रियता के केन्द्र प्रयाग विश्वविद्यालय में। इसलिए वे अपनी तरुणावस्था में जीवन और जगत् की गतिविधि से निरन्तर परिचित रहे और पाश्चात्य ज्ञान-विज्ञान ने उनके दृष्टिकोण का भी विस्तार किया। मध्यवर्गीय व्यक्ति होने के कारण उनमें स्वप्नशीलता और भावुकता का समावेश हुआ और अल्पायु में ही वे काव्य-रचना करने लग गये। पर वे उस समय के नवोद्भूत काव्य-पन्थ छायावाद के अनुगामी न बनकर एक प्रकार से छायावाद की उत्तर प्रवृत्ति ही अपनाते मिलते हैं। 'नूरजहाँ की क़ब्र पर' जैसी कविताओं में अतीतावलोकन एवं स्वच्छन्द प्रवृत्ति होने पर भी छायावाद के सूक्ष्म कल्पना-लोक में विचरण का अभाव है। आगे चलकर उन्होंने एक ओर विद्रोह से उच्छ्वसित कविताएँ लिखीं और दूसरी ओर मांसल लौकिक प्रेम के गीत। इसके दो कारण प्रतीत होते हैं। एक तो छायावाद के अन्य किसी कवि ने इतनी नियमित शिक्षा न पायी थी जितनी वर्मा ने। फलस्वरूप, वर्मा में भावना और वैज्ञानिक विचारणा में सतत द्वन्द्व होता रहा। दूसरे कानपुर के 'प्रताप' और उसके साहित्य-वृत्त से शीघ्र ही घनिष्ठ हो जाने के कारण वे राष्ट्रीय हलचलों के निकट सम्पर्क में आये और कल्पना-लोक में विचरण की अधिक सुविधा न पा सके। इसी के साथ यह भी द्रष्टव्य है कि प्रयाग विश्वविद्यालय के काल से ही उनके जीवन में मित्र-मण्डली का महत्त्वपूर्ण स्थान रहा। उनके मित्रों में कुछ निश्चित ही सम्पन्न और भूस्वामी वर्ग के थे और शिक्षा-जगत् में उनका साहचर्य एक ओर उनमें समाजगत सफलता की कामना जगाने लगा और दूसरी ओर उनका हीन-भाव अहं के रूप में प्रकट हुआ। शायद ही किसी और समकालीन उपन्यासकार ने तरुण-गोष्ठी के ऐसे चित्र अंकित किये हों जैसे 'चित्रलेखा' या 'तीन वर्ष' में मिलते हैं। निस्सन्देह वर्मा इनके रूपायन में अपने विश्वविद्यालयीय अनुभव को ही प्रतिबिम्बित करते हैं। उनमें वर्णित आतिथ्य-सत्कार, सभाचारी वार्त्तालाप एवं समूह-व्यवहार सब प्रत्यक्ष अनुभव के साक्षी हैं।

अपनी इस निजी उलझन के कारण वर्मा ने अपनी शिक्षा से उतना लाभ नहीं उठाया जितना वे उठा सकते थे। जीवन की वृद्धिगत जटिलता को आत्मसात् करने के स्थान पर वे उससे किंचित् कतराते दिखायी पड़ते हैं और समस्याओं एवं प्रश्नों को अपने निजी आयास से नहीं, अपने परिवेश के सतही सम्पर्क से ग्रहण करते हैं। उनका परिस्थितिवाद (जो भारतीय

नियतिवाद का ही सतही रूप है) डार्विन के विकासवाद का एक अंश है जो उन दिनों की प्रबुद्ध-मण्डली की चर्चा का विषय रहा होगा। शिक्षित वर्ग के लिए यह वैज्ञानिक उद्घाटन कुछ कम रोचक न था कि मनुष्य की सृष्टि भी परिस्थितिजन्य प्रभाव का परिणाम है और जीव अपनी परिस्थितियों से जूझता एवं समझौता करता हुआ ही पशु से मानव बना है। यह ज्ञान क्योंकि रहस्य का एक द्वार खोलता है अतः वह वर्मा का प्रिय विषय बन जाता है। पर वे उसका कोई विधिवत् अथवा गूढ़ अध्ययन नहीं करते—एक ही संयोग में जितना वे आयत्त कर पाये हैं उसी सं काम चलाते हैं। इसे यों भी समझा जा सकता है कि वे डार्विन के सिद्धान्त से परिस्थिति का दर्शन तो पाते हैं पर अस्तित्व के लिए संघर्ष (स्ट्रगिल फॉर ऐक्ज़िस्टेन्स) और सर्वोपयुक्त की विजय (सर्वाइवल आफ द फिटेस्ट) को अनदेखा कर देते हैं। राहुल सांकृत्यायन ने अपने एक ग्रन्थ में डार्विन के इसी सिद्धान्त की व्याख्या करते हुए यह सिद्ध किया है कि बन्दर ने जब अपने चार पैरों में से दो को हाथों का रूप देकर परिस्थिति के आगे झुकने की अपेक्षा परिस्थिति को बदलना प्रारम्भ किया तब एक क्रान्तिकारी परिवर्तन का उदय हुआ। वर्मा अपने सिद्धान्त से यह संघर्ष लेने को उद्यत नहीं मिलते। इसीलिए वे परिस्थिति को एक परोक्ष और शाश्वत सत्य की-सी गरिमा दे देते हैं और मानवमात्र को उसके समक्ष विवश एवं असहाय मानते हैं। मानवेच्छा और उसकी कर्म-शक्ति को वे किसी गिनती में नहीं लेते। फलतः वे विद्या के प्रति सतही दृष्टि के ही कारण अध्ययन अथवा स्वाध्याय को गौण मानते हैं। उनकी साहित्यिक चर्या इसीलिए संस्कार, प्रत्यक्ष अनुभव और महत्त्वाकांक्षा के मेल से ही निर्मित हुई है। जिन दिनों प्रेमचन्द श्रमपूर्वक टाल्सटाय, गोर्की और कुप्रिन पढ़ रहे थे उन दिनों वर्मा, जिनके पास प्रेमचन्द्र से अधिक शिक्षा और अवकाश था, फ्रांसीसी रम्याख्यान पढ़ रहे थे।[1]

'चित्रलेखा' की रचना की यही पृष्ठभूमि है। ऐसा नहीं है कि 'ताइस' ने उन पर कोई गहरा प्रभाव डाला हो और वे उसे शब्दबद्ध करने में लग गये हों। इस सम्बन्ध में उनका संस्मरण अत्यन्त प्रकाशदायक है। उन्होंने लिखा है : 'चित्रलेखा' लिखने के पीछे एक मज़ेदार कहानी है। मेरे परममित्र पण्डित बालकृष्ण शर्मा 'नवीन' ने मुझसे अक्सर अनातोले फ्रांस की 'ताइस' का ज़िक्र करते हुए बेहद प्रशंसा की थी। उन्हीं दिनों मुझे कानपुर छोड़कर हमीरपुर जाना पड़ा, वकालत जमाने की कोशिश में। वहाँ मुझे 'ताइस' पढ़ने को मिली। उपन्यास मुझे बहुत पसन्द आया, लेकिन न जाने क्यों उसे पढ़ते-पढ़ते मेरा अहं अथवा आत्म-विश्वास इस हद तक उत्तेजित हो उठा था कि मैंने सोचा कि इस तरह की किताब मैं भी लिख सकता हूँ और उस जोड़ के उपन्यास लिखने के संकल्प के साथ मैंने 'चित्रलेखा' का लिखना आरम्भ किया था।[2] इस वक्तव्य से कई उपयोगी तथ्य हाथ लगते हैं। एक तो यह कि 'ताइस' का स्वाध्याय और 'चित्रलेखा' का सृजन नितान्त संयोगवश एवं आकस्मिक रूप से हुआ। दूसरे यह कि उन्हें स्वाध्याय की प्रेरणा मित्र-मण्डली से मिलती है—अन्यथा वे तो 'ताइस' भी न पढ़ते। तीसरे यह कि 'चित्रलेखा' का सृजन कोई निजी दृष्टि प्रतिपादित करने के लिए नहीं,

---

1. 'नवें दर्जे तक आते-आते भगवती बाबू सोलहों आने साहित्यिक हो गये। रेनाल्ड का 'लण्डन रहस्य', ड्यूमा तथा ह्यूगो के उपन्यास पढ़ने लगे।' : अमृतलाल नागर : 'भगवतीचरण वर्मा' : पृष्ठ 14।
2. भगवतीचरण वर्मा : 'धर्मयुग' : 25 अगस्त, 1963 पृ. 18।

वरन् 'मैं भी लिख सकता हूँ' सिद्ध करने के लिए, अहं-स्फूर्त प्रतियोगिता में से हुआ था। विश्वविद्यालय की रंगमयी स्मृतियाँ तो साथ थी हीं, परिवेश में नैतिक प्रश्न मँडरा ही रहे थे, वर्मा कवि और 'पतन'-लेखक के रूप में सृजन-अभ्यास कर ही चुके थे। वैभव-विलास का कुछ वातावरण 'पतन' से कुछ 'ताइस' से लेकर 'चित्रलेखा' रच दी गयी। सौभाग्य से वह अत्यन्त सफल सिद्ध हुई। इसे आकस्मिक संयोग ही मानना होगा। तथापि वर्मा के अनजाने ही 'चित्रलेखा' में उनका सृजनात्मक व्यक्तित्व अत्यन्त मुखर रूप में उपस्थित है। (परिस्थितियों से परास्त मध्यवर्गीय युवक को वैभव-विलास का यह चित्रण करते समय कितनी तृप्ति मिल रही होगी!) पिछले अध्याय में हम देख चुके हैं कि वर्मा और फ्रांस के व्यक्तित्वों में गहरा साम्य है। दोनों ही दार्शनिकता का भ्रम उत्पन्न करते हैं, दोनों ही व्यंग्य में निपुण हैं और दोनों ही अपने समय से कुछ पीछे हैं। वर्मा नैतिक प्रश्न तो अपने परिवेश से ले लेते हैं, पर उनका चित्रण एवं समाधान अपने सामन्तीय संस्कारों के आलोक में ही करते हैं, जिस पर एक पर्त शिक्षा से प्राप्त वैज्ञानिक परिचय की है और दूसरी महत्त्वाकांक्षा की। 'चित्रलेखा' में वर्मा की निजी सृष्टि बीजगुप्त है। चित्रलेखा अन्त में जैसी रोती-गिड़गिड़ाती उसके पास आती है उससे किसका अहं तृप्त न होगा? और दार्शनिक ऊहापोह तो पूरी कृति में बुना हुआ है यद्यपि उसके कथ्य से उस दार्शनिकता का दूर तक सरोकार नहीं। वर्मा का सृजनात्मक अवचेतन प्रश्नों को इसी रूप में ग्रहण करता है। वे सुनायी तो सर्वत्र देते हैं, पर उनके अपने जीवन से उन प्रश्नों का कोई विशेष लगाव नहीं है। ठीक यही वातावरण और यही अलगाव 'तीन वर्ष' में पुनर्वार प्रकट होता है। वह वर्मा के व्यंग्य का ही रूप है, सारे समाज पर एक भीतरी व्यंग्य, कि यह दार्शनिकता सम्पन्न और विलासी जनों का आलस्य में दिन बिताने का बहाना है वास्तविक जीवन तो कहीं और है और वहाँ परिस्थितियाँ हैं जो हमारी नियति है।

बीजगुप्त के चरित्र के अतिरिक्त, यह परिस्थिति-दर्शन भी वर्मा का अपना आविष्कार है, वह 'ताइस' में नहीं है। 'ताइस' में अस्वाभाविक निवृत्ति मार्ग पर सहज प्रवृत्ति मार्ग की विजय का प्रतिपादन है। वर्मा ने भी काफ़ी दूर तक यही दिखाया है। पर जब तक सामन्त बीजगुप्त मध्यवर्गीय शिक्षित युवक की भाँति चित्रलेखा को समर्पिता बनाकर कहीं दूर न ले जाये तब तक वर्मा की महत्त्वाकांक्षा कैसे तृप्त हो! और फिर मध्यवर्गीय मन को यह परितोष भी तो देना है कि उसकी असमर्थता का कोई दोष नहीं है, दोष सब-का-सब परिस्थिति का है। बीजगुप्त ने अपने विवेक को कहीं कुण्ठित नहीं होने दिया, कुमारगिरि और चित्रलेखा दोनों मोहवश उससे च्युत हो जाते हैं। अतः कोई भी लेखक यह निष्कर्ष निकाल सकता था कि मानव का विवेक ही पाप-पुण्य की कसौटी है। (बीजगुप्त भोगी होते हुए भी पुण्यात्मा है और कुमारगिरि विरागी होते हुए भी पापी है।) पर वर्मा को अपना प्रिय दर्शन प्रचारित करने की इतनी प्रबल आकांक्षा है कि वे उपन्यास के रूप-विधान में भी मौलिकता का समावेश करके रत्नाम्बर और उनके शिष्यों की चर्चा से पूरी कथा को वृत्त में बाँध देते हैं। वस्तुतः उपन्यास की सफलता का रहस्य विवेक की विजय ही है, इसीलिए वह लोकप्रिय हुआ, वर्मा का दिया हुआ निष्कर्ष पाठक अनदेखा कर देता है। वासना का उत्कट चित्रण और प्रेम का निर्मल रूप ही पाठक को प्रभावित करता है। यह भी वर्मा की असावधानी—यद्यपि इस प्रसंग में प्रीतिकर असावधानी—का ही प्रमाण है कि वे तो कुछ कहना चाहते हैं, उपन्यास कुछ और। पर जब कभी वे रचना में इतने तल्लीन नहीं होते और उसे स्वयं ही नहीं बोलने देते तो रचना

कोई प्रभाव उत्पन्न नहीं कर पाती। इस सम्बन्ध में 'आखिरी दाँव' अथवा 'सामर्थ्य और सीमा' की परख की जा सकती है। इस विषय में भी वे अनातोले फ्रांस के ही समान हैं।[1]

'चित्रलेखा' के दो वर्ष बाद प्रकाशित 'तीन वर्ष' भी अपने पूर्ववर्ती का ही रूपान्तर है। ऊपर से देखने पर दोनों नितान्त भिन्न प्रकृति के उपन्यास जान पड़ते हैं—एक में इतिहास के सहारे पाप-पुण्य की समस्या है, दूसरे में वर्तमान आर्थिक विषमता के सहारे सत्य प्रेम का प्रतिपादन—पर यह भेद नितान्त ऊपरी ही है। 'चित्रलेखा' में पाप-पुण्य की समस्या तो लेखक ने पहना दी थी, रचना तो सच्चे प्रेम की खोज ही थी। केवल सामाजिक परिवेश बदल जाने के कारण 'तीन वर्ष' के वातावरण में सामयिकता का समावेश हो गया है। इसमें विश्वविद्यालयीन स्मृतियों को प्रत्यक्ष रूप में उपस्थित होने का अवसर मिल जाता है, और बैठकख़ाने के क़हक़हे, गप्प-गोष्ठी, सतही प्रश्न-चर्चा और मित्र-मण्डली में प्रतियोगिता और प्रतिद्वन्द्विता का भाव—सब ज्यों-के-त्यों उतर आये हैं। हाँ, वर्तमान ने दो अन्तर अवश्य उत्पन्न कर दिये हैं—बीजगुप्त रमेश के अवतार में साधनहीन बनने को बाध्य है और चित्रलेखा दो टूक होकर प्रभा और सरोज में समा गयी है—उसका सांस्कृतिक पक्ष प्रभा में और उसका वेश्या-पक्ष सरोज में—शेष सब यथावत् है। पाप-पुण्य (भलाई-बुराई) यहाँ भी दृष्टिकोण की विषमता का नाम है, जो परिस्थितियों से उत्पन्न होती है और वासना एवं निर्मल प्रेम यहाँ भी उसी प्रकार जूझ रहे हैं। पर इस बीच 'ताइस' का उन्माद उतर चुका है—वह इतिहास के परिवेश में ही सुरक्षित रह सकता था—इसलिए वर्मा का व्यंग्य अप्रकट नहीं, प्रकट हो जाता है। महत्त्वाकांक्षी, आत्मबद्ध, अतृप्त, मध्यवर्गीय मन सर्वत्र अपने व्यंग्य-वाणों की वर्षा करता है। अन्त में 'देवदास' से अवतरित वेश्या सरोज का धन वह अपनी प्रेयसी के मुँह पर दे मारता है। व्यंग्य की झोंक में लेखक को इसका भी ध्यान नहीं रहता कि इस प्रकार रमेश केवल प्रभा के अर्थ-मोह का ही उपहास नहीं कर रहा है, अपने प्रेम की ललक को भी छिछला सिद्ध कर रहा है। क्योंकि उसमें स्वयं भी वैयक्तिक प्रेम की अनन्यता नहीं है, उसका प्रेम भी महत्त्वाकांक्षा का ही प्रच्छन्न रूप है। उसे धन मिल गया है, अब उसे प्रभावों की क्या कमी है! फलस्वरूप 'तीन वर्ष' के बाद वर्मा की कृतियों में व्यक्ति-प्रेम की कोई गुज़र नहीं होती।

और 'तीन वर्ष' वैसी ही मनमानी झोंक में लिख डाला गया है, उसका समर्पण इस तथ्य का प्रमाण है। प्रयाग विश्वविद्यालय के प्रवेश-द्वार के पास मुख्य सड़क पर जगाती महाशय का रेस्तराँ था (सम्भवतः आज भी है) जहाँ बैठकर किसी अप्रत्याशित क्षण में उन्हें 'तीन वर्ष' का बीज-रूप सूझा होगा (उसका प्रारम्भ और अन्त उसी बिन्दु पर होता है, पूरा उपन्यास पश्चादवलोकन के रूप में है, यद्यपि उसमें पश्चादवलोकन की गहनता, तीव्रता और संक्षिप्ति का लेशमात्र भी नहीं है। स्पष्ट ही, यह केवल वर्मा की ऊपरी युक्ति है, कथ्य की अनिवार्यता नहीं) और वर्मा ने कृतज्ञ होकर वह उपन्यास जगाती महाशय को समर्पित कर दिया। समर्पण के शब्द वर्मा के अलमस्त फक्कड़ व्यक्तित्व का बड़ा सटीक परिचय देते हैं।[2] उनका सहज

1. ...No wonder he (France) became a kind of intellectual epicurean. Alchemy, anti-clericalism, raw passion and ironic pessimism distracted him this way and that' : 'The Modern Novel' : Volume I : Paul West : p. 154.

2. 'मियाँ जगाती, ...यद्यपि तुमने मेरी चाय पीने की आदत डलवाकर अच्छा नहीं किया। क्योंकि तुम्हारे बिलों को देखकर कभी-कभी बुख़ार-सा चढ़ने लगता है, फिर भी इतना कह सकता हूँ कि आदमी तुम ख़ूब हो। अगर तुम न होते और तुम्हारी दूकान न होती तो मुझे 'तीन वर्ष' लिखने की प्रेरणा न होती। और अगर 'तीन वर्ष' लिखने की प्रेरणा न होती तो—ख़ैर, म्याँ छोड़ो इस चक्कर को, आदमी तुम ख़ूब हो—और इसलिए यह किताब तुम्हें समर्पित है।' : 'तीन वर्ष' : भगवतीचरण वर्मा : समर्पण-पृष्ठ।

प्रकृत रूप इन शब्दों में झलक रहा है और सारी समस्याओं का अन्त वे मानो इसी लटके से करना चाहते हैं, 'म्याँ, छोड़ो इस चक्कर को'। इसलिए वे प्रश्न तो बड़े-बड़े उठाते हैं, पर अन्त तक नहीं पहुँचाते, कहीं-न-कहीं उनका स्वभाव उन्हें समझा देता है—छोड़ो इस चक्कर को। यही कारण है कि उनकी दृष्टि और उनके अनुभव में एक अन्तर्विरोध है—और 'चित्रलेखा' एवं 'तीन वर्ष' की विशेषता यही है कि दृष्टि के आरोपण को भेदकर अनुभव की प्रामाणिकता उजागर हो गयी है। पर यह अनजाने ही हुआ है—लेखक ने चेतन रूप से तो दार्शनिक बनने में कोई कसर नहीं छोड़ी है। वर्मा का सृजनात्मक व्यक्तित्व उनकी इस दृष्टि का समर्थक नहीं, वहाँ तो एक संस्कारग्रस्त मध्यवर्गीय मन बैठा हुआ है। यही नहीं, वह दृष्टि भी कोई सम्यक्-सुचिन्तित दृष्टि नहीं है—केवल दर्शन के कुछ उलझे सूत्र हैं, विज्ञान के कुछ टुकड़े हैं जो उन्होंने प्रबुद्ध समाज में उठते-बैठते, वाद-विवाद और चर्चाओं में भाग लेते-लेते अनायास ही समेट लिये हैं। उन्हें जब वे अपने परम उत्साह में अपनी किसी कृति में फैलाने बैठते हैं तो वे फैलते ही नहीं और फिर वे उसे 'बेकार का चक्कर' समझकर छोड़ देते हैं, एवं अपने जीवनानुभव के बल पर रचना पूरी कर लेते हैं। जन्मजात सृजन-शक्ति को नियोजित करने के लिए जिस निर्मम निष्ठा की आवश्यकता होती है, वह वर्मा के व्यक्तित्व में नहीं मिलती।

यही कारण है कि परिस्थितियों से संघर्ष जो उनके सृजनात्मक व्यक्तित्व में अनुपस्थित है, वह उनके सामाजिक जीवन में अत्यन्त महत्त्वपूर्ण है। यह भी स्पष्ट ही एक अन्तर्विरोध है, जिसे समझे बिना वर्मा की सृजनशीलता को नहीं समझा जा सकता। उन्हें वास्तविक जीवन में न जाने कितनी कठिनाइयों और बाधाओं से जूझना पड़ा है[1]—वह सब-का-सब संघर्ष यदि उनके सृजनात्मक व्यक्तित्व तक पहुँचता तो उनका व्यंग्य गहरा होकर राबले और बाल्ज़ाक भी बन सकता था। पर प्रकट संघर्ष में ग्रस्त मध्यवर्गीय मन सुरक्षा की खोज में आत्मबद्ध रहा और संस्कारों से जुड़े रहने में ही कल्याण समझता रहा। 'टेढ़े-मेढ़े रास्ते' में यद्यपि एक पूरे काल का अन्तर है और वर्मा ने बड़ी सजगता से उसमें विभिन्न पात्रों के माध्यम से उपस्थित पथ-मूढ़ता को व्यक्त किया है, तथापि उनकी सारी सहानुभूति जर्जरित संस्कारग्रस्त समान्तवाद को ही प्राप्त होती है।[2] उपन्यास में विचारों का, नारों का और मतवादों का जो वातावरण उपस्थित किया गया है, वह सब सतही रह जाता है। वह उपस्थित है तो केवल इसलिए कि वह उनके प्रत्यक्ष जगत् में विद्यमान है और वे उससे बच नहीं सकते। ठीक जैसे वे अपने जीवन में उपस्थित आर्थिक संघर्ष से नहीं बच सकते। पर उनका सृजनात्मक व्यक्तित्व दोनों से ही बचा रह जाता है।

इसका कारण यही दृष्टिगोचर होता है कि वर्मा को संघर्ष करना तो बहुत पड़ा है, पर वह उन्हें प्रिय नहीं है। वे उसे निजी समस्या मानते रहते हैं—जो जन्मगत परिस्थिति भिन्न

1. 'उनका बचपन, नौजवानी और जवानी अर्थपिशाच के साथ निरन्तर जूझते ही बीती है। भगवती बाबू ने ऐसे भी दिन देखे हैं जबकि एक कुप्पी मिट्टी का तेल ख़रीदने की सामर्थ्य न होने के कारण महीनों उनके यहाँ चिराग़ नहीं जला।' अमृतलाल नागर : 'भगवतीचरण वर्मा' : पृ. 9।
2. 'उपन्यास ('टेढ़े-मेढ़े रास्ते') का सबसे अधिक विश्वास्य और ख़रा चित्र ताल्लुक़ेदार का ही है और उसके बाद गाँव के बूढ़े झगडू का। और इसका कारण यही है कि इन्हीं दो पात्रों को लेखक की मानवीय सहानुभूति मिली है, इन्हीं के मन को उसने संवेदना के सहारे समझा और ग्रहण किया है।' : 'हिन्दी साहित्य : एक आधुनिक परिदृश्य' : सच्चिदानन्द वात्स्यायन : पृ. 91।

होने से टल भी सकती थी—उस अपने संघर्ष का वे विशाल मानवीय संघर्ष से कोई तार नहीं जोड़ पाते। उनका अहंवाद इसकी अनुमति नहीं देता।[1] अतएव, वह जीवन में उनकी शक्ति बनता है, साहित्य में उनकी सीमा। इसी अहं का परिणाम है कि वे जब सन् 1940 की मेरठ साहित्य परिषद् में अपना निबन्ध-पाठ करते हैं, जिसका शीर्षक उन्हीं के अनुरूप था—'मैं और मेरा युग'—तो अपने युग के सम्बन्ध में वे कोई तत्त्व की बात नहीं करते, केवल अपने संघर्ष की ही कथा कहते हैं। अपने संघर्ष पर उन्हें गर्व है, उसे वे असामान्य और विलक्षण मानते हैं, पर उसे प्यार नहीं कर सकते। इसीलिए उसे भूल नहीं पाते, अवसर मिलते ही छेड़ बैठते हैं। यही नहीं, अपने व्यक्तिगत आर्थिक संघर्ष के अनुभव को ही वे जीवन-दृष्टि का पद दे देते हैं।[2]

इस आर्थिक संघर्ष में वर्मा ने मुक्तिबोध या निराला की भाँति या प्रेमचन्द की भाँति किसी जीवन-दृष्टि की अथवा अपने सृजन-कर्म की रक्षा नहीं की है,[3] केवल अपने 'आत्म-सम्मान' की, अपने 'अपनेपन' की रक्षा की है। इसीलिए उनकी रचना-चर्या अटकती-भटकती चलती है और चाहे जब चाहे जहाँ तक रुक जाती है। इसीलिए वे वकालत, फ़िल्म-कार्य, पत्रकारिता—किसी में भेद नहीं करते, केवल आर्थिक संघर्ष से बचते हैं। वस्तुतः जिसे वे संघर्ष कहते हैं, वह संघर्ष है ही नहीं, परिस्थितियों से जूझना नहीं है—विषम परिस्थितियों से पलायन और अनुकूल परिस्थितियों की खोज को ही वे संघर्ष की गरिमामयी संज्ञा दे देते हैं। सच्चा संघर्ष उन्होंने केवल शैशव में किया है, और उसका भय उनके मन में इतना भारी है कि वे उसे फिर नहीं आने देते—न साहित्य में, न जीवन में। साहित्य-सृजन में वे एकाग्र मन से तभी प्रवृत्त होते हैं जब स्वतन्त्र भारत में परिस्थितियाँ उसके अनुकूल पाते हैं। यह स्पष्ट ही संघर्ष नहीं, सुविधा है। यदि वर्मा में सच्चा संघर्ष होता तो निश्चय ही दृष्टि भी मिली होती। तब 'विचार' जैसा साप्ताहिक निकालकर भी उसके सम्पादकीय को 'हमारी उलझन' नाम न देना पड़ता।

अपने अनुभव को दृष्टि का स्थान देने के दो तात्कालिक परिणाम हुए—वर्मा को दृष्टि की कमी का अनुभव ही न हुआ, और उनका सृजन अनुभव का अनुगामी हुआ। दोनों ही

1. 'मैं अहं का उपासक रहा हूँ' : भगवतीचरण वर्मा : 'मैं और मेरा युग' : 'आधुनिक हिन्दी साहित्य' : पृ. 171।
2. 'आज जब मैं सोचता हूँ कि किस प्रकार अपना मस्तक ऊँचा करके मैं भूख और बेकारी से लड़ा हूँ, किस प्रकार मैंने आत्मसम्मान और 'अपनेपन' की रक्षा की है तब मुझे कुछ शान्ति मिलती है। दुनिया में मैंने अभी तक दुनियावालों की नजर में खोया ही है, पाया कुछ नहीं, पर अपनी नज़र में मैंने एक महान् अनुभव पाया है, और मैं समझता हूँ कि मैं जीवन के सत्य के बहुत निकट पहुँच चुका हूँ।' : वही।
3. इस सम्बन्ध में अमृतलाल नागर द्वारा वर्णित यह प्रसंग द्रष्टव्य है : 'उन दिनों की एक बात नहीं भूलती। एक दिन बोले : 'यार, कहीं से पैसे आने चाहिए।' मैंने कहा, 'गंगा पुस्तकमाला से प्रबन्ध हो सकता है। चलिये दुलारेलाल जी के यहाँ चलें।' : बोले 'तुम क्या समझते हो कि मेरे मन में यह बात नहीं उठ सकती थी? मैं पहले ही हो आया। भार्गव एडवान्स नहीं देना चाहते, किताब माँगते हैं। किताब ही होती तो मैं भार्गव के पास जाता?' दूसरे दिन सबेरे-सबेरे ही वे मेरे यहाँ आये, बोले, 'नोटबुक ख़रीद ली है, एक कविता-संग्रह आज ही कम्प्लीट कर डालूँगा।' मुझे हँसी आ गयी, भगवती बाबू बोले : 'तुम समझते क्या हो? अतुकान्त कविताएँ लिखने में भला समय लगता है। अभी खींचे डालता हूँ।' दूसरे दिन शाम को भगवती बाबू फिर आये, बादशाही मूड में थे, उनकी जेब में पैसे थे, बोले : 'भार्गव को कविता-संग्रह दे आया।' मुझे आश्चर्य हुआ। भगवती बाबू हँस पड़े, बोले : 'अरे। कविता लिखने में क्या लगता है। पहले मैंने नोटबुक के पृष्ठों को गिना, फिर उतनी कविताएँ लिख डालीं और संग्रह का नाम 'एक दिन' रख दिया, क्योंकि एक ही दिन में कम्प्लीट किया था।' : भगवतीचरण वर्मा : पृष्ठ 8।

प्रवृत्तियाँ स्वाध्याय से दूर ले जाती हैं। अतएव, शैक्षिक चर्या के उपरान्त हम वर्मा को स्वाध्याय करते नहीं पाते—साहित्य-चर्चाओं में भाग लेते अवश्य पाते हैं, प्रत्यक्ष अनुभव के स्तर पर। 'हमारी उलझन' के बीस वर्ष बाद जब वे 'साहित्य की मान्यताएँ' प्रकाशित करते हैं तो उसमें पूर्ववर्ती उलझन ज्यों-की-त्यों बनी है, उसमें किंचित् भी अन्तर नहीं पड़ा है और साहित्य के मूलभूत प्रश्नों से जूझनेवाले इस 170 पृष्ठों के ग्रन्थ में केवल एक पाश्चात्य उपन्यासकार का नामोल्लेख हुआ है : ज्याँ पाल सार्त्र का, सो भी सुने-सुनाये ज्ञान के आधार पर। वस्तुतः वर्मा जी स्वाध्याय में विश्वास ही नहीं करते, 'उससे मौलिकता नष्ट हो जाती है।' 'चित्रलेखा' को लेकर अनुकरण-अनुवाद के जो आरोप लगाये गये थे, इस प्रवृत्ति पर उनका भी प्रभाव हो सकता है।

तो फिर वर्मा की सृजन-चर्या की प्रक्रिया क्या है? संयोग की प्रेरणा और प्रत्यक्ष अनुभव का आधार। इसीलिए वे स्वतःस्फूर्त के विश्वासी हैं।[1] और जब तक वे लिख न लें तब तक वे स्वयं भी नहीं जानते कि क्या लिख रहे हैं। उनकी परवर्ती औपन्यासिक कृतियाँ नितान्त उनके निजी अनुभव पर खड़ी हैं, 'आखिरी दाँव', 'वह फिर नहीं आयी', 'अपने खिलौने', 'भूले-बिसरे चित्र', 'सामर्थ्य और सीमा' और 'रेखा'। जिस कृति में उनका अनुभव जितना गहरा या उथला, जितना प्रत्यक्ष या अप्रत्यक्ष है, उतनी ही वह सफल या असफल हुई है। इस समीकरण का एक भी व्यतिक्रम नहीं है। सब में परिस्थितियों की स्वतन्त्र महत्ता है और सब में संस्कारों के प्रति सहानुभूति है। और पाश्चात्य उपन्यास का प्रभाव? उसकी तो चर्चा भी व्यर्थ है। उन्होंने स्वयं ही निर्भ्रान्त रूप से घोषित किया है : 'मैं न पण्डित हूँ, और न दार्शनिक हूँ। शास्त्रीय ज्ञान की पुस्तकें पढ़ने में मेरा मन नहीं लगता। देर तक सोचने-विचारने में मुझे एक उलझन-सी होने लगती है। अध्ययन एवं चिन्तन और मनन से मैं बहुत दूर रहा हूँ। मैं तो केवल अपने अनुभवों पर स्थित हूँ।... पुस्तकों को पढ़कर जो ज्ञान प्राप्त होता है, वह अधिकांश में सैद्धान्तिक अथवा अनुमानमूलक होता है, व्यावहारिक और क्रियात्मक नहीं होता। ऐसी हालत में उपन्यास के शिल्प के विकास में सिद्धान्तों की जानकारी कुछ थोड़ी-बहुत सहायता भले कर दे, कलाकार को उस शिल्प का विकास अपने अनुभवों से ही करना होता है।'[2] साहित्य में परिस्थिति को और जीवन में अनुभव को ऐसा अटल स्थान देने का ही यह फल होता है कि अन्वेषण काल में वर्मा कहीं प्रकट नहीं होते और जब 'टेढ़े-मेढ़े रास्ते' लेकर साहित्य-जगत् में आते हैं तो सारे वैज्ञानिक मतवादों का निषेध करने के लिए। तभी तो रांगेय राघव को उसे आगे बढ़ाकर दिखाने की इच्छा हुई थी।

भगवतीरचण वर्मा का 'पतन' भी अपरिपक्वता में जोशी के 'घृणामयी' का साथ देता है। वर्मा ने संस्थागत उच्च शिक्षा प्राप्त की है और वे वकालत का कार्य करते हैं जो उनके समय की अत्यन्त सम्मान्य वृत्ति है। तत्कालीन भारत के सभी नेता वकील थे। यही नहीं,

---

1. 'म्याँ, हमने तो यही देखा कि चीज़ अपने-आप चली आती है, उसके लिए विचार करना बेवकूफी है।' : अमृतलाल नागर द्वारा उद्धृत।

2. 'साहित्य की मान्यताएँ' : भगवतीचरण वर्मा : पृ. 1।

वे प्रयाग विश्वविद्यालय के छात्र रहे हैं, जो उन दिनों नव-जागरण का केन्द्र था।[1] उन्होंने मध्यवर्ग की मुक्ति-भावना, व्यक्ति-भावना और विद्रोह-भावना को आत्मसात् किया है। जोशी की भाँति वे भी कवि हैं पर छायावादी नहीं—स्वच्छन्दतावादी और यथार्थ की विषमताओं से विक्षुब्ध होकर चीख़ उठते हैं : जल उठ, जल उठ, अरी धधक उठ, महानाश-सी मेरी आग। यह 'मैं' और 'मेरा' वर्मा का परिचय-मन्त्र है। उनका व्यक्तिवाद अहंवाद तक पहुँचा हुआ है। वे सब-कुछ को तोड़-फोड़कर और फेर-बदलकर अपने अनुरूप कर लेना चाहते हैं। वास्तविकता को तटस्थ दृष्टि से देखकर अपने-आपको उसके अनुरूप ढालने का उनमें न तो धैर्य है न वैज्ञानिकता। उन्होंने भी फ्रांसीसी और बँगला लेखकों का अध्ययन किया है, विशेषतः एलेक्जेण्डर ड्यूमा, अनातोले फ्रांस और शरच्चन्द्र का, पर उनका स्वच्छन्दतावाद और अहंवाद उन्हें स्वाध्यायप्रिय नहीं बनाता। वे अपना चिन्तन-मनन आप अपने ही बल पर करने में विश्वास करते हैं। इसलिए उनके व्यक्तित्व में एक मस्ती और फक्कड़पन का पुट वर्तमान रहता है। इन विचित्र-से तत्त्वों के मेल से उन्होंने इस सन्धिकाल में दो उपन्यासों की रचना की—'पतन' और 'चित्रलेखा'। दोनों ही उपन्यास ऐतिहासिक परिवेश में प्रस्तुत किये गये हैं, पर उनमें इतिहास के यथार्थ को प्रस्तुत करने का कोई प्रयत्न नहीं। 'पतन' तो नाम के लिए नवाब वाजिदअली शाह के लखनऊ की भूमिका प्रस्तुत भी करता है, 'चित्रलेखा' में ऐसा कोई प्रयत्न भी नहीं है। यद्यपि उसमें सम्राट् चन्द्रगुप्त का नामोल्लेख आता है पर उसे किसी ऐतिहासिक राजा का प्रतिरूप मानना सम्भव नहीं। वास्तव में ये दोनों ही उपन्यास इतिहास के भ्रम पर आधारित एक प्रकार के रम्याख्यान हैं और उनकी प्रेरणा क्रमशः ड्यूमा और अनातोले फ्रांस ही प्रतीत होते हैं। 'पतन' में ड्यूमा की ही छाया प्रतीत होती है क्योंकि वह घटनाप्रधान है और उसमें नवयुवक के मन की कच्ची रंगीनी भी है। तथापि उसमें से वह व्यक्तिवाद भी झाँक रहा है जो वर्मा का अपना है और जो व्यक्ति के आचार और परिस्थितियों के सम्बन्ध की जाँच-पड़ताल करता है। तथापि अधकचरी और अनगढ़ रचना होने के कारण उसका कोई समग्र प्रभाव नहीं पड़ता। उसकी अपेक्षा 'चित्रलेखा' अधिक परिपक्व कृति है और उसमें व्यक्तिवाद एवं स्वच्छन्दतावादी कल्पना का एक ऐसा प्रसन्न योग हुआ है कि युवा-वर्ग में वह आज भी उतनी ही लोकप्रिय है जितनी विगत तीस वर्षों में रही है। 'चित्रलेखा' इस अर्थ में हिन्दी का सदाबहार उपन्यास है।

जैसा कि वर्मा ने ग्रन्थ की भूमिका में भी कहा था, 'चित्रलेखा' और अनातोले फ्रांस की विख्यात कृति 'ताइस' में कुछ समानताएँ हैं, पर, उन्होंने तुरन्त चेतावनी दी थी, कि उनमें

---

1. 30 अगस्त, 1903 को जन्म, 1926 में कला-स्नातक, 1928 में विधि-स्नातक, दोनों प्रयाग विश्वविद्यालय से। बचपन से ही साहित्यिक चर्या शुरू हो गयी थी और पहली कविता साप्ताहिक 'प्रताप' में 1918 में छपी थी। 1928 में कानपुर में वकालत शुरू की। 1930 में वह छोड़ दी और साहित्य-रचना में जुट गये। पहला उपन्यास 'पतन' 1929 में प्रकाशित हुआ था और कविता-संग्रह 'मधुकण' 1932 में। 'चित्रलेखा' 1934 में और 'तीन वर्ष' 1935 में प्रकाशित हुए। 1937 में कलकत्ता की फिल्म कार्पोरेशन आफ इण्डिया से सम्बद्ध हो गये। बाद में वह वृत्ति त्याग दी और हिन्दी साप्ताहिक 'विचार' (1940) निकालने लगे। 1942 में बम्बई टाकीज़, बम्बई में चित्रकथा और संवाद-लेखक के रूप में कार्य करने लगे।—लेखक द्वारा प्रेषित सामग्री के आधार पर।

उतना ही अन्तर भी है जितना अनातोले फ्रांस में और वर्मा में।[1] पर बहुत दिनों तक इस अन्तर की अनदेखी होती रही, और एकाध समीक्षक ने तो यह भी लिख मारा कि 'चित्रलेखा' 'ताइस' का अनुवाद है।[2] पर यह सत्य नहीं है। कोई भी विज्ञ पाठक दोनों रचनाओं के अवलोकन से यह प्रमाणित कर सकता है। 'ताइस' का अनुवाद, हम देख चुके हैं, स्वयं प्रेमचन्द ने ही 'अहंकार' नाम से प्रस्तुत कर दिया था, चाहे वर्मा को तब तक उसका ज्ञान न हुआ हो। फिर भी 'चित्रलेखा' समादृत हुई और निरन्तर लोकप्रिय बनी रही तो इसी कारण कि उसमें कुछ निजी मौलिक विशेषताएँ भी हैं। 'ताइस' एक प्रकार का रम्योपन्यास है जो अनातोले फ्रांस ने ईसाई पादरियों की जड़ता और निवृत्तिमार्गी घोरता के प्रति व्यंग्य के रूप में रचा था। उसमें एक भोगवादिनी नर्तकी और एक सन्त के अहम् की टकराहट का चित्रण है और व्यंग्यार्थ के लिए फ्रांस ने उसमें रंगीन अतिरंजनाओं एवं अति-कल्पनाओं से यथेष्ट काम लिया है। सच तो यह है कि फ्रांस और वर्मा के व्यक्तित्व में कुछ गहरी समानताएँ हैं।[3] दार्शनिकता की भंगिमा, व्यंग्य की प्रवृत्ति, गम्भीरता की मुद्रा और सहज सन्देहवादिता न्यूनाधिक मात्रा में उनमें भी है। यही कारण है कि 'ताइस' पढ़ते ही उन्हें एक वैसा ही उपन्यास लिखने की इच्छा हुई और 'चित्रलेखा' प्रकट हुई। त्याग और भोग का द्वन्द्व उसमें वहीं से आया है, पर बीजगुप्त का चरित्र और प्रेम में आत्मदान का समावेश वर्मा का अपना निजी है। उसी प्रकार उसका नाटकीय विधान जो पाप-पुण्य की समस्या से प्रारम्भ होकर परिस्थितिगत समाधान में परिणत होता है, वर्मा के विकासवादी विचारों का फल है। संक्षेप में, 'चित्रलेखा' पर 'ताइस' का प्रभाव तो लेखक को ही स्वीकार है, पर उसे 'ताइस' का अनुकरण अथवा अनुवाद कहना भूल है। उपन्यास में चित्रलेखा और बीजगुप्त उत्सर्ग की जिस भावभूमि पर पहुँचे हैं वह नितान्त व्यक्तिवादी और स्वप्नशील होते हुए भी उसको नितान्त मौलिक बना देता है और 'चित्रलेखा' व्यंग्य कृति के स्थान पर एक आदर्शवादी कृति बन जाती है। यही कारण है कि वह वर्मा की अन्य कृतियों के साथ मेल नहीं खाती। 'चित्रलेखा' लेखक ने यौवन में प्रवेश करते ही रची थी, तब तक उसका आत्मानुभव सीमित था और 'ताइस' के प्रभाव ने उसे अभिभूत कर लिया था। तथापि उसमें तात्कालिक मन्थन अन्तः-सूत्र विद्यमान है जो उनके परवर्ती उपन्यास 'तीन वर्ष' में समसामयिक रूप धरकर प्रकट हुआ था। इन्हीं कारणों से 'चित्रलेखा' की रचना वर्मा की सृजन-चर्या का एक आकस्मिक और मनोहर व्यतिक्रम अथवा अपवाद ही है।

---

1. 'मेरी चित्रलेखा और अनातोले फ्रांस की ताइस में इतना ही अन्तर है जितना मुझमें और अनातोले फ्रांस में। चित्रलेखा में मेरा अपना दृष्टिकोण है, मेरी निजी भावना है और मेरे जीवन का संगीत है।' : 'चित्रलेखा' : भगवतीचरण वर्मा : भूमिका।
2. '...और तो और, मेरे परम मित्र डॉ. रामकुमार वर्मा तक ने अपनी एक आलोचना-पुस्तक में (जो उन्होंने पाठ्य-पुस्तक के रूप में लिखी थी) यह लिख डाला कि चित्रलेखा ताइस का अनुवाद है।' : भगवतीचरण वर्मा : 'धर्मयुग' : 25 अगस्त, 1963 : पृ. 18।
3. 'This wry philosophising satirist tried, a little too earnestly and deliberately, to play Voltaire to an age that favoured naturalism and the exotic.... At his worst France seems contrived and posturing; at his best, the master of a light handed facetiousness which seems to believe in nothing' : 'The Modern Novel' : Volume I : Paul West. p. 154.

यहाँ एक बात विशेष रूप से द्रष्टव्य है। उग्र आदि के सन्दर्भ में हम उनकी आतंकवादी प्रवृत्ति की चर्चा कर आये हैं। जोशी और वर्मा उसी की अगली पुष्ट कड़ी प्रतीत होते हैं, उनमें प्रेमचन्द के आदर्शवाद का अभाव है, तथापि उनमें गहरा अथवा तटस्थ यथार्थवाद भी नहीं है। यदि उग्र को जोशी की-सी स्वाध्यायगत पृष्ठभूमि मिली होती तो उनकी रचना कोरे आतंकवाद के स्थान पर सच्चे प्रकृतवाद अथवा यथार्थवाद में विकसित हो सकती थी। उग्र के पास वह प्रत्यक्ष अनुभव था और जोशी के पास वह अर्जित ज्ञान था जिन दोनों के मेल में ही जोला अथवा दोस्तोएवस्की निर्मित होते हैं। उग्र, जोशी और वर्मा—तीनों ही व्यक्तिवाद के विग्रह हैं, पर उग्र अपेक्षया पूर्ववर्ती युग के होने के कारण उस व्यक्तिवाद से उसका प्रारम्भिक रूप आतंकवाद ही प्राप्त कर सके। छायावाद ने काव्य में जो विद्रोही भूमिका सम्पन्न की वह उग्र न कर सके। इसका एक अन्य ऐतिहासिक कारण भी था। छायावाद के पहले एक समृद्ध काव्य-परम्परा थी जिससे विद्रोह करना सम्भव था, पर उपन्यास के क्षेत्र में जब उग्र की रचनाएँ प्रकाश में आयीं तब तक उसका साहित्य अत्यन्त प्रारम्भिक अवस्था में था। अतएव, उग्र का व्यक्तित्व तो विद्रोही बना, पर उनकी रचना विद्रोही न बन सकी। यदि उनका पाश्चात्य अध्ययन सम्यक् होता तो वे अपने सृजनात्मक व्यक्तित्व को विश्व-साहित्य का सन्दर्भ देकर सार्थक कर सकते थे। जोशी के लिए यह सहज सम्भव था, पर उनके व्यक्तित्व में उस विद्रोह का ही अभाव था। वर्मा के व्यक्तित्व में विद्रोह था, पर वे उसे काव्य में प्रतिफलित करते थे। तिस पर अर्जित ज्ञान के प्रति उनमें श्रद्धा का अभाव था। फलतः जोशी और वर्मा ने व्यक्तिवाद के एक अन्य पक्ष को अपनाया—समाजगत नैतिक मान-मूल्यों का भण्डाफोड़। यह व्यक्ति-स्वातन्त्र्य और व्यक्ति-प्रतिष्ठा का मूलमन्त्र था। हम अपने कर्मों के लिए किस सीमा तक उत्तरदायी हैं, पाप किंवा दुराचार कहलानेवाला कृत्य कहाँ तक हमारा अपना है और कहाँ तक उसका जन्म परिस्थिति अथवा मनःस्थिति में होता है जिस पर व्यक्ति का कोई वश नहीं है—ये प्रश्न उनके मन को मथने लगे। परिस्थितिगत तर्क फ्रांसीसी उपन्यास का तर्क है और मनःस्थितिगत तर्क रूसी उपन्यास का। इन दृष्टियों से उन्होंने वास्तविकता की जाँच-पड़ताल तो आरम्भ की, पर साथ ही वे यथार्थ को भी खण्डित करते चले गये। व्यक्ति को केन्द्र में रखने के कारण उपन्यास का क्षेत्र और क्षेप संकुचित हुआ सो अलग। प्रेमचन्द-परवर्ती मन्थन-काल में सर्वदानन्द वर्मा और नरोत्तम नागर प्रभृति लेखकों की रचनाएँ स्पष्टतः ही आतंकवाद और व्यक्तिवाद का सम्मिश्रण करती जान पड़ती हैं।

———

शिवनारायण श्रीवास्तव

भगवतीचरण वर्मा और उनका 'चित्रलेखा'

कविवर भगवतीचरण वर्मा ने भी अनेक उपन्यासों की रचना की है। इनका प्रथम उपन्यास 'पतन' (1928) ऐतिहासिक है जिसमें नवाब वाजिदअली शाह की विलासिता का वर्णन है। यह उपन्यास अधिक प्रसिद्ध नहीं हो सका। सन् 1934 में वर्मा जी का 'चित्रलेखा' नामक उपन्यास निकला जिसने हिन्दी-जगत् में बड़ी प्रसिद्धि प्राप्त की तथा इसका सवाक् चित्र भी बन गया। लेखक के अनुसार इस उपन्यास में एक समस्या है और है मानव-जीवन को तथा उसकी अच्छाइयों और बुराइयों को देखने का लेखक का निजी दृष्टिकोण। "पाप क्या है और उसका निवास कहाँ है?"—यही समस्या है। इसका हल पाने के लिए लेखक ने दो विरुद्ध प्रकृति के बड़े ही सबल पात्रों की अवतारणा की है। बीजगुप्त मूर्तिमान् अनुराग है, कुमारगिरि विराग। एक भोग है दूसरा त्याग। "संयम कुमारगिरि का साधन है और स्वर्ग उसका लक्ष्य। किन्तु आमोद-प्रमोद ही बीजगुप्त के जीवन का साधन है तथा लक्ष्य भी है।" इन्हीं दो पात्रों के जीवन में लेखक ने अपनी समस्या का समाधान ढूँढ़ा है। परिस्थितियों के आवर्त्त में कुमारगिरि का संयम-स्खलित होता है, उसका गर्व खर्व होता है। इधर परिस्थितियों के प्रवाह में ही भोगी बीजगुप्त एक महान् त्यागी बन जाता है। जगत् इन दोनों पात्रों को दो दृष्टियों से देख सकता है। एक दृष्टि से "बीजगुप्त देवता हैं। संसार में वे त्याग की प्रतिमूर्ति हैं, उनका हृदय विशाल है। और कुमारगिरि पशु है। वह अपने लिये जीवित है, संसार में उसका जीवन व्यर्थ है। वह जीवन के नियमों के प्रतिकूल चल रहा है, अपने सुख के लिए उसने संसार की बाधाओं से मुख मोड़ लिया है।" दूसरी दृष्टि से "योगी कुमारगिरि अजित हैं। उन्होंने ममत्व को वशीभूत कर लिया है, वह संसार से बहुत ऊपर उठ चुके हैं। उनकी साधना, उनका ज्ञान और उनकी शक्ति पूर्ण है। और बीजगुप्त वासना का दास है—उसका जीवन संसार के भोग-विलास में है। वह पापी है—पापमय संसार का वह एक मुख्य भाग है।" इन दोनों दृष्टियों से ऊपर उठकर लेखक अपनी दृष्टि से महाप्रभु रत्नाम्बर के द्वारा पाप-पुण्य की समस्या का समाधान करता है—"संसार में पाप कुछ भी नहीं है, वह केवल मनुष्य के दृष्टिकोण की विषमता का दूसरा नाम है... जो कुछ मनुष्य करता है वह उसके स्वभाव के अनुकूल होता है, और स्वभाव प्राकृतिक है। मनुष्य अपना स्वामी नहीं है वह परिस्थितियों का दास है—विवश है। वह कर्त्ता नहीं है... केवल साधन है। फिर पुण्य और पास कैसा? ...संसार में इसीलिए पाप की एक परिभाषा नहीं हो सकी और न हो सकती है। हम न पाप करते हैं और न पुण्य करते हैं, हम केवल वही करते हैं जो हमें करना पड़ता है।"

किन्तु यह तो समस्या का केवल एक पक्ष हुआ उसका समाधान नहीं। इसमें तो व्यक्ति के आत्मपक्ष की पूर्णतया अवहेलना है और है अकर्मण्यता एवं नैराश्य का परोक्ष आह्वान। व्यक्ति की सीमा को स्वीकार करते हुए भी हम उसकी कर्म-स्वतन्त्रता को पूर्णतया नकार नहीं

सकते। हम मानते हैं कि जो कुछ मनुष्य करता है वह उसके स्वभाव के पूर्णतया अनुकूल होता है और स्वभाव पूर्वनिश्चित है। इसी तथ्य को दृष्टि में रखकर कृष्ण ने कहा था—

"स्वभावजेन कौन्तेय, निबद्ध : स्वेन कर्मणा।
कर्तुं नेच्छसि यन्मोहात् करिष्यस्यवशोऽपि तत् (गीता अ. 18/60)।

अर्थात् "हे अर्जुन, जिस कर्म को तू मोह से नहीं करना चाहता है उसको भी अपने पूर्वकृत स्वाभाविक कर्म से बँधा हुआ परवश होकर करेगा।" किन्तु उसी गीता में इस यन्त्रवत् परिचालित इच्छाशक्ति के ऊपर आत्मशक्ति की सत्ता भी स्वीकार की गयी है। स्वभाव के बन्धन से विमुक्त हुई आत्मा की अपनी स्वतन्त्र सत्ता भी रहती है जो सदैव प्रकृति की अनुगामिनी ही नहीं कही जा सकती। स्वभावज मोहविमुक्त आत्मा स्वपथ-निर्देशिका होती है। अतएव 'हम केवल वही करते हैं जो करना पड़ता है' में केवल आंशिक सत्य ही स्वीकार किया जा सकता है।

इस तथ्य की पूर्णता को स्वीकार करके ही लेखक ने पाप को मनुष्य की दृष्टिगत विषमता का परिणाम कहा है। अतएव इस कथन में भी एकांगिता का दोष आ गया है। पाप और पुण्य का ग्रहण भी दो भिन्न अर्थों में किया जा सकता है। साधारण अर्थ में सामाजिक सदाचार ही पुण्य और उसके विपरीत आचरण पाप है। सामाजिक व्यवस्था को अक्षुण्ण बनाये रखने के लिए मानव ने अपने अनुभव से सुकर्म तथा कुकर्म का भेदभाव किया है। समाज द्वारा वर्जित एवं हेय कर्मों की परिगणना ही पाप में की जाती है। समाज के इन आदेशों में विषमता भी है और अतिरञ्जन भी। सामाजिक दृष्टि से जो व्यक्ति पापी है वह दूसरी दृष्टि से देखने में महात्मा भी दिखलायी पड़ सकता है। किन्तु पाप-पुण्य का वास्तविक अर्थ इससे ऊपर होना चाहिए। यदि पुण्य का अर्थ उन कर्मों से लिया जाय जो मनुष्य शाश्वत सुख की उपलब्धि के लिए करता है तो इसके अन्तर्गत वे ही कर्म आयेंगे जिनके द्वारा ब्रह्म, जगत् एवं मान्त्र की एकात्मकता सजग एवं सचेत हो अर्थात् जिनके द्वारा व्यक्ति-जीवन का लोकजीवन में लय हो। इसके विपरीत कर्म ही पुण्यरहित अथवा पापपूर्ण होंगे। यहाँ पाप शब्द नकारात्मक होगा।

आत्मपक्ष की अवहेलना को छोड़कर वास्तविकता की दृष्टि से श्री वर्मा का प्रयत्न बहुत ही ठीक-ठिकाने का, अनुभवजनित एवं तर्कसंगत है। अधिकांश देखने में यही आता है कि बेचारा मानव निरुपाय-सा परिस्थितियों की लहरों में उठता-गिरता रहता है और कला इसी उठते-गिरते मानव का भावात्मक इतिहास है। मानव के इस भावात्मक इतिहास का वर्मा जी ने पूर्ण सच्चाई के साथ चित्रण किया है। किसी हद तक 'चित्रलेखा' हिन्दी में अपने ढंग का प्रथम उपन्यास है। संस्कारों के बन्धन में जकड़ी हुई भावनाओं को नवीन दृष्टि से देखना, उनके वास्तविक मूल्य को परखना तथा विचार एवं ज्ञान के प्रकाश में उनकी नवीन कलात्मक व्याख्या करना भी आज के कलाकार का एक कर्त्तव्य है।

'चित्रलेखा' स्पष्टतः सोद्देश्य है अतएव इसकी घटनाएँ एवं उनकी संघटना एक पूर्वनिश्चित योजना के अनुसार है। कथा का आरम्भ, उसका विकास एवं अन्त सभी पहले से निश्चित करके ही लेखक ने लेखनी उठायी होगी। इस प्रकार के उपन्यासों में कृत्रिमता आ जाने की सम्भावना रहती है। जीवन की गति किसी निश्चित योजना पर अवलम्बित नहीं है। कुछ परिस्थितियों के बीच अपने जन्मजात संस्कारों को लिये मनुष्य अवतरित होता है। इन परिस्थितियों का प्रभाव उसके स्वभाव पर पड़ता है और स्वभाव के अनुसार वह नवीन

परिस्थितियों की उद्भावना करता है। इस प्रकार चरित्र और परिस्थिति के घात-प्रतिघात से ही जीवन की धारा प्रवाहित होती है और उसका अवसान भी अतर्कित एवं अनिश्चित ही होता है। आजकल साहित्य के क्षेत्र में भी अधिक-से-अधिक अनुकृति पर ज़ोर देने के कारण घटना-चरित्र-सापेक्ष उपन्यासों की ओर अधिक झुकाव रहता है। यह यथार्थ के मोह का ही परिणाम कहा जा सकता है। 'चित्रलेखा' की सभी घटनाएँ पूर्वनिश्चित हैं सही, किन्तु कलाकार के कौशल ने उन्हें इस प्रकार नियोजित किया है कि उनमें यन्त्रवत् शुष्कता अथवा कृत्रिमता नहीं आने पायी है। महाप्रभु रत्नाम्बर ने ही जैसे श्वेतांक एवं विशालदेव के द्वारा कथा को दो धाराओं में विभाजित कर दिया है। इन दोनों कथाओं के केन्द्र क्रमशः बीजगुप्त एवं कुमारगिरि हैं और दोनों का सम्बन्ध-सूत्र नर्तकी चित्रलेखा है। अतएव इन प्रधान पात्रों की कहानी चित्रलेखा के द्वारा दूध-पानी की तरह आपस में मिल गयी है। यशोधरा की कहानी प्रासंगिक है, उसका मूलसमस्या के साथ घना सम्बन्ध है। उपन्यास में घटनाओं की बहुलता नहीं है। योगी कुमारगिरि का राजसभा में अपने आत्मबल के द्वारा सबको अभिभूत करनेवाली घटना को छोड़ सभी घटनाएँ ऐसी हैं जिन्हें बुद्धि स्वीकार करे। आत्मबल का वह चमत्कार भी असम्भव नहीं कहा जा सकता। कथा में एक धारा है जो पर्याप्त संयत है। यद्यपि घटनाएँ पूर्वनिश्चित हैं किन्तु उनका प्रवाह स्वाभाविक है।

सच बात तो यह है कि यह उपन्यास शुद्ध चरित्रप्रधान है जिसमें कुछ चरित्रों की विचित्रता का ही दिग्दर्शन है। इस प्रकार के उपन्यासों में घटनाएँ उसी परिमाण में संघटित की जाती हैं जितनी चरित्र की विवृति के लिए आवश्यक हों। यह उपन्यास एक तरह से बीजगुप्त, योगी कुमारगिरि तथा चित्रलेखा के जीवन का इतिहास है। ये पात्र विकासमान् नहीं हैं। अथ से इति तक वे एक तरह के ही हैं। परिस्थितियों का आघात उन्हें विचलित करता है जिसमें उनका व्यक्तित्व अस्थिर हो उठता है किन्तु उनका मनोबल प्रबल है। चित्रलेखा के लिए योगी कुमारगिरि का स्खलन अथवा यशोधरा की ओर बीजगुप्त का आकर्षण उनके चरित्र के किसी नवीन पक्ष को अनावृत नहीं करता। ये स्खलन तथा आकर्षण भी शक्तिशाली व्यक्तित्व के ही अंग हैं। कुमारगिरि का चित्रलेखा के लिए मोह, उसके हृदय का द्वन्द्व, उसका स्खलन दिखलाकर लेखक ने उसे अतिमानव होने से बचा लिया है। वह वही है जो उसे होना चाहिए। इस अन्धकार पक्ष को छोड़ उसके चरित्र का केवल एक ही पहलू है जो प्रकाश से पूर्ण है। किन्तु कुमारगिरि की तपोपूत काया में अहं की मात्रा थोड़ी न थी। उसके योग ने उसे शरीर पर विजय प्राप्त करना भले ही सिखाया हो किन्तु वह सहिष्णुता और हृदय की उदारता उसे न मिली थी जिसके द्वारा वह विश्व के दोनों पक्षों को समभाव से देख सकता। उसका अहंकार महाप्रभु रत्नाम्बर की अवहेलना करने से भी नहीं हिचका था। विशालदेव से वह कह उठा था—"भ्रम में पड़े हुए गुरु के शिष्यों में भ्रमों का होना स्वाभाविक है।"

कुमारगिरि की अपेक्षा बीजगुप्त में अधिक मानवता है और इसीलिए जिस तत्त्व की उपलब्धि कुमारगिरि को कठिन साधनों में न हो सकी थी वही बीजगुप्त ने हृदय की साधना से उपलब्ध कर लिया था। उसका हृदय इतना विशाल था, उसमें इतनी उदारता थी कि वैभव के रस में डूबे रहने पर भी कमल-पत्र के समान वह अछूता था। जिस विलासिता में वह जीवन भर आकण्ठ डूबा रहा, समय आने पर उसे बिलकुल ही त्याग देने में उसे तनिक भी

हिचकिचाहट न हुई। भोग करते हुए भी वह भोगों में बँधा नहीं है। वास्तव में मृत्यृलोक ऐसे ही मनुष्यों की स्पृहा करता है।

चित्रलेखा का व्यक्तित्व भी बड़ा सबल है। नर्तकी होते हुए भी वह विदुषी है। जीवन के कठोर अनुभवों ने उसे संसार को परखने की सूक्ष्मदर्शिता दी है। वह पाटलिपुत्र के युवक-हृदयों की गति है, किन्तु ये युवक उसके समक्ष शिशु के समान हैं। गुप्तसाम्राज्य में उसका एक स्थान है और यदि वह कहीं झुक सकती है तो अपने से सबल व्यक्ति के सामने ही। बीजगुप्त की महत्ता को, उसके रूप एवं गुणों को वह एक ही दिन में परख लेती है और इसीलिए प्रार्थी बीजगुप्त के समक्ष वह स्वयं प्रार्थिनी हो उठती है। फिर तो इन दोनों में दाम्पत्य प्रेम-सा हो जाता है और जीवन की धारा मृत्युलोक की समस्त मिठास लिये हुए बड़े वेग से बह चलती है। पाटलिपुत्र जानता है कि नर्तकी चित्रलेखा बीजगुप्त की ही है और बीजगुप्त नर्तकी चित्रलेखा का। सामाजिक दृष्टि से इससे दोनों का आदर कुछ बढ़ ही गया। किन्तु राजसभा में जिस दिन चित्रलेखा ने कुमारगिरि को पराजित किया उस दिन दुनिया की दृष्टि में विजयिनी होकर भी उसके हृदय ने हार स्वीकार की। कुमारगिरि के लिए उसका कुतूहल बढ़ा और बीजगुप्त के सौजन्य, उदारता एवं आत्मसमर्पण की उपेक्षा-सी करती हुई वह बढ़ चलती है योगी कुमारगिरि की ओर। योगी कुमारगिरि को उसने महिमा में अचल हिमालय की भाँति पाया और यद्यपि उसने 'प्रकाश पर लुब्ध पतिंगे को अन्धकार का प्रणाम' कहकर उसका उपहास करने का प्रयत्न किया फिर भी उसके रूप का दर्प उस इन्द्रियजित् के आगे जैसे आहत-सा हो उठा। यह उस रूपगर्विता के हृदय पर जैसे एक ठेस-सी थी। उसके रूप-वैभव की उपेक्षा कोई भी मनुष्य इस तरह कर सकेगा यह मानो चित्रलेखा की कल्पना से परे था। अतएव योगी कुमारगिरि को डिगाने की भावना के भीतर एक अभिमानिनी नारी की प्रतिहिंसा ही प्रबल थी। जैसे ही यह योगी महिमा के शृङ्ग से पतित हुआ मैंने उस योगी को ही नहीं गिराया, वरन् अपने को भी गिरा लिया। इस अनुभूति ने उसे अपनी ही दृष्टि में अपने को तुच्छ एवं दयनीय बना लिया। यदि कुमारगिरि इसके रूप के प्रलोभन को झेल ले जाता तो सम्भव है चित्रलेखा के लिए उसका आकर्षण पूर्ववत् बना रहता। बीजगुप्त के प्रति वह समभाव से इसलिए आकर्षित रही कि बीजगुप्त उसके सामने कभी कम नहीं हुआ। कुमारगिरि की कुटी से बिदा होते समय विदुषी चित्रलेखा का हतप्रभ चित्र बड़ा दयनीय हो उठता है। उसी दिन उसके हृदय ने बीजगुप्त की महत्ता को पूर्ण रूप से आयत्त किया और कृतकृत्य हो उठी तब जब उसी के लिए सब-कुछ त्यागकर जाता हुआ बीजगुप्त पैरों पर पड़ी चित्रलेखा को बिना किसी दुविधा के पुनः ग्रहण कर लेता है। चित्रलेखा के चरित्र में सबलताएँ भी हैं और दुर्बलताएँ भी। वह विदुषी है, दुनिया के विषय में उसका अनुभव खरा है। जीवन के प्रति वह जागरूक है। आत्मसम्मान उसमें पूर्ण है। जगत् को देखने का उसका अपना दृष्टिकोण है और उसमें इतनी तर्कशक्ति भी है कि वह अपने पक्ष का सफलतापूर्वक समर्थन कर सके। उसमें वचन-चातुरी भी है और हँसते-हँसते तीव्र व्यंग्य करने की शक्ति भी। महाराज चन्द्रगुप्त की सभा में उसने अलौकिक आत्मशक्ति का परिचय दिया था। किन्तु इन सब गुणों के होते हुए भी उसमें अहंकार की मात्रा कम नहीं। उसे अपने रूप की शक्ति का बोध है और वह यह सहन नहीं कर सकती की उस शक्ति के सामने कोई तनकर खड़ा रह सके। उसके इसी अभिमान ने उसे भी प्रवञ्चित किया और कुमारगिरि को भी।

'चित्रलेखा' की वर्णन-प्रणाली उत्कृष्ट कोटि की है। संवादों में बड़ी सजीवता एवं चुस्ती है। भाषा पात्रानुकूल एवं सरस है। उसमें नाटकीय रसमयता है।

'विराटा की पद्मिनी' की भाँति 'चित्रलेखा' की पृष्ठभूमि भी ऐतिहासिक है यद्यपि कहानी बिलकुल कल्पित है। चन्द्रगुप्त एवं चाणक्य ये दो पात्र ऐतिहासिक हैं, किन्तु उनका बहुत ही थोड़ा वर्णन आ पाया है। जहाँ तक समसामयिक वातावरण का सम्बन्ध है वर्मा जी पूर्ण सफल रहे हैं। नागरिकों की वेशभूषा, उनका रहन-सहन, उनकी बातचीत, गुप्त राजसभा की मर्यादा आदि के चित्रण में बड़ी सतर्कता से काम लिया गया है। इस तरह 'चित्रलेखा' इस युग की एक अनुपम काव्य-कृति है।

———

सत्यपाल चुघ

'चित्रलेखा' : रचना-शिल्प

'पतन' (1928) के पश्चात् 'चित्रलेखा' (1934) भगवतीचरण वर्मा का दूसरा उपन्यास है और आरम्भ में इसी के द्वारा वर्मा जी को प्रसिद्धि प्राप्त हुई। 'पतन' ऐतिहासिक उपन्यास है, और यद्यपि 'चित्रलेखा' भी किंचित् ऐतिहासिक पृष्ठभूमि लिये हुए है, तथापि यह विवादास्पद है कि यह ऐतिहासिक उपन्यास के अभिधान का अधिकारी है। इस सम्बन्ध में आलोचकों के तीन मत हैं—एक, 'चित्रलेखा' को ऐतिहासिक उपन्यास मानते हैं[1] या इसका पर्यालोचन ऐतिहासिक उपन्यासों के अन्तर्गत करते हैं,[2] दूसरे, इसकी ऐतिहासिक-अनैतिहासिक स्थिति के विवाद के सम्बन्ध में मूक रहते हुए इसका इतिहासेतर वर्ग में विवेचन करते हैं,[3] तीसरे, इसकी ऐतिहासिकता के आगे प्रश्नचिह्न लगाते हैं[4] और इसके विवेचन भी इतिहासेतर वर्ग में करते हैं।[5] हिन्दी में ऐतिहासिक उपन्यासों पर एक ही पुस्तक प्राप्त है[6] और उसमें 'चित्रलेखा' को स्थान नहीं दिया गया। स्वयं लेखक ने भी 'चित्रलेखा' के आरम्भ में लिखी अपनी पाँच पंक्तियों में इसकी ऐतिहासिकता का कोई उल्लेख नहीं किया। वस्तुतः 'चित्रलेखा' को ऐतिहासिक उपन्यास न मानना ही उचित है। इसके पात्र और घटनाएँ कल्पित हैं। केवल दो परिच्छेदों में आये चन्द्रगुप्त तथा एक ही परिच्छेद में आये चाणक्य की नगण्य-सी स्थिति है। लेखक ने ऐतिहासिक वातावरण के निर्माण पर भी विशेष दृष्टि नहीं दी। उदाहरणतया, उसने 'दिव्या' या 'मुर्दों का टीला' की तरह किन्हीं अप्रचलित शब्दों, पात्रों की तत्कालीन

---

1. (क) प्रकाशचन्द्र गुप्त : 'नया हिन्दी साहित्य : एक दृष्टि', पृ. 174।
   "चित्रलेखा में चन्द्रगुप्त मौर्य का भारत हमारी आँखों के सामने घूम जाता है।"
   (ख) डॉ. लक्ष्मीसागर वार्ष्णेय : 'बीसवीं शताब्दी हिन्दी साहित्य : नये सन्दर्भ', पृ. 259।
   (ग) डॉ. शिवनारायण श्रीवास्तव : 'हिन्दी उपन्यास', पृ. 233-34।
2. (क) सियारामशरण प्रसाद : 'वृन्दावनलाल वर्मा : साहित्य और समीक्षा', पृ. 247-248।
   (ख) डॉ. बलवन्त लक्ष्मण कोतमिरे : 'हिन्दी गद्य के विविध साहित्य रूपों का उद्भव और विकास', पृ. 204।
   "भगवतीचरण वर्मा के 'चित्रलेखा' उपन्यास में ऐतिहासिक वातावरण की अपेक्षा तत्कालीन जीवन का आभास मिलता है।" "यह शुद्ध ऐतिहासिक उपन्यास न होते हुए भी अपने काल के सांस्कृतिकता वातावरण की झाँकी स्पष्टतया देता है।" पृ. 109।
3. (क) रामचन्द्र शुक्ल : 'हिन्दी साहित्य का इतिहास', पृ. 466-467।
   (ख) डॉ. सुषमा धवन : 'हिन्दी उपन्यास', पृ. 97.
4. डॉ. जगदीश गुप्त : 'आलोचना' संख्या 13, पृ. 182।
   'विराटा की पद्मिनी' में इतिहास है ही नहीं, केवल वातावरण से ऐतिहासिक का आभास मिलता है। ऐसे उपन्यास को कहाँ तक ऐतिहासिक माना जाय यह एक समस्या है। ऐसे तो भगवतीचरण वर्मा का 'चित्रलेखा' भी ऐतिहासिक वातावरण लेकर लिखा गया है।"
5. डॉ. त्रिभुवन सिंह : 'हिन्दी उपन्यास और यथार्थवाद', पृ. 121 तथा 156।
6. डॉ. गोपीनाथ तिवारी : 'ऐतिहासिक उपन्यास और उपन्यासकार'।

वेशभूषा तथा उत्सवों-प्रथाओं आदि के चित्रण का आश्रय नहीं लिया। तमाशे,[1] महीन दुपट्टा,[2] बेर बेर,[3] शरबत,[4] मशाल, शोले,[5] पलँग,[6] दुकान, बाज़ार, जौहरी[7] जैसे शब्दों का प्रयोग विपरीत प्रभावोत्पन्न करनेवाला है। 'दिव्या' में ऐतिहासिक वातावरण में पात्रों के शील-विकास में योग दिया है किन्तु 'चित्रलेखा' में ऐसी कोई बात नहीं। वातावरण के नाम पर पात्रों की तर्कनाओं तथा किन्हीं अलौकिक चमत्कारों के समावेश से तत्कालीन संस्कृति की जो झलक मिलती है, वह प्रायः 'चित्रलेखा' की समस्या का अनिवार्य अंग तथा देश-काल के समावेश का सामान्य तत्त्व है, ऐतिहासिक देशकाल का वैशिष्ट्य नहीं। प्रायः 'चित्रलेखा' की ऐतिहासिकता पर शंका उठाते हुए 'विराटा की पद्मिनी' से इसकी जो तुलना की गयी है वह उचित प्रतीत नहीं होती; क्योंकि 'विराटा की पद्मिनी' में घटनाएँ काल्पनिक नहीं, 'सत्यमूलक' हैं—यह अवश्य है कि ये "अनेक कालों से उठाकर एक ही समय की लड़ी में गूँथ दी गयी हैं।"[8] पद्मिनी, नायकसिंह की पत्नी भी ऐतिहासिक पात्र है। इनके अतिरिक्त लेखक ने ऐतिहासिक तत्त्वों की खोज द्वारा[9] तत्कालीन वातावरण का भरा-पूरा चित्र दिया है किन्तु 'चित्रलेखा' मैं ऐतिह्य वातावरण की एकांगी व्यञ्जना है।

'चित्रलेखा' विचारप्रधान मध्यमकाय समस्या-उपन्यास है। स्वयं लेखक ने 'चित्रलेखा' के प्रारम्भिक वक्तव्य में इसमें 'समस्या' और 'दृष्टिकोण' की बात ही कही है। डॉ. प्रभाकर माचवे भी इसे "मुख्यतः समस्या-उपन्यास" मानते हैं।[10] उपन्यासकार यज्ञदत्त शर्मा इसकी ऐतिहासिकता का निषेध न करते हुए भी इसे समस्यामूलक मानते हें।[11] डॉ. देवराज उपाध्याय ने भी इसकी "विस्तृत और ज्ञानभरी गरिष्ठ व्याख्याओं'[12] या सब परिच्छेदों में मिलनेवाली "दार्शनिकता की गूढ़ता" का विशेषोल्लेख किया है। डॉ. शिवनारायण श्रीवास्तव इससे भिन्न मत प्रकट करते हैं—वे 'चित्रलेखा को "स्पष्टतः सोद्देश्य" कहते हुए भी इसे "शुद्ध चरित्र-प्रधान" उपन्यास मानते हैं।[13] लेखक ने भी अपने प्रारम्भिक वक्तव्य में चाहे उद्देश्य-तत्त्व पर बल दिया हो, फिर भी, इसे चरित्राधारित अभिधा दी है। वस्तुतः उद्देश्यानुकूल पूर्वयोजित कथानुबन्धन, समस्यासूचक आरम्भ-अन्त, विद्वान्-तार्किक पात्रों का चयन, विचार-विनिमय के रूप में पात्रों का चरित्र-विकास, विचार-बहुलता तथा तार्किक संवादों की प्रचुरता आदि विशेषताएँ 'चित्रलेखा' को उद्देश्यप्रधान उपन्यासों के वर्ग में रखने का अनुरोध करती है।

---

1. पृ. 160।
2. पृ. 32।
3. पृ. 49।
4. पृ. 67।
5. पृ. 125।
6. पृ. 126।
7. पृ. 163।
8. लेखकीय 'परिचय', 'विराटा की पद्मिनी', पृ. 15।
9. वही, पृ. 14।
10. 'सन्तुलन', पृ. 170।
11. यज्ञदत्त शर्मा : 'हिन्दी के उपन्यासकार', पृ. 222।
12. 'कथा के तत्त्व', पृ. 128।
13. 'हिन्दी उपन्यास', पृ. 230-31।

'चित्रलेखा' की विचार-प्रधानता नीति-मूल्यों—पाप-पुण्य, सुख-दुःख, अनुराग-विराग, वासना-प्रेम आदि—के पुनर्निर्धारण के प्रयास में लक्षित होती है। 'चित्रलेखा' में स्थान-स्थान पर आये विभिन्न विषयों के विचार मूलतः मानवीय आचरण के पाप-पुण्य के निर्णय-निरूपण के लिए हैं। वासना-प्रेम, अनुराग-विराग कर्त्तव्याकर्त्तव्य की मीमांसा यहाँ पाप-पुण्य के मूल प्रश्न या समस्या को प्रस्तुत करने के लिए हुई हैं। अतएव उपन्यास की प्रथम पंक्ति इसी समस्या की सूचक बनकर आयी है। वस्तुतः लेखक आद्यन्त इस समस्या के प्रति सजग रहा है और इसी ने उपन्यास के शिल्प को निर्धारित किया है। यहाँ एक निश्चित उद्देश्य के अनुकूल एक पूर्वनिर्धारित कथा-शिल्प का विधान हुआ है। तदनुकूल 'चित्रलेखा' की कथा प्रमुखतया तीन भागों में विभाजित है—'उपक्रमणिका', 'मध्यभाग' तथा 'उपसंहार'। पहले भाग में उपन्यास के प्रश्न को प्रस्तुत, दूसरे में उदाहृत तथा तीसरे में निष्कर्षित किया गया है। उपन्यासारम्भ, गुरु से शिष्य की शंका के रूप में, सीधे प्रश्न के साथ हुआ है—

श्वेतांक ने पूछा—"और पाप?"

महाप्रभु रत्नाम्बर एक गहरी निद्रा से चौंक उठे। उन्होंने श्वेतांक की ओर, एक बार बड़े ध्यान से देखा—"पाप! बड़ा कठिन प्रश्न है वत्स! पर साथ ही बड़ा स्वाभाविक! तुम पूछते हो पाप क्या है।"[1] इस कठिन प्रश्न के समाधान के लिए 'अध्ययन' तथा 'उपासना' को अपर्याप्त समझ, गुरु शिष्यों को संसार के अनुभव-क्षेत्र में उतरने के लिए तत्पर करता है।[2] इसी के अनुसार 'उपक्रमणिका' का अन्त इन पंक्तियों के साथ हुआ है—"दूसरे दिन कुटी खाली पड़ी थी। गुरु साधना के शुष्क-क्षेत्र में और शिष्य अथाह संसार में निकल पड़े थे।"[3] इसके बाद के मध्यभाग हैं पाप-पुण्य को समझाने या उदाहृत करनेवाली अनुभूति-कथा है जिसके निर्धारित स्वरूप की इंगति भी 'उपक्रमणिका' में ही मिल जाती है, गुरु रत्नाम्बर अपने शिष्यों से कहता है—"इससे पहले कि मैं तुम लोगों को संसार में भटककर अनुभव प्राप्त करने को छोड़ दूँ, और इस कार्य को पूरा करने के लिए तुम लोगों को इन दोनों की सहायता की आवश्यकता होगी। एक योगी है और दूसरा भोगी—योगी का नाम है कुमारगिरि और भोगी का नाम है बीजगुप्त। तुम दोनों के जीवन को इनके जीवन-स्रोत के साथ-साथ ही बहना पड़ेगा।"[4] तीसरे तथा अन्तिम भाग 'उपसंहार' में, एक वर्ष पश्चात्, शिष्य अपना-अपना अनुभव प्राप्त कर गुरु को बताते हैं और गुरु शिष्यों को 'अन्तिम पाठ'[5] के रूप में, उनके अनुभवों के निष्कर्षस्वरूप प्रत्यक्षतः स्वमत देते हैं। उपन्यास की अन्तिम पंक्ति आशीर्वादात्मक है; गुरु कहता है—"जाओ और सुखी रहो! यह मेरा तुम्हें आशीर्वाद है।" वस्तुतः इस तीसरे भाग का निर्धारण भी उपक्रमणिका में कर दिया गया था, गुरु रत्नाम्बर ने शिष्यों को कहा—"आज से एक वर्ष बाद तुम दोनों मुझसे ही यहीं पर मिलोगे। और उस समय फिर से हम अपने निर्धारित कार्यक्रम पर चल सकेंगे।"[6] सारतः 'चित्रलेखा' में केवल प्रारम्भ और

1. पृ. 5।
2. पृ. 6।
3. पृ. 7।
4. पृ. 32।
5. पृ. 34।
6. पृ. 47।

अन्त में संस्कृत की नीतिकथाओं[1] का-सा शिल्प मिलता है—गुरु-शिष्य-परम्परा, नीति विषयक जिज्ञासा-समाधान-सूचक प्रश्नोत्तर, उपक्रम मध्यकथा-उपसंहार के रूप में पूर्वयोजित रचना-स्वरूप तथा निष्कर्षात्मक-आशीर्वादात्मक अन्त इसके लक्षण हैं।

कथा का पूर्वयोजित क्रम ही विचार-तत्त्व के समावेशानुकूल, या समस्या-सम्बद्ध नहीं, पात्रों के चयन, उनके तथा कथा के विकास में भी यही दृष्टि गर्भित है। रत्नाम्बर और योगी कुमारगिरि ज्ञानोपदेशक गुरु हैं—शिक्षा देना उनका कार्य है—और श्वेतांक, विशालदेव एवं मधुपाल सभी विज्ञ-जिज्ञासु शिष्य हैं—शिक्षा-ग्रहण उनका लक्ष्य है।[2] चित्रलेखा भी 'विदुषी'[3] है और बीजगुप्त भी विद्वान्।[4] एक परिच्छेद में आनेवाला चाणक्य जी तार्किक नीतिज्ञ है। इन्हीं विशेषताओं के कारण ये पात्र एक-दूसरे से सम्पर्कित-प्रभावित हुए हैं और फलतः नयी-नयी परिस्थितियों के उत्पन्न होने से कथा अग्रसर होती रही है। योगी कुमारगिरि विचार-सागर में डूबा रहता था...उसके जीवन की अकर्मण्यता पर ज्ञान और विचार का आवरण था।[5] अपनी शंकाओं का निवारण कर मधुपाल उसके "अखण्ड ज्ञान पर गर्व"[6] करता है। "उसके साथ रहकर मनुष्य जीवन की जटिल-से-जटिल समस्याओं को सफलतापूर्वक हल कर सकेगा"[7] की प्रशस्ति देता हुआ गुरु रत्नाम्बर भी अपने शिष्य विशालदेव को उससे दीक्षित कराने के लिए ले आता है। बीजगुप्त और चित्रलेखा के तार्किक कथनों से प्रभावित होकर, अपनी इच्छा और सिद्धान्त के विरुद्ध, योगी कुमारगिरि उन्हें रात्रि में अपनी कुटी में आश्रय देने के लिए बाध्य होता है। यहीं, प्रथम परिचय में ही, योगी नर्तकी चित्रलेखा के मुख से "दर्शन के विकृत सिद्धान्तों को तर्कयुक्त सुनकर स्तब्ध रह" जाता है। चित्रलेखा सुन्दरी के साथ विदुषी भी थी। उसमें विचार-शक्ति और प्रतिभा थी। "प्रतिभा का मुक़ाबिला प्रतिभा ही कर सकती है, और ज्ञान के क्षेत्र में प्रतिभा तथा मौलिकता का सर्वोच्च स्थान है।"[8] इस प्रथम मिलन के वाद-विवाद में चाहे दोनों एक-दूसरे से असन्तुष्ट एवं अपराजित रहते हैं, किन्तु मन से दोनों हारते हैं—"योगी ने नर्तकी में ज्ञान देखा और नर्तकी ने योगी में सौन्दर्य।"[9] चन्द्रगुप्त की राज्य-सभा में हुए वाद-विवाद के अवसर पर योगी ज्ञान-क्षेत्र में चित्रलेखा से हारता है[10], जो दोनों के पारस्परिक आकर्षण को पुष्ट करता है। अतएव ये वाद-विवाद उस शृंगारिक त्रिकोण—कथा के मूल संघर्ष—की सर्जना करते हैं जो धीरे-धीरे विकसित होकर अन्त में बीजगुप्त के त्याग और योगी एवं चित्रलेखा के नैतिक पतन का कारण बनता है। श्वेतांक भी चित्रलेखा से 'कर्त्तव्य और व्यक्तित्व' में ही नहीं, 'ज्ञान' में भी हारता है। इस हार से ही पहली बार ब्रह्मचारी श्वेतांक की मन की श्वेत-पाटी पर कामानुराग के लाल अक्षर लिखे जाते हैं।[11] यही धीरे-धीरे विकसित होकर अन्त में यशोधरा की कामना-प्रार्थना करते हैं और

1. डॉ. प्रतापनारायण टण्डन : 'हिन्दी उपन्यास में कथा-शिल्प का विकास', पृ. 247।
2. पृ. 22।
3. पृ. 32।
4. पृ. 131।
5. पृ. 16।
6. पृ. 18।
7. पृ. 18।
8. पृ. 32।
9. पृ. 34।
10. पृ. 47।
11. पृ. 26।

बीजगुप्त को सर्वस्व त्याग के लिए बाध्य। यशोधरा भी बीजगुप्त की विद्वत्ता, प्रतिभा, मौलिकता तथा अकाट्य तर्कों से चकित एवं अभिभूत होती रहती है।[1] सारांश में 'चित्रलेखा' के कथानक के विभिन्न मोड़ तथा पात्रों का शील-विकास बहुत-कुछ उनके तार्किक विचार-विनिमय पर अवलम्बित है।

यही उल्लेखनीय है कि 'चित्रलेखा' के पात्र अपने-अपने विचारों में प्रायः व्यक्त होते हैं—इसी आधार पर उनके वाद-विवाद या वैचारिक संघर्ष उनके तथा कथा-विकास के साधक बन सके हैं। इसके अतिरिक्त उन्हें पाप-पुण्य की समस्या प्रस्तुत करने के लिए अपने-अपने दृष्टिकोण का प्रतिनिधित्व करना है ताकि यह सिद्ध किया जा सके कि "संसार में पाप कुछ भी नहीं है, वह केवल मनुष्य के दृष्टिकोण की विषमता का दूसरा नाम है।"[2] अतएव उपन्यास के आरम्भ में ही गुरु रत्नाम्बर ने दो प्रमुख पात्रों को विशिष्ट दृष्टिकोण, या सिद्धान्त-पक्षों का प्रतिनिधि-प्रतीक बना दिया है। कुमारगिरि योगी है... संसार से उसको विरक्ति है, और अपने मतानुसार उसने सुख को भी जान लिया है... संयम उसका साधन है और स्वर्ग उसका लक्ष्य।" और "बीजगुप्त भोगी है ...स्वर्ग तथा नरक की उसे कोई चिन्ता नहीं। आमोद और प्रमोद ही उसके जीवन का साधन है तथा लक्ष्य भी है।"[3] और आगे जब तक इन पात्रों का विकास नहीं होता, उनके विचार अपने-अपने प्रतीक-पक्ष को सिद्ध करते रहते हैं। कुमारगिरि नारी को मोह-माया, संसार को शून्य और इच्छा-वासनाओं को त्याज्य बनाता रहता है तथा ब्रह्म, संयम-नियम एवं योगादि को सत्य।[4] और बीजगुप्त लगभग अपने प्रवेश के साथ ही मस्ती और उन्माद की भाषा में बोलता हुआ कहता है—"...यौवन का अन्त है एक अज्ञात अन्धकार, और उस अज्ञात अन्धकार के गर्त में क्या छिपा है, वह न तो मैं जानता हूँ, और न उसके जानने की कोई इच्छा ही है। भूत और भविष्य, ये दोनों ही कल्पना की चीज़ें हैं, जिनसे हमको कोई प्रयोजन नहीं, वर्तमान हमारे सामने हैं।..."[5] इन विचारों के पीछे इनका अपना स्वभाव और मनःप्रवृत्ति है, विश्वास और व्यक्तित्व है, अतएव उनके विचार एक-दसूरे को प्रभावित-आन्दोलित करने में समर्थ होते हैं। उदाहरणतया, बीजगुप्त भोगी है किन्तु उसका भी अपना दर्शन है, निजत्व है अतएव पहले-पहल जब वह नर्तकी चित्रलेखा के प्रति पूर्णतया आकर्षित होता है तब भी वह उसकी इच्छानुकूल 'समुदाय का भाग' बनकर उसके सामने जाते रहना स्वीकार नहीं करता, अपितु व्यक्ति और व्यक्तित्व की अस्तित्व-रक्षा के प्रबल विश्वास को व्यक्त कर लौट जाता है—"व्यक्तित्व जीवन में प्रधान है और व्यक्ति से ही समुदाय बनता है। जब व्यक्ति वर्जित है, तो उस व्यक्ति को समुदाय का भाग बनना अपना ही अपमान करना है"[6] इसलिए बीजगुप्त के लिए चित्रलेखा झुकने पर बाध्य हो जाती है। इस व्यक्ति-धारणा के आधार पर ही वह सम्मानित समाज में कह सका है—"लोक की

---

1. पृ. 131, 154।
2. पृ. 190।
3. पृ. 7।
4. पृ. 17, 20, 21, 31।
5. पृ. 9।
6. पृ. 12।

दृष्टि से मैं अविवाहित हूँ, पर मैं वास्तव में विवाहित हूँ।... मैं प्रेम में विश्वास करता हूँ।..."[1] एकनिष्ठ प्रेम के सम्बन्ध में वह अनेक स्थलों पर अपने विचार प्रकट कर चुका है।

'चित्रलेखा' में विचार-तत्त्व का समावेश कुछ अन्य विधियों से भी हुआ है। कुल मिलाकर ये परिमाण-क्रम से निम्नस्थ हैं—(1) पात्रों के तार्किक संवादों के रूप में। (2) गुरु-शिष्य या संन्यासी-जिज्ञासु[2] पात्रों के ज्ञानोपदेशमय प्रश्नोत्तर के रूप में। (3) पात्रों के अन्तर्द्वन्द्वात्मक चिन्तन[3] के द्वारा। (4) लेखकीय मन्तव्यों[4] के माध्यम से।

'चित्रलेखा' में सर्वाधिक विचार राशि संवादों के रूप में आयी है, अतएव ये अनेक स्थलों पर लम्बे हो गये हैं। फिर भी, अपनी उपयोगिता के कारण ये अत्यल्प खटकते हैं। (पूर्व-चर्चित कारणों से स्पष्ट है कि) ये रस्मी नहीं पात्रों के स्वभाव से बँधे हैं। इसके अतिरिक्त वासना-वेदना से सिक्त शृंगारिक कथानक के धरातल पर विकसित तथा उसमें सहायक—अतएव राग-प्रेरित—होने से ये प्रायः शुष्क नहीं हो पाते। इन विचारों की पृष्ठभूमि में कहीं पात्रों के रूप की अहम्मन्यता, कहीं आत्म-तेज की गरिमा, कहीं निष्ठा, कहीं ईर्ष्या, कहीं प्रतिहिंसा और कहीं प्रतिपक्षी की चुनौती को स्वीकार करने की भावोष्ण प्रतियोगिता मिलती है। दूसरे, इन तार्किक संवादों में तर्क-वितर्क का अपना सौन्दर्य भी है—यहाँ 'प्रतिभा का मुक़ाबिला प्रतिभा' करती है, अतएव पक्ष-विपक्ष की समतुल्यता तथा एक-दूसरे से इक्कीस ठहरने की होड़ चमत्कारिक प्रभाव छोड़ती रहती है। इस दृष्टि से चन्द्रगुप्त की राजसभा का आयोजित वाद-विवाद आस्वादनीय है। जहाँ कहीं तर्क करनेवाला प्रतिपक्षी पात्र दुर्बल होता है और पात्र की मनःस्थिति के उद्घाटनमात्र के लिए एकरस संवादों को तूल दे दी गयी है, वहाँ कथा-गति-शैथिल्य से शुष्कता आ गयी है। पन्द्रहवें परिच्छेद के बीजगुप्त एवं यशोधरा के संवाद ऐसे ही हैं।

प्रश्नोत्तर क्रम के ज्ञानोपदेश के रूप में आया विचार-तत्त्व अपेक्षाकृत शुष्क है। लेखकीय मन्तव्यों के रूप में आये विचार अधिक नहीं, फिर भी, ये सभी उपर्युक्त प्रकारों से विरस एवं विकलात्मक हैं। अन्तर्द्वन्द्वात्मक चिन्तन के द्वारा विचार-लब्धि भी कम है, किन्तु चरित्राभिव्यक्ति के लिए तथा कथाक्रम के मध्य आने से विशेष कलात्मक हैं। यद्यपि वर्मा जी ने 'चित्रलेखा' के तार्किक क्रम में प्रश्नता का आह्वान भी किया है, तथापि, मध्य में प्रमुख पात्रों तथा अन्त में रत्नाम्बर के द्वारा अपने शिष्यों को 'अन्तिम पाठ' अथवा निष्कर्ष के रूप में निश्चित स्वमत भी दिया है—"संसार में पाप कुछ भी नहीं है, वह केवल मनुष्य के दृष्टिकोण की विषमता का दूसरा नाम है। ...जो कुछ मनुष्य करता है, वह उसके स्वभाव के अनुकूल होता है, और स्वभाव प्राकृतिक है। मनुष्य अपना स्वामी नहीं, वह परिस्थितियों का दास है—विवश है।... फिर पुण्य और पाप कैसा? ...संसार में इसीलिए पाप की परिभाषा नहीं हो सकी—और न हो सकती है। हम न पाप करते हैं और न पुण्य करते हैं,[5] हम केवल वह करते हैं, जो हमें करना पड़ता है।"[6] उपन्यास के मध्यभाग में विभिन्न सन्दर्भों में भी बीजगुप्त

1. पृ. 85।
2. पृ. 158-61।
3. पृ. 156-57, 176-77, 122, 53।
4. पृ. 16-17, 67, 110, 117।
5. पृ. 127-131।
6. पृ. 190।

के मुख से मनुष्य की स्वभाववश्यता या पारिस्थितिक दासता के कथनों की आवृत्ति की गयी है।"[1] इस आवृत्ति के दो लक्ष्य हैं—एक, रत्नाम्बर के अन्तिम निष्कर्ष को एक प्रमुख पात्र की भिन्न-सन्दर्भीय प्रतिक्रियाओं के विचारसार से परिपुष्ट करते हुए ऐसी संगति देना कि यह किसी क्रमिक वैचारिक विकास की स्वाभाविक परिणति जान पड़े, दूसरे, एक ही बात की बहुशः पुनरुक्ति से उसे बलशाली बनाकर पाठकों के मन पर मुद्रित करने का प्रयत्न करना। इस तरह लेखक ने उद्देश्य को प्रभावी बनाने का प्रयास किया है।

उद्देश्य की प्रभावपूर्ण अभिव्यक्ति के उपर्युक्त साधनों को अपनाते हुए भी यह नहीं कहा जा सकता कि लेखक मानव की पारिस्थितिक दासता के कारण पाप-पुण्य की अनिश्चित स्थिति के प्रतिपादन में सफल हो पाया है। इसका कारण यह है कि उपन्यासान्त में पात्रों के चरित्र-विकास तथा लेखक के पूर्वनिर्धारित लक्ष्य में असंगति आ गयी है। प्रमाणतया, अन्तिम परिच्छेद में गुरु रत्नाम्बर जब दोनों शिष्यों से, उनकी अपनी-अपनी अनुभूत्यानुसार, "बीजगुप्त और कुमारगिरि इन दोनों में कौन व्यक्ति पापी है?"[2] का प्रश्न पूछता है, तब यह तो समझ में आता है कि श्वेतांक बीजगुप्त की प्रशंसा करे, किन्तु विशालदेव की योगी कुमारगिरि को प्रशस्ति तथा बीजगुप्त की विगर्हणा असंगत लगती है—ऐसा प्रतीत होता है जैसे लेखक ने अपने उद्देश्य को सिद्ध करने के लिए विशालदेव को भी अपनी वाणी दे दी है। 'चित्रलेखा' के कुछ प्रसंगों से स्पष्ट है कि विशालदेव को अपने गुरु की दृढ़ता पर विश्वास नहीं।[3] कुमारगिरि योग-भ्रष्ट भी होता है और चित्रलेखा को अपना बनाने के लिए छल-कपट का आश्रय भी लेता है। तब विशालदेव किस अनुभव के आधार पर योगी कुमारगिरि की प्रशंसा कर सका है? वर्मा जी ने योगी का जितना जीवन-चित्रण किया है, उतने से उसके 'अजित' होने या 'ममत्व को वशीभूत' कर लेने के वे प्रमाण नहीं मिलते, जो विशालदेव की अन्तिम धारणा को सिद्ध करते। चित्रलेखा-जैसी विदुषी भी योगी की जिस महत्ता को देखकर आकर्षित हुई थी, उसी में गिरावट देखकर वह उतने ही वेग से विकर्षित होती है। अतएव विशालदेव के मत से पाठक सहमत नहीं हो पाता। अन्त में जब 'चित्रलेखा' के विपरीत परिवर्तन से कुमारगिरि के पतन का पूरा भण्डाफोड़ होने की सम्भावना होती है तो लेखक ने अपनी हठधर्मी से विशालदेव को बुद्धू बना दिया है—चित्रलेखा एवं कुमारगिरि के जीवन में उत्सुकता दिखाने के स्वाधिकार की वकालत करनेवाला निडर विशालदेव तब चित्रलेखा को 'बड़ी विचित्र स्त्री है' कहकर चलता बनता है।"[4] इस तरह लेखक ने अपने उद्देश्य के लिए विशालदेव के व्यक्तित्व की बलि दे दी है और उसके चित्रण को अस्वाभाविक बना दिया है। वस्तुतः कुमारगिरि को पापी न कहलाना लेखक का मतवादी पूर्वाग्रह है। गुरु रत्नाम्बर ने यद्यपि पाप-पुण्य की कोई कसौटी नहीं दी, किन्तु श्वेतांक को बीजगुप्त के आश्रित करते हुए उसने एक निश्चित मत (उपदेश) दिया था, वह था—"अच्छा और बुरा—यह सब तुम्हारे सामने आयेगा; पर इस कसौटी पर ध्यान रखना कि अच्छी वस्तु वही है, जो तुम्हारे वास्ते अच्छी होने के साथ ही दूसरों के वास्ते भी अच्छी हो।"[5] इस कसौटी पर भी योगी

1. पृ. 28, 57, 66, 108।
2. पृ. 189।
3. पृ. 96-97, 143।
4. पृ. 171।
5. पृ. 14।

कुमारगिरि खरा नहीं उतरता। अतएव उपर्युक्त धारणा को दृष्टि में रखकर श्वेतांक की कुमारगिरि की विगर्हणा तो कुछ जँचती है किन्तु विशालदेव के मत का आधार समझ नहीं आता—इसलिए भी कि लेखक ने उसे बीजगुप्त के जीवन के निरीक्षण-परीक्षण का अवसर नहीं दिया।

कुमारगिरि के विपरीत बीजगुप्त का जैसा जीवन चित्रित मिलता है, उससे उसकी पारिस्थितिक दासता तथा मनःप्रवृत्ति की विवृति ही नहीं मिलती, इनसे ऊपर उठकर विवेक के दर्शन भी होते हैं। श्वेतांक के लिए सर्वस्व त्याग, बाद में चित्रलेखा के प्रति उसकी उदारता तथा धन की अवहेलना परिस्थितियों तथा प्राकृतिक स्वभाव से अधिक उसके विवेक के लक्षण हैं—उसकी चरित्रव्यंजना यही है कि वह योगी न होते हुए भी विवेक से, अपने स्वतन्त्र चिन्तन से, योगी बन सकता है। त्याग करने से पूर्व उसका निम्न चिन्तन विवेक-द्योतक है—"क्या संयम के यही अर्थ हैं—क्या संसार में अपनापन ही सब-कुछ है? तो फिर मनुष्य में और पशु में भेद क्या है? प्रत्येक प्राणी अपने लिये जीवित है—प्रत्येक प्राणी ममत्वभाव से प्रेरित होकर काम करता है। फिर मुझ में और संसार के अन्य प्राणियों में भेद कैसा?[1] यही नहीं, इससे पहले भी बीजगुप्त के कथन लेखक की वाणी में मनुष्य की परिस्थितिजन्य दासता की दुहाई, किन्तु उसका अपना व्यक्तित्व परिस्थितियों पर विजय-प्राप्ति की विवेक-सम्मत स्फूर्ति देता रहा है और इससे उसके कथनों में विचित्र असंगति आ गयी है—"श्वेतांक मुझसे क्षमा-प्रार्थना करने की कोई आवश्यकता नहीं है। तुमने जो कुछ किया, उसके विपरीत तुम्हारी परिस्थिति में दूसरा मनुष्य नहीं कर सकता था। तुमने जो कुछ किया, वह उचित किया और जो कुछ करते वह भी उचित करते। उसमें तुम्हारा दोष न होता, दोष होता केवल परिस्थितियों का... ।"[2] किन्तु इसी कथन का अन्त इन पंक्तियों से हुआ है—"तुमने अभी संसार में प्रवेश किया है, तुम संसार के अनुभवों से रहित हो। न जाने कितनी बार तुम्हें अनुभव की परीक्षा की कसौटी पर चढ़ना पड़ेगा, उस समय तुम्हें कर्त्तव्याकर्त्तव्य का विचार रखना पड़ेगा। इच्छाएँ प्रबल रूप धारण करके तुम्हें सतावेंगी और उनका दमन करना पड़ेगा। यहीं पर तुम्हारी आत्मशक्ति की परीक्षा होगी।..."[3] यदि मनुष्य परिस्थितियों का दास है तो कर्त्तव्याकर्त्तव्य का विचार कैसा? उनके 'दमन' में 'आत्मशक्ति की परीक्षा' कैसी? स्पष्ट है कि लेखक अपने मत को लाद रहा है किन्तु उसका सजीव पात्र उसके हाथ से निकलकर उसी का विरोध कर रहा है। इसमें लेखक की कला की पराजय भी है, विजय भी। हमारी इस धारणा को बीजगुप्त की यह अन्य परिस्थितिजन्य प्रतिक्रिया भी प्रमाणित करेगी—"श्वेतांक, यह याद रखना कि मनुष्य स्वतन्त्र विचारवाला प्राणी होते हुए भी परिस्थितियों का दास है। और यह परिस्थिति-चक्र क्या है, पूर्वजन्म के कर्मों के फल का विधान है! मनुष्य की विजय वहीं सम्भव है, जहाँ वह परिस्थितियों के चक्र में पड़कर उसके साथ चक्कर न खाय, वरन् अपने कर्त्तव्याकर्त्तव्य का विचार रखते हुए उस पर विजय पावे। चित्रलेखा परिस्थितियों के चक्र में पड़ गयी है, कुमारगिरि का उसके जीवन में आना उसके लिए घातक है और उसका कुमारगिरि के जीवन में आना कुमारगिरि के लिए घातक है।... भगवान् ही उनकी सहायता कर सकता है।"[4] सारांश

1. पृ. 177।
2. पृ. 28।
3. पृ. 29।
4. पृ. 66।

में बीजगुप्त के व्यक्तित्व के चरित्र एवं कथनों के आधार पर मनुष्य की परिस्थितिजन्य दासता का चिन्तन-निष्कर्ष नहीं दिया जा सकता। बीजगुप्त अपने परोपकारमय त्याग की महत्ता के कारण उपन्यास के अनेक पात्रों से प्रशंसित हुआ है और पाठकों पर अन्त में प्रभाव भी उसी का पड़ता है। उपन्यास की अन्तिम घटना भी उसी की इच्छानुसार घटती है, किन्तु लेखक ने अपने पूर्वनिश्चित विधानानुकूल उसको और कुमारगिरि को समतुल्य धरातल पर रख दिया है। इससे पाठक के प्रभाव-ग्रहण और लेखक के दृष्टिकोण में व्याघात उत्पन्न हो गया है। इससे 'चित्रलेखा' का 'उपसंहार' शेष उपन्यास का स्वाभाविक निष्कर्ष नहीं, विच्छिन्न आरोपित प्रतीत होता है। परिणामतः उपन्यास का अन्त प्रभावहीन है। यदि लेखक अन्त में ज्ञानोपदेश की योजना से बचकर पाठकों को स्वयं संकेत-ग्रहण की छूट देता, तो 'चित्रलेखा' की कलात्मकता अक्षुण्ण रहती और उपन्यास की प्रश्नता-प्रवृत्ति भी अकुण्ठित। लेखक को चाहे 'चित्रलेखा' का अन्य उद्देश्य अभीष्ट हो, पाठक इसमें योग की विरक्त-विरस एवं अव्यावहारिक साधना के स्थान पर हृदय की अनुरक्त-सरस एवं सांसारिक साधना की विजय की व्यंजना ही ग्रहण करता है। यहाँ 'साधना' शब्द साभिप्राय है, क्योंकि बीजगुप्त पंकिलता में पंकज है—भोगलिप्त बीजगुप्त समयानुसार सर्वस्व त्याग की ऊर्ध्वमुखी साधना का परिचय दे सका है।

इस बात का उल्लेख किया जा चुका है कि 'चित्रलेखा' के विचार-भार को कथानक की रोचकता हलका कर देती है। इस रोचकता के लिए 'चित्रलेखा' का योजित-गठित तथा सरल-सुन्दर कथा-विन्यास उत्तरदायी है। 'चित्रलेखा' की 'उपक्रमणिका' में ही लेखक ने रत्नाम्बर की योजनानुसार उपन्यास के घटना-चक्र को प्रतिलोमी बिन्दुओं—भोगी बीजगुप्त तथा योगी कुमारगिरि—में केन्द्रित कर दिया है। तीसरा मध्य बिन्दु है चित्रलेखा, जो शृंगारिक त्रिकोण को पूरा कर कथानक को गाढ़बद्ध कर देता है। चित्रलेखा की सर्जना भोग-योग के इन परस्पर-विपरीत प्रतीक-पात्रों के शीलोद्‌घाटन के निमित्त हुई है। प्रेम की एकनिष्ठ स्थिर स्थिति से वासना एवं रूप-दर्प की चंचल प्रकृति की ओर बढ़कर वह दोनों पात्रों को आन्दोलित कर देती है। किन्तु यह उल्लेखनीय है कि वह दोनों के चरित्रोद्‌घाटन का साधन ही बनकर नहीं रह जाती, उसकी अपनी विचित्र चरित्र-गति का आकर्षक एवं सजीव साक्षात्कार भी होता रहता है। अतएव उपन्यास की समस्या प्रस्तुत करनेवाले इन दोनों परस्पर विरोधी पात्रों के दुर्निवार आकर्षण एवं उनके गुणावगुण के अनावरण की आधार, वस्तु-विन्यास की केन्द्र, इस विदुषी-नर्तकी चित्रलेखा के नाम पर उपन्यास का नामकरण हुआ है। यदि ध्येय-व्यञ्जना तथा संवेदना-प्रेषण की दृष्टि से विचार किया जाय, तो इस उपन्यास का नाम बीजगुप्त पर होना चाहिए था। वस्तुतः उपन्यास का सम्मोहन चित्रलेखा में है, सार्थकता बीजगुप्त में।

बीजगुप्त, यशोधरा और श्वेतांक को लेकर एक अन्य शृंगारिक त्रिकोण का क्षीण आभास भी मिलता है किन्तु वास्तव में इसकी सार्थकता बीजगुप्त की प्रेमनिष्ठा के निकष-रूप में, शीलोद्‌घाटन के लिए, नयी परिस्थितियों की सर्जना में है। दूसरे, यशोधरा एवं बीजगुप्त के सम्बन्ध-सूत्र के आधार पर ही कुमारगिरि चित्रलेखा को छलने में सफल हुआ है, फलतः वह अपने और उसके पतन का उत्तरदायी है। इस तरह यशोधरा एवं श्वेतांक का कथा-सूत्र प्रासंगिक है, जो मुख्य कथानक में महत्त्वपूर्ण मोड़ों की सृष्टि कर उसे गति देने में समर्थ हुआ है। अतएव वह औपन्यासिक विधान से पूर्णतया सम्बद्ध है।

'चित्रलेखा' का वस्तु-विन्यास पूर्वनिर्धारित होता हुआ भी, केवल अन्त एवं कुछ एक स्थलों को छोड़कर, यान्त्रिकता एवं कृत्रिमता से मुक्त है। इसके विपरीत, योजनाबद्धता से विषयैक्य, चुस्ती एवं सौष्ठव की लब्धि हुई है। कथानक के सरल-तरल प्रवाह में पाठकों को तिरा ले चलने की शक्ति है। ''प्रकृति का नियम परिवर्तन है''—चित्रलेखा तथा कुछ सीमा तक बीजगुप्त को मान्य इस सिद्धान्त—के अनुसार वर्मा जी ने चित्रलेखा एवं बीजगुप्त के प्रेम की स्थिरता को अनेक परिवर्तित परिस्थितियों की कसौटी पर कसा है। इससे पात्रों के प्राकृतिक स्वभाव तथा परिस्थितियों के द्वन्द्व से कथा सहज रूप से विकसित होती रही है—परिस्थितियों का प्रभाव पात्रों के स्वभाव को आन्दोलित करता रहा है और पात्रों का स्वभाव तथा नयी ग्रन्थियाँ नयी परिस्थितियों की सर्जना करती रही हैं। परिस्थितियों के नानात्व में पात्रों के क्रिया-प्रतिक्रियाएँ प्रायः निश्चित नहीं हो पातीं और उनकी व्यावहारिक मनोविज्ञानसम्मत विविध सम्भावनाएँ कथा में चंचल मोड़ों की सृष्टि कर पाठकों की उत्सुकता को बाँधे रखती हैं। चित्रलेखा एवं कुमारगिरि के किंचित् चरित्र-विश्लेषण से पात्रों का प्रेरणाओं सहित 'विचित्र' व्यवहार तथा कथा-मोड़ों से जनित गम्भीर रोचकता को देखा जा सकता है। चन्द्रगुप्त की राज्य-सभा में युवकयोगी कुमारगिरि को तर्क एवं उदारता में परास्त कर चित्रलेखा स्वयं भी उसके तेजोमय रूप से पराजित हो जाती है। अपने एकनिष्ठ प्रेमी बीजगुप्त को छोड़ वह विराग के मार्ग पर चलने के लिए योगी से दीक्षा लेने की प्रार्थी बनती है, किन्तु मन-ही-मन पल रही उसकी रूप की अहम्मन्यता एक इन्द्रियजित् को परास्त करने की प्रतिहिंसा से प्रेरित हो उठती है। वह विराग की बजाय अनुराग से योगी को विचलित कर देती है। योगी के बार-बार कहने और बीजगुप्त की अनुनय पर भी वह योगी का साथ नहीं छोड़ती। किन्तु जब योगी भ्रष्ट होकर उसका प्रार्थी बनता है, तब वह हँसकर कहती है—''मैं जानती हूँ तुम मुझसे प्रेम करते हो, पर मैं तुमसे प्रेम नहीं करती!... पुरुष का प्रेम आधिपत्य जमाना है, स्त्री का प्रेम अपने को पुरुष के हाथ में सौंप देना है। पर यहाँ बात दूसरी है। यहाँ मैं स्वामिनी हूँ, तुम दास हो। मैंने तुम पर आधिपत्य जमा लिया है, तुमने आत्म-समर्पण कर दिया है। किस बल पर तुम मेरा प्रेम चाहते हो?''[1] और चित्रलेखा बीजगुप्त की ओर पुनः लौट जाने के लिए तत्पर हो जाती है। किन्तु उसकी यह कामना पूरी नहीं हो पाती। क्यों? इसका उत्तर चित्रलेखा के विचित्र आचरण की प्रतिक्रिया में योगी के मानस-द्वन्द्व के निम्न विश्लेषित चित्र से मिलेगा—''कुमारगिरि को चित्रलेखा के व्यवहार पर आश्चर्य हुआ। चित्रलेखा उसके पास आने को इतनी उत्सुक थी, वह चित्रलेखा की ओर आकर्षित न हुआ था, किन्तु चित्रलेखा ही उसकी ओर आकर्षित हुई थी। फिर चित्रलेखा में यह परिवर्तन क्यों हुआ?

''कुमारगिरि को चित्रलेखा के व्यवहार से अधिक आश्चर्य अपने व्यवहार पर हुआ। उसने चित्रलेखा को अपने से दूर रखने का भरसक प्रयत्न किया था। फिर उसने क्यों चित्रलेखा को स्वीकार कर लिया था? क्या इसलिए कि वह अपने ही अविश्वास को दूर करना चाहता था? कुमारगिरि का क्षेत्र विजय था—पराजय की भावना उसके लिए नयी थी। शायद कुमारगिरि की अपनी कमज़ोरी का पता था, उसी कमज़ोरी को दूर करने के लिए ही उसने चित्रलेखा को स्वीकार किया था। उसने प्रयोग किया, वह असफल रहा। असफलता भी कितनी भयानक थी! वह अपने से तो हारा ही, वह हारा एक साधारण नर्तकी से—स्वयं अपने

1. पृ. 146।

से पराजित होने पर उसे दुःख हुआ था, पर उस दुःख की भावना को नर्तकी से पराजित होने पर क्रोध की भावना ने दबा दिया। कुमारगिरि कह उठा—"नहीं, नर्तकी चित्रलेखा को वश में करना ही होगा। पर किस प्रकार?

"चित्रलेखा मुझसे क्यों प्रेम नहीं कर सकती?"—कुमारगिरि के मन में प्रश्न उठा—"शायद इसलिए कि वह एक व्यक्ति से प्रेम करती है। यदि चित्रलेखा बीजगुप्त से प्रेम करना छोड़ दे तो सम्भव है, नहीं निश्चय है कि वह मुझे आत्म-समर्पण कर दे। बीजगुप्त को चित्रलेखा के मार्ग से हटाना होगा।"[1] अतएव योगी ने "प्रतिहिंसा की भावना से प्रेरित होकर वापस लौटती चित्रलेखा को बीजगुप्त और यशोधरा के विवाह की मिथ्या सूचना देकर छल से अपने प्रति आकर्षित करने की परिस्थिति उत्पन्न कर दी—क्योंकि "जिस स्त्री से वह पराजित हुए थे, उसको पराजित करना ही उनका उद्देश्य था।"[2] फलतः एक-दूसरे को पतित करने के प्रयत्न में दोनों पतित होते हैं। चित्रलेखा को छल की स्थिति तथा अपने रूप-दर्प एवं वासना की छलना दोनों स्पष्ट हो जाती हैं और वह आत्मग्लानि से पीड़ित पुनः अपने स्थान को लौट जाती है। आगे वह सर्वस्व त्यागी, प्रेम-भिखारी बीजगुप्त की पुनः प्रार्थिनी बनती है। पहले तो वह उसका तिरस्कार करता है किन्तु उसकी अनवरत तरल-कातर प्रार्थना में पश्चात्ताप की सच्चाई से अभिभूत होकर वह उसे अपने पाँव से उठाकर आलिंगन करने लगता है कि चित्रलेखा अकस्मात् 'नहीं मेरे देवता'[3] कहकर पीछे हट जाती है। वह उसे बड़े आग्रह से अपने भवन में एक दिन का अतिथि बनाती है। विदाई से पहले उसे अपना चरणामृत देने की याचना करती है, ताकि वह अपने को पवित्र कर सके। उनके व्यवहार के प्रति आश्चर्यान्वित होने के उपयुक्त मनोवैज्ञानिक क्षण में वह कुमारगिरि की वासना से अपने पतन की कथा सुनाती है और बीजगुप्त का स्थायी प्रेम अपनी उदारता में उसे क्षमा कर देता है। किन्तु यहाँ फिर चमत्कार होता है—वह उसे स्वीकार नहीं करता। वह भिखारी था और चित्रलेखा की अतुल धन-राशि को भी स्वीकार नहीं कर सकता था। इसलिए चित्रलेखा भी सर्वस्व-त्याग—केवल प्रेम का धन लिये—भिखारी बनकर उसके साथ चल देती है। वस्तुतः ऐसे लघु-लघु चमत्कार अनेक हैं। बीजगुप्त की कथा में भी उतार-चढ़ाव है। जो बीजगुप्त चित्रलेखा के प्रति अपनी प्रेम-अमरता के कारण यशोधरा के पाणिग्रहण का विधिवत् प्रस्ताव ठुकरा देता है, वही चित्रलेखा से निराश होकर—श्वेतांक की यशोधरा से विवाह-प्रार्थना की निर्मम उपेक्षा करके—यशोधरा के घर विवाह-प्रस्ताव लेकर चल पड़ता है, किन्तु मार्ग में स्वयं से उलझ-सुलझ, वह वहाँ पहुँचकर श्वेतांक की ओर से प्रस्तावक बन जाता है।[4] और प्रस्तावक ही नहीं बनता, श्वेतांक के लिए सर्वस्व त्यागी भी बन जाता है। सारांश यह कि चित्रलेखा की कथा पर्याप्त रंजक तथा संगत है। यह भी स्पष्ट है कि वर्मा जी ने घटनाओं तथा पात्रों की व्यापार-प्रेरणाओं का स्थान-स्थान पर विश्लेषण कर कथा को संगति-स्पष्टता दी है। इस कथा-संगति के प्रसंग में अपवाद-स्वरूप, असम्भव या दुर्लभ की कोटि में आनेवाले, उन दो घटना-प्रसंगों का उल्लेख आवश्यक है, जिनसे चित्रलेखा में किंचित् रोमांस के चमत्कारिक तत्त्व

---

1. पृ. 164-65।
2. पृ. 166।
3. पृ. 187।
4. पृ. 174-78।

का समावेश हो गया है। इनमें से एक है कुमारगिरि के योग-बल के प्रदर्शन की घटना[1], जो चरित्राभिव्यंजक, प्रसंगानुकूल एवं विशेष चमत्कारपूर्ण है। चित्रलेखा को योगी के प्रति प्रेरित करने में भी उसकी उपयोगिता है। दूसरी घटना हिमालय के आसपास के पर्वतीय प्रदेश की है। उसकी 'आश्चर्यजनक बातें'[2] बीजगुप्त तथा रत्नाम्बर से सम्बन्धित होते हुए भी कथा-बाह्य हैं—इसलिए वे मात्र कथित हैं, प्रत्यक्ष घटित नहीं। अधिक-से-अधिक उनकी सार्थकता तत्कालीन वातावरण-निर्माण की दृष्टि से ही है। लेखक ने 'समझ में न आ सकनेवाली'[3] कहकर उनकी सम्भवता-असम्भवता के प्रश्न से छुटकारा पा लिया है।

चमत्कारपूर्ण घटनाओं के अतिरिक्त मार्मिक प्रसंगों की योजना पर भी लेखक की दृष्टि रही है। बीजगुप्त का सर्वस्व त्याग, उसकी विदाई, श्वेतांक एवं चित्रलेखा के पश्चात्ताप-पूत रुदन, बीजगुप्त का चित्रलेखा को कुमारगिरि की कुटी से लौटा लाने का प्रयत्न[4] आदि ऐसे ही प्रसंग हैं। सामन्तीय वैभव-वलित एवं संगीत-नृत्य-कलित वातावरण में पलनेवाली मादक एवं वेदनापूर्ण शृंगारिकता भी कथानक की रमणीयता का कारण है। इसके अतिरिक्त कथानक की वर्णनात्मक पद्धति के मध्य कुछ एक नाटकीय दृश्यों की योजना भी सुखद वैविध्य एवं कथानक के आकर्षक गठन की साधन बनी है। उदाहरणतया, उपक्रमणिका के बाद के पहले परिच्छेद का समारम्भ चित्रलेखा और बीजगुप्त की मादक वार्त्ता से करने के पश्चात् लेखक उनके आपसी प्रेम की पूर्वकथा तथा चित्रलेखा के पूर्ववृत्त को दे सका है।[5] 'उपक्रमणिका' में पाप-पुण्य की समस्या को नाटकीय विधि से प्रस्तुत करने के कारण ही उपन्यासारम्भ शुष्क नहीं होने पाया। आगे रत्नाम्बर एवं श्वेतांक को अर्द्धरात्रि में बीजगुप्त एवं चित्रलेखा की सम्पूर्ण विलासिता-मग्न स्थिति में लाना भी लेखक के कला-कौशल का द्योतक है।

दो विशिष्ट पात्रों के चरित्राध्ययन के आधार पर समस्या-निरूपण के कारण लेखक ने कथानक के समान चरित्र-चित्रण पर भी पर्याप्त दृष्टि दी है। उद्देश्य के योजनाबद्ध प्रतिपादन की आवश्यकतानुरूप उन्होंने गिने-चुने पात्र ही लिये हैं, अतएव एक-दो गौण पात्रों को छोड़कर वे उनकी पर्याप्त सँभाल कर सके हैं। समस्या के योजित क्रमानुकूल इन पात्रों का वर्गीकरण इस प्रकार हो सकता है—

1. समस्या के प्रस्तुतकर्त्ता एवं उसके निरीक्षक-परीक्षक पात्र—विशालदेव तथा श्वेतांक।
2. लेखक का स्थानापन्न तथा समस्या का निर्णायक पात्र—रत्नाम्बर।
3. निरीक्षण-परीक्षण के आधारभूत पात्र—बीजगुप्त, कुमारगिरि।
4. इन आधारभूत पात्रों के अध्ययन में सहायक पात्र—चित्रलेखा, यशोधरा।
5. उपन्यास के वातावरण-निर्माण में सहायक पात्र—चन्द्रगुप्त, चाणक्य।
6. शेष पूरक पात्र—सोहनपाल, मृत्युञ्जय आदि।

---

1. पृ. 43-44।
2. पृ. 104-108।
3. पृ. 108।
4. पृ. 113-114।
5. पृ. 8-12।

उपन्यास का समय केवल एक वर्ष है—इस निश्चित कालावधि में ही पाप-पुण्य की समस्या के लिए पात्रों का चरित्राध्ययन होता है। अतएव क्रिया-व्यापार की दृष्टि से यहाँ पात्रों के जीवन का अल्पांश ही सामने आया है। चरित्र-संगति के लिए केवल चित्रलेखा का पूर्ववृत्त दिया गया है—वह भी जन्म से नहीं, विवाहोपरान्त से।[1] यह अवश्य है कि इस अल्पांश जीवन से भी पात्रों की सम्पूर्ण वास्तविकता सामने आ गयी है।

यदि समस्या को सामान्य धरातल पर प्रस्तुत करना अभीष्ट हो, तो उसके लिए मानव पात्र ही अपेक्षित हैं, दानव या देवता—जैसे अति-पात्र नहीं। लेखक का दृष्टिकोण यशोधरा से मुखरित है—"प्रत्येक व्यक्ति में कमज़ोरियाँ होती हैं, मनुष्य पूर्ण नहीं।"[2] अतएव उपन्यास के आरम्भ में ही दो पात्रों पर योगी-भोगी की छाप लगा देने मात्र से उनका चरित्र यहीं समाप्त नहीं हो जाता—आत्मबल का अति मानवीय चमत्कार दिखानेवाला योगी भी यहाँ निराकार से साकार की साधना पर उतरकर स्खलित होता है और सुरा-सुन्दरी की उन्माद-मस्ती में मग्न रहनेवाला भोगी भी यहाँ सर्वस्व त्याग करता है। फिर भी, इनका विकास ऐसा नहीं कि इन्हें गतिशील पात्र कहा जा सके—इनमें परिस्थितियों के कारण परिवर्तन होता है किन्तु मनःप्रवृत्ति या सांसारिक स्वभाव की दृढ़ता के कारण इनका प्रत्यावर्तन भी होता है। योगी अन्त में भी योगी बना रहता है, चित्रलेखा पूर्ववत् बीजगुप्त के पास लौट आती है और बीजगुप्त त्यागी होकर भी चित्रलेखा को स्वीकार कर भोगी बन जाता है—मानो सुबह के भूले शाम को घर वापस लौट आते हैं, अतएव ये स्थिर पात्र हैं। फिर भी, परिवर्तन और प्रत्यावर्तन के मध्य ये इतनी लम्बी यात्रा करते हैं कि इनका प्रभाव स्थिर-पात्रों—जैसा नहीं पड़ता। इसका एक कारण और भी है। इनकी अन्तिम स्थिति को देखकर यह कैसे मान लिया जाये कि इनके चरित्र में परिस्थिति-निरपेक्ष संस्कारों की विजय हुई है? यह भी तो कहा जा सकता है कि परिस्थिति के परिवर्तन के पश्चात् ये भी स्थिर हो गये। यदि चित्रलेखा न चली जाती, तो क्या कुमारगिरि योगी बना रह सकता? यदि अन्त में बीजगुप्त को चित्रलेखा न मिलती, तो क्या वह किसी नारी को साथ ले सकता? इसी तरह छल की स्थिति स्पष्ट होने के पश्चात् ही चित्रलेखा प्रत्यावर्तित हुई, अन्यथा वह तो कुमारगिरि को अपना चुकी थी। वस्तुतः पात्रों की यह मध्यवर्ती स्थिति लेखक के उस दृष्टिकोण का फल है जिसके अनुसार वह एक ओर मनुष्य के कर्मों को उनके 'प्राकृतिक स्वभाव' के अनुकूल बनाता है और दूसरी ओर उन्हें परिस्थितियों का दास।[3]

'चित्रलेखा' के पात्र न मनोविश्लेषणात्मक उपन्यासों के समान जटिल हैं, न प्रेमचन्द या प्रेमचन्द-पूर्वयुगीन उपन्यासों के समान सरल—इनकी स्थिति मध्यवर्ती है। इनमें से भी चरित्र-जटिलता अपेक्षाकृत चित्रलेखा में ही अधिक है। इसी तरह ये प्रतीक होते हुए भी व्यक्ति-पात्र हैं, किन्तु ये व्यक्तित्व चित्रलेखा[4] और बीजगुप्त में ही अधिक प्रकट हैं, योगी में नहीं। श्वेतांक सरलपात्र है।

---

1. पृ. 9-10, 90-92।
2. पृ. 120।
3. पृ. 190।
4. पृ. 116।

पात्रों का बाह्य चित्रण केवल दो पक्षों में मिलता है—एक उनके नामों में, दूसरे अनुभावों में। यह आश्चर्य की बात है कि वैभव-विलास के वातावरण में पात्रों की रूप-लुब्धता के आधार पर कथा का विकास दिखाते हुए और सभी प्रमुख पात्रों के रूप-सौन्दर्य की बार-बार चर्चा करते हुए भी लेखक ने रूप-चित्रण नहीं किया। अधिक-से-अधिक वह इतना ही कर सका है—"यशोधरा सुन्दरी थी, और सुन्दरी भी उच्चकोटि की। उसके शान्त मुख-मण्डल पर भोलापन अपना आधिपत्य जमाये हुए था, उसकी हँसी की सुरीली झन्कार में यौवन से पराजित बचपन ने शरण ले ली थी। हरिणी की-सी बड़ी-बड़ी सुन्दर आँखों में संकोच था और उसके रसयुक्त अरुण कपोलों में लज्जा थी। यशोधरा का यौवन सुधा और उल्लास का मिश्रण था, उसमें गर्व की उच्छृंखलता न थी, उसमें लज्जा की शान्ति थी।"[1] और यह उसके लिए पर्याप्त सिद्ध हुआ है क्योंकि चित्रलेखा के प्रगल्भ तीखे व्यक्तित्व से यह स्पष्ट भिन्नता रखता है। वस्तुतः लेखक की दृष्टि सम्पूर्ण रूप-चित्रण पर नहीं केवल मुख पर, और उसमें भी उसकी बनावट पर नहीं, मुख-विकारों (फैशियल एक्सप्रेशन्ज)—लेखक के शब्दों में 'मुखांकित भावों'—पर रही है। 'चित्रलेखा' के पात्र इन्हीं का अध्ययन कर पात्रों के भीतरी, वास्तविक रहस्यों तक पहुँचते और इनका कथागत उपयोग भी करते हैं। चित्रलेखा कुमारगिरि के प्रति आकर्षित होकर धीरे-धीरे बीजगुप्त से दूर हो रही है किन्तु वह इसे स्वीकार नहीं करती प्रत्युत् बीजगुप्त को मिथ्या आश्वासन देती रहती है। फिर भी अनुभवी बीजगुप्त उसकी वास्तविक स्थिति से भिज्ञ है—उसके मुख अध्ययन में प्रवीण[2]—किन्तु सरल श्वेतांक अनभिज्ञ। इसलिए जब चन्द्रगुप्त की राज्यसभा में कुमारगिरि को हराकर चित्रलेखा स्वयं भी हृदय खो बैठती है, तब बीजगुप्त श्वेतांक से कहता है—'आज तुम चित्रलेखा को बधाई देने जाओ, और उसके मुखांकित भावों का अध्ययन करो।"[3] और चित्रलेखा जब बधाई पाती है, तो "उसका मुख जो कुछ क्षण पहले उल्लास से चमक रहा था, बिलकुल पीला पड़ गया था। यौवन की उमंग में छिपी हुई यह विषाद की झलक श्वेतांक ने प्रथम बार देखी थी—"वह इसका अर्थ नहीं समझ सका। सुन्दर मुख का प्रत्येक भाव-परिवर्तन सुन्दर होता है; विषाद का पीलापन लिये हुए वह वेश भी श्वेतांक को बड़ा मोहक लगा और विशेषतः इसलिए कि उसके पीले मुख पर सहस्र दीप-शिखाओं का प्रकाश पड़ रहा था।"[4] श्वेतांक-जैसा सरल पात्र कुछ पाने की बजाय पकड़ा जाता है—वह 'चित्रलेखा' के पास अपने भेजे जाने के छिपे अभिप्राय को चाहे मुख द्वारा कुछ न कहे, किन्तु उसके मुख से चित्रलेखा सब पढ़ लेती है। वह उसके अपने प्रति बढ़ते अनुराग को और अधिक भुलावा देने के लिए सुरा पिलाकर उससे अपना उल्लू सीधा करने में सफल हो जाती है।[5] बीजगुप्त भी अनेक स्थलों पर श्वेतांक के मुख से इंगित पाकर अपनी प्रतिक्रियाएँ व्यक्त करता है। यह नहीं उनके जीवन की तात्कालिक गति के निर्धारण में भी इस अध्ययन का परिपूर्ण उपयोग हुआ है, यथा—"सम्भवतः वह यशोधरा को अपना भी लेता, यदि उस दिन श्वेतांक की मुखांकित भावनाओं ने उसको सावधान न कर

1. पृ. 72-76।
2. पृ. 35।
3. पृ. 58।
4. पृ. 60।
5. पृ. 63।

दिया होता।"[1] चित्रलेखा-जैसी पात्र अपने कथन ही नहीं मुख व भाव-परिवर्तन से भी पात्रों को छकाने या परिस्थिति को सँभालने में दक्ष है, अतएव वह 'लोकव्यवहार में बहुत कुशल' होने की सम्मान पाती है।[2] इन मुख-इंगितों के अचूक-प्रचुर चित्रण से पात्रों के कथन एवं क्रिया-प्रतिक्रियाएँ स्वाभाविक बन गयी हैं।

मुखांकित भावों के चित्रण के अतिरिक्त पात्रों के नयनों के भाव-विनिमय[3], तथा पात्रों की मुस्कराहट और नेत्र दोनों ने मिलकर यहाँ पात्रों के पारस्परिक मोहन, तापन तथा उन्मादन[4] की प्रचुर सामग्री प्रस्तुत की है; देखिये–"बीजगुप्त ने यशोधरा को देखा, वह मुस्करा रही थी। यशोधरा की उस दिन की मुस्कराहट में एक ऐन्द्रजालिक छवि थी, आज प्रथम बार बीजगुप्त ने यशोधरा के सौन्दर्य की सुधा के वास्तविक रूप को देखा और काफ़ी देर तक उसको देखता रहा। उस समय यशोधरा भी एकटक बीजगुप्त को देख रही थी। मृत्युञ्जय उस समय बाहर देखने लगे। श्वेतांक को यह घटना असह्य हो गयी... ।"[5] यहाँ लड़की के पिता का बाहर देखना मर्यादापूर्ण तथा प्रतिस्पर्द्धा पात्र का जल उठना स्वाभाविक है। अन्यत्र श्वेतांक तथा यशोधरा का दृष्टि-विनिमय, उस पर बीजगुप्त की वचन-प्रतिक्रिया तथा तदनुकूल उनकी लज्जाग्लानि की व्यञ्जना नेत्रों से हुई है। माधुर्य बिखेरनेवाले यही नेत्र विपरीत मनःस्थिति में जलने लगते हैं–उनसे घृणा, क्षोभ और ग्लानि के सम्मिश्रित भावों का सम्प्रेषण होने लगता है।[6] पात्रों की मुस्कराहट कहीं व्यंग्य से तीखा वार[7] करती है, कहीं क्रोध से विचलित, कहीं माधुर्य से आप्लावित[8] और कहीं-कहीं मात्र औपचारिक होकर रह जाती है। जहाँ मुस्कराहट और दृष्टि से काम नहीं चलता, वहाँ पात्र हाथ की स्पर्श-संवेदना का उपयोग करते हैं।[9]

चित्रलेखा में पात्रों के नाम उनके उपन्यास में प्रवेश करते समय की चरित्र-स्थिति के द्योतक हैं। "ये पात्रों के चरित्र की किसी उभरी हुई विशेषता को व्यंजित करते हैं। ...आरम्भ का योगी कुमारगिरि जो कौमार में गिरि के समान उन्नत और अडिग था... बाद में वासना का गुलाम बन जाता है। इसी प्रकार बीजगुप्त जो पहले बीज-प्रकृति का उपासक था, ईश्वर के बारे में जिसने कभी सोचा नहीं था तथा कोई आमोद और प्रमोद ही जिसके जीवन का लक्ष्य था, बाद में भोगी से योगी हो जाता है। ...श्वेतांक भी जिसका हृदय उपन्यास के आरम्भ में एक ऐसी साफ़ सुथरी स्लेट के समान था, जिस पर कभी कोई संस्कार रूपी अक्षर नहीं बने थे–यदि थे तो केवल श्वेत अंक ही–"जो तब अबोध था, संसार में उसने अभी-अभी

---

1. पृ. 156।
2. पृ. 78।
3. John Cohen : "The Senses as Social Organs", 'Humanistic Psychology', p. 73.
   "With the eyes we can carry on a two-way communication. We can transmit as well as receive messages. The meaning of two eyes may ignite a love spark or establish a mutual hostility."
4. पृ. 23। इस दृष्टि से समग्र छठवाँ परिच्छेद भी दर्शनीय है।
5. पृ. 151।
6. पृ. 50, 151।
7. पृ. 94, 143।
8. पृ. 50, 151।
9. पृ. 26, 54, 56, 63, 139।

पदार्पण किया था, वही अनाड़ी उपन्यास के समाप्त होते-होते एक सफल प्रेमी के रूप में परिणत हो जाता है।''[1]

पात्रों के अन्तरंग चित्रण की दृष्टि से हम कथावस्तु के विवेचन में पात्रों की कर्म-प्रेरणाओं को देख चुके हैं। 'चित्रलेखा' का पूर्ववृत्त भी इसलिए दिया गया है, ताकि उसके आगे की जीवन-गति तथा प्रेम-विकास के स्वरूप को समझा जा सके।[2] इससे उसके चरित्र को संगति मिल गयी है। 'चित्रलेखा' में पात्रों के अन्तःसंघर्ष की मात्रा सामान्य है—न अधिक, न कम—किन्तु अपने पूर्ववर्ती उपन्यासकारों से अवश्य अधिक है। इन अन्तर्द्वन्द्वों के चित्रण के अनेक रूप मिलते हैं। चार-पाँच स्थलों पर लेखक इसकी सूचना[3] देकर रह गया है—कहीं उनके पात्र रात-भर सो नहीं पाते, कहीं दुःस्वप्न देखते हैं, कहीं मनोभावों को दबाने में सफल होते हैं, कहीं अपने भीतर बहुत तर्क-वितर्क के पश्चात् सुलझ जाते हैं और कहीं एक-के-बाद-एक, अनेक विचार उनके मस्तिष्क में उठते और लोप होते रहते हैं।'' कहीं-कहीं ये बड़ी कुशलता से व्यञ्जित हैं, यथा, कुमारगिरि चित्रलेखा के आग्रह पर भी उसे दीक्षा न दे सकने की असमर्थता प्रकट करने के लिए भाषण दे रहा होता है कि विशालदेव के आने से भाषण को बीच में ही रोककर निर्णय बदल देता है। विशालदेव के सामने एक बार योगी की दुर्बलता प्रकट हो चुकी थी, इसलिए उसे देखते ही उस पर विजय-प्राप्ति की चुनौती से प्रेरित होकर वह असाधारण चित्रलेखा को दीक्षा देना स्वीकार कर लेता है।[4] श्वेतांक की अन्तर्द्वन्द्वपूर्ण स्थितियों की व्यञ्जना का आधार उसकी दोहरी कर्त्तव्य-भावना है। वह बीजगुप्त का सेवक भी है, गुरुभाई भी। वह कभी सेवकत्व से प्रेरित रहता है, कभी सहज मानवीयता से। इसी तरह बीजगुप्त के नाते वह चित्रलेखा का सेवक भी है, किन्तु उससे प्यार भी करता है। उसके कथन इस द्वन्द्व को ध्वनित करते रहते हैं।[5] तीन-चार स्थलों पर विभिन्न पात्रों में अन्तर्द्वन्द्व चार-पाँच पंक्तियों तक सीमित हैं।[6] एक या डेढ़-दो पृष्ठों के अपेक्षाकृत दीर्घ अन्तर्द्वन्द्व आठ-नौ हैं।[7] इनमें चार लेखकीय विवरण के रूप में हैं, एक नाटकीय स्वगत कथनों की-सी वार्त्तालाप शैली में[8] और तीन ऐसे भी हैं जिनके बीच-बीच में पाठकों को पात्रों के मन का सीधा साक्षात्कार भी हो जाता है।[9] इन तीनों में से एक अन्तर्द्वन्द्व बीजगुप्त का है, जो श्वेतांक की तरह दोहरे कर्त्तव्य से युक्त है। वह श्वेतांक का स्वामी भी है, गुरुभाई भी, उसके स्वामित्व की अधिकार-भावना तथा भ्रातृ-भाव-कातरता ने ही इस मनोवैज्ञानिक प्रसंग की सृष्टि की है।

1. डॉ. राणवीर रांग्रा : 'हिन्दी उपन्यास में चरित्र-चित्रण का विकास', पृ. 157।
2. पृ. 9-10, 90-92।
3. पृ. 118, 142, 125, 22-23, 103।
4. पृ. 116।
5. पृ. 27।
6. पृ. 53, 142, 118, 92।
7. पृ. 47-48, 98-99, 112, 117-18, 140-41, 156-58, 164, 176-77।
8. पृ. 140-141।
9. पृ. 176-77, 47-48।

पात्रों का चरित्र-चित्रण प्रत्यक्ष तथा नाटकीय दोनों शैलियों से किया गया है। 'चित्रलेखा' में लेखक पात्रों के सम्बन्ध में आवश्यकता से अधिक मुखरित हुआ है। उसे जैसे पाठकों की ग्राहक कल्पना पर विश्वास नहीं। इस दृष्टि से वह प्रेमचन्दयुगीन लेखकों से भिन्न प्रकृति का नहीं। कहीं-कहीं तो उसने एक पृष्ठ में किसी पात्र का परिचय दिया है।[1] कहीं लम्बे-लम्बे दार्शनिक सिद्धान्तों के व्यक्तिकरण से पात्रों के भावी आचरण की पूर्व-सूचना दी है।[2] और कहीं उनकी दीर्घ व्याख्याएँ दी हैं।[3] इनके अतिरिक्त लेखक ने स्थान-स्थान पर पात्रों के सम्बन्ध में अपनी लघु-लघु आलोचनात्मक टिप्पणियाँ दी हैं।[4] इनसे पात्रों को अपनी धारणा बनाने का अवसर नहीं मिलता। लेखक ने पात्रों के चरित्र-व्यक्त नाटकीय साधनों का भी प्रचुर आश्रय लिया है। 'चित्रलेखा' के पात्र अपनी जीवन-घटनाओं में व्यक्त हैं। योगी कुमारगिरि का भोगी और बीजगुप्त का त्यागी बनना वैचारिक धरातल पर नहीं, घटनाओं में परिव्यक्त होकर ही प्रामाणिक बना है। चन्द्रगुप्त की राज्यसभा में चित्रलेखा की योगी पर विजय उसके शक्तिशाली एवं तर्क-प्रवीण व्यक्तित्व को प्रभावात्मक रूप में सामने लाने में समर्थ हुई। घटनाओं के अतिरिक्त पात्रों ने एक-दूसरे के सम्बन्ध में स्थान-स्थान पर प्रायः निश्छल प्रतिक्रियाएँ व्यक्त की हैं। जो भ्रामक हैं, उनका ज्ञान पाठकों को सहज ही हो जाता है। पात्रों की प्रतिक्रियाओं में चरित्र का व्यक्तीकरण दो रूपों में हुआ है—पहला, पात्र प्रसंगवश सहज रूप में आलोच्य पात्र के सामने ही अपने भावोद्‌गारों में फूट पड़ते हैं,[5] या उनके पीछे किसी अन्य पात्र से अपनी प्रतिक्रिया व्यक्त करते हैं[6], यथा, यशोधरा श्वेतांक से बीजगुप्त एवं चित्रलेखा के सम्बन्ध में उसकी राय पूछती है।[7] उपर्युक्त दोनों विधियों के उदाहरण-रूप में बीजगुप्त को लें तो वह चित्रलेखा, मृत्युञ्जय और चन्द्रगुप्त तीनों के अनुसार 'मनुष्य नहीं देवता है'[8] श्वेतांक की दृष्टि से संसार के सर्वश्रेष्ठ मनुष्यों में गणनीय,[9] यशोधरा के शब्दों में विचित्र प्रतिभासम्पन्न, तर्क-प्रवीण[10] एवं उच्च चरित्रवान् है। ये बड़े-बड़े विशेषण ही पर्याप्त प्रमाण हैं कि उपन्यास के मूल उद्‌देश्य के ध्वनन का आधार उसी का चरित्र है। पाठकों की धारणा बनाने में उपन्यास के निष्पक्ष पात्रों की सहज-सम्मतियों का बड़ा योग रहता है और उनकी उपेक्षा नहीं की जा सकती—उस स्थिति में और भी जबकि सब घटनाएँ उनका अनुमोदन करती हों। इसके अतिरिक्त अपने उद्‌देश्यानुकूल लेखक ने बीजगुप्त तथा कुमारगिरि को परस्पर विपरीत गुण देकर अज्ञात रूप से चरित्र-चित्रण की तुलनात्मक व्यतिरेक पद्धति का उपयोग किया है, जिससे बीजगुप्त की महिमा तथा कुमारगिरि की मलिनता और भी उजागर हुई है।

---

1. पृ. 16-17।
2. पृ. 67, 117।
3. पृ. 110-11, 135।
4. पृ. 31-33, 50।
5. पृ. 114, 116।
6. पृ. 58।
7. पृ. 100।
8. पृ. 114, 180, 185।
9. पृ. 100।
10. पृ. 154।

कुछ स्थलों पर पात्र अपने निश्छल क्षणों में आत्मालोचना से अपना चरित्र भी कह जाते हैं। श्वेतांक के निम्न उद्‌गार में उसके मानसिक संघर्ष का मूल कारण ही स्पष्ट नहीं हुआ, यह भी स्पष्ट हुआ कि वह सरल होते हुए भी अपना यत्किंचित् व्यक्तित्व रखता है—"मुझे ही लो; मैं आर्य बीजगुप्त का सेवक हूँ। उनकी आज्ञा ही मेरी इच्छा है—मेरा कर्त्तव्य है। मुझमें भी व्यक्तित्व है। पर वह व्यक्तित्व किस काम का? मैं पराधीन हूँ। कभी विरोध की स्वाभाविक आग मेरे उर को प्रज्वलित कर देती है। उस समय उस विरोध की आग को प्रकट करके कलह उत्पन्न कर लेना उचित होगा या उसको दबाकर कर्त्तव्यरत हो जाना उचित होगा, इसका उत्तर स्पष्ट है।"[1]

तीन स्थलों पर पत्र-शैली[2] का उपयोग भी हुआ है, किन्तु पत्र शिल्प एक ही स्थान पर मिलता है। चरित्र-व्यञ्जकता की दृष्टि से उसे लेखक ने 'मनोविज्ञान का एक सम्पूर्ण ग्रन्थ'[3] कहा है।

चित्रलेखा में कथा-प्रवाह के सहज क्रम में आये देश-काल के तत्त्व—इतिहास के क्षीण-आवरण—ने उसे यथार्थता दी है तथा तत्कालीन वैभव विलास के मादक वातावरण ने रोचकता-वर्द्धन में योग। पात्रों के भावोद्‌दीपन तथा तर्क-वितर्क के नये विषय प्रस्तुत करने के लिए प्राकृतिक पृष्ठभूमि से भी सहायता ली गयी है। इनसे पात्रों की तात्कालिक मनःस्थिति भी व्यञ्जित हुई है।[4]

'चित्रलेखा' में वर्णन के साथ पात्रों की वार्त्ता का सानुपातिक संयोग हुआ है। समग्र संवादों का अर्द्धांश से कुछ अधिक भाग विचार-प्रकाशन का साधन है, किन्तु यह स्पष्ट किया जा चुका है कि इनका महत्त्व कथा-अग्रसरण, शील-प्रकाशन तथा तर्क-वितर्क का अपना सौन्दर्य प्रस्तुत करने में भी है। जिन स्थलों पर अधिक विचारों का प्रकाशन अभीष्ट नहीं, वहाँ के संवाद संक्षिप्त, चुस्त, नाटकीय, प्रत्युत्पन्नमतिपूर्ण मनःस्थिति-व्यञ्जक[5] तथा सरस हैं। पात्रों की भावुक वार्त्ता का एक संक्षिप्तांश लीजिये—

बीजगुप्त ने चित्रलेखा को आलिंगनपाश में लेकर कहा—"तुम मेरी मादकता हो।"

चित्रलेखा ने उत्तर दिया—"और तुम मेरे उन्माद हो।"[6]

वस्तुतः संवादों और भाषा-शैली में नाटककार तथा कवि भगवतीचरण वर्मा ने मिलकर उपन्यासकार की सफल सहायता की है। किन्तु पात्रों के मनःचिन्तन को भी जहाँ नाटक के स्वगत कथन-सा बना दिया जाता है, वहाँ नाटककार का हस्तक्षेप अनुचित लगता है।[7]

'चित्रलेखा' के पात्र कहीं मनोवैज्ञानिक कारणों से अपने कथनों में वह बात भी कह जाते हैं, जो वे नहीं कहना चाहते[8] किन्तु कहीं-कहीं वह अपने कथनों से प्रतिपात्रों को छकाते या

1. पृ. 134।
2. पृ. 101-102।
3. पृ. 111।
4. पृ. 49-50।
5. पृ. 78-80।
6. पृ. 9।
7. पृ. 138, 176।
8. पृ. 71-72।

उनको 'धोखा' देते रहते हैं। व्यवहारकुशल चित्रलेखा के कुछ कथन इसके प्रमाण हैं।[1] इसलिए डॉ. रणवीर रांग्रा ने वर्मा जी के कथोपकथनों का विवेचन 'भ्रामक' तथा 'प्रकृत' नाम से किया है।[2] ये भ्रामक कथन जहाँ पात्रों की व्यवहारशीलता और अन्तर्बाह्य विभिन्नता को व्यक्त करते हुए उनके भावों की अन्तर्धारा को व्यक्त करते हैं वहाँ दूसरे पात्रों को धोखे में रखकर ये कथा-विकास में सहायक भी होते हैं। चित्रलेखा के नारी एवं पुरुष पात्रों के स्वभाव की आपसी विषमता उनके संवादों से भी व्यञ्जित होती है। 'चित्रलेखा' के भ्रामक, रहस्यगर्भित वक्रतापूर्ण, तार्किक तथा काव्यमय कथनों में उसका प्रगल्भ, आकर्षक तथा असाधारण व्यक्तित्व मुखरित है, किन्तु यशोधरा के सरल, स्पष्ट तथा प्रायः कवित्वहीन कथनों में एक सरला के साधनामय व्यक्तित्व का साक्षात्कार होता रहता है।

चित्रलेखा की रंजकता का श्रेय वर्मा जी की भाषा-शैली को भी है। दार्शनिक विचारों तथा प्राचीन काल की पृष्ठभूमि के अनुकूल चित्रलेखा की भाषा तत्समबहुला है किन्तु वातावरण-निर्मायक अप्रचलित शब्दों के व्यवहार से यह मुक्त है। वस्तुतः वर्मा जी ने भाषा की प्रवहमानता पर विशेष दृष्टि रखी है, अतएव इस भाषा में आवश्यकतानुसार यत्किंचित्, अरबी-फ़ारसी के शब्दों का प्रयोग भी हो गया है। चित्रलेखा की भाषा, सामान्य काव्यमय चमत्कारों, चुस्त वाक्य-गठन तथा लयमयी प्रवहमानता के माधुर्य से अपूर्ण है। इसके अतिरिक्त यह स्थान-स्थान पर रागपूर्ण भी है। इसमें वर्णन एक विश्लेषण की पर्याप्त क्षमता है, अधोलिखित उदाहरण उपर्युक्त विशेषताओं को प्रमाणित करेंगे–

(क) शृंगार-गृह से उसी समय चित्रलेखा ने सभा-मण्डल में प्रवेश किया। आभूषणों की झन्कार में एक प्रकार का विचित्र संगीत था। धर्म का नीरस तथा शुष्क वायुमण्डल राग से भरे सौन्दर्य की मस्ती से विकम्पित हो उठा, काँपती हुई उषा के धुँधलेपन को चीरते हुए मानो प्रातःकालीन सूर्य के अरुण प्रकाश ने प्रवेश किया। हेमन्त की शीतल तथा शुष्क वायु में मधुमास के हलके ताप और मतवाले सौरभ का समावेश हुआ। सारा वातावरण ही बदल गया।

(ख) चित्रलेखा हँस पड़ी। उसके मधुर हास्य में मन को मुग्ध कर देनेवाला पराग था... अनुराग की दासी नर्तकी ने विराग के स्वामी योगी का सामना किया। क्रान्ति और शान्ति का मुकाबला था; जीवन और मुक्ति में होड़ थी।

(ग) (चित्रलेखा के) वाक्य तीर की भाँति पैने तथा घातक थे, स्वर संगीत की भाँति कोमल। सौन्दर्य में कवित्व था, वासना की मस्ती में अहंकार।[3]

(घ) उसने चित्रलेखा का शृंगार देखा, और शृंगार-भार से पुलकित सौन्दर्य देखा, उसने मदिरा देखी और मादकता देखी। उसने इच्छा का अनुभव किया, और इच्छा की मनोहरता का भी अनुभव किया। एकाएक उसके हृदय से प्रश्न उठा–"स्त्री क्या है और सौन्दर्य क्या है? भगवान् ने इन चीज़ों की रचना क्यों की है?"–प्रश्न अनुचित था, वर्षों की चिर-संचित विचारधारा ने कहा–"क्या मैं अपने मार्ग से विचलित हो रहा हूँ?"–भरपूर प्रयत्न करके उसने एकदम ही इस विचारावलि को दबा दिया।[4]

---

1. पृ. 35-36, 72।
2. 'हिन्दी उपन्यास में चरित्र-चित्रण का विकास', पृ. 293-94।
3. पृ. 31।
4. पृ. 53।

समग्रतः, आरोपित अन्त तथा तद्साधक कुछ अन्य दोषों के बावजूद चित्रलेखा की कलात्मक चारुता सम्मोहित तथा प्रश्नता कुछ आन्दोलित करती है। विषय-ऐक्य, कथा-संप्रवाह, वस्तु-सुविन्यास, वासना-मन्दिर एवं वेदना-मधुर वातावरण, सजीव पात्र-सर्जना तथा समर्थ-सुन्दर भाषा इसकी कलात्मकता के उपकरण हैं।

स्थूल रूप से प्रेमचन्द-युग की काल-सीमा के भीतर होते हुए भी 'चित्रलेखा' प्रेमचन्दोत्तर युग में सम्मानित होता रहा है। विषय में प्रश्नता-प्रवृत्ति के आन्दोलित करनेवाले तत्त्व का समावेश, विषय-निर्वाह में व्यावहारिक मनोवैज्ञानिकता का अपेक्षाकृत अधिक विनियोग तथा प्रेमचन्दीय शिल्प के परिष्कार-संवार की विशेषताएँ इसे प्रेमचन्दोत्तर युग के प्रवर्तनकारी उपन्यासों में स्थान देने का अनुरोध करती है।

———

चन्द्रकान्त बान्दिवडेकर

चित्रलेखा—एक पुनर्मूल्यांकन

चित्रलेखा एक बहुचर्चित उपन्यास है और हिन्दी उपन्यास की विकास-रेखा में इस महत्त्वपूर्ण बिन्दु की उपेक्षा प्रायः नहीं की जा सकती। हिन्दी आलोचना की एक कमी यह है कि आलोचना जितनी कलाकृति की समस्या एवं सामाजिक, आर्थिक परिवेश को लेकर की जाती है उतनी कलात्मक मूल्यों को लेकर नहीं की जाती। फलतः किसी उपन्यास को उसके कलाबाह्य मूल्यों के कारण अत्यधिक महत्त्व दिया जाता है अथवा किसी सुन्दर उपन्यास की उपेक्षा भी हो जाती है। प्रस्तुत प्रसंग में इतना ही मन्तव्य है कि 'चित्रलेखा' का मूल्यांकन उसकी समस्यामूलकता को लेकर किया गया है, परिणामतः उसकी कलात्मकता की उपेक्षा भी हुई है। समस्या के विवेचन में भी अनेक मत प्रस्तुत किये गये हैं। किसी ने, पाप-पुण्य की समस्या वस्तु के अन्तरंग से प्राणवत् जुड़ गयी है और आरोपित नहीं की गयी है, इसलिए लेखक की सराहना की है।[1] तो किसी ने समस्या की एकांगिता के लिए लेखक को दोष भी दिया है।[2] कोई आलोचकप्रवर इसलिए भी खीझे हुए हैं कि वर्मा जी ने भारतीय साधन एवं संस्कृति का मज़ाक उड़ाने का प्रयत्न किया है। इस सब चर्चा के बीच चित्रलेखा के कलात्मक मूल्यों की प्रायः उपेक्षा ही हुई है।

चित्रलेखा का आलोचक इस बात को स्वीकार करता है कि यह कुल मिलाकर एक सफल कलाकृति है परन्तु उसके विचारों से असहमति प्रकट करने को विवश-सा हो जाता है। वैसे श्रेष्ठ रचना की आवश्यक शर्त इसमें अवश्य पूर्ण होती है—शर्त यह है कि पाठक उसके विचारों से भले ही असहमत हो, उसके प्रभाव से अपने को अस्पर्श नहीं रख सकता। प्रश्न यह है कि क्या 'चित्रलेखा' में यह असंगति इतनी प्रकट है या इसका कोई दूसरा समाधान उपलब्ध हो सकता है ? जहाँ तक 'उपक्रमणिका' और 'उपसंहार' की बात है, चित्रलेखा पाप-पुण्य की समस्या से सम्बन्धित उपन्यास है; यह लेखक ने स्वयं ज़ोर देकर कहा है और बीच-बीच में उपन्यास के अन्तर्गत उसके लिए छुटपुट वाक्यों में प्रमाण भी मिलते हैं। परन्तु कभी यह भी होता है कि लेखक का अपना मन्तव्य कुछ और होता है और उपन्यास की वस्तु कुछ और बात का संकेत करती है। सम्भवतः ऐसे प्रसंग में यह किसी उपन्यासकार ने कहा है कि पात्र उपन्यासकार की उँगली पकड़कर उसको अपने साथ घसीट ले जाते हैं। 'चित्रलेखा' में कुछ ऐसा ही हुआ है। चित्रलेखा की 'उपक्रमणिका' और 'उपसंहार' को छोड़कर इस उपन्यास को पढ़ा जाये तो सम्भवतः पाठक पर पड़नेवाला प्रभाव और उसकी समस्या-विषयक धारणा के बीच की असंगति बहुत दूर हो सकती है।

पर्सी ल्यूबक का उपन्यास के रूप के सम्बन्ध में एक मन्तव्य बहुत रोचक है :

---

1. देखिये : डॉ. सुरेश सिन्हा—'हिन्दी उपन्यास : उद्भव और विकास', पृ. 368।
2. देखिये : शिवनारायण श्रीवास्तव—'हिन्दी उपन्यास', पृ. 229-30।

"A subject, one and whole and irreducible–a novel cannot begin to take shape till it has this for its support. It seems obvious ; yet there is nothing more familiar to a novel reader of to-day than the difficulty of discovering what the novel in his hand is about what was novelist's intention, in a phrase ? If it cannot be put into a phrase it is no subject for a novel ; and the size or the complexity of a subject is in no way limited by the assertion. It may be the simplest ancedote or the most elaborate concatanation of events, it may be a solitary figure or the widest network of relationships; it is anyhow expressible in ten words that reveal its unity. The form of the book depends upon it, and until it is known there is nothing to be said of the form."

'चित्रलेखा' उपन्यास का रूप 'पाप और पुण्य की समस्या' को मूलाधार मानकर मूर्त किया जा सकता है? सम्भवतः नहीं। तो फिर चित्रलेखा का सुन्दर रूप किस बिन्दु से व्याख्यायित किया जा सकता है? 'चित्रलेखा' कुमारगिरि या बीजगुप्त की कथा नहीं है, वह मुख्यतः 'चित्रलेखा' की कथा है और जीवन के भौतिक धरातल पर वासना के माध्यम से प्रेम की उदात्त भावभूमि पर आरोहण करने का चित्रलेखा का प्रयत्न इस उपन्यास का मुख्य विषय है। इसी को पर्सी ल्यूबक के शब्दों में 'मास्टर मोटिव' कहा जा सकता है। चित्रलेखा की कथा उसके चरित्र तथा रसात्मक प्रसंगों की पृथक् विवेचना सुविधाजनक हो सकती है परन्तु उपन्यास के रूप की अथवा शिल्प की प्रतीति उससे नहीं आ सकती। अतः आवश्यकता इस बात की है कि उपन्यास के विविध अंगों की स्वतन्त्र चर्चा न करते हुए उपन्यास के मुख्य विषय को दृष्टिगत रखते हुए विश्लेषण किया जाये।

उपन्यास के पहले परिच्छेद में जीवन का सुख 'मस्ती' में और यौवन का सार 'उल्लास-विलास' में देखनेवाली चित्रलेखा को 'वर्तमान' में जीने का प्रयत्न करनेवाली 'मादकता' के साकार प्रतिरूप में हम देखते हैं। उसका अतीत ही ऐसा है कि जो जिसको याद करते रहने से टीस और निराशा के सिवा कुछ हाथ आनेवाला नहीं था। विधवा का संयम उसने किया था, कृष्णादित्य के द्वारा उस तपस्या का भंग भी हुआ था और उसकी मृत्यु के बाद फिर उसने संयम का जीवन व्यतीत करने का प्रयत्न किया; परन्तु बीजगुप्त के रूप में नियति ने उसे यह करने नहीं दिया। जिस संयम के रास्ते में दो बार उसको डिग जाना पड़ा, उस पर फिर से चलने का प्रयास बुद्धिमती और स्वाभिमानी चित्रलेखा के लिए अपमानजनक और अतार्किक था। कोई आश्चर्य नहीं, अप्रतिष्ठ जीवन-शक्ति से भरी-पूरी चित्रलेखा भूत और भविष्य का विचार न करते हुए वासना-प्यास-तृप्ति, के मार्ग पर बेतहाशा दौड़े और वर्तमान के क्षण में जितना सुख सिमटकर आ जाये, उतना कसकर पकड़ने का प्रयत्न करे। पाप का पता लगाने के लिए ऐसे स्थान पर कोई आ जाये तो वासना को पाप का पर्याय समझनेवाले भारतीय मन को उसमें आश्चर्य नहीं होना चाहिए।

वासना और यौवन की मस्ती की इस पार्श्वभूमि पर दूसरे परिच्छेद में वासना को दमित ही नहीं, उसको उत्पन्न न होने देने का प्रयास करता हुआ शान्ति और संयम की साधना करनेवाला शून्य साधक कुमारगिरि हमारे सामने उपस्थित होता है। लेखक बड़ी चतुराई से संकेत करता है कि संयम, दमन और समाधि के बावजूद इस व्यक्ति का 'अहम्' अभी जीवित ही नहीं मजबूती से खड़ा है। इसीलिए उसके मत में निश्चितता भी है और असहिष्णुता भी।

चित्रलेखा और बीजगुप्त के ठीक विपरीत वह अत्यन्त निस्सन्दिग्ध शब्दों में कहता है—"वासना पाप है, जीवन को कलुषित बनाने का एकमात्र साधन है।" इसीलिए विशालदेव का यहाँ सहज स्वागत नहीं है; जो श्वेतांक को बीजगुप्त के यहाँ मिला।

ब्रह्मचारी, अनुभवहीन, तरुण श्वेतांक चित्रलेखा के मस्ती से भरे कथनों का शिकार हो जाता है। उसके द्वारा अपमानित किया जाता है और अनजान में एक अबोध बालक को चित्रलेखा अपने यौवन की मादकता का शिकार भी बनाती है। जीवन का सच्चा स्वरूप दिखाने के बहाने चित्रलेखा उसे अपने हाथों शराब भी पिलाती है जिसको इनकार करना श्वेतांक के लिए असम्भव है, क्योंकि चित्रलेखा के मादक व्यक्तित्व का नशा उस पर पहले से ही चढ़ा हुआ है। यहीं पर बीजगुप्त के प्रति पाठक के मन में सहानुभूति का भाव पैदा होता है। चित्रलेखा के प्रति अपने अनधिकार प्यार की स्वीकृति ही श्वेतांक नहीं देता, बल्कि यह भी बता देता है कि अगर चित्रलेखा समर्पण करती तो सम्भवतः वह अपने विश्वासघात की सूचना भी बीजगुप्त को न देता। बीजगुप्त अपने सहज औदार्य के कारण श्वेतांक को क्षमा ही नहीं करता, बल्कि जीवन की जटिलता और उनका जानकार बीजगुप्त उसकी आत्मपरीक्षा के लिए सदैव उद्यत रहने का उपदेश भी देता है।

कुमारगिरि और बीजगुप्त—जीवन के प्रति परस्पर विभिन्न दृष्टिकोण रखनेवाली इन दो समानान्तर रेखाओं का अकस्मात् मिलन भी संयोगवशात् हो जाता है जो चौथे परिच्छेद का प्रारम्भ है। नर्तकी चित्रलेखा का मोहक स्वर, संगीत और सौन्दर्य, कवित्व और वासना की मस्ती का अहंकार से परिपूर्ण व्यक्तित्व में अद्‌भुत विचार-शक्ति और प्रतिभा भी थी। वासना और विरक्ति का यह सामना न केवल तर्क या विचार-विमर्श की दृष्टि से महत्त्वपूर्ण है, बल्कि मनोविज्ञान का भी एक अध्याय है। प्रायः विचार या दर्शन चर्चा से परिपूर्ण वार्त्तालाप कथा की कला को नुक़सान पहुँचाते हैं परन्तु यहाँ ये तर्क-प्रतितर्क कुमारगिरि और चित्रलेखा के व्यक्तित्वों को उभार देने और विशिष्टता देने में सहायक हो जाते हैं। फिर लेखक की चिन्तनशील मुद्रा के अनुसार इन चिन्तनशील पात्रों का संयोजन कथा की अनिवार्यता भी है। बौद्धिक घात-प्रतिघात, व्यंग्य, वाग्बाण एवं उपहास से जीवन्त इन संवादों द्वारा दोनों के दृष्टिकोण ही नहीं प्रकट होते, बल्कि दोनों के विरोध की तीव्रता के नीचे आकर्षण का अजस्र प्रवाह भी बहने लगता है। "योगी ने नर्तकी में ज्ञान देखा और नर्तकी ने योगी में सौन्दर्य। एक विचित्र बात थी। दोनों एक-दूसरे से सन्तुष्ट न थे; पर प्रभावित अवश्य थे। दोनों ने एक-दूसरे में आकर्षण देखा; योगी ने ज्ञान का और नर्तकी ने सौन्दर्य का... ।" चित्रलेखा की तीव्र वासना अब एक नये आलम्बन को चाह रही है और सम्भवतः उसकी अप्राप्यता की सम्भावना ने उसके अभिमान को तीव्र ठोकर देकर उसे योगी की ओर अधिक उन्मुख किया है। प्रौढ़ वयस्क के इस आकर्षण ने चित्रलेखा को अधिक चतुर भी बनाया है—वह एक ओर बीजगुप्त के गले लगकर अपने प्रणय की दुहाई भी दे सकती है और उसी समय मन-ही-मन यह भी कहती है—'पर कुमारगिरि सुन्दर अवश्य है।' उपन्यास की कथा यह बीज है या संघर्ष का मूलारम्भ है !

कुमारगिरि के दर्शन की कसौटी तर्क नहीं है; प्रत्यक्ष अनुभव है और जड़वादी चाणक्य के साथ तार्किक वाग्युद्ध में पराजित कुमारगिरि को ईश्वर के दर्शन कराने के सिवाय विजय का कोई दूसरा रास्ता नहीं रहा। अपमानित चित्रलेखा को योगी पर विजय प्राप्त करने का

खासा अवसर भी मिला और उसने योगी के मायाजाल का भण्डा फोड़कर विजय का मुकुट स्वयं प्राप्त किया। योगी के अपमान पर नमक छोड़ने के बहाने द्रव्य के रूप में मुकुट योगी के सिर पर रखकर नर्तकी ने नृत्य आरम्भ किया; परन्तु सहृदय से छिपा नहीं रहता कि यह भी उस वासना से तड़पती हुई नारी की विलास-लीला का ही एक बड़ा ही विचित्र एवं गहन-गूढ़ मनोवैज्ञानिक अस्त्र था। नृत्य की परिसमाप्ति के तुरन्त उपरान्त चित्रलेखा अपमानित और क्रुद्ध योगी के पीछे दौड़कर यह स्वीकार करती है—"...मैं तुमसे पराजित हुई।" यह पराजय की झूठी स्वीकृति भी योगी के निकट पहुँचने का एक नारीजनोचित साधन-मात्र था। क्योंकि चित्रलेखा का अपने हाथों मुकुट पहनाना कुमारगिरि को नहीं खलता। रात के उस उद्दीप्त वातावरण में चित्रलेखा की वासना ने एक विचित्र रूप धारण किया—उसने कहा "मैं आयी हूँ, अपने ऊपर विजय पानेवाले से दीक्षित होने के लिए।" इसका परिणाम यह हुआ—"आज तक कुमारगिरि ने सौन्दर्य की ओर ध्यान न दिया था। प्रेम और वासना का क्षेत्र उसके लिए नया था। उस सौन्दर्य से योगी के हृदय में एक हलका-सा कम्पन हुआ। प्रथम बार योगी ने इस कम्पन से मुक्त सांसारिक सुख का अनुभव किया।" कुमारगिरि अपनी दुर्बलता को पहली बार अनुभव करता है परन्तु उसका 'अहम्' इतना प्रबल है कि वह इसकी स्वीकृति देने के लिए तैयार नहीं है। पर विचार करने के लिए समय देकर लौटनेवाली नर्तकी को कुमारगिरि देखता है—"वह उस अतृप्त शराबी की भाँति चित्रलेखा को देख रहा था, जिसकी संज्ञाहीन हो जाने का भय हो और जिसके सामने सुगन्धित मदिरा बह-बहकर धूल में मिली जा रही हो।" फिर उसने चित्रलेखा का शृंगार-भार से पुलकित सौन्दर्य देखा, उसने मदिरा देखी और मादकता देखी। उसने इच्छा का अनुभव किया, और इच्छा की मनोहरता का भी अनुभव किया। एकाएक उसके हृदय में यह प्रश्न उठा—"स्त्री क्या है, और सौन्दर्य क्या है? भगवान् ने इन चीज़ों की रचना क्यों की है? प्रश्न अनुचित था। वर्षों की चिर-संचित विचारधारा ने कहा—क्या मैं अपने मार्ग से विचलित हो रहा हूँ? आख़िर योगी को हारकर अपनी दुर्बलता की स्वीकृति ही देनी पड़ी। योगी के दीक्षा देने से इन्कार करने पर चित्रलेखा की निराशा में उसकी वासना ने एक नया ही रूप लिया—निराशा, वेदना, याचना, विवशता, विनम्रता तथा शालीनता; अनेक भावों के अद्भुत रसायन से अपने भाषण को भरा-पूरा बनाकर अन्तिम शस्त्र—शारीरिक स्पर्श से वह योगी को अपनी ओर खींचना चाहती है। सफल भी होती परन्तु विशालदेव के आगमन से सब पर पानी फिर जाता है—"कुमारगिरि चौंक उठा। वह इस प्रकार से चित्रलेखा के पास से हट गया, जिस प्रकार वह मनुष्य चौंककर हटा है जो सर्पिणी के पास तक उसे बिना देखे हुए पहुँच जाता है और उसी समय जब सर्पिणी उसे डंसना चाहती है, कोई दूर खड़ा हुआ व्यक्ति उसे सचेत कर देता है"—'हाय रे भाग्य' कहती हुई चित्रलेखा ने कुमारगिरि को पूर्णतः विचलित कर दिया था और अब उसके स्वर में वह दीनता और याचना नहीं, बल्कि मृदुल गम्भीर स्वर में आज्ञा देनेवाली स्वामिनी का गुरुत्व था—"वह गुरुदेव से कहती है—'तुझको मुझे दीक्षा देनी ही होगी'!"—उसके चले जाने पर संयम और मानसिक शान्ति का साधक कुमारगिरि विशालदेव का हाथ ज़ोर से पकड़कर कहता है—'तुम मूर्ख हो।' चित्रलेखा ही कुमारगिरि को पाने की लालसा या वासना की ये विभिन्न अभिव्यक्तियाँ फ्रायड की 'नियति' की शक्ति का बोध करा देने में समर्थ है।

कुमारगिरि और चित्रलेखा के परस्पर तीव्र वासनात्मक आकर्षण के विभिन्न रूपों को कम्पित करने के उपरान्त लेखक पाठक को बीजगुप्त के पास ले जाता है जिसने पहचाना है कि चित्रलेखा और कुमारगिरि दोनों ही अहंभाव से भरे हुए ममत्व के दासों का यह मिलन दोनों के नाश का बीज है। वह एक अजीब-सा अकेलापन महसूस करता है और अपनी व्यथा का भार श्वेतांक के सामने हलका करना चाहता है। परन्तु उसका सहज आभिजात्य उसे अधिक मुखर होने से रोकता है। चित्रलेखा के पास आये हुए श्वेतांक को वह भोजन खिलाती है, मदिरा पिलाती है और अपने स्नेह का आभास देकर उससे प्रतिज्ञा भी करवाती है कि वह कुमारगिरि से सम्बन्धित उसका राज छिपाकर रखे। वह उससे कहती है—"मेरा और कुमारगिरि का युग-युगान्तर का सम्बन्ध है।" कुछ ही दिन पहले उसने बीजगुप्त के सम्बन्ध में भी इसी दृढ़ता से बात कही थी। अपनी शक्ति से भली-भाँति परिचित वह नारी आत्मविश्वासपूर्वक श्वेतांक का हाथ पकड़कर उसे आज्ञा देती है कि वह इस रहस्य को अभी गुप्त रखे। उन्माद, मस्ती, वासना को जीवन का सार-सर्वस्व समझानेवाली यह प्रमदा बीजगुप्त को तब तक छोड़ना नहीं चाहती, जब तक कुमारगिरि की ओर से आश्वस्त नहीं हो पाती—यह व्यावहारिक चतुराई है। इस दुःख को बीजगुप्त झेलता है—मदिरा के पात्र के आधार पर और उससे भी अधिक अपने जीवन-विषयक दृष्टिकोण के बल पर—परिस्थितियों का चक्र और पूर्वजन्म के कर्मों के फल का विधान। वासना के रास्ते पर सरपट दौड़नेवाले कुमारगिरि और चित्रलेखा के बीच बीजगुप्त का यह गम्भीर व्यक्तित्व अधिक निखर उठता है।

चित्रलेखा की दोलायमान् अवस्था में उसकी बीजगुप्त के प्रति उदासीनता या किंचित् तनाव स्वाभाविक था और फलतः दोनों के व्यवहारों में कुछ औपचारिकता, कुछ रूखापन और कुछ अविश्वास पैदा हो गया है (आठवाँ परिच्छेद)। एक-दूसरे के अधिकार की, स्वामित्व की बड़े व्यंग्यात्मक रूप में पूछताछ हो रही है। कहीं अपने सन्देह को सैद्धान्तिक रूप देकर व्यक्त किया जा रहा है तो कहीं सिद्धान्तों की आड़ में अपने मन की गुत्थियों एवं वास्तविकता को छिपाकर रखने का प्रयास है। बीजगुप्त अपने प्रेम की व्याकुलता को सैद्धान्तिक आवाज़ में बाँधकर व्यक्त करने को विवश है। यहाँ पर बीजगुप्त एक नये रूप में हमारे सामने आता है। वह एक बहुत बड़ा सत्य जान गया है और वह यह कि चित्रलेखा केवल उसका वासना-तृप्ति का सुन्दर, मादक साधन-मात्र नहीं है; वह उसको प्यार करता है। अब वासना और प्रेम में वह स्पष्ट अन्तर कर सकता है—"प्रेम का सम्बन्ध आत्मा से है, प्रकृति से नहीं। जिस वस्तु का सम्बन्ध प्रकृति से है, वह वासना है, क्योंकि वासना का सम्बन्ध बाह्य से है। वासना का लक्ष्य वह शरीर है। जिस पर प्रकृति ने कृपा करके उसको सुन्दर बनाया है। प्रेम आत्मा से होता है, शरीर से नहीं। परिवर्तन प्रकृति का नियम है, आत्मा का नहीं। आत्मा का सम्बन्ध अमर है।" बीजगुप्त की इन मान्यताओं से गतभेद निस्सन्देह हो सकता है, परन्तु यह इसमें सन्देह नहीं किया जा सकता कि वह वासना, उन्माद, मादकता इत्यादि से परे ऊपर उठकर कुछ स्थायी, कुछ उदात्त, कुछ आत्मिक (चाहे यह शरीर का ही सूक्ष्मतम रूप हो) सम्बन्धों की अनुभूति वह अपने हृदय में कर रहा है। वासना के धरातल से प्रेम के धरातल पर उसका यह आरोहण सम्भवतः चित्रलेखा के योगी की ओर आकर्षण के फलस्वरूप उत्पन्न होनेवाली पीड़ा का परिणाम है। परन्तु चित्रलेखा अभी भी बीजगुप्त के गले में हाथ डालकर उन्माद की पूर्ति करना चाहती है।

बीजगुप्त को अपने प्रेम की कड़ी परीक्षा देनी है और चित्रलेखा को भी बीजगुप्त को छोड़कर कुमारगिरि के निकट आना है—यशोधरा का उपन्यास में प्रवेश इन दोनों उद्देश्यों की पूर्ति करता है। बीजगुप्त अपनी परीक्षा में सफलतापूर्वक उत्तीर्ण होता है, क्योंकि समाज के सामने अपने और चित्रलेखा के सम्बन्ध में विवाह से कम महत्त्व वह नहीं देता। उससे उत्पन्न सन्तान औरस नहीं होगी और उसकी सम्पत्ति की अधिकारी नहीं होगी; इस तथ्य को जान लेने पर भी वह अपने निश्चय से विचलित नहीं होता। यशोधरा के विवाह के प्रश्न को लेकर लेखक ने बीजगुप्त, चित्रलेखा और कुमारगिरि के आन्तरिक गहन-गूढ़ भावों को बड़ी कुशलता से व्यक्त किया है। कुमारगिरि चित्रलेखा को याद दिलाकर कि वह विराग के जीवन को अपनाने का निश्चय कर चुकी थी, उसे बीजगुप्त से अपनी ओर खींचने का प्रयत्न कर रहा है और कुमारगिरि की ओर आकृष्ट चित्रलेखा बीजगुप्त को यशोधरा से विवाह करने का आग्रह करती है—बीजगुप्त के चले जाने पर वह मृत्युञ्जय को विश्वास भी दिलाती है। यह प्रेम नहीं है, यह त्याग भी नहीं है; पर केवल कुमारगिरि की ओर ठेलनेवाली वासना ने एक नया रूप लिया है। कुमारगिरि इस मर्म को भली-भाँति जानता है—"...बहुत सम्भव है चित्रलेखा स्वयं ही बीजगुप्त को छोड़ देने पर प्रस्तुत हो...।"

लेखक ने चित्रलेखा के प्रेम (?) के विविध स्थित्यन्तरों को दिखाया है (ग्यारहवाँ परिच्छेद)। जिसमें विधवा जीवन का ताप और संयम, प्राकृतिक प्रेम, पिपासा, उग्र इच्छा, आत्म-विस्मरण, मादकता, अधिकाधिक तीव्र संवेदनाओं के लिए उत्तेजक मदिरा, एक प्रेमी के होते हुए दूसरे के प्रति तीव्र आकर्षण इत्यादि अवस्थाएँ क्रमशः आ गयीं। इसका एक ही अर्थ है—वासना कभी तृप्त नहीं होती, वह अधिकाधिक आहुति चाहती है। चित्रलेखा की सारी जीवन-यात्रा वासना की तृप्ति को मिटाने की सामग्री जुटाने का प्रयत्न है। वह केसरिया वस्त्र पहनकर कुमारगिरि की कुटी में चली जाती है और उससे स्पष्ट शब्दों में कहती भी है—"योगी! अपनी विजय और पराजय की अवहेलना करके एक बार तुम मुझसे सच बोले थे, मैं भी तुमसे सच कहूँगी—मैं तुमसे प्रेम करने आयी हूँ।" फिर यह प्रेम (?) सेवा, भक्ति इत्यादि का भी स्वाँग भरने लगता है कि योगी भी शुद्ध प्रेम (?) —वासनारहित प्रेम की सम्भावना मानकर और ईश्वर की इच्छा समझकर चित्रलेखा को दीक्षा देना स्वीकार करता है। "भगवान् की इच्छा है कि मैं संसार स्थित वासनाओं से युद्ध करूँ—तो फिर ऐसा ही हो।" स्पष्ट है कि यह योगी की वासना ही है जो भगवान् की इच्छा के रूप में अपना समर्थन करती है। योगी की इस कमज़ोरी पर विशालदेव की मुस्कराहट योगी के अभिमान को उभारकर उसे क्रुद्ध करती है और वह निश्चय कर लेता है कि चित्रलेखा उसी की कुटी में रहेगी।

मुख्य कथा से यशोधरा की उपकथा इस तरह जुड़ी हुई है कि इसे उपकथा भी कहना ठीक नहीं जान पड़ता। यशोधरा को लेकर श्वेतांक के जीवन में भी एक नया अध्याय प्रारम्भ होता है। बीजगुप्त भी चित्रलेखा की उदासीनता के कारण यशोधरा की ओर किंचित् उन्मुख है। वह देखता है कि उसका सेवक श्वेतांक भी यशोधरा को देखकर मादक क्षणों को अनुभव कर रहा है। परन्तु उदारचेता बीजगुप्त इस बात को सहज हास्य के बल पर सह लेता है—'यही जीवन है।' बीजगुप्त मन-ही-मन चित्रलेखा और यशोधरा की तुलना भी करने लगा है परन्तु चित्रलेखा से प्रेम करता था; चित्रलेखा को छोड़ देना उनके लिए असम्भव था। चित्रलेखा का छोटा-सा पत्र जो 'मनोविज्ञान...का एक सम्पूर्ण ग्रन्थ था' पाकर बीजगुप्त की प्रतिक्रिया

देखिये—"पढ़ते-पढ़ते उसके हाथ काँपने लगे। उसका मुख पीला पड़ गया। उसका हृदय धड़कने लगा। उसने पत्र श्वेतांक को दिया और अपना मुख ढाँककर वह अपने शयनगृह में चला गया।" उस गहरी आत्मिक पीड़ा से वह अनुभव करता है कि—"वह केवल एक स्त्री से प्रेम करता था—वह चित्रलेखा थी।" वह चित्रलेखा को योगी की कुटी से ले आने का अन्तिम प्रयत्न करता है। उसमें किसी प्रकार की भावुकता नहीं, यद्यपि प्रेम का अनुरोध अवश्य है। वह चित्रलेखा के बीजगुप्त को सुखी करने के सतही उद्देश्य का परदा भी खोल देता है और एक गम्भीर व्यक्ति की भाँति चित्रलेखा को सूचना देकर लौट आता है—"जो कुछ कहना था, कह चुका; मानना और न मानना तुम पर निर्भर है। जैसा तुम चाहती हो, वैसा ही सही; पर थोड़े दिनों के बाद ही तुमको स्पष्ट हो जायगा कि तुम ग़लती कर रही हो।"—जाते समय चित्रलेखा राजमार्ग पर बीजगुप्त का चुम्बन लेती है। कुमारगिरि के प्रति आकर्षित यह नारी बीजगुप्त के प्रति क्षमा-निवेदन भी करती है—"बीजगुप्त! सम्भवतः मैं अनुचित कर रही हूँ—उसके लिए क्षमा करना।" फिर उसी साँस में कुमारगिरि से यह भी कहती है कि मैं आपको धोखा नहीं दे रही हूँ—इतना विश्वास रखिये गुरुदेव! बहुत सम्भव है कि मैं बीजगुप्त को धोखा दे रही हूँ या अपने ही को।" फिर साधना या तपस्या के नाम पर एक बड़ा झूठ पनपने लगता है।

चित्रलेखा का अभाव भूलने के लिए बीजगुप्त काशी-यात्रा पर जा रहा है परन्तु उसकी अनिच्छा के बावजूद उसे यशोधरा को साथ ले जाना पड़ता है। लेखक सम्भवतः यशोधरा के साथ बीजगुप्त को रखकर उसे अपने प्रेम की परीक्षा करने के लिए बाध्य-सा बना देता है। यशोधरा को भी जीवन में न आने देना, एक प्रकार से पलायन है जो कि बीजगुप्त के विचारों से (जैसा कि लेखक ने उसको रखा है) प्रतिकूल है। दोनों एक-दूसरे से प्रभावित भी होते हैं और फलस्वरूप उधर श्वेतांक का मन अपने स्वामी के प्रति ईर्ष्या, क्रोध, मत्सर, खीझ इत्यादि भावों से भरकर बीच-बीच में विस्फोटित भी होता है।

इधर कुमारगिरि के साथ चित्रलेखा को रखकर चित्रलेखा के असली व्यक्तित्व की परीक्षा भी लेखक कर रहा है। वह वासना से प्रताड़ित होकर कुमारगिरि के समीप अवश्य आयी है परन्तु उसकी वासना के मूल में कुछ अन्य भाव भी रहते हैं। चित्रलेखा के व्यक्तित्व में दूसरे को आकर्षित कर दबा देने की प्रवृत्ति बहुत अधिक थी (सोलहवाँ परिच्छेद), जिसका उपयोग वह अनजाने करती रहती थी। कुमारगिरि अब न समाधि में मन लगा सकते हैं, न समाधि लगाना ही चाहते हैं। वे जीवन के बीच भँवर में पड़कर जान गये हैं कि "विराग मनुष्य के लिए असम्भव है, क्योंकि विराग नकारात्मक है" कुमारगिरि को अपने प्रति आकर्षित ही नहीं, उत्तेजित और आक्रामक रूप में देखकर चित्रलेखा के मन में परिवर्तन आने लगा। उसने अपने प्रवृत्तियों का अधिक बारीक़ी से निरीक्षण किया। कुमारगिरि से वह प्रेम करने आयी थी परन्तु उनसे वह प्रेम नहीं कर सकती थी, न उनसे कुछ सीख सकती थी। कुमारगिरि के साथ रहकर वह उसको साधना से च्युत कर रही थी। जिस कुमारगिरि को जीतने की, उसके विरक्ति-मार्ग का मज़ाक उड़ाने की और कुमारगिरि द्वारा किये गये अपमान का बदला लेने की तीव्र इच्छा उसके अन्तःकरण में सम्भवतः प्रारम्भ से गहरे घुस गयी थी, वह साध पूरी हो गयी। अब अपने अहं को तुष्ट करने के लिए उसे कुमारगिरि की आवश्यकता नहीं थी;

अतः उसके प्रति उसकी वासना भी क्षीण होने लगी। उसके मन में बीजगुप्त के पास जाने की इच्छा उत्पन्न हो गयी। लेखक को चाहिए था कि इस समय चित्रलेखा के मन में बीजगुप्त के प्रति छिपे हुए प्रेम को अधिक तीव्रता से संवेदित कराये। यह भी आवश्यक था कि कुमारगिरि के प्रति उसकी वासना के क्रमशः लुप्त होने का अधिक विश्लेषण संवेदनाओं के धरातल पर वह करता। यहाँ लेखक ने कभी संकेत से या वर्णन से काम लिया है। फलतः एक ऐसा प्रभाव पाठक पर पड़ने लगता है कि जैसे लेखक कहानी के सूत्रों को शीघ्रातिशीघ्र समेटने का प्रयास कर रहा है। चित्रलेखा कुमारगिरि से स्पष्ट शब्दों में कहती है : "मैं जानती हूँ कि तुम मुझसे प्रेम करते हो; पर मैं तो तुमसे प्रेम नहीं करती! एक क्षण के लिए मेरी इच्छा तुम पर आधिपत्य जमाने की हुई थी, और मैंने उसका प्रयत्न किया। ... यहाँ मैं स्वामिनी हूँ, तुम दास हो। मैंने तुम पर आधिपत्य जमा लिया है, तुमने आत्मसमर्पण कर दिया है। "कुमारगिरि को अपनी कमज़ोरी, दुर्बलता एवं पराजय का भान होता है और उसका अहम् फूटकर चित्रलेखा पर विजय प्राप्त करना चाहता है और इस आत्मिक विजय में चित्रलेखा का योग चाहता है। एंक अद्‌भुत रसायन योगी के मन में पैदा होता है। वह चित्रलेखा पर किसी प्रकार जबर्दस्त प्रहार करना चाहता है और आत्मा और साधना के आवरण में उसके लिए शक्ति संचित कर रहा है। विरक्ति मार्ग की यह परिणति कहाँ तक होगी; इसके लिए पाठक के मन में अतीव जिज्ञासा उत्पन्न हो जाती है।

उधर बीजगुप्त, यशोधरा और श्वेतांक का भी एक प्रेम-त्रिकोण उत्पन्न हो रहा है। श्वेतांक के मन में बीजगुप्त के प्रति क्रोध और ईर्ष्या तीव्र रूप ले रही है और वह असहनशील एवं उद्‌दण्ड बनता जा रहा है। बीजगुप्त भी यशोधरा के प्रभाव में आ रहा है। जीवन की माँग उससे विवाह करने के लिए प्रेरणा दे रही है परन्तु चित्रलेखा के प्रति प्रेम उसको यह करने नहीं देता। पशोपेश में पड़ा हुआ बीजगुप्त काशी से पाटलिपुत्र लौट आता है।

इधर कुमारगिरि के मन में बीजगुप्त के प्रति प्रबल ईर्ष्या उत्पन्न होती है, क्योंकि वह जानता है कि चित्रलेखा उसी के कारण कुमारगिरि से कुछ खिंची हुई है। तपस्या और विरक्ति मार्ग का साधक यह योगी चित्रलेखा से झूठ कहता है कि बीजगुप्त और यशोधरा का ब्याह हो चुका है। कुमारगिरि के निम्नांकित वाक्य चित्रलेखा की प्रवृत्ति पर प्रकाश डालते हैं जो इस लेख की भूमिका के रूप में स्वीकृत हैं : "...तुमने वासना के आवेश में आकर पवित्र प्रेम को ठुकरा दिया था—तुमने मुझमें कुछ देखा और तुम मेरी ओर आकर्षित हो गयी। उस समय तुममें पशुता की प्रवृत्ति प्रबल हो उठी थी—तुमने मनुष्यता को तिलाञ्जलि दे दी थी। तुम बिना बीजगुप्त की इच्छा के बीजगुप्त का जीवन-भार तनाकर मेरे पास चली आयी...।" इन वाक्यों की सत्यता से चित्रलेखा इन्कार नहीं कर सकी जो उसके आवेश से प्रकट है : "चित्रलेखा चिल्ला उठी—"बस करो! बस करो!" चित्रलेखा कुमारगिरि के वाक्यों में अपनी मनोदशा का परदाफ़ाश देखकर सचमुच बौखला उठी। वह जान गयी कि बीजगुप्त को वह भी कितना प्यार करती थी; परन्तु उसकी वासना ने उसके बीजगुप्त को छीन लिया। बीजगुप्त के खोने का दुःख वह सहन नहीं कर सकी और इस दुःख और निराशा के तीव्र दंशन में उसने कुमारगिरि को शरीर समर्पित कर दिया। सब-कुछ लुट जाने के बाद वह अपने पतन को सच्चे अर्थों में अनुभव कर सकी। विशालदेव से यह ज्ञात होने पर कि कुमारगिरि ने उसे बड़ा धोखा दिया था, वह चोट खायी हुई नागिन की तरह कुमारगिरि को डसना चाहती है।

इस समय की चित्रलेखा का मन्तव्य सम्भवतः विरक्ति मार्ग और प्रेम के सम्बन्धों पर सबसे यथार्थ टिप्पणी है : "वासना के कीड़े! तुम प्रेम क्या जानो ? तुम अपने लिये जीवित हो, ममत्व ही तुम्हारा केन्द्र है—तुम प्रेम करना क्या जानो ? प्रेम बलिदान है, आत्मत्याग है, ममत्व का विस्मरण है। तुम्हारी तपस्या और तुम्हारा ज्ञान; तुम्हारी साधना और तुम्हारी आराधना—यह सब भ्रम है। सत्य से कोसों दूर है। तुम अपनी तुष्टि के लिए गृहस्थ आश्रम की बाधाओं से कायरतापूर्वक संन्यासी का ढोंग लेकर विश्व को धोखा देते हुए मुख मोड़ सकते हो—तुम अपनी वासना को तुष्ट करने के लिए मुझे धोखा दे सकते हो—और फिर भी तुम प्रेम की दुहाई देते हो ?"

कुमारगिरि और चित्रलेखा को पतन की चरम-सीमा तक ले जाकर और जीवन के सत्य से परिचित कराकर लेखक बीजगुप्त की ओर आ जाता है। चित्रलेखा कुमारगिरि की वासना-तृप्ति की पार्श्वभूमि पर बीजगुप्त का यशोधरा की ओर आकर्षण और उस पर नियन्त्रण का प्रयास अधिक स्वस्थ एवं संयत जान पड़ता है। बीजगुप्त यशोधरा से विवाह करने का अपना प्रस्ताव लेकर मृत्युञ्जय के यहाँ चला तो जाता है परन्तु चित्रलेखा के प्रति सच्चा प्रेम अनुभव करनेवाले उसके अन्तर्मन ने उसके द्वारा यह प्रस्ताव नहीं रखने दिया। प्रत्युत्तर अपनी सम्पत्ति एवं सम्मानित पद श्वेतांक को देकर वह यशोधरा से उसके पाणिग्रहण का प्रस्ताव रखकर चला आता है। मृत्युञ्जय के शब्दों में पाठक भी बीजगुप्त के बारे में यही कहता है—"आप मनुष्य नहीं, देवता हैं।" देवता बनने की कामना करनेवाला कुमारगिरि विरक्ति मार्ग से चलकर मनुष्य भी नहीं रह पाता, पशु बन जाता है और भोग के मार्ग से चलनेवाला बीजगुप्त मनुष्य से ऊपर उठकर देवता बन जाता है।

वियोग के बाद चित्रलेखा भी अनुभव करती है कि बीजगुप्त के प्रति उसके मन में कितना गहरा प्रेम था। बीजगुप्त के सर्व सम्पत्ति का त्याग कर भिखारी की भाँति पैदल चल पड़ने के समय चित्रलेखा भी उसके साथ चल पड़ती है। बीजगुप्त उसके प्रेम में उसके कुमारगिरि के प्रति आत्मसमर्पण की बात भूल जाता है—सहज क्षमा कर देता है। कहता है : "प्रेम के प्रांगण में कोई अपराध ही नहीं होता! फिर क्षमा कैसी! प्रेम स्वयं एक त्याग है, विस्मृति है, तन्मयता है।"—अन्त में "प्रेम और केवल प्रेम हमारा आधार हो! मेरे देवता! मैं अपनी सम्पत्ति आज ही दान किये देती हूँ—रात में हम दोनों ही अथाह संसार में प्रेम की नौका पर बैठकर चलें।"—अन्त में बीजगुप्त ने चित्रलेखा का चुम्बन ले लिया—"हम दोनों कितने सुखी हैं।"

पहले परिच्छेद में चित्रलेखा और बीजगुप्त का चुम्बन, परिरम्भण, आलिंगन, मदिरा, प्यास, यौवन की मस्ती, मादकता और वर्तमान काल की सर्वसत्यता के साथ उपन्यास के अन्त में यह पवित्र चुम्बन कितना अनोखा, कितना आत्मिक और कितना तन्मयतापूर्ण है! वासना और प्रेम के बीच हचखोले खाती हुई चित्रलेखा अन्त में सच्चे प्रेम के स्वरूप को जान पायी—'चित्रलेखा' इसी प्रेम-यात्रा की सुगठित और प्रभावपूर्ण कहानी है।

'चित्रलेखा' को पाप-पुण्य का विश्लेषण एवं समाधान करनेवाली कथा मानकर आलोचना करने पर किसी का मन सिहर उठा है क्योंकि इसमें पाप और पुण्य की कल्पनाओं को झुठला दिया गया है या मनुष्य को परिस्थितियों का दास बनाकर या नियति का शिकार बनाकर उसके कर्म के प्रति प्रत्येक स्थिति में सहानुभूति से देखा गया है। आलोचकप्रवर नन्ददुलारे बाजपेयी

ने भी इसी प्रकार का अपना मत प्रकट किया है—"चित्रलेखा मनोवैज्ञानिक आधार पर एक नैतिक प्रश्न उठाती है।—चित्रलेखा दो पुरुष पात्रों के बीच घूमती हुई केवल कौतूहल की सृष्टि कर पाती है। वे नैतिकता को नया मनोवैज्ञानिक आधार देना चाहते हैं, अथवा यों कहें कि नये मनोविज्ञान पर नयी नैतिकता का निर्माण करना चाहते हैं। पर इतने बड़े प्रश्नों को इतनी हलकी क़लम से सँभाल पाना सम्भव नहीं। कदाचित् इसलिए चित्रलेखा एक प्रश्न बनकर रह गयी है।"

साहित्य का और सामाजिक नीति का सीधा सम्बन्ध मानकर चलने से इस प्रकार की मान्यताओं का स्थापित किया जाना स्वाभाविक है। इससे भी अधिक उपन्यास को सतही दृष्टि में पढ़कर अथवा लेखक के कथा-बाह्य मन्तव्य को कुछ अधिक महत्त्व देते हुए चलने पर इस उपन्यास का मूल्यांकन कुछ दूषित-सा हो गया है।

चित्रलेखा की कथा पर लेखक की कलात्मकता या कुशलता का उद्घाटन करते हुए जो आलोक डाला गया है, उससे यह स्पष्ट हो जाता है कि वर्मा जी मनुष्य की अस्वस्थ प्रवृत्तियों पर प्रहार कर रहे हैं। बीजगुप्त इस उपन्यास में प्रारम्भ से जो एक सहानुभूति की दृष्टि से देखा गया है, इससे यह स्पष्ट हो जाता है। चित्रलेखा और बीजगुप्त का क्रमशः मस्ती और मादकता के जीवन से त्याग और प्रेम की ओर प्रस्थान, अन्धकार से प्रकाश की ओर संचरण है। कुमारगिरि के विरक्ति मार्ग की असफलता का संकेत कर लेखक यही कहना चाहता है कि जीवन की स्वस्थ प्रवृत्तियों की उपलब्धि इस पलायन के मार्ग से सम्भव नहीं। जीवन के भौतिक धरातल पर जीवन का उन्नयन करना हो तो गृहस्थाश्रम का संयत भोग आवश्यक शर्त है। यशोधरा और श्वेतांक का गृहस्थाश्रम में प्रवेश और बीजगुप्त का उसके लिए आशीर्वाद इस बात का द्योतन करता है। कुमारगिरि का विरक्ति मार्ग प्रकारान्तर से पलायन का मार्ग है जिसका केन्द्र ममत्व की भावना है। इस मार्ग के केन्द्र में 'अहम्' की पुष्टि है। प्रेम-मार्ग में अहं का विलयन हो जाता है। कबीर का एक दोहा कुमारगिरि के चरित्र का आधार है—

माया तजी ता का भया, जब मान तजा नहिं जाई।
मान सबै मुनिवर ठगै, मान सबन को खाई।।

चित्रलेखा उपन्यास की कथा की घटनाएँ और पात्रों की स्वभाव-विशेषताएँ इतनी घुल-मिल गयी हैं कि ऐसी एक घटना या प्रसंग अलग नहीं किया जा सकता, जो कथा के विकास एवं मोड़ की दृष्टि से अनावश्यक हो। ऐसा एक प्रसंग नहीं है जो पात्रों के स्वभाव-वैशिष्ट्य से मेल न खाता हो। प्रसंग और पात्र-वैशिष्ट्य की यह एकात्मकता उपन्यास के रूप को सौष्ठव और सौन्दर्य प्रदान करने में समर्थ हुई है। वस्तुतः चित्रलेखा और कुमारगिरि के आकर्षण में और उसके क्रमशः घनीभूत होनेवाले रूप के चित्रण में लेखक ने संयम से काम लिया है, यह संयम नैतिक दृष्टि से लक्षणीय नहीं है। कभी-कभी भोग के प्रत्यक्ष चित्रण में भी कलाकार का संयम दृष्टिगोचर होता है। वह संयम कला की आवश्यकता है। कथा की विस्तृत चर्चा के प्रकाश में यह स्पष्ट करने का प्रयत्न किया गया है कि मनोवैज्ञानिक सिद्धान्तों की चर्चा या विश्लेषण करने के लिए उपन्यास के पात्र या प्रसंग समर्पित नहीं हैं, प्रत्युत् जीवन में मनोविज्ञान की गुत्थियों का जितना अस्तित्व लक्षित होता है और जितना उनका महत्त्व है, उतना ही संकेत इसमें मिलता है। मनोवैज्ञानिक गुत्थियों एवं कुण्ठाओं को

जीवन्त पात्रों और सरस प्रसंगों के माध्यम से पाठक के समक्ष रखते हुए लेखक ने पाठक को जीवन-रस से परिचित कराया है। आज के मनोवैज्ञानिक, उपन्यासों की दुर्बलता की पृष्ठभूमि पर 'चित्रलेखा' का मनोवैज्ञानिक स्पर्श पुनर्मूल्यांकन करते समय अधिक आकृष्ट करता है।

उपन्यास की एक विशेषता उसकी नाट्यात्मकता भी है। नाट्यात्मकता का प्राण विरोध या संघर्ष है। भोगी चित्रगुप्त और योगी कुमारगिरि के बीच झूलती हुई 'चित्रलेखा' नाट्यात्मकता का केन्द्र है। क्षत्रिय श्वेतांक और ब्राह्मण विशालदेव का विरोधी परिस्थितियों में पड़कर विषम दृष्टियों को उपलब्ध करना भी इस नाट्यात्मकता का अंग है। मूलतः विरक्ति और आसक्ति के बीच झोंके खाता हुआ यह पेण्डुलम प्रेम के मध्यबिन्दु पर स्थिर हो जाता है। बीच का विरोधात्मक स्थितियों में कितने ही नाटकीय प्रसंगों की निर्मिति लेखक कर सका है। मस्ती और मादकता में डूबे हुए चित्रलेखा और बीजगुप्त के पास मध्यरात्रि में रत्नाम्बर प्रभु और ब्रह्मचारी श्वेतांक का पाप का पता लगाने के लिए आना, कुमारगिरि की कुटिया में चित्रलेखा का प्रकाश को अन्धकार का प्रणाम करना, मौर्य की भरी सभा में योगी और नर्तकी का बौद्धिक वाग्युद्ध, अहं से तने हुए कुमारगिरि के सामने स्वाभिमानी चित्रलेखा की अनुनयपूर्ण दीक्षा-याचना, नर्तकी और योगी का साधना के क्षेत्र में एकान्तवास, विशालदेव का नाट्यपूर्ण प्रवेश, मृत्युञ्जय के घर में कुलीन घराने की स्त्रियों के बीच चित्रलेखा का आगमन, मादकता और क्रान्ति की प्रतिरूप चित्रलेखा और शान्ति और संयम की प्रतिरूप यशोधरा, बीजगुप्त का क्रमशः देवत्व की ओर ऊर्ध्वगमन और कुमारगिरि का अधोगमन—ऐसे कितने ही नाट्यपूर्ण प्रसंगों की ओर संकेत किया जा सकता है। कभी नाट्यपूर्ण पात्रों और प्रसंगों की रचना का मोह लेखक को इतना आविष्ट करता है कि कृति में यान्त्रिकता और अविश्वसनीयता उत्पन्न होती है—परन्तु 'चित्रलेखा' के उपन्यासकार ने प्रायः सफलता से इस परीक्षा में अपनी कलात्मकता का परिचय दिया है। एकाध स्थान पर अवश्य यह मोह दुर्निवार हो गया है। मृत्युञ्जय के द्वारा चित्रलेखा का निमन्त्रण (बीजगुप्त द्वारा समर्थन किये जाने पर भी) अस्वाभाविक लगता है और नाट्यपूर्णता के मोह में पड़कर इस अवसर पर लेखक कुमारगिरि को भी ले आया है!! संयम, विरक्ति और एकान्त कुटिया में रहनेवाले इस योगी का गृहस्थ के घर में आकर विवाह-जैसी बातों में रस लेना कथा की नाट्यात्मकता को भले ही बढ़ाये, परन्तु सुधी पाठक की दृष्टि में आरोपित-सा लगता है।

उपन्यास में एक-दो ऐसी घटनाएँ भी हैं जिनको टाला जाता तो उपन्यास की कला में कुछ अधिक निर्दोषता आ जाती। कुमारगिरि और चाणक्य के बीच जो ईश्वर के अस्तित्व-अनस्तित्व को लेकर बौद्धिक वाद चल रहा है, उसकी आवश्यकता से इन्कार नहीं किया जा सकता। उपन्यास के पात्रों के जीवन-विषयक दृष्टिकोण एवं उनकी दार्शनिक मुद्रा के अनुकूल भी वह है। चर्चा एक ऐसे बिन्दु पर आ जाती है जबकि ईश्वर के अस्तित्व के लिए प्रत्यक्ष प्रमाण की माँग की जाती है। यह पूर्णतः तर्कयुक्त है। यहाँ आकर कुमारगिरि का यौगिक शक्ति के बल पर धोखा दे और चित्रलेखा का उसको पराजित करना उतना कलात्मक नहीं प्रतीत होता। एक तरह से कुमारगिरि को कुछ नीचे गिराया गया है—लगता है वह कोई जादूगर हो। कुमारगिरि को ही परास्त करवाना था तो लेखक चाणक्य के अन्तिम तर्कों को उसके मुख से प्रकाशित कर सकता था या किसी अन्य मार्ग से यह कार्य सम्पन्न हो सकता था। फिर

उपन्यास के अन्त में कुमारगिरि की ओर से चित्रलेखा का विकर्षण दिखाते समय भी कुछ जल्दबाज़ी हुई है। बीजगुप्त के प्रति उसकी अन्तर्मन की गहरी प्रेम-भावना को अधिक तीव्रता से संवेदित कराया जाता और कुमारगिरि की वासना का अधिक उग्र चित्रण किया जाता तो सम्भवतः उपन्यास में अधिक कलात्मकता आ जाती। विशालदेव जो कि कुमारगिरि के निकट महत्त्वपूर्ण समय पर आ पहुँचता है—(यह उसका आगमन अत्यन्त नाटकीय है—कभी आवश्यकता से अधिक।) वह एक ऐसा लगाम है जो वासना के मार्ग पर फिसलनेवाले घोड़े को खींचता रहता है। वह परिस्थितियों से पूर्णतया परिचत है—उसका समय-समय पर मुस्कराना लम्बे विवादों या तर्कजाल से भी अधिक प्रभावपूर्ण और व्यंग्यपूर्ण लगता है। वह चित्रलेखा से प्रार्थना भी करता है कि उसके कारण कुटी का संयत और शान्तिपूर्ण जीवन नष्ट हो रहा है, इसलिए वह कुटी छोड़कर चली जाये। विशालदेव का श्वेतांक की तुलना में कम मुखर व्यक्तित्व अधिक मर्मज्ञ का रूप लेकर उपस्थित होता है। इस सबकी पृष्ठभूमि पर उसका अपने गुरु के प्रति अन्तिम आदर कुछ विचित्र अवश्य लगता है—सौभाग्य इतना है कि यह 'उपसंहार' में होने के कारण विशेष खटकता नहीं है। बल्कि उपन्यास में 'उपसंहार' की पूँछ अनावश्यक है; इसी तथ्य पर प्रकाश डालता है।

'चित्रलेखा' विद्रोही विचारों के लिए, उसकी व्यक्तिवादी दृष्टि के लिए और मनोविज्ञान के लिए महत्त्वपूर्ण कृति समझी गयी है। वस्तुतः 'चित्रलेखा' में किसी विशिष्ट आग्रह को लेकर लेखक नहीं आता। जीवन के भौतिक धरातल के बीच उसने विरक्ति और आसक्ति या वासना की परीक्षा कर दोनों को आत्यन्तिक ठहराकर स्वस्थ जीवन के लिए दोनों के बीच की स्थिति—गार्हस्थ्य प्रेम और उसके माध्यम से आत्मसंस्कार को उपादेय समझा ये विचार चित्रलेखा के प्रकाशन-काल तक (1934) विचारकों के मन में प्रायः स्थापित थे। लेखक की विशेषता यह है कि इन मान्यताओं को उसने सुन्दर कलात्मक रूप प्रदान कर हिन्दी पाठकों के समक्ष रखा। प्रेमचन्द की समाजोन्मुख कृतियों में नैतिक मान्यताओं को प्रश्नांकित दृष्टि से नहीं देखा गया था। परन्तु 'परख' और 'सुनीता' के माध्यम से जैनेन्द्र ने कुछ प्रस्थापित मान्यताओं की परीक्षा करने का साहस ज़रूर किया था। 'चित्रलेखा' में अपेक्षाकृत अधिक साहस एवं स्पष्टता से हमारी पूर्व-स्वीकृत धारणाओं पर प्रश्न-चिह्न लगाया गया है। वैवाहिक जीवन की पवित्रता के लिए सामाजिक विधि-विधान की आवश्यकता बीजगुप्त ने नहीं समझी। विवाह और प्रेम के बीच व्यवधान उत्पन्न होने पर प्रेमचन्द विवाह के सामाजिक विधान को महत्त्व देने के पक्ष में थे जबकि 'चित्रलेखा' में बीजगुप्त विवाह और प्रेम के बीच सरल सम्बन्ध आवश्यक मानता है। विवाह और प्रेम में यौन पवित्रता को प्रेमचन्द आवश्यक समझते थे, अपवादात्मक स्थितियों में भी प्रेमचन्द इस सम्बन्ध में अधिक सहिष्णु थे, उदार नहीं हो सकते थे। जैनेन्द्र में इस सम्बन्ध में बड़ी झिझक, अस्पष्टता और बचाव की प्रवृत्ति थी। 'चित्रलेखा' में बीजगुप्त न चित्रलेखा के पूर्व-जीवन को महत्त्व देता है, न कुमारगिरि के प्रति उसके शारीरिक समपर्ण को। यौन सम्बन्धों की आकस्मिकता और परिस्थितिवशता ज्ञात होने के कारण वर्मा जी इस सम्बन्ध में अधिक उदार हैं—स्पष्ट शब्दों में वे सच्चे प्रेम और यौन-विषयक पवित्रता का अभेद्य सम्बन्ध नहीं स्थापित करते। वह निस्सन्देह प्रगतिशील दृष्टिकोण था। विरक्ति के मार्ग की अधिक विस्तार से परीक्षा कर वैयक्तिक अथवा सामाजिक दोनों दृष्टियों से उसकी हानिकारकता सिद्ध की गयी है। वासना को पाप अथवा घृणित वस्तु

न समझकर उसका स्वस्थ जीवन के विकास की दृष्टि से आवश्यक उपयोग भी स्वीकार किया गया है—मनुष्य-जीवन की संस्कृति वह न हो, खाद अवश्य है। इस दिशा में समाज को सोचने के लिए विवश किया गया है। यह कृति अनातोले फ्रांस की 'थाया' से कितनी प्रभावित है, यह प्रश्न उतना महत्त्वपूर्ण नहीं है। परन्तु पाश्चात्य विचारों का प्रभाव लेखक ने आत्मसात् अवश्य किया है। यह दो प्रकार से स्पष्ट किया जा सकता है : श्वेतांक और यशोधरा का सहभोजन, हाथ पकड़कर बोलना, नाव पर घूमने जाना, काशी-यात्रा से लौटने के पूर्व बाज़ार जाकर चीज़ों को ख़रीदना, वाटिका में यशोधरा के साथ बीजगुप्त का भ्रमण, पर्यटन, जलपान की प्रतीक्षा, यशोधरा-बीजगुप्त की बौद्धिक चर्चा इत्यादि बातों को पढ़ते समय यह अवश्य लगता है कि यह चन्द्रगुप्त मौर्य का समय नहीं होगा। कहीं लेखक अति सामाजिक वस्तु को पौराणिक रूप तो नहीं दे रहा है? परन्तु यह उपन्यास न पूर्णतः ऐतिहासिक है, न सामाजिक। उपन्यास की वस्तु कुछ अधिक चिरन्तन है, अतः यह काल-विपर्यय या समाज-विपर्यय विशेष नहीं खटकता। दूसरे, भारतीय संस्कृति और पाश्चात्य संस्कृति के अन्तर्बाह्य विरोध की परिकल्पना कर एक को आध्यात्मिक और दूसरी को भौतिक बतानेवाले विद्वानों के सामने दोनों के स्वस्थ समन्वय की सम्भावना बताकर उपन्यास को दो संस्कृतियों के मिलन-बिन्दु पर खड़ा किया है। 'चित्रलेखा' के लेखक की प्रशंसा इसलिए भी की जानी चाहिए कि उसने किसी पूर्व-स्वीकृत धारणा को लेकर पात्रों और प्रसंगों की दृष्टान्त के आधार पर रचना नहीं की, बल्कि प्रचलित मान्यताओं की जीवन की गर्मी और ऊष्मा के बीच अनाग्रहपूर्वक जाँच कर कुछ प्रश्न-चिह्न लगा दिये हैं। लेखक कोई समाधान नहीं दे जाता, इसीलिए सम्भवतः इस कृति का सौन्दर्य-मूल्य अधिक बढ़ गया है। प्रेमचन्द के युग में इसको लिखकर भी लेखक ने वस्तु की गठन, कसाव, संक्षेप, पात्रों और प्रसंगों की एकात्मकता, कलात्मक संयम इत्यादि को एक जागरूक कलाकार के रूप में महत्त्व दिया है। प्रायः लेखक समस्या को लेकर सामने आता है तब उपन्यास या तो दृष्टान्त रूप बन जाता है अथवा पात्र प्रतीक बनकर जीवन्तता खो देते हैं। वर्मा जी समस्या लेकर आये जरूर हैं परन्तु उनके कलाकार ने उन्हें पात्रों को प्रतीक-मात्र बना देने से और उपन्यास को दृष्टान्त बना देने से बचाया। पाप्र-पुण्य के विरोध को लेकर निर्मित किये गये पात्रों में प्रतीकात्मकता के साथ एकान्तिक विरोध के आने की भी सम्भावना थी। परन्तु ऐसा यहाँ नहीं हो पाया है : बीजगुप्त के विरोध में कुमारगिरि के प्रति अन्याय नहीं किया गया है, न बीजगुप्त को अतिरिक्त सहानुभूति दी गयी है। उपन्यास में यान्त्रिकता आने का भी ख़तरा प्रायः विरोधी पात्रों की योजना से रहता है। सौभाग्य की बात है कि यह यान्त्रिकता इसमें नहीं आ पायी है, क्योंकि लेखक समस्या को लेकर अन्त तक नहीं बैठा है—वह उपन्यासकार या कलाकार पर दार्शनिक को हावी होने नहीं देता।

———

रमाकान्त श्रीवास्तव

चित्रलेखा : एक विशिष्ट कृति

सन् 1934 में प्रकाशित 'चित्रलेखा' भगवती बाबू का दूसरा उपन्यास है। भगवती बाबू चित्रलेखा के रचयिता के रूप में ही सर्वाधिक ख्यात हैं। वस्तुतः यह उपन्यास ऐसा ही है जो लेखक को ख्याति दिला सकता है। ऐतिहासिक महत्त्व की दृष्टि से तथा सर्जनात्मक स्तर पर भी यह हिन्दी की अत्यन्त महत्त्वपूर्ण कृति है। हिन्दी में स्पष्ट व्यक्तिवादी चिन्तन का प्रारम्भ चित्रलेखा से माना जा सकता है। इसकी रचना का उद्देश्य ही समाज की रूढ़ नैतिक मान्यताओं से असहमति व्यक्त कर व्यक्ति की विचारधारा को महत्त्व देना है। चित्रलेखा हिन्दी उपन्यास साहित्य का प्रथम व्यक्तिवादी घोषणा-पत्र है। आगे चलकर और भी व्यक्तिवादी उपन्यासों की रचना हुई किन्तु 'चित्रलेखा' एवं अज्ञेय के 'शेखर : एक जीवनी' का स्वर ही प्रखरतम रहा। इसके महत्त्व का अन्य कारण लक्ष्मीकान्त वर्मा ने यह माना कि "इस उपन्यास से उन नये मूल्यों के स्वर अधिक उभरकर आने लगे जो अभी तक दबे थे और संस्कारों के बोझ से कराह रहे थे। यही नहीं 'चित्रलेखा' उन अनेक सामाजिक समस्याओं की पूर्ति थी जो सेवासदन, 'प्रेमाश्रम', 'कर्मभूमि' और 'रंगभूमि' में प्रेमचन्द द्वारा प्रस्तुत की गयी थी।"[1]—चित्रलेखा को 'अनेक सामाजिक समस्याओं की पूर्ति' स्वीकार करना तो कठिन है किन्तु यह अवश्य स्वीकार करना होगा कि संस्कारों के बोझ से दबी हुई दृष्टि को यह उपन्यास एक नया आकाश देता है। भारत भूषण अग्रवाल इस उपन्यास की ताज़गी के विषय में लिखते हैं, "'चित्रलेखा' में व्यक्तिवाद और स्वच्छन्दतावादी कल्पना का एक ऐसा प्रसन्न योग हुआ है कि युवा वर्ग में यह आज भी उतनी ही लोकप्रिय है जितनी विगत बीस वर्षों में रही है। 'चित्रलेखा' इस अर्थ में हिन्दी का सदाबहार-उपन्यास है।"[2]

'चित्रलेखा' भगवती बाबू की विशिष्ट कृति इस अर्थ में भी है कि मात्र एक कहानी कहने के लिए इसका सृजन नहीं हुआ है जैसा कि उनके कुछ अन्य उपन्यासों का उद्देश्य रहा है। पाप और पुण्य के स्वरूप को स्पष्ट करने के लिए उपन्यास की रचना हुई है। यह लेखक का कौशल है कि उसने कथानक अत्यन्त सुन्दर और समस्या के अनुकूल चुना। महाप्रभु रत्नाम्बर के दो शिष्य श्वेतांक और विशालदेव अपने गुरु से पाप के विषय में जानने की इच्छा प्रकट करते हैं। रत्नाम्बर पाप के स्वरूप से उनका साक्षात्कार कराने के लिए उन्हें दो अलग व्यक्तियों को सौंप देते हैं। श्वेतांक सामन्त बीजगुप्त का सेवक बनकर तथा विशालदेव योगी कुमारगिरि का शिष्य बनकर एक ही समस्या का समाधान पाने का प्रयास करते हैं। बीजगुप्त सांसारिक सुखों पर विश्वास करनेवाला व्यक्ति है और कुमारिगिरि त्यागी एवं संयमी संन्यासी है।

---

1. लक्ष्मीकान्त वर्मा, प्रेमचन्दोत्तर काल, नये धरातल : आलोचना, उपन्यास अंक, पृ. 92।
2. डॉ. भारत भूषण अग्रवाल, हिन्दी उपन्यास पर पाश्चात्य प्रभाव, पृ. 106।

बीजगुप्त की प्रेयसी नर्तकी चित्रलेखा सम्राट चन्द्रगुप्त की सभा में योगी कुमारगिरि को परास्त करके स्वयं ही कुमारगिरि के आकर्षण में बँध जाती है। यह आकर्षण इतना प्रबल हो उठता है कि वह वैभव को तिलाञ्जलि देकर कुमारगिरि का शिष्यत्व ग्रहण करने उसके आश्रम में चली जाती है। योगी कुमारगिरि चित्रलेखा को आध्यात्मिक ज्ञान तो नहीं दे पाता बल्कि स्वयं ही नर्तकी के रूपजाल में फँसकर साधना भ्रष्ट हो जाता है। इधर बीजगुप्त जो चित्रलेखा से अथाह प्रेम करता है, जीवन के भयानक अभाव को यशोधरा से विवाह करके भरना चाहता है किन्तु जब उसे मालूम होता है कि श्वेतांक यशोधरा से प्रेम करता है तब वह अपनी सम्पत्ति और उपाधि श्वेतांक को दान करके भिखारी बनकर निकल पड़ता है।

नर्तकी चित्रलेखा को अपनी भूल का ज्ञान होता है और वह पश्चात्ताप की अग्नि में जलकर कुन्दन बन जाती है। जब चित्रलेखा बीजगुप्त के साथ जाना चाहती है तब वह उसे भी भिखारिन के रूप में ही स्वीकार करता है। इस सम्पूर्ण घटना-प्रवाह को श्वेतांक और विशालदेव अत्यन्त निकट से देखते हैं और दोनों ही उससे अलग-अलग प्रभाव ग्रहण करते हैं। श्वेतांक को अनुभव होता है कि बीजगुप्त देवता है और कुमारगिरि पापी है तथा विशालदेव को लगता है कि कुमारगिरि महान् है, बीजगुप्त पतित है।

ईश्वर द्वारा निर्मित अन्तरात्मा तथा किसी विभाजक रेखा द्वारा तय किये गये पाप और पुण्य को लेखक अत्यन्त स्पष्टता से नकार देता है। उपन्यास की भूमिका में ही वह कह देता है, "अन्तरात्मा ईश्वर द्वारा निर्मित नहीं है वरन् समाज द्वारा निर्मित है—मनुष्य की अन्तरात्मा केवल उसी बात को अनुचित समझती है जिसको समाज अनुचित समझता है।" कहने का तात्पर्य यह है कि नैतिकता की सार्वभौमिक और सार्वकालिक परिभाषा नहीं हो सकती बल्कि देश-काल के अनुसार बदलती रहती है। इसी आधार पर पाप किसी कर्म-विशेष का नाम नहीं है बल्कि—"संसार में पाप कुछ भी नहीं है, वह केवल मनुष्य के दृष्टिकोण की विषमता का दूसरा नाम है।"[1] इस उपन्यास की कथा का सारा ताना-बाना दृष्टिकोण की विषमता को स्पष्ट करने के लिए ही चुना गया है। आदिकाल से यह समस्या रही है कि पाप के अन्तर्गत किन कर्मों को रखा जाये? सामान्यतः सम्बन्ध नैतिकता से जोड़ा जाता है और नैतिकता किसी-न-किसी रूप में समाज से जुड़ी हुई है। किन्तु भगवती बाबू पाप एवं नैतिकता की कोई भी सामाजिक व्याख्या नहीं करते। वे मानते हैं कि "जो कुछ मनुष्य करता है, वह उसके स्वभाव के अनुकूल होता है और स्वभाव प्राकृतिक है।"[2]

भगवती बाबू मानते हैं कि मनुष्य परिस्थितियों के वश में है अतः उसे वह करना ही पड़ता है जो वह कर रहा है। यहाँ यह द्रष्टव्य है कि यही बात मनोवैज्ञानिक भी कहा करते हैं कि वातावरण मनुष्य के मस्तिष्क को एक विशेष रूप में ढाल देता है। किन्तु भगवती बाबू के द्वारा चित्रित मनुष्य अपनी मानसिक बुनावट के कारण कोई कार्य करने को बाध्य नहीं है बल्कि वह एक विशेष मनःस्थिति को लेकर उत्पन्न होता है, वही उसका प्राकृतिक स्वभाव है। परिस्थितियाँ उस प्राकृतिक स्वभाव को और तीव्र बना देती हैं जिनसे बाध्य होकर मनुष्य कर्म करता है।

---

1. चित्रलेखा, पृ. 177।
2. चित्रलेखा, पृ. 177।

यह तो हुई कर्म की बात, इसके बाद आती है किसी कर्म के मूल्यांकन की बात। हमारी परम्परा कर्म का मूल्यांकन अन्तरात्मा की आवाज़ पर अथवा सामाजिक मान्यताओं के आधार पर करती है। यहाँ याद रखना होगा कि पाप और अपराध अलग-अलग चीज़ें हैं। जहाँ तक अपराध का प्रश्न है उसका निर्णय व्यवस्था द्वारा निर्मित सामान्य नियमों के आधार पर होता है किन्तु पाप अपेक्षाकृत सूक्ष्म वस्तु है और उसका सम्बन्ध हमारे बाह्य की अपेक्षा हमारे अन्तर से है। लेखक नैतिकता के प्रश्न को व्यक्ति तक ही सीमित रखने का इच्छुक लगता है। श्वेतांक कुमारगिरि को पापी समझता है क्योंकि "वह जीवन के नियमों के प्रतिकूल चल रहा है। अपने सुख के लिए उसने संसार की बाधाओं से मुख मोड़ लिया है।"[1] विशालदेव बीजगुप्त को पापी कहता है क्योंकि "उसका जीवन संसार के घृणित भोग-विलास में बीतता है।" पाप का यह मूल्यांकन सामाजिक लाभ-हानि से पाप को नहीं जोड़ता बल्कि वह केवल दृष्टिकोण की विषमता को ही व्यक्त करता है। पाप-पुण्य का सम्बन्ध मानवीय नैतिकता से यदि है तो नैतिकता की स्वीकृति का सम्बन्ध व्यक्ति की इच्छा और चेतना से है। न तो उसके लिए कोई बाध्यता है और न ही सामान्य नियम।

किसी रूढ़ मान्यता से बँधे हुए व्यक्ति को यह सब-कुछ मनमाना समाधान भी लग सकता है। गोविन्दलाल छाबड़ा की पीड़ा है—"चित्रलेखा को पाप-पुण्य का विश्लेषण करनेवाली कथा मानने पर आलोचक का मन सिहर उठता है क्योंकि उसमें भारतीय दार्शनिक और धार्मिक विचारधारा को झुठलाया गया है।"[2] वस्तुतः यह व्यर्थ का भय है और उन्हीं को व्याप्त होता है जो योगी कुमारगिरि के पतन को अतिरंजित करके देखते हैं। किसी कथावस्तु की अच्छाई-बुराई इस बात से प्रकट नहीं होती कि वह भारतीय चिन्तन और दर्शन के अनुकूल है अथवा प्रतिकूल। चित्रलेखा में दो विपरीत जीवन-पद्धतियों को दिखलाना लेखक के लिए आवश्यक था। यह कहना अनुचित न होगा कि इस उपन्यास की कथा के गठन में लेखक का कौशल विद्यमान है। दोनों ही जीवन-पद्धतियों को एक-दूसरे की दृष्टि से हीन बतलाकर ही लेखक दृष्टिकोण की विषमता सिद्ध करता है। हाँ, लेखक वस्तुवादी है अतः वैराग्य के प्रति उसकी सहज अरुचि दिखलायी पड़ती है। यहाँ तक कि अपने भावुक क्षणों में योगी कुमारगिरि कहता है, "विराग मनुष्य के लिए असम्भव है, क्योंकि विराग नकारात्मक है। रागी कहलानेवाला व्यक्ति वास्तव में विरागी नहीं है वरन् ईश्वरानुरागी है।"[3] ऊपरी ढंग से सोचने पर वैराग्य का विरोध ही भारतीय दर्शन का विरोध दिखलायी पड़ सकता है किन्तु यह सही नहीं है। जो व्यक्ति किसी वस्तु की श्रेष्ठता का प्रमाण उसका भारतीय होना मात्र मानते हैं उन्हें कम-से-कम यह सन्तोष-लाभ तो होना ही चाहिए कि चित्रलेखा में प्रतिपादित नियतिवाद भारतीय विचारधारा है।

चित्रलेखा और ताइस

वर्मा जी की चित्रलेखा पर अनातोले फ्रांस की विख्यात कृति 'ताइस' की नक़ल का आरोप एक समय चर्चा का विषय रहा है। वर्मा जी ने स्वयं स्वीकार किया है कि इन दोनों

1. चित्रलेखा, पृ. 176।
2. गोविन्दलाल छाबड़ा, सहज सम्बन्धों की काल्पनिक रेखाएँ : चित्रलेखा (हिन्दी उपन्यास, सम्पादक : सुषमा प्रियदर्शिनी), पृ. 211।
3. चित्रलेखा, पृ. 126।

में कुछ असमानताएँ हैं किन्तु साथ ही उन्होंने यह भी कहा है, "मेरी चित्रलेखा और अनातोले फ्रांस की 'ताइस' में इतना ही अन्तर है जितना मुझमें और अनातोले फ्रांस में।"[1] भगवती बाबू को अनातोले फ्रांस की 'ताइस' अत्यन्त पसन्द आयी और उन्होंने कुछ उसी तरह की श्रेष्ठ कृति लिखने की कल्पना करते हुए ही 'चित्रलेखा' की रचना की थी—यह बात तो अवश्य सही है। स्वयं लेखक ने यह माना है कि 'ताइस' पढ़ने के बाद उसके मन में यह भाव आया था कि वह भी ऐसी किताब लिख सकता है।[2] चित्रलेखा का लेखन प्रतियोगिता की भावना से अवश्य हुआ है पर अनातोले फ्रांस का प्रभाव अधिक-से-अधिक इतना माना जा सकता है कि 'ताइस' की तरह चित्रलेखा भी नर्तकी है और दोनों में ही साधनाभ्रष्ट संन्यासी पात्र के रूप में विद्यमान हैं। इस समानता के अतिरिक्त सम्भवतः दोनों के शिल्प और कथ्य में कोई समानता नहीं है—विशेषकर कथ्य में जो कि वस्तुतः कृति की आत्मा हुआ करता है। 'चित्रलेखा' में सघनता और सुघड़ता इस प्रतियोगिता के भाव से अवश्य आयी होगी पर लेखक ने अपने विशिष्ट जीवन-दर्शन को पाठकों तक पहुँचाने के लिए ही इसकी रचना की है। यदि 'ताइस' ने उसे प्रभावित न किया होता तो शायद 'चित्रलेखा' नामक उपन्यास की रचना न होती किन्तु वह सब-कुछ जो लेखक 'चित्रलेखा' में कहता है किसी अन्य कृति में कहा जाता। यह स्पष्ट है कि अपना व्यक्तिवादी और नियतिवादी दृष्टिकोण भगवती बाबू बाद की कृतियों में भी दुहराते रहे हैं, जबकि किसी कृति का प्रभाव लेखक की विशिष्ट कृति तक ही सीमित रह सकता है। भगवती बाबू की सभी कृतियाँ उनके जीवन-दर्शन पर आधारित है। उनका व्यक्तिवादी और नियतिवादी चिन्तन पहली कृति में ही दिखलायी पड़ जाता है और अन्तिम कृति तक दिखलायी पड़ता है। यह निश्चित है कि उनका जीवन-दर्शन अनातोले फ्रांस से प्रभावित नहीं है तब 'ताइस' का प्रभाव चित्रलेखा के किस पक्ष पर माना जाय?

ताइस में अनातोले फ्रांस ने ईसाई पादरियों की जड़ता और उनके निवृत्तिमार्गीय अहम् के प्रति व्यंग्य किया है। अनातोले फ्रांस ने दिखलाया है कि दूसरों को सन्मार्गीय बनाने का थोथा दम्भ पालना ग़लत है और अन्त में वह टूटता है। 'चित्रलेखा' में भी एक संसारत्यागी संन्यासी का दम्भ टूटता है, शायद चित्रलेखा को ताइस की नक़ल समझनेवालों की दृष्टि इस समानता पर अधिक केन्द्रित हुई है। किन्तु दोनों का मूल अन्तर यह है कि अनातोले फ्रांस पापन्युशियस को वास्तव में पतित होता हुआ दिखलाता है क्योंकि वह ईसाई पादरियों के ढोंग का नकाब उतारना चाहता है जबकि भगवती बाबू का कुमारगिरि क्षणिक कमज़ोरी का शिकार होता है, पतित नहीं होता। सबसे बड़ी बात यह है कि कुमारगिरि की दुर्बलता भी किसी की दृष्टि में महानता हो सकती है—इसे सिद्ध करना भगवती बाबू का उद्देश्य रहा है। भगवती बाबू की विराग से असहमति तथा अनातोले फ्रांस की कृति की ही तरह चित्रलेखा की दार्शनिक मुद्रा यह भ्रम पैदा कर देती है कि चित्रलेखा ताइस से अत्यन्त प्रभावग्रस्त है। "चित्रलेखा उपन्यास में चित्रलेखा और बीजगुप्त उत्सर्ग की जिस भावभूमि पर पहुँचे हैं वह नितान्त व्यक्तिवादी और स्वप्नशील होते हुए भी उसको नितान्त मौलिक बना देता है और चित्रलेखा व्यंग्य कृति के स्थान पर एक आदर्शवादी कृति बन जाती है।"[3]

---

1. चित्रलेखा : भूमिका।
2. भगवतीचरण वर्मा, धर्मयुग, 25 अगस्त, 1963, पृ. 18।
3. भारतभूषण अग्रवाल : हिन्दी उपन्यास पर पाश्चात्य प्रभाव, पृष्ठ 107।

चित्रलेखा पर ताइस की नकल का आरोप हास्यास्पद स्थिति तक खींचा गया। ब्रह्मनारायण शर्मा 'विकल' ने चित्रलेखा की भूमिका पर अपनी प्रतिक्रिया इन शब्दों में व्यक्त की, "यदि इनकी विशिष्टता को प्रस्फुटित होने के हेतु 'ताइस' की उपस्थिति की अपेक्षा नहीं थी तो उनके बाद के उपन्यास वैसे क्यों न बने जबकि सभी लेखकों की कला कुशलता एक के पश्चात् दूसरी कृति में और अधिक उन्नति करती निखरती जाती है। बात साफ़ समझ में आती है कि वे पायी हुई वस्तु का कल्पना द्वारा सम्पादन करना तो जानते हैं किन्तु स्वयं से वस्तु का निर्वाचन नहीं कर पाते।"[1] यह सीधे-सीधे एक लेखक की मृजन क्षमता और कल्पना की मौलिकता पर अविश्वास करता है। और अविश्वास भी उस लेखक की क्षमता पर जिसने चित्रलेखा के बाद और भी कई उपन्यास हिन्दी-जगत् को दिये। इस आरोप के पीछे भी शिल्प की सुघढ़ता को ही सब-कुछ समझ लेने की ग़लती विद्यमान है। वैसे जहाँ तक शिल्प की सुघढ़ता और कथ्य की अन्विति का प्रश्न है, 'भूले बिसरे चित्र' भगवती बाबू की काफ़ी बाद की कृति है जो उनकी सृजन शक्ति का ठोस प्रमाण है। 'टेढ़े-मेढ़े रास्ते', 'सामर्थ्य और सीमा', सबहिं नचावत राम गुसाईं' जैसे सशक्त उपन्यासों के रचयिता के सम्बन्ध में ऐसा कथन भ्रामक से कहीं अधिक बचकाना है। किसी लेखक की कृति पर अन्य लेखक का प्रभाव बिलकुल असम्भव और अस्वाभाविक नहीं है। हिन्दी की कृतियों पर पाश्चात्य प्रभाव से भी इन्कार नहीं किया जा सकता किन्तु हर कृति में ऐसा प्रभाव ढूँढ़ लेना अथवा हलकी-फुलकी समानता के आधार पर ही किसी कृति को मूल्यहीन ठहराना ग़ैर-जिम्मेदारी है।

———

1. ब्रह्मनारायण शर्मा 'विकल' : हिन्दी उपन्यासों का मनोवैज्ञानिक मूल्यांकन, पृ. 156।

गोविन्दलाल छाबड़ा

सहज सम्बन्धों की काल्पनिक रेखाएँ : 'चित्रलेखा'

...और फिर लेखक की पूर्व-नियोजित योजना के अनुसार गुरु महाप्रभु रत्नाम्बर के दोनों शिष्य—श्वेतांक और विशालदेव—एक ही नगर पाटलिपुत्र में क्रमशः सामन्त बीजगुप्त और योगी कुमारगिरि के पास रहकर पाप और पुण्य—जैसी विकट समस्या के समाधान के लिए, जिसे गुरु कठिन परिश्रम और अनुभव के बाद भी हल करने में असमर्थ रहे, चल दिये। 'चित्रलेखा' की 'उपक्रमणिका' इस समस्या का प्रस्तुतीकरण है और 'उपसंहार' लेखक का मनमाना और पाठकों का अनचाहा समाधान। प्रश्न उठता है कि क्या आलोच्य उपन्यास की रचना का उद्देश्य बस पाप-पुण्य की समस्या ही है? उत्तर स्पष्टतः नकारात्मक है। पाप-पुण्य सम्बन्धी समस्या का विश्लेषण उपन्यास का एक पक्ष है। कृति की सफलता का रहस्य उसके दूसरे कलात्मक पक्ष में निहित है। अतः यहाँ उक्त दोनों पक्षों का विश्लेषण अनिवार्य है।

'चित्रलेखा' को पाप-पुण्य का विश्लेषण करनेवाली कथा मानने पर आलोचक का मन सिहर उठता है, क्योंकि उसमें भारतीय दार्शनिक और धार्मिक विचारधारा को झुठलाया गया है। परिस्थितियों और नियति के वात्याचक्र में पात्रों के प्रारम्भिक व्यक्तित्व को झुलसा दिया गया है। दो त्रिकोणात्मक कथाओं के माध्यम से नये भ्रामक दार्शनिक विचारों की अभिव्यक्ति हुई है। 'चित्रलेखा' के सभी प्रमुख पात्र हमारे उक्त मत की पुष्टि करते हैं। प्रारम्भ का इन्द्रियजित् अलौकिक शक्तिसम्पन्न योगी कुमारगिरि अन्त में मानव और पशु की कोटि से भी नीचे गिरा हुआ अधम प्राणी प्रमाणित होता है। वह योगी—साधन जिसका संयम था और स्वर्ग लक्ष्य, जो तेज़ और प्रताप का पुञ्ज था, संसार की सम्पूर्ण वासनाओं को जिसने जीत लिया था जो शारीरिक और आत्मिक बल दोनों से बलिष्ठ था, वही कुमारगिरि अन्त आते-आते मक्कार, झूठा, दम्भी, काम-लोलुप और भयंकर षड्यन्त्रकारी प्रमाणित होता है। प्रारम्भ का उसका अनुकरणीय चरित्र, योग और तप-त्याग अन्त में पशुता, क्रोध और घृणा को जन्म देनेवाला सिद्ध करता है। आरम्भ का उसका गर्व और आत्मसम्मान अन्त में अहंकार और कलुष प्रमाणित होते हैं। स्त्री को अन्धकार, मोह, माया और वासना समझनेवाला बाल-ब्रह्मचारी बाद में चित्रलेखा के रूप-पुञ्ज में पागल पतंगे-सा मँडराने लगता है। कल्पना और शून्य में विचरण करनेवाला योगी माया के वात्याचक्र में पड़कर जीवन की मस्ती और योग के कलुष कुण्ड में ऐसा गिरता है कि पुनः उबरने की सम्भावना भी नहीं रह जाती। वासना को पाप (अतः त्याज्य) समझनेवाला योगी वासना का दास बन जाता है। दरबार में योग-दर्शन के पूर्व का योगी झूठे गर्व और अहंकार में आकर चित्रलेखा-जैसी अपूर्व सुन्दर नर्तकी से प्रतिशोध लेते-लेते अपने-आपको पथभ्रष्ट कर बैठता है। दम्भ के मद में भरी सभा में कह बैठता है—"इस सभा में कोई भी व्यक्ति मुझे पराजित नहीं कर सकता और न मुझको दण्ड देने का कोई व्यक्ति साहस ही कर सकता है।" और भी—"नहीं, पराजय असम्भव है। मैं

पराजित हो ही नहीं सकता। क्या मेरी साधना का अन्त पराजय होगा? कभी नहीं, कभी नहीं।" और उसका यह दम्भ ही उसके पतन का प्रथम सोपान सिद्ध होता है। उसका यह दम्भ हम तभी चूर-चूर होते देखते हैं जब वह चित्रलेखा के सौन्दर्य की आभा में अपने को गलाने लगता है। वह अतृप्त शराबी की भाँति नर्तकी को देखकर संज्ञाहीन-सा हो जाता है। उसकी सोयी हुई वासना भयंकर विषधर बन उसे डसने लगती है। और अन्त में अपनी साधना, अपने योग, अपने ज्ञान, अपने चरित्र—सबका होम कर बैठता है।

'चित्रलेखा' इस उपन्यास का केन्द्रबिन्दु है। यद्यपि चित्रलेखाकार ने इस अनिन्द्य सुन्दरी को नर्तकी के रूप में सम्बोधित किया है किन्तु हमारे विचार में वह वेश्या—हाँ वेश्या ही, सम्भवतः सम्भ्रान्त वेश्या से कम नहीं। एक प्रेमी के रहते हुए दूसरे के प्रति उसका तीव्राकर्षण हमारे उक्त मत की पुष्टि के लिए यथेष्ट है। वह विचारों से ही नहीं, आचरण से भी वेश्या है। उसकी वासना सदा अतृप्त बनी रहती है। उन्माद, मस्ती और वासना को जीवन का सार-सर्वस्व समझनेवाली यह प्रमदा बीजगुप्त के जीवन पर धूमकेतु-सी छा जाती है। उपन्यास के प्रथम परिच्छेद में ही हम उसे जीवन की मस्ती और यौवन के मादकतापूर्ण उल्लास-विलास में किल्लोलें मारते हुए देखते हैं। विधवा का संयम उसने किया अवश्य था किन्तु कृष्णादित्य के सम्पर्क से वह पथभ्रष्ट हो गयी थी। उसकी मृत्यु के उपरान्त पुनः उसने संयम का मार्ग अपनाया था किन्तु बीजगुप्त के वैभव और सौन्दर्य से पराजित होकर पदच्युत हो गयी। नियति का विधान और वासना-प्यास-तृप्ति-मार्ग को श्रेयस्कर समझकर वह उस पर बेतहाशा दौड़ पड़ी। संयम-नियम की राह पर चलना अब उसे अपमानजनक और अतार्किक लगने लगा। स्वाभिमानिनी और बुद्धिमती यह असाधारण नर्तकी कुमारगिरि-जैसे महात्मा को पहली ही भेंट में अपनी ओर आकृष्ट करने में सफल होती है। योगी पर उसका मर्मान्तक प्रभाव पड़ता है। अपनी प्रत्युत्पन्नमति, अपने चातुर्य, अपनी सुन्दरता, अपने गर्व और अहं से वह कुमार-गिरि को प्रभावित करती है। "प्रकाश पर लुब्ध पतिंगे को अन्धकार का प्रणाम है"...कहकर वह योगी को अपनी बुद्धिमत्ता, शक्ति और सौन्दर्य का एहसास करवाती है। उसका अपूर्व सौन्दर्य कुमारगिरि के जीवन में उन्माद की भयंकर झंझा उत्पन्न कर देता है। योगी को अपनी तर्कना शक्ति से अभिभूत करते हुए एक स्थान पर कहती है—"योगी, तपस्या जीवन की भूल है, यह मैं तुम्हें बतलाये देती हूँ, तपस्या की वास्तविकता है आत्मा का हनन।" और वास्तव में ही योगी तपस्या को आत्मा का हनन और एकान्तवास को भ्रामक समझने लगता है। ऐसा है उस नर्तकी के आकर्षण का प्रभाव। उसके ऐसे ही प्रवृत्ति-प्रधान विकृत दार्शनिक सिद्धान्त योगी को विचलित करने लगते हैं। इन्हीं ऊल-जलूल तर्कों से वह कुमारगिरि-जैसे एकान्त साधक को तो अपनी ओर आकृष्ट करती ही है, दर्शन-स्मृतियों के ज्ञाता, व्याकरण के पण्डित, अनुभवहीन पचीसवर्षीय युवक श्वेतांक को भी प्रेम के भ्रम में डाल देती है। "जिस समय चित्रलेखा की अधखुली मस्त आँखें श्वेतांक की आँखों से मिल जाती थीं, उस समय श्वेतांक पागल की भाँति झूमने लगता था, श्वेतांक तो अभी अनुभवहीन बच्चा था।" योगी तक उसके मादक सौन्दर्य से पथभ्रष्ट हो गया। यह ठीक है कि वह योगी को ठगने चली थी, किन्तु उसे ठगते-ठगते स्वयं ठगी गयी। कामलोलुपता और बदले की भावना ने उसे प्रवंचिनी और धूर्त बना दिया। वह अपने उदात्त, निर्मल, पवित्र प्रेम को त्यागकर क्रमशः पतित, पतिततर और पतिततम होती गयी। आरम्भ की 'परम पवित्र नर्तकी' अन्त में विश्वासघातिनी, रूप-लोलुपा,

विलासिनी और वेश्या बन गयी। असंयमित भोग-विलास उसके जीवन के लिए प्राणघातक विष प्रमाणित हुआ। निराशा, दुःख और बदले की भावना से पीड़ित होकर उसने कुमारगिरि को अपना शरीर समर्पित कर दिया। सँभली वह तब, जब उसका सब-कुछ लुट गया। सच्चाई को जानने पर वह चोटखायी सर्पिणी के समान कुमारगिरि पर फुंकार उठी, "वासना के कीड़े! तुम मुझसे झूठ बोले। तुम्हारी तपस्या विफल हो जायेगी और तुम्हें युगों-युगों नरक में जलना पड़ेगा।" आत्मग्लानि एवं भयंकर आक्रोश से पीड़ित वह अपने घर में तो लौट आयी, किन्तु बीजगुप्त से साक्षात्कार का आत्मिक बल उसमें न रहा। हाँ, बीजगुप्त की देवत्व वृत्ति अवश्य उसे उबारने में सहायक सिद्ध होती है। बीजगुप्त से क्षमा का दान पाकर सम्पूर्ण सम्पत्ति का त्यागकर वह उस देव-मनुष्य के साथ हो लेती है। मैं यहाँ यह स्पष्ट कर देना चाहता हूँ कि उपन्यास के प्रथम परिच्छेद में बीजगुप्त-चित्रलेखा के प्राथमिक चुम्बन, आलिंगन, परिरम्भण और अन्त में चुम्बन में महान् अन्तर है। प्रारम्भ में वे यौवन की मस्ती और मदिरा की मादकता में डूबे हैं और अन्त में वे सच्चे आत्मीय एवं तन्मयता से पूर्ण हैं।

पचीसवर्षीय हृष्ट-पुष्ट युवक बीजगुप्त 'चित्रलेखा' के सेक्स-त्रिकोण का तृतीय बिन्दु है। उन्मुक्त भोग-विलास में विश्वास रखनेवाला यह सुदर्शन युवक मौर्य-साम्राज्य का वैभवशाली और प्रभावशाली सामन्त है। उसकी विशाल अट्टालिकाओं में भोग-विलास नाचा करते हैं, रत्नजटित मदिरा के पात्रों में ही उसके जीवन का सारा सुख है। वैभव और उल्लास की तरंगों में वह केलि करता है। ऐश्वर्य की उसके पास कमी नहीं है। उसमें सौन्दर्य है और उसके हृदय में संसार की समस्त वासनाओं का निवास। पाटलिपुत्र की अनिन्द्य सुन्दरी नर्तकी चित्रलेखा को वह अपने विशिष्ट आचरण और व्यक्तित्व से पराभूत करता है। नर्तकी के व्यक्तिप्रधान विचारों के उत्तर में वह एक स्थान पर कहता है..."व्यक्तित्व जीवन में प्रधान है और व्यक्ति से ही समुदाय बनता है। जब व्यक्ति वर्जित है तो उस व्यक्ति को समुदाय का भाग बनना अपना ही अपमान करना है।" और अपने इसी विशिष्ट व्यक्तित्व को वह अन्त तक सुरक्षित रखता है। उसका यही व्यक्तित्व चित्रलेखा को आकृष्ट करता है। चित्रलेखा से वह पत्नी के समान व्यवहार करता है। समाज की मान्यताओं के विपरीत आचरण कर वह अपने व्यक्तित्व की छाप छोड़ देता है। वह जो बाहर है वही अन्दर है। अपने कर्त्तव्यअकर्त्तव्य को वह छिपाता नहीं। यद्यपि विलासी व्यक्ति धर्मभीरु और समाजभीरु होता है किन्तु बीजगुप्त में नैतिक साहस और स्पष्टवादिता, आत्मविश्वास और मधुर सम्भाषण, त्याग और उदारता-जैसी विशेषताएँ हैं जो उसे क्रमशः मनुष्यत्व से देवत्व की ओर ले जाती हैं। चित्रलेखा की अनुपस्थिति में वह एक बार विचलित अवश्य होता है किन्तु उसकी मेधा एवं तटस्थता उसे अपने पथ से भ्रष्ट होने से बचा लेती है। आत्म-मन्थन कर वह यशोधरा को श्वेतांक के लिए छोड़ देता है। अपने वैभव और मान का त्यागकर वह मनुष्यत्व देवत्व की ओर अग्रसर होता है। मृत्युञ्जय उसके इस महान् त्याग और विशिष्ट व्यक्तित्व से प्रभावित होकर कहते हैं—"आर्य बीजगुप्त! मैने संसार को देखा है। मैं कहता हूँ, आप मनुष्य नहीं देवता हैं।" सुख से उद्वेलित हो बीजगुप्त का हाथ अपने हाथ में लेकर सम्राट् चन्द्रगुप्त कहते हैं—"बीजगुप्त तुम एक महान् आत्मा हो, तुमने असम्भव को सम्भव कर दिखाया। तुम मनुष्य नहीं हो देवता हो। आज भारतवर्ष का सम्राट् चन्द्रगुप्त मौर्य तुम्हारे सामने मस्तक नवाता है।" महाप्रभु रत्नाम्बर द्वारा पूछने पर श्वेतांक कहता है—"बीजगुप्त देवता है। संसार में त्याग की वह प्रतिमूर्ति है। उनका हृदय विशाल है।"

बीजगुप्त का जीवन वासना एवं संयम का अद्‌भुत सम्मिश्रण है। वह उन्मादी होकर चित्रलेखा की वासना में डूबा अवश्य है, उसके जीवन में मनुष्योचित ईर्ष्या-प्रवृत्ति भी जागी है, किन्तु न तो उसने भोग से संयम का पल्ला छोड़ा है और न ही ईर्ष्या से जीवन को कलुषित-कलंकित किया है। घातक परिणामजन्य विलास और विराग की अतिशयता से वह परिचित हैं। विलास में भी वह मानवता को नहीं खोता और योगी बनकर भी अहंकारी और दम्भी नहीं बन पाता। सम्भवतः बीजगुप्त की इन्हीं महानताओं से प्रभावित होकर श्री शिवनारायण श्रीवास्तव ने लिखा है—"कुमारगिरि की अपेक्षा बीजगुप्त में अधिक मानवता है और इसलिए जिस तत्त्व की उपलब्धि कुमारगिरि को कठिन साधनों से न हो सकी थी, उसे बीजगुप्त ने हृदय की साधना से उपलब्ध कर लिया था। उसका हृदय इतना विशाल था, उसमें इतनी उदारता थी कि वैभव के रस में डूबे रहने पर भी कमल-पत्र के समान वह अछूता था। जिस विलासिता में वह जीवन-भर आकण्ठ डूबा रहा, समय आने पर उसे बिलकुल ही त्याग देने में उसे तनिक भी हिचकिचाहट न हुई। भोग करते हुए भी वह भोगों में बँधा नहीं है।" बीजगुप्त का जीवन वास्तव में भोग और योग का सुखद सम्मिश्रण है—उसका जीवन आज के युवकों के लिए अनुकरणीय है।

'चित्रलेखा' में बीजगुप्त, चित्रलेखा, कुमारगिरि के त्रिकोण के अतिरिक्त एक अन्य प्रेम-त्रिकोण—श्वेतांक-यशोधरा-बीजगुप्त...भी हैं। किन्तु वह गौण है। यशोधरा की सृष्टि बीजगुप्त की प्रेम-परीक्षा के निमित्त की गयी है जिसमें वह सफल होता है। श्वेतांक के लाघव से बीजगुप्त द्वारा सर्वदान कराकर लेखक ने बीजगुप्त को और ऊपर उठाया है।

'चित्रलेखा' के अध्ययन से स्पष्ट है कि इस चरित्रप्रधान उपन्यास के प्रमुख पात्र वस्तुतः वे नहीं हैं, जो वे हैं। आरम्भ का बीजगुप्त मानव है और अन्त का देवता, आरम्भ का योगी कुमारगिरि अन्त में पिशाच बन गया है। आरम्भ की चित्रलेखा सम्भ्रान्त नर्तकी है, अन्त की घृणित, कलुषित (और पुनः सती-साध्वी) पात्री।

अब प्रश्न उठता है कि क्या उक्त दो प्रेमी त्रिकोणों से पाप-पुण्य की समस्या का समाधान हुआ है? महाप्रभु का यह अन्तिम समाधान द्रष्टव्य है—"संसार में पाप कुछ भी नहीं है, वह केवल मनुष्य के दृष्टिकोण की विषमता का दूसरा नाम है। प्रत्येक व्यक्ति एक विशेष प्रकार की मनः प्रवृत्ति लेकर उत्पन्न होता है। प्रत्येक व्यक्ति इस संसार के रंगमंच पर एक अभिनय करने आता है। अपनी मनःप्रवृत्ति से प्रेरित होकर अपने पाठ को वह दोहराता है। यही मनुष्य का जीवन है। जो कुछ मनुष्य करता है वह उसके स्वभाव के अनुकूल होता है और स्वभाव प्राकृतिक है। मनुष्य अपना स्वामी नहीं है। वह परिस्थितियों का दास है।...विवश है। वह कर्त्ता नहीं है, वह केवल साधक है। फिर पुण्य और पाप कैसा? लेखक का स्पष्ट मत है कि संसार में पाप कुछ भी नहीं है, केवल मनुष्य के दृष्टिकोण की विषमता का प्रतिफलन है। विषम दृष्टिकोण के कारण ही पाप-पुण्य की परिभाषा अलग-अलग है। सुखजन्य पाप-कर्म भी मनुष्य के लिए पाप नहीं है और दुःखजन्य पुण्य त्याज्य एवं पाप है। सुख-प्राप्ति की लालसा मानव में सर्वदा रही है। सुख की तुला भिन्न-भिन्न रुचियों के कारण अलग-अलग पदार्थों पर आधृत है। एक यदि उसे मदिरा में पाता है तो दूसरा व्यभिचार में, कोई योग की लालसा में ढूँढ़ता है तो कोई संसार के मोह में। अतः इसी दृष्टिकोण की विषमता के कारण एक का पाप दूसरे के लिए पुण्य है। चूँकि मानव परिस्थितियों का दास है, वह

परिस्थितियों से बाध्य होकर यदि विपरीत आचरण करता है तो लेखक के अनुसार उसके पाप का उत्तरदायित्व उस व्यक्तिविशेष पर नहीं है। लेखक ने रत्नाम्बर के मुख से कहलवाया है—"यह मेरा मत है, तुम लोग इससे सहमत हो या न हो तुम्हें बाध्य नहीं करता और न ही कर सकता हूँ।" मेरे विचार में लेखक का पाप-पुण्य सम्बन्धी यह मत अनर्गल, अनुचित और घातक निष्कर्षों से भरा हुआ है।

इसी प्रसंग में लेखक ने कुछ अन्य महत्त्वपूर्ण प्रश्नों को भी उठाया है। जीवन का लक्ष्य और उचित तथा श्रेष्ठ जीवन मार्ग आदि प्रमुख प्रश्नों के उत्तर में लेखक का स्पष्ट मत है कि जीवन का लक्ष्य सुख-शान्ति की प्राप्ति है जिसके लिए भोग और योग का मध्यम मार्ग श्रेयस्कर है। प्रथम प्रश्न के समाधान के लिए लेखन ने अनुभूति का सहारा लिया है। अतः प्रश्न के कई उत्तर सामने आते हैं। चित्रलेखा के लिए जीवन का सुख 'मस्ती' है, कुमारगिरि के लिए योग-साधन और विराग ही इस जीवन का लक्ष्य है। श्वेतांक जीवन का लक्ष्य सुख और शान्ति मानता है। बड़ी कुशलता से लेखक ने चित्रलेखा की अतिमस्ती और कुमारगिरि की अतिसाधना का भयानक अन्त दिखाकर बीजगुप्त के जीवन द्वारा मध्यम मार्ग को श्रेयस्कर और सुखद प्रमाणित किया है। निश्चय ही उसने अतिप्रवृत्ति और अतिनिवृत्ति दोनों मार्गों का ज़ोरदार शब्दों में खण्डन किया है। वास्तव में पाप-पुण्य के माध्यम से वर्मा जी ने मानव की अस्वस्थ एवं निर्बल प्रवृत्तियों पर प्रहार किया है। कुमारगिरि के माध्यम से निवृत्तिजन्य मार्ग को हेय सिद्ध किया है और बीजगुप्त के चरित्र से जीवन की स्वस्थ प्रवृत्तियों की उपलब्धि और सफलता की ओर इशारा किया है। यशोधरा-श्वेतांक के गृहस्थाश्रम-प्रवेश और बीजगुप्त के आशीर्वाद से इस भौतिक धरातल पर जीवन का उन्नयन दिखाया गया है।

लेखक की उक्त पाप-पुण्य सम्बन्धी धारणा आज के स्वतन्त्र विचारशील युवकों के गले से नहीं उतरती तो फिर क्या यह कह दिया जाये कि उपन्यास—एक साहित्यिक कृति के रूप में—सफल नहीं? वास्तव में किसी साहित्यिक रचना की सफलता-असफलता की कसौटी उसमें वर्णित विभिन्न समस्याएँ नहीं होतीं, प्रत्युत कृति की सफलता उसकी कलात्मकता पर आश्रित है। अतः इस उपन्यास की कलात्मक विशेषताओं का विश्लेषण आवश्यक है।

आलोच्य उपन्यास की घटनाएँ और पात्रों की स्वभाव विशेषताएँ ऐसी घुलमिल गयी हैं कि इन्हें एक-दूसरे से अलग नहीं किया जा सकता। घटनाओं और पात्रों की यही एकात्मकता उपन्यास के रूप और उसके सौष्ठव को सुन्दरता प्रदान करती है। जीवन के सिद्धान्तों का जीवन्त पात्रों एवं सरस प्रसंगों द्वारा मनोवैज्ञानिक विश्लेषण और योग-भोग का कलात्मक संगम उपन्यास की विशेषता है। 'चित्रलेखा' की सफलता का दूसरा रहस्य इसके अन्तर्द्वन्द्वात्मक स्थल हैं। चित्रलेखा की अनुपस्थिति में बीजगुप्त की मनःस्थिति, यशोधरा की प्राप्ति के लिए श्वेतांक के मन का द्वन्द्व, चित्रलेखा द्वारा प्रताड़ित श्वेतांक की आत्मग्लानि के प्रसंग, कुमारगिरि का क्षोभ और ग्लानिजन्य पश्चात्ताप आदि अन्तर्द्वन्द्व के मर्मस्पर्शी उदाहरण हैं। इसके अतिरिक्त मध्यरात्रि के समय प्रेमातुर चित्रलेखा और बीजगुप्त के पास रत्नाम्बर का आगमन, मौर्य की भरी सभा में योगी-नर्तकी का बौद्धिक तर्क-वितर्क, कुमारगिरि के सम्मुख चित्रलेखा की अनुनयपूर्ण दीक्षायाचना, योगी और नर्तकी के एकान्तवास में विशालदेव का प्रवेश आदि स्थल नाटकीयता की सृष्टि करते हैं। उपन्यास की यही नाट्यात्मकता उसकी सफलता का तीसरा कारण है। इस साहित्यिक रचना की सफलता का चौथा कारण उसकी विशिष्ट भाषा-शैली

है। यथासमय भावानुकूल ललित कवित्वमय स्थल, दार्शनिक विचारों से भरी बोझिल भरकम सुगठित संक्षिप्त और सांकेतिक भाषा, वर्णनात्मक स्थलों पर शुद्ध साहित्यिक खड़ीबोली—भाषा के ये सभी रूप उपन्यास की कलात्मकता में अभिवृद्धि करते हैं। जीवन की मस्ती, उन्माद और मादकता को कवित्वमय शब्दों द्वारा अभिव्यक्ति प्रदान करनेवाली कोमल भाषा पाठकों का मन अनायास ही मोह लेती है। ऐसे कवित्वपूर्ण स्थल अनुभव की वस्तु हैं, उनकी व्याख्या प्रायः दुष्कर है। विभिन्न भाषा-रूपों के अनुरूप 'चित्रलेखा' के रचयिता ने तर्कप्रधान, कथोपकथनात्मक और वर्णनात्मक शैलियों का प्रयोग कर अपने कौशल का परिचय दिया है। लेखक ने वस्तु के गठन, कसाव, संक्षेप, पात्रों और प्रसंगों की कलात्मकता, भाषा-शैली की आवश्यकतानुसार विविधता की ओर जागरूक रहकर एक सफल कलाकार की भाँति कृति को दर्शन-ग्रन्थ होने से बचाया।

अन्त में इतना कहना अभीष्ट है कि 'चित्रलेखा' अपने प्रकाशन-काल से लेकर अब तक लाखों हाथों में गयी। इस बहुचर्चित रचना का आलोचक स्पष्ट स्वीकार करता है कि सब मिलाकर यह एक सफल कलाकृति है। पाठक कृति के विचारों से असहमत होते हुए भी प्रभाव से अपने-आपको अलग नहीं रख सकता, यही इसकी कलात्मकता की कसौटी है, यही इसकी सफलता है।

———

ब्रजनारायण सिंह

'चित्रलेखा' और उसकी पात्र-सृष्टि

वर्मा जी के औपन्यासिक रचनाक्रम में यह उनकी दूसरी कृति है, पर भ्रमवश कुछ आलोचकों ने वर्मा जी की प्रथम रचना मानी है। सम्भवतः 'चित्रलेखा' की ख्याति ही इस भ्रम का मूल कारण रही हो। वर्मा जी को जितनी प्रसिद्धि अपनी इस एक कृति से मिली है शायद ही हिन्दी के अन्य किसी कथाकार को वह मिल पायी हो। पाप और पुण्य की समस्या की दृष्टि से 'चित्रलेखा' को 'पतन' का प्रौढ़ और परिष्कृत संस्करण कह सकते हैं। 'पतन' में जो समस्या बीज रूप में विद्यमान थी, वही इसमें वटवृक्ष का रूप धारण कर सम्पूर्ण उपन्यास पर छायी हुई है।

पाप और पुण्य एक प्रमुख समस्या के रूप में दीर्घकाल से सामाजिक विचारकों और साहित्यिकों का ध्यान आकर्षित करती रही है। 'चित्रलेखा' के अन्तर्गत वर्मा जी ने पाप और पुण्य की इस व्यापक समस्या को केवल सेक्स की सीमा में ही देखने का प्रयत्न किया है। लेखक की भारतीय परम्परा से भिन्न यह धारणा है कि पाप और पुण्य के बीच कोई निश्चित और दृढ़ सीमा नहीं खींची जा सकती। वे गतिशील और सापेक्षिक मूल्य हैं जो समाज की अपेक्षा वैयक्तिक दृष्टि पर अधिक आधारित हैं। इनका सामाजिक रूप भी सार्वकालिक और सार्वदेशीय न होकर देश और समाज की सीमाओं के साथ परिवर्तित होता रहता है। इसीलिए कोई भी सामाजिक मान्यता अपने देश और काल की सीमा में ही अपना महत्त्व रखती है। देश और परिस्थिति के परिवर्तन के साथ ही उसका रूप बदल जाता है। मानव-विज्ञान का इतिहास बतलाता है कि विवाह और यौन सम्बन्धों के कितने ही परिवर्तित रूप विभिन्न देशों और समाजों में भिन्न-भिन्न रूपों में मिलते हैं। इसीलिए वर्मा जी रत्नाम्बर के द्वारा पाप और पुण्य का विश्लेषण करते हुए कहते हैं, "संसार में पाप कुछ भी नहीं है, वह मनुष्य की विषमता का दूसरा नाम है।"[1] दृष्टिकोण की यही विषमता पाप और पुण्य के रूप को परिवर्तित कर देती है। 'चित्रलेखा' के कथानक में लेखक ने इसी समस्या को समाज-सापेक्ष न दिखाकर व्यक्ति-सापेक्ष दिखाया है और उनकी इसी व्यक्ति-सापेक्षता को अधिकांश आलोचकों ने 'व्यक्तिवादी दृष्टिकोण' की संज्ञा दी है।

कथानक का प्रारम्भ महाप्रभु रत्नाम्बर की कुटी में श्वेतांक के इस प्रश्न 'और पाप क्या है' से प्रारम्भ होता है। इसी उलझन को स्पष्ट करने के लिए उपन्यासकार ने चन्द्रगुप्त मौर्यकालीन इतिहास की कथा को गुम्फित करने का प्रयत्न किया है। दो विभिन्न परिस्थितियों में जन्मे दो व्यक्ति (बीजगुप्त और कुमारगिरि) जीवन के दो भिन्न दृष्टिकोणों को अपनाते हुए 'भोग' और 'योग' को अपना काम्य समझ लेते हैं। एक भोगी होते हुए भी सांसारिकता से असम्पृक्त है और दूसरा संसार को छोड़ देने का दावा करने के बाद भी, ज्ञान और अहंकार के दम्भ में लिपटा हुआ, एक भोगी का जीवन व्यतीत करने का अभिलाषी है। वर्मा जी

1. चित्रलेखा, पृ. 190।

ने बड़े ही कौशल से इन दोनों सीमाओं को उघाड़कर सामने रखने के लिए चित्रलेखा का मोहक, प्रभावी और सशक्त व्यक्तित्व निर्मित किया है। भोगी बीजगुप्त चित्रलेखा को अपने प्रेम और आकर्षण से पराजित कर उसे अपनी भोग्या बनाता है और अहंकारी कुमारगिरि चित्रलेखा के रूपाकर्षण से बिद्ध होकर उसके आगे घुटने टेककर उसके प्रेम का याचक बनता है। "नहीं, तुम्हें मैं नहीं रोक सकता, शायद संसार में कोई भी व्यक्ति तुम्हें नहीं रोक सकता। निर्बल सबल को रोक सके–यह असम्भव है। मैं केवल तुमसे प्रार्थना कर सकता हूँ, आग्रह कर सकता हूँ, अनुरोध कर सकता हूँ।"[1]

बीजगुप्त की याचना चित्रलेखा के मन में कुमारगिरि के लिए प्रेम के स्थान पर दया का भाव जागृत करती है। वर्मा जी ने इसी प्रसंग में यह भी दिखाने का प्रयत्न किया है कि संयम, साधना और आडम्बरपूर्ण जीवन व्यतीत करनेवाला व्यक्ति जब पतित होता है, तो उसके पतन की कोई सीमा नहीं रहती। वह अपने उद्‌देश्य की पूर्ति के लिए औचित्य का भी ध्यान नहीं रखता। कुमारगिरि का झूठ बोलकर चित्रलेखा का शरीर प्राप्त करना इसी प्रकार का प्रयत्न है। कुमारगिरि के इस अकेले कृत्य से वर्मा जी ने एक ओर कुमारगिरि की खोखली आदर्शवादिता को उघाड़कर समाज के सम्मुख प्रस्तुत किया और दूसरी ओर चित्रलेखा के चरित्र को पतनोन्मुखी होने से बचा लिया है। चित्रलेखा के प्रसंग में यदि उपन्यासकार यह विशिष्ट परिस्थिति न उत्पन्न करता तो शायद चित्रलेखा का चरित्र उतना उभरकर सामने न आता और न हमारी सहानुभूति ही वह अर्जित कर पाती।

प्रासंगिक कथावस्तु के रूप में श्वेतांक और यशोधरा की कथा को जोड़कर उपन्यासकार ने बीजगुप्त के व्यक्तित्व को अधिक प्रभावशाली बनाने का प्रयत्न किया है। अपने एकाकी क्षणों में चित्रलेखा की उदासीनता से त्रस्त उसका मन यशोधरा की ओर आकर्षित होता है। अपने नीरस जीवन को सुखमय बनाने के लिए वह यशोधरा से विवाह करने का निश्चय करता है पर उसी दिन श्वेतांक भी यशोधरा से विवाह करने की इच्छा अपने स्वामी के सम्मुख प्रकट करता है। अपने सुखमय जीवन की अपेक्षा श्वेतांक के सुखमय जीवन के लिए बीजगुप्त के वैभव का बलिदान दिखाकर उपन्यासकार ने बीजगुप्त के चरित्र को महान् बना दिया है। यही वर्मा जी का इष्ट भी प्रतीत होता है। उन्हें तो इस आदर्श की प्रतिष्ठा करनी थी कि समाज की दृष्टि में विलासी दिखनेवाला व्यक्ति, विलासी न होकर अत्यन्त त्यागी और संयमी भी हो सकता है। बीजगुप्त का यह त्याग और बलिदान ही 'चित्रलेखा' की कथावस्तु का प्राण है। बीजगुप्त के इस त्याग के आगे न केवल कुमारगिरि, चित्रलेखा और श्वेतांक ही पराजित होते हैं, वरन् सम्राट चन्द्रगुप्त भी बीजगुप्त के आगे घुटने टेकते दिखायी देते हैं, 'बीजगुप्त' तुम एक महान् आत्मा हो। तुमने असम्भव को भी सम्भव कर दिखाया। मनुष्य नहीं हो, तुम देवता हो। आज भारतवर्ष का सम्राट् मौर्य तुम्हारे सामने मस्तक नवाता है।"[2] यह केवल चन्द्रगुप्त का ही नमन ही है। वरन् समाज की उस आदर्शात्मक शक्ति का नमन है जो केवल परम्परा की परिपाटी पर चलकर आदर्श की कसौटी पर व्यक्तियों की परख करती है। जो व्यक्ति समाज के इस आदर्शवादी, फर्मे में फिट नहीं हो पाता, उसे वह भोगी, विलासी और पापी

---

1. चित्रलेखा, पृ. 147-48।
2. चित्रलेखा, पृ. 184-85।

की संज्ञा प्रदान करता है। समाज की इसी खोखली आदर्शवादी परम्परा पर कुठाराघात कर वर्मा जी ने उसकी वास्तविकता को दिखाने का प्रयत्न तो किया ही, साथ ही यह भी कहने का साहस किया है कि समाज के तथाकथित पापी कहे जानेवाले वर्ग की यदि हम ईमानदारी से खोजबीन करें तो उसमें हमें अपेक्षाकृत अधिक ईमानदार और सहृदय व्यक्ति मिल सकते हैं। अपनी इसी भावना की पुष्टि लेखक ने 'तीन वर्ष' में सरोज का चरित्र निर्माण कर की है।

कथानक के सम्पूर्ण परिवेश का चित्रण कर वर्मा जी अन्त में किसी विशिष्ट दृष्टिकोण (पाप और पुण्य) के आग्रही नहीं रहते और वे स्पष्ट रूप से अन्त में पाप और पुण्य की समस्या को परिस्थितिजन्य विवशता स्वीकार करते हैं। पर उनका यह निष्कर्ष उनके कथानक की मूल भावना से पृथक् जा पड़ता है—"संसार में इसीलिए पाप की एक परिभाषा नहीं हो सकी और न हो सकती है। हम न पाप करते हैं, न पुण्य करते हैं, हम केवल वह करते हैं जो हमें करना पड़ता है।"[1] कथाकार का यह निष्कर्ष जीवनयापन की दृष्टि के लिए भले ही कुछ महत्त्व रखता हो पर वह अपने-आपमें पाप और पुण्य के दृष्टिकोण की व्याख्या करने में असमर्थ है। मनुष्य परिस्थितियों का दास किसी सीमा तक अवश्य है पर वे परिस्थितियाँ पाप और पुण्य का स्वयं निर्धारण करनेवाली वस्तुएँ न होकर सामाजिक दृष्टिकोण का परिणाम हैं। इसीलिए लेखक के इस फार्मूले के अनुसार मनुष्य परिस्थितियों का दास है। वह कर्त्ता नहीं केवल साधन है। कथाकार के दृष्टिकोण की इसी सीमा की ओर इंगित करते हुए डॉ. भ्रमर लिखते हैं, "यदि मनुष्य की आन्तरिक प्रवृत्तियाँ उसे ऐसे कामों को करने की प्रेरणा देती हैं जो समाज के लिए अत्यन्त घातक और गर्हित हैं तो उसका यह कृत्य कुकृत्य ही कहा जायेगा, उसे पाप कहा जायेगा पुण्य नहीं।"[2]

पाप और पुण्य की समस्या, व्यक्ति के आग्रह और विश्वास पर आधारित नहीं है, इसीलिए शायद विशालदेव का सब-कुछ देखने के बाद भी कुमारगिरि को योगी मानते रहना हमें जरा भी अपील नहीं करता, वरन् ऐसा प्रतीत होता है जैसे कोई व्यक्ति आँख रहते हुए भी यह कहे कि उसे कुछ नहीं दिखायी देता। इस प्रकार वर्मा जी ने 'चित्रलेखा' के कथानक के माध्यम से पाप और पुण्य की समस्या के जिस पहलू को स्पष्ट करने का प्रयत्न किया है वह उनके निष्कर्ष से मेल नहीं खाता। कथानक का निर्माण वर्मा जी ने इतनी सफलता से किया है कि उपसंहार के बावजूद वह लेखक की नयी दृष्टि को प्रस्तुत करने में सफल हैं और उपसंहार यदि न भी जोड़ा जाय तो उससे उपन्यास का महत्त्व कम नहीं होता।

चित्रलेखा

पात्रों की दृष्टि से चित्रलेखा के प्रमुख पात्रों में चित्रलेखा, बीजगुप्त और कुमारगिरि प्रमुख हैं जिनके सहारे उपन्यास की कथावस्तु अपने उद्देश्य की प्राप्ति तक पहुँचती है। प्रासंगिक कथा के रूप में विशालदेव, यशोधरा और श्वेतांक की कथा है जिसके माध्यम से वर्मा जी ने पाप और पुण्य की समस्या का निदान खोजने का प्रयत्न किया है। अतः इस स्थान पर पात्रों के चरित्र-निर्माण की दृष्टि से हम चित्रलेखा, बीजगुप्त और कुमारगिरि का विशिष्ट अध्ययन करेंगे।

---

1. चित्रलेखा, पृष्ठ 190।
2. हिन्दी के दस सर्वश्रेष्ठ कथात्मक प्रयोग, डॉ. रामयतनसिंह भ्रमर—सम्पादक अरविन्द गुर्टू, पृ. 103।

चित्रलेखा

चित्रलेखा साधारण स्थिति के ब्राह्मण परिवार की विधवा नवयुवती है जो अपने पारिवारिक संस्कारों में बँधी विधवा का संयमित जीवन बिताती है। वह नवयुवती और सुन्दरी है। इसी समय उसके जीवन में कृष्णादित्य नामक व्यक्ति प्रवेश करता है। धीरे-धीरे वह सम्बन्ध प्रगाढ़ प्रेम के रूप में बदल जाता है। प्रेम और वासना के सम्मिलन से चित्रलेखा गर्भवती होती है। समाज का लांछन और अवमानना न सह सकने के कारण कृष्णादित्य आत्महत्या कर लेता है। विपन्न चित्रलेखा को एक नर्तकी का आश्रय प्राप्त होता है, परन्तु नर्तकी होने के उपरान्त भी चित्रलेखा अपने वैधव्य के संयम को बनाये रखती है, ‘‘चित्रलेखा ने एक बार फिर वैधव्य के संयम को पालने का प्रयत्न किया। कृष्णादित्य और कृष्णादित्य का पुत्र दोनों ही चित्रलेखा के जीवन में आकर निकल गये, पर दोनों ही अपनी-अपनी स्मृति उसके हृदयपटल पर छोड़ गये।’’[1]

नर्तकी के संयमित जीवन में अचानक बीजगुप्त उथल-पुथल मचा देता है। चित्रलेखा एक क्षण के लिए बीजगुप्त की ओर आकर्षित होती है, पर तुरन्त ही वह बीजगुप्त से कहती है, ‘‘नहीं, मैं व्यक्ति से नहीं मिलती। मैं केवल समुदाय के सामने आती हूँ, व्यक्ति का मेरे जीवन से कोई सम्बन्ध नहीं।’’[2] चित्रलेखा का यह अहंकार क्षणिक है क्योंकि थोड़े ही दिनों में वह बीजगुप्त के लिए जिस विकलता का अनुभव करती है उसी के वशीभूत होकर वह बीजगुप्त का स्मरण इन शब्दों में करती है, ‘‘चित्रलेखा बहुत सोच-विचार के बाद इस निष्कर्ष पर पहुँची है कि केवल एक व्यक्ति उसके जीवन में आ सकता है और वह व्यक्ति बीजगुप्त है।’’[3] बीजगुप्त से सम्पर्क स्थापित होने के बाद अपने प्रेम की एकनिष्ठता का पुनः दावा करती हुई चित्रलेखा श्वेतांक से कहती है, ‘‘श्वेतांक, याद रखना कि तुम्हारे जीवन में मेरा आना असम्भव है। सब-कुछ होते हुए भी मैं अपनी मनोवृत्ति जानती हूँ। मैं संसार में केवल एक मनुष्य से प्रेम करती हूँ और वह बीजगुप्त है। कभी इस बात की कल्पना न करना कि मैं तुम्हारे जीवन में आ सकती हूँ।’’[4] पर उसकी यह गर्वोक्ति कुमारगिरि से सम्पर्क स्थापित होते ही टूट जाती है। उसका संयम कब वासना का रूप धारण कर लेगा इससे वह स्वयं ही अवगत नहीं है। ऐसा प्रतीत होता है कि वह अपने-आपसे ही कमज़ोर है। अपनी दुर्बलता पर आवरण डालने के लिए वह संयम का सहारा खोजती है। संयम का यह झीना आवरण क्षणिक है और उसके हटते ही चित्रलेखा का वासनामयी रमणी का नग्न रूप स्पष्ट हो जाता है। चित्रलेखा के जीवन का इष्ट ‘‘न बुझनेवाली अविकल पिपासा है।’’ इसीलिए कुमारगिरि को देखते ही उसके मन में बीजगुप्त का आकर्षण धूमिल पड़ने लगता है। यद्यपि बीजगुप्त को वह यही विश्वास दिलाती है कि ‘‘प्रियतम संसार में कोई भी व्यक्ति हम दोनों के बीच में नही आ सकता।’’ उससे विश्वास का यह दम्भ एक छलावामात्र है जिससे वह बीजगुप्त को ठगने

---

1. चित्रलेखा, पृ. 10।
2. वही, पृ. 11।
3. वही, पृ. 12।
4. वही, पृ. 26।

का असफल प्रयास करती है, क्योंकि जिस दिन वह बीजगुप्त को अपने प्रेम पर विश्वास करने को कहती है उसी दिन वह कुमारगिरि की ओर तीव्रता से आकर्षित होती है।

विलासी और वासनामयी रमणी के अतिरिक्त चित्रलेखा के चरित्र का एक दूसरा पहलू भी है। वह तेजस्वी और विदुषी है। उसके इस रूप का सबसे पहला परिचय हमें चन्द्रगुप्त के सभा-भवन में उसके और कुमारगिरि के वार्त्तालाप के बीच होता है। वह अपनी तर्कनाशक्ति से कुमारगिरि को पराजित कर देती है। सभा-मण्डप में उसका जितना प्रखर रूप हमारे सामने आता है उसे देखकर सहसा यह विश्वास नहीं होता कि वह नगर की सर्वश्रेष्ठ सुन्दरी नर्तकी होगी। इसी प्रकार कुमारगिरि की कुटी में 'प्रकाश पर लुब्ध पतंग को अन्धकार का प्रणाम' कहकर जीवन और सुख-दुःख के जिस दार्शनिक पक्ष का वह विवेचन प्रस्तुत करती है उससे उसके प्रखर व्यक्तित्व का हमें परिचय मिल जाता है।

विदुषी नारी के व्यक्तित्व के साथ ही उसमें अवसर के अनुरूप व्यवहार करने की पैनी दृष्टि भी विद्यमान है। इसी दृष्टि के द्वारा वह कुमारगिरि की आन्तरिक दुर्बलता को पहचानकर उसे अपने आकर्षण से वशीभूत करके अपना दास बना लेती है। इतना ही नहीं कुमारगिरि के निर्बल व्यक्तित्व की भर्त्सना करती हुई वह कहती है, "मैं जानती हूँ तुम मुझसे प्रेम करते हो, पर मैं तुमसे प्रेम नहीं करती। एक क्षण के लिए मेरी इच्छा तुम पर आधिपत्य जमाने की हुई थी और मैंने उसका प्रयत्न किया...यहाँ मैं स्वामिनी हूँ, तुम दास हो। मैंने तुम पर आधिपत्य जमा लिया, तुमने आत्मसमर्पण कर दिया। किस बल पर तुम मेरा प्रेम चाहते हो।"[1] इसी प्रकार सामाजिक क्षेत्र में अपना अपमान करनेवाली सामन्त पत्नियों के इस कथन, "आज नर्तकी चित्रलेखा को हमारी समता करके हमारे समाज में आने के उपलक्ष्य में बधाई है"[2] का प्रत्युत्तर अपने चिरपरिचित आत्मविश्वासी रूप से देती हुई कहती है, "अपने सौन्दर्य के बल से अपना स्वागत कराने के लिए अभिमानिनी स्त्रियों को बाध्य करनेवाली को बधाई की कोई आवश्यकता नहीं।"[3] 'चित्रलेखा अत्यन्त व्यवहारकुशल रमणी है। उसका क्रोध एक क्षण में मुस्कराहट में बदल जाता है। वह अपनी भावनाओं पर संयम रखने की अपूर्व सामर्थ्य रखती है। उसके इसी व्यवहार से प्रभावित होकर यशोधरा कहती है, "बहन, तुम लोक-व्यवहार में बहुत कुशल हो" और उसका उत्तर देती हुई चित्रलेखा कहती है, 'तभी तो इतनी प्रभावशालिनी हूँ।" यही उसके सामाजिक प्रभाव का रहस्य है।

सम्पूर्ण उपन्यास में चित्रलेखा का जो रूप हमारे सामने आया है वह एक रूपगर्विता उन्मादिनी विलासी स्त्री का है जो सदा ही पुरुष को अपनी वासना का शिकार बनाना चाहती है। बीजगुप्त की समकक्षता में उसका व्यक्तित्व अत्यन्त हीन है, इसीलिए सम्भवतः उपन्यासकार ने उसे बीजगुप्त की प्रेमिका और पत्नी का स्थान दिलाने के लिए उससे सांसारिक वैभव का त्याग कराया है। उसकी दुर्बलताओं की बीजगुप्त के सामने स्पष्ट विवृति कराकर वर्मा जी ने उसके चरित्र को महत्ता प्रदान की है। यदि कथाकार इस प्रकार की योजना न करता तो बीजगुप्त के समक्ष प्रेम के उच्च आदर्शों की गर्वोक्ति करनेवाली चित्रलेखा अत्यन्त छिछली विलासी नर्तकी मात्र ही रह जाती। इसीलिए अन्त में अपने त्यागमय व्यवहार के कारण चित्रलेखा अपनी सम्पूर्ण दुर्बलताओं के बावजूद भी एक सद्गृहिणी के रूप में प्रतिष्ठित होकर

---

1. चित्रलेखा, पृ. 146।
2. वही, पृ. 78।
3. वही, पृ. 78।

पाठकों की सहानुभूति प्राप्त कर लेती है। यही चित्रलेखा के चरित्र-चित्रण का कौशल भी है और यही उसके प्रभावशाली व्यक्तित्व का रहस्य भी।

बीजगुप्त

यही उपन्यास का नायक है और कथाकार के उद्देश्य-प्राप्ति का आधारस्तम्भ। बीजगुप्त के माध्यम से कथाकार ने पाप और पुण्य की व्यापक समस्या को परम्परा से अलग हटकर नवीन दृष्टिकोण देने का प्रयत्न किया है। बीजगुप्त उस भोगवादी संस्कृति का प्रतीक है जिसमें मनुष्य, मनुष्य की सीमाओं में ही रहकर संसार को देखना चाहता है। बीजगुप्त जीवन की समस्त दुर्बलताओं को आत्मसात् करते हुए भी उन दुर्बलताओं के वशीभूत नहीं होता और उनमें रहते हुए भी असम्पृक्त रहता है। यही बीजगुप्त की विशेषता है और यही उपन्यासकार का काम्य भी है। एक सामन्ती वातावरण में पला हुआ युवक बीजगुप्त अचानक एक दिन चित्रलेखा के आकर्षण का केन्द्र बन जाता है और चित्रलेखा के रूप के अहं से टकराकर उसे पहली भेंट में ही निराश होना पड़ता है। बीजगुप्त स्वाभिमानी व्यक्ति है, इसीलिए चित्रलेखा के अहंकारी व्यक्तित्व की चुनौती को स्वीकार करता हुआ कहता है, "व्यक्तित्व जीवन में प्रधान है और व्यक्ति से ही समुदाय बनता है। जब व्यक्ति वर्जित है तो उस व्यक्ति का समुदाय का भाग बनना अपना ही अपमान करना है।"[1] अपने इसी स्वाभिमानी व्यक्तित्व के कारण ही अन्त में चित्रलेखा के अहं को परास्त कर वह चित्रलेखा का प्रेम प्राप्त कर लेता है।

प्रेम के क्षेत्र में वह यौवन और उन्माद से परिपूर्ण मादकता का प्रेमी है। वह जीवन का सुख उन्माद की इसी पूर्णता में प्राप्त करना चाहता है। उसका उन्माद उच्छृंखलता का प्रेरक नहीं है, इसीलिए वह 'चित्रलेखा' के प्रति वेश्यावाला प्रेम न रखकर पत्नी का प्रेम रखता है। वह एक नर्तकी के लिए उतनी ही उत्कट विकलता का अनुभव करता है जितना कोई प्रेमी अपनी प्रेमिका के लिए। प्रेम के क्षेत्र में सामाजिक भय का वह क़ायल नहीं है और प्रेम को एक पवित्र आत्मा के बन्धन के रूप में स्वीकार करने का पक्षपाती है। वह भोगी अवश्य है पर विलासी और वासना का पुजारी नहीं, इसीलिए वह 'चित्रलेखा' से वासना और प्रेम का भेद स्पष्ट करता हुआ कहता है, "प्रेम का सम्बन्ध आत्मा से है, प्रकृति से नहीं। जिस वस्तु का प्रकृति से सम्बन्ध है, वह वासना है, क्योंकि वासना का सम्बन्ध बाह्य से है। वासना का लक्ष्य वह शरीर है जिस पर प्रकृति ने कृपा करके उसको सुन्दर बनाया है। प्रेम आत्मा से होता है, शरीर से नहीं। परिवर्तन प्रकृति का नियम है आत्मा का नहीं। आत्मा का सम्बन्ध अमर है।"[2] अमरता के इसी प्रतीक के रूप में वह चित्रलेखा के प्रेम का जीवन-भर निर्वाह करता है। उसने चित्रलेखा के अनुरूप बार-बार अपने प्रेम की एकनिष्ठता की दुहाई नहीं दी और शायद इसीलिए उसका प्रेम चित्रलेखा के प्रेम से अधिक स्थायी बन सका है।

प्रेम की पवित्रता के साथ-ही-साथ बीजगुप्त में पर्याप्त साहस भी है। समाज की आलोचना की परवाह न करते हुए भी वह चित्रलेखा को पत्नीवत् ग्रहण किये हुए है।

---

1. चित्रलेखा, पृ. 12।
2. वही, पृ. 73।

चित्रलेखा के प्रेम के कारण ही यशोधरा के विवाह के प्रस्ताव को अस्वीकार करता हुआ वह कहता है, "लोक की दृष्टि में मैं अविवाहित हूँ, पर मैं वास्तव में विवाहित हूँ। चित्रलेखा मेरी पत्नी है। यद्यपि चित्रलेखा का पाणिग्रहण मैंने शास्त्रानुसार नहीं किया और समाज के नियमों के अनुसार कर भी नहीं सकता हूँ, फिर भी मेरा और चित्रलेखा का सम्बन्ध पति और पत्नी का-सा है। मैं प्रेम में विश्वास करता हूँ और ऐसी स्थिति में मेरा अब विवाह करना असम्भव है, क्योंकि मेरे प्रेम की अधिकारिणी कोई दूसरी स्त्री नहीं हो सकती।"[1] बीजगुप्त का यह साहस केवल शाब्दिक साहस न होकर उसकी चारित्रिक दृढ़ता का परिचायक है जिसमें दूर-दूर तक आदर्शवाद की गन्ध हमें नहीं मिलती।

प्रेम और भोग में आस्था रखनेवाला बीजगुप्त एक विचारक भी है। वह मनुष्य की उस शक्ति का प्रशंसक है जिससे मनुष्य ने प्रकृति की शक्तियों पर विजय पाकर अपने को प्रकृति का स्वामी प्रमाणित किया है। इसीलिए प्रकृति स्वतः अपने-आप में उतनी आकर्षक नहीं है वरन् उसका आकर्षण मनुष्य निर्मित परिस्थितियों की स्थिति पर निर्भर करता है। बीजगुप्त प्रकृति को पूर्ण न मानकर उसे अपूर्ण मानता है। "प्रकृति के अपूर्ण होने के कारण ही मनुष्य ने कृत्रिमता की शरण ली है। दूर्वादल कोमल है, सुन्दर है, पर उसमें नमी है, उसमें कीड़े-मकोड़े मिलेंगे। इसीलिए मनुष्य ने मखमल के गद्दे बनवाये हैं जिनमें न नमी है, और न कीड़े-मकोड़े हैं, साथ ही जो दूर्वादल से अधिक कोमल है।"[2] इसीलिए प्रकृति की रमणीयता से मानव द्वारा उपार्जित सुविधाओं को वह महत्त्वपूर्ण मानता है। इस प्रकार बीजगुप्त मानव-शक्ति में आस्था रखनेवाला कर्मठ प्राणी है।

बीजगुप्त में परस्पर विरोधी वृत्तियों का अपूर्व समन्वय देखने को मिलता है। एक ओर यदि उसमें भोग और त्याग का समन्वय है, तो दूसरी ओर प्रेम और वासना का। यदि एक ओर सामाजिकता और व्यक्ति समन्वित दिखायी देते हैं तो दूसरी ओर नर्तकी और पत्नी। इस विलक्षण समन्वय के कारण ही उसके चरित्र में एक प्रकार की अलौकिकता उत्पन्न हो जाती है जिसे आलोचकों ने अतिमानव की संज्ञा दी है,[3] पर बीजगुप्त का यह अतिमानव रूप ही उसकी सफलता है अन्यथा वह कुमारगिरि से भी अधिक निम्न स्तर का विलासी प्राणी रह जाता है। यशोधरा और श्वेतांक के सम्बन्ध के प्रसंग में भी बीजगुप्त जिस त्याग का परिचय देता है वही उसकी आत्मा की महानता का परिचायक है। इसके साथ-ही-साथ यदि बीजगुप्त चित्रलेखा के विपरीत आचरण से उत्पन्न निराशा और क्षणिक विक्षोभ को श्वेतांक और यशोधरा के परिणय से शान्त न करता तो प्रेम के उस आदर्श रूप की वह रक्षा न कर पाता जिसे अपने जीवन के प्रारम्भिक दिनों से वह पल्लवित और पुष्पित करता आ रहा था। अन्त में जब चित्रलेखा उसे पुनः सांसारिक वैभव की ओर खींचने का प्रयत्न करती है तब वह स्पष्ट शब्दों में कहता है, "मैंने वैभव छोड़ा है, उसे अपनाने के लिए नहीं, उसे सदा के लिए छोड़ने के लिए। मैं तुम्हें भी एक भिखारी के रूप में स्वीकार करना चाहता हूँ।"[4] इस प्रकार बीजगुप्त का यह शुद्ध सात्विक त्याग है, केवल प्रेम की उपासना और पूजा है। अपने

---

1. चित्रलेखा, पृ. 85।
2. वही, पृ. 128।
3. हिन्दी उपन्यास : उद्भव और विकास, डॉ. सुरेश सिन्हा, पृ. 388।
4. चित्रलेखा, पृ. 188।

इस त्याग के कारण ही वह एक अमिट पात्र बन सका है। उसके इस त्याग को क्षणिक भावुकता या आवेश में किया गया त्याग नहीं समझना चाहिए वरन् यह वह अनुभव सिद्ध व्यक्ति का त्याग है जिसने जीवन को वास्तविक रूप में भोगकर उसकी महत्ता को जाना है और उसकी निस्सारता को समझकर छोड़ दिया है। यदि जीवन में कोई वस्तु पूज्य है तो वह सद्भावना और प्रेम ही है। इसीलिए बीजगुप्त महान् है।

कुमारगिरि

'चित्रलेखा' का कुमारगिरि संयम, त्याग आदर्श के प्रतीक के रूप में प्रस्तुत किया गया है। वह एक ऐसा योगी है जिसने युवावस्था में ही अपनी शारीरिक साधना और संयम के बल पर देशव्यापी ख्याति अर्जित कर ली है। जिस प्रकार बीजगुप्त भोगवादी संस्कृति का प्रतीक और मनुष्य की स्वाभाविक वृत्तियों के विकास का विश्वासी है, उसी प्रकार कुमारगिरि भारतीय संस्कृति के उस आदर्श रूप का प्रतिनिधित्व करनेवाला पात्र है जो समस्त पाप का मूल वासना समझता है। उसकी दृष्टि में "वासना के कारण ही मनुष्य पाप करता है।" इसलिए पाप से मुक्ति प्राप्त करने के लिए संयम की अत्यन्त आवश्यकता है।

कुमारगिरि अत्यन्त तेजस्वी व्यक्तित्ववाला योगी है जिसकी शक्तियों से रत्नाम्बर स्वयं अभिभूत है, "तुम वास्तव में श्रेष्ठ हो। तुम संसार से बहुत ऊँचे उठ चुके हो और अभी तक संसार में ही हूँ। जहाँ केवल तर्क किसी समस्या को सुलझाने में पर्याप्त नहीं होता, वहाँ अनुभव तथा कल्पना की आवश्यकता होती है। तुममें ज्ञान है और कल्पना है और मुझमें केवल अनुभव है।" इसलिए रत्नाम्बर विशालदेव को साधना और तपस्या के माध्यम से पाप का पता लगाने के लिए उसे कुमारगिरि का शिष्य बना देते हैं। कुमारगिरि विशालदेव से प्रथम परिचय में अपनी सीमाओं को स्पष्ट करता हुआ कहता है, "मेरा क्षेत्र संयम और नियम—और संयम और नियम से पाप दूर रहता है" इसलिए "मैं तुम्हें पुण्य का रूप दिखला दूँगा और पुण्य को जानकर तुम पाप का पता लगा सकोगे।" पर समस्त उपन्यास में इस उद्देश्य की परिणति नहीं हो पाती है। सामाजिक दृष्टि में पाप क्या है इसकी कल्पना बीजगुप्त के जीवन के विलासमय बाह्य रूप को देखकर की जा सकती है, पर वास्तविकता कुछ दूसरी है, क्योंकि बीजगुप्त के त्याग और उदारतापूर्ण आचरण से हमें पाप के स्थान पर पुण्य के दर्शन होते हैं। इसके विपरीत कुमारगिरि द्वारा पुण्य का मार्ग प्रदर्शित किये जाने की चुनौती के बाद भी कुमारगिरि का जो रूप हमारे सामने आता है उससे पुण्य की भावना के स्थान पर पाप की कल्पना अधिक साकार होती दिखायी देती है। इसीलिए शायद बीजगुप्त का चरित्र कुमारगिरि की अपेक्षा अधिक आकर्षक और प्रभावोत्पादक है जबकि कुमारगिरि का व्यक्तित्व इतना सबल और प्रतिभासम्पन्न होते हुए भी बीजगुप्त की समकक्षता में बौना दिखायी देता है।

कुमारगिरि प्रारम्भ से ही अपने ज्ञान और संयम के प्रति अहंकारी है। उसमें विनम्रता और उदारता का पर्याप्त अभाव दिखायी देता है। आचार्य रत्नाम्बर के प्रति जिस प्रकार के सम्मान की भावना उससे अपेक्षित थी या जिस प्रकार की बीजगुप्त ने रत्नाम्बर के प्रति प्रदर्शित की थी—उसका नितान्त अभाव हमें कुमारगिरि के व्यक्तित्व में दिखायी देता है। रत्नाम्बर की आलोचना करता हुआ कुमारगिरि कहता है, "भ्रम में पड़े हुए गुरू के शिष्य में भ्रमों का होना स्वाभाविक ही है।"[1] यह उसके अहंकारी व्यक्तित्व का वह पूर्वाभास है जिसकी पूर्ण परिणति हमें चन्द्रगुप्त के दरबार में दिखायी देती है। चित्रलेखा के हाथों वह पराजित होता

1. चित्रलेखा, पृ. 21।

है परन्तु अपनी पराजय को अपने अहंकार के दम्भ में स्वीकार नहीं करना चाहता, "इस सभा में कोई भी व्यक्ति मुझे पराजित नहीं कर सकता और न दण्ड देने का कोई व्यक्ति मुझे साहस ही कर सकता है।"[1] उसके इस अहंकार का नाश करना ही शायद उपन्यासकार को अभीष्ट था, इसीलिए बौद्धिक धरातल पर वह कुमारगिरि-जैसे प्रतिभासम्पन्न व्यक्ति को चित्रलेखा-जैसी नर्तकी से पराजित कराता है।

कुमारगिरि की पराजय का दूसरा महत्त्वपूर्ण पहलू है उसका वासनात्मक पतन। कुमारगिरि शरीर की स्वाभाविक आवश्यकता—नारी की भूख—को वासना का रूप मानता है और इसीलिए वह बीजगुप्त से कहता है, "मैंने इस कुटी में स्त्री को आश्रय देने में संकोच किया था, वह इसलिए कि स्त्री अन्धकार है, मोह है, माया है और वासना है। ज्ञान के आलोकमय संसार में स्त्री का कोई स्थान नहीं है।" नारी की इस उपेक्षा के कारण ही कुमारगिरि का पतन होता है। यही उपन्यासकार का मन्तव्य है जिसकी पूर्ति वर्मा जी ने बड़े ही कौशल से की है। उपन्यासकार विशालदेव के माध्यम से इस जीवन की वास्तविकता को स्पष्ट करता हुआ कहता है, "वासनाओं का हनन क्या जीवन के सिद्धान्तों के प्रतिकूल नहीं? मनुष्य उत्पन्न होता है क्यों? कर्म करने के लिए। उस समय कर्म करने के साधनों को नष्ट कर देना क्या विधि के विधान के प्रतिकूल नहीं है?" कुमारगिरि का जीवन स्वयं ही जीवन के इस अस्वाभाविक विकास का प्रत्यक्ष प्रमाण है जो नारी-सौन्दर्य के हलके आघात के आगे सूखे हुए पत्ते के समान उड़ता हुआ दिखायी देता है।

कुमारगिरि भारतीय साधना-पद्धति के उस अतिवाद का प्रतीक है जिसकी शृंखला में विश्वामित्र-जैसे ऋषि हुए थे। इसीलिए कथाकार जीवन की दुर्बलताओं को आत्मसात् करते हुए स्वाभाविक जीवन व्यतीत करने का पक्षपाती है।

अपनी अहंकारी प्रवृत्ति और उद्दण्डता-भरे व्यक्तित्व के साथ ही कुमारगिरि क्षुद्रवृत्तियों का दास भी है। वह पतन की राह पर बढ़ते हुए अपने उद्देश्य की पूर्ति के लिए (चित्रलेखा का शरीर प्राप्त करने के लिए) सभी उचित और अनुचित साधनों का उपभोग करता हुआ औचित्य की सीमा का अतिक्रमण कर जाता है। बीजगुप्त के यशोधरा से विवाह करने की झूठी सूचना देकर वह चित्रलेखा को अपनी वासना की तुष्टि का साधन बना लेता है। इतना ही नहीं वास्तविकता के स्पष्ट हो जाने पर जिस निर्लज्जता से वह अपनी प्रतिहिंसा की भावना को अभिव्यक्ति देता है, उससे उसके आडम्बरपूर्ण बौने व्यक्तित्व की स्पष्ट झलक हमें मिल जाती है, "जाओ नर्तकी, मुझे तुम्हारी आवश्यकता नहीं। तुमने मुझे गिराया और तुम मुझे उठा भी रही हो। तुमने मुझे पराजित किया और मैंने तुम्हें पराजित किया। तुम मुझसे क्या कहती हो।"[2] अन्त में उसके सम्पूर्ण व्यक्तित्व का मूल्यांकन चित्रलेखा के इन शब्दों द्वारा किया जा सकता है, "वासना के कीड़े, तुम प्रेम क्या जानो? तुम अपने लिये जीवित हो—ममत्व ही तुम्हारा केन्द्र है—तुम प्रेम करना क्या जानो? प्रेम बलिदान है, आत्मत्याग है, ममत्व का विस्मरण है। तुम्हारी तपस्या और तुम्हारा ज्ञान—तुम्हारी साधना और तुम्हारी आराधना—यह सब भ्रम है, सत्य से कोसों दूर है। तुम अपनी तुष्टि के लिए गृहस्थाश्रम की बाधाओं से कायरतापूर्वक

1. चित्रलेखा, पृ. 46।
2. वही, पृ. 172।

संन्यासी का ढोंग लेकर विश्व को धोखा देते हुए मुख मोड़ सकते हो—तुम अपनी वासना को तुष्ट करने के लिए मुझे धोखा दे सकते हो—और फिर भी तुम प्रेम की दुहाई देते हो।"[1]

इस प्रकार कुमारगिरि भारतीय संस्कृति के आदर्श के अतिवाद का वह खोखला रूप है जो अपने आदर्शों की आड़ में समाज में झूठी प्रतिष्ठा प्राप्त करता रहा है और धर्म और तपस्या के नाम पर लोगों को ठगता हुआ उन सद्‌गृहस्थों से भी अधिक पतित है जिन्हें समाज विलासी और पतित कहता है। वह नारी की प्रत्यक्ष रूप में सबसे अधिक अवहेलना करता है—पर वही नारी का सबसे बड़ा उपासक और भोगी है। वह पाप करते हुए भी पाप से विमुख है और पुण्य से कोसों दूर रहकर भी अपने को पुण्यात्मा कहता रहता है।

उक्त प्रमुख पात्रों के अतिरिक्त गौण पात्रों के रूप में श्वेतांक, विशालदेव तथा यशोधरा का उल्लेख किया जा सकता है, जो आधिकारिक कथावस्तु उद्‌देश्य की प्राप्ति में सहायक हैं। अपने उद्‌देश्य के अनुरूप श्वेतांक और विशालदेव भोग और संयम के पक्षों के समर्थन के हेतु सृजित किये गये हैं। इसमें भी श्वेतांक का चरित्र लेखक कुछ दूर तक विकसित कर सका है। उसके चरित्र को देखकर उस सरल व्यक्ति की कल्पना मन में सजीव हो उठती है जो ग्रामीण जीवन से निकलकर अचानक ही एक बड़े शहर में आकर चारों ओर अचकचाया-सा प्रत्येक नवीन वस्तु को लालसाभरी दृष्टि से देखता है और उसे प्राप्त कर लेना चाहता है। रमणी के सरस व्यक्तित्व के संस्पर्श से जो अभी वंचित है, इसीलिए बीजगुप्त के उस वैभवपूर्ण वातावरण में रूपसी चित्रलेखा का प्रथम दर्शन ही उसे झकझोर देता है और चित्रलेखा का करस्पर्श मात्र उसके मन में अनेक कामनाओं को जन्म देता है। चित्रलेखा का मादक यौवन और मदिरा की मादकता मिलकर उसे भ्रमित कर देते हैं और वह अपना संयम खोता हुआ कहता है, "देवि, आज तुमने मेरी साधना चूर-चूर कर दी। तुमने यह क्यों किया? तुमने मेरे हृदय में एक ज्वाला प्रज्वलित कर दी है। किस लिए? देवि—मेरे जीवन में तुम बवण्डर बनकर एकाएक क्यों आ पड़ीं?"[2] पर श्वेतांक का यह उच्छृंखल व्यवहार हमें अशिष्ट इसलिए नहीं लगता क्योंकि उसमें अल्हड़ युवक की सरलता है, प्रौढ़ और अनुभवी की चातुरी नहीं।

इसी प्रकार यशोधरा का आत्मीयतापूर्ण व्यवहार श्वेतांक के मन में उसे प्राप्त करने की बलवती कामना उत्पन्न कर देता है, क्योंकि वह एक सरल और स्वस्थ युवक है जिसके लिए सुन्दर रमणी एक स्वाभाविक और स्वस्थ कामना है। श्वेतांक इस वास्तविकता से अनभिज्ञ है कि जीवन में केवल स्वस्थ शरीर और सुन्दर मन ही एक सुन्दर रमणी को प्राप्त करने के लिए पर्याप्त गुण नहीं होते वरन् उससे अधिक आवश्यकता है उस सम्पन्नता की जिसके बिना समाज में व्यक्ति को प्रतिष्ठा नहीं मिलती। इसीलिए मृत्युञ्जय अपनी पुत्री यशोधरा का विवाह श्वेतांक से नहीं करना चाहता क्योंकि वह उच्च क्षत्रिय वंश से सम्बन्धित होते हुए भी निर्धन है। मृत्युञ्जय के व्यवहार से श्वेतांक के मन को आघात लगता है। उसे दूसरी बार अपनी सीमाओं और लघुता की अनुभूति होती है। ऐसी स्थिति का सामना जीवन में प्रवेश करनेवाले अधिकांश अल्हड़ नवयुवकों को करना पड़ता है, इसीलिए श्वेतांक हमें सहजता से अपनी ओर आकर्षित कर लेता है।

1. चित्रलेखा, पृ. 172।
2. वही, पृ. 26।

श्वेतांक के चरित्र के ठीक विपरीत विशालदेव है जो जीवन के अनुभवों से तो रिक्त है ही, संयम के क्षेत्र में भी आँख मूँदकर चलनेवाला है। सब-कुछ देखता हुआ भी वह मूक और बधिर बना रहता है। वह कुमारगिरि के व्यक्तित्व से इतना प्रभावित है कि उसके खोखलेपन को प्रत्यक्ष देखता हुआ भी वह उसकी आलोचना न करके उसकी प्रशंसा करता है, ''योगी कुमारगिरि अजित है। उन्होंने ममत्व को वशीभूत कर लिया है, वह संसार से बहुत ऊपर उठ चुके हैं। उनकी साधना, उनका ज्ञान और उनकी शक्ति पूर्ण है। और बीजगुप्त वासना का दास है—उसका जीवन संसार के घृणित भोग-विलास में है—वह पापी है—पापमय संसार का वह एक मुख्य भाग है।''[1] विशालदेव के उक्त कथन से विशालदेव का व्यक्तित्व और भी प्रभावहीन हो जाता है। यदि कथाकार उसके द्वारा कुमारगिरि की प्रशंसा और बीजगुप्त की आलोचना न कराता तो शायद वह सपाट व्यक्तित्व इतना निष्प्राण न होता, पर तब सम्भवतः कथाकार के अपने उद्देश्य की रक्षा भी न हो पाती और पाप के सापेक्षिक मूल्य को भी शायद जिस रूप में कथाकार स्पष्ट करना चाहता, न कर पाता। इसीलिए विशालदेव द्वारा बीजगुप्त की आलोचना कराकर वर्मा जी ने बीजगुप्त के चरित्र को तो गौरव प्रदान कर दिया है, पर उसी के साथ विशालदेव के चरित्र की हत्या भी हो गयी है। इसलिए विशालदेव 'चित्रलेखा' का अत्यन्त प्रभावहीन पात्र बनकर रह गया है।

यशोधरा उपन्यास में एक सरल भारतीय उच्चवंशीय परिवार की ललना के रूप में हमारे सामने आती है, जिसे जीवन में केवल पिता का संरक्षण मिला है और जो पिता की आज्ञा से अपने जीवन को किसी भी सुयोग्य व्यक्ति के हाथों सौंपकर जीवन में पूर्णता और सार्थकता का अनुभव कर सकती है। कौशल और व्यावहारिकता के अभाव में रूप और यौवन से सम्पन्न होते हुए भी उसमें वह आकर्षण नहीं जो चित्रलेखा के व्यक्तित्व में है। कुल मिलाकर वह भारतीय आदर्शों में पोषित पुत्री और भावी सद्गृहिणी है, इससे अधिक कुछ नहीं।

—————

1. चित्रलेखा, पृ. 189।

डॉ. हरदयाल

'चित्रलेखा' : शाश्वत प्रश्न, शाश्वत उत्तर

'चित्रलेखा' भगवतीचरण वर्मा के 'पतन' (1928) से लेकर 'चाणक्य' (1982) तक के 17 उपन्यासों में से दूसरा उपन्यास है जो 1934 में प्रकाशित हुआ था। लेकिन उनके इसी उपन्यास ने उन्हें हिन्दी के शिखरस्थ उपन्यासकारों में गणनीय बनाया और इसे एक कालजयी कृति (क्लैसिक) के रूप में अविस्मरणीय बनाया। इस पर आधारित एकाधिक फ़िल्में बनीं और उन्होंने स्वयं इसका रेडियो रूपान्तर भी तैयार किया, जो अब भी आकाशवाणी से बार-बार प्रसारित होता है। इससे प्राप्त आर्थिक लाभ से उन्होंने लखनऊ में अपना निवास-स्थान भी बनाया और उसका नाम भी 'चित्रलेखा' रखा। इन सब चीज़ों से इस उपन्यास के महत्त्व का अन्दाज़ लगाया जा सकता है।

इस उपन्यास के प्रारम्भ में भगवतीचरण वर्मा ने एक स्पष्टीकरण जोड़ा है—''मेरी 'चित्रलेखा' में और अनातोले फ्रांस की 'थाया' में उतना ही अन्तर है जितना मुझमें और अनातोले फ्रांस में। 'चित्रलेखा' में एक समस्या है, मानव जीवन के तथा उनकी अच्छाइयों और बुराइयों के देखने का मेरा अपना दृष्टिकोण है और मेरी आत्मा का अपना संगीत भी है।'' (पन्द्रहवाँ संस्करण, सं. 2014 वि.) इस स्पष्टीकरण की आवश्यकता इसलिए पड़ी, क्योंकि अनातोले फ्रांस की 'थाया' की कथा-संरचना, कथा के मोड़ों और परिणति में अद्भुत समानता है। 'थाया' की कथा और उसकी परिणति संक्षेप में यह है—ईसवी सन् के प्रारम्भिक वर्षों में मिस्र में अलक्जेण्ड्रिया में एक सुन्दर नगरवधू है थाया। एक युवा उत्साही ईसाई साधु उसे भिक्षुणी (नन) बनाना चाहता है। थाया उसके प्रति उसकी अद्भुत आकर्षण शक्ति के वशीभूत होकर रेगिस्तान को पार करती हुई भिक्षुणीशाला (ननरी) में जाकर रहने लगती है। भिक्षु में उसके प्रति प्रेम-भावना इतनी तीव्रता के साथ उत्पन्न हो जाती है कि वह पगला जाता है। उसके लिए थाया से अलग रह पाना असम्भव हो जाता है। वह उसके पास जाता है लेकिन मरणासन्न थाया आध्यात्मिक मनोबिम्बों में खोयी हुई है, किन्तु उसके प्रेम में पागल भिक्षु उसके इन आध्यात्मिक मनोबिम्बों में साझीदार नहीं बन पाता और निराशाग्रस्त हो जाता है।

'चित्रलेखा' की कथा का घटनाक्रम भी लगभग यही है, लेकिन उसकी प्रस्तुति में मौलिकता भी कम नहीं है। उपन्यास की मूलकथा से पहले 'चित्रलेखा' में 'उपक्रमणिका' है, जिसमें एक लघु कथा-प्रसंग के द्वारा एक शाश्वत प्रश्न उठाया गया है—पाप क्या है? महाप्रभु रत्नाम्बर के दो शिष्य हैं श्वेतांक और विशालदेव। एक दिन अचानक श्वेतांक पूछ बैठता है—पाप क्या है? महाप्रभु रत्नाम्बर कोई बना-बनाया उत्तर नहीं दे पाते; क्योंकि ''पाप? बड़ा कठिन प्रश्न है।'' उन्होंने पाप को परिभाषित करने, उसका निवास निश्चित करने का अविकल परिश्रम किया; अनुभव के सागर में उतराने के बाद भी वे पाप को नहीं परिभाषित कर पाये। अतः उन्होंने श्वेतांक को पाप का पता लगाने के लिए संसार में भेजा, 'भोगी'

सामन्त बीजगुप्त के पास, उसका सेवक बनाकर। विशालदेव भी जानना चाहता है कि पाप क्या है। चूँकि वह ब्राह्मण है, इसलिए उसे 'योगी' कुमारगिरि के पास उसका शिष्य बनाकर भेजा। योगी कुमारगिरि युवा है। "उसका दावा है कि उसने संसार की समस्त वासनाओं पर विजय पा ली है।" यौवन और विराग ने मिलकर उसमें एक अलौकिक शक्ति उत्पन्न कर दी है।

पाप का पता लगाने के लिए श्वेतांक बीजगुप्त के पास और विशालदेव योगी कुमारगिरि के पास चले जाते हैं। महाप्रभु रत्नाम्बर की कुटी सूनी रह जाती है, क्योंकि गुरु साधना के शुष्क क्षेत्र में और उनके शिष्य अथाह सागर में निकल पड़े हैं।

वस्तुतः यह 'चित्रलेखा' उपन्यास की भूमिका है, जिसमें 'पाप क्या है' जैसा शाश्वत प्रश्न उठाया गया है और उपन्यास की कथा में इस प्रश्न का उत्तर खोजा गया है। इस प्रश्न का उत्तर खोजने के लिए दो त्रिकोणात्मक कथाएँ कही गयी हैं। एक त्रिकोणात्मक कथा के तीन कोण हैं। चित्रलेखा, बीजगुप्त और कुमारगिरि। दूसरी त्रिकोणात्मक कथा के तीन कोण हैं बीजगुप्त, यशोधरा और श्वेतांक। ये दोनों त्रिकोणात्मक प्रेमकथाएँ लगभग सभी प्रेम कथाओं की शाश्वत संरचना हैं। इसीलिए अलौकिक स्तर पर जब रामकथा भक्ति भाव से प्रेरित होकर कही जाती है तो हमारे मन में अलौकिक श्रद्धा और भक्ति भाव जगाती है किन्तु वही रामकथा जब आब्रे मेनन के उपन्यास 'रामा रिटोल्ड' में लौकिक प्रेमकथा के रूप में कही जाती है तो हमारा भक्ति भाव खण्डित होता है; हमारे संस्कारी मन में आक्रोश उत्पन्न होता है और 'रामा रिटोल्ड' को प्रतिबन्धित किया जाता है।

इन दोनों प्रेमकथाओं में से पहली प्रेमकथा प्रधान है। चित्रलेखा पाटलिपुत्र की असाधारण सुन्दर नर्तकी है; किन्तु उसने वेश्यावृत्ति को नहीं अपनाया है। इसका कारण उसका अतीत है। वह ब्राह्मण विधवा है। वह अठारह वर्ष की उम्र में विधवा हो गयी। कुछ समय तक संयम का जीवन बिताने के बाद वह कृष्णादित्य के सम्पर्क में आयी। सुन्दर, नवयुवक कृष्णादित्य ने उसकी तपस्या भंग की। वह गर्भवती हुई। गुप्त प्रेम सबके सामने आ गया। चित्रलेखा के पिता ने उसे घर से निकाल दिया। कृष्णादित्य के पिता ने भी यही किया। वह गर्भवती चित्रलेखा को लेकर भिखारी की भाँति जनरव में निकल पड़ा; किन्तु उसे इस जीवन की अपेक्षा मृत्यु अधिक प्रिय लगी और चित्रलेखा को एक नर्तकी ने अपने यहाँ आश्रय दिया। उसने एक पुत्र को जन्म दिया, जो जन्म लेते ही दिवंगत हो गया। चित्रलेखा नर्तकी बन गयी। उसके एक नृत्य आयोजन में बीजगुप्त और चित्रलेखा दोनों परस्पर आकर्षित हुए और थोड़ी ननु-नच के बाद परस्पर जुड़ गये। बीजगुप्त ने चित्रलेखा को अपनी प्रेमिका मात्र नहीं माना बल्कि पत्नीवत् मान लिया।

एक रात भटकते हुए बीजगुप्त और चित्रलेखा योगी कुमारगिरि की कुटी में जा पहुँचे। योगी कुमारगिरि और चित्रलेखा परस्पर प्रभावित हुए। "योगी ने नर्तकी में ज्ञान देखा और नर्तकी ने योगी में सौन्दर्य। दोनों एक-दूसरे से सन्तुष्ट न थे, पर प्रभावित अवश्य थे।" (पृ. 35) दोनों के परस्पर प्रभावित होने ने बीजगुप्त के मन में सन्देह उत्पन्न किया, जिसे चित्रलेखा ने यह कहकर दूर करने का प्रयत्न किया कि "कुमारगिरि के जीवन का लक्ष्य है कल्पना का शून्य और हम दोनों के जीवन का लक्ष्य है मस्ती और पागलपन। प्रियतम! संसार

में कोई भी व्यक्ति हम दोनों के बीच में नहीं आ सकता।" (पृ. 37) यह कहकर चित्रलेखा ने बीजगुप्त को धोखा दिया, लेकिन वह अपने को धोखा न दे सकी। उसने मन-ही-मन कहा—"पर कुमारगिरि सुन्दर अवश्य है।" (पृ. 37)

सम्राट् चन्द्रगुप्त मौर्य के महायज्ञ के बाद दर्शन पर तर्क-वितर्क करने के लिए आयोजित सभा में चित्रलेखा और कुमारगिरि फिर मिले। चाणक्य और योगी कुमारगिरि के बीच सत्य और ईश्वर को लेकर शास्त्रार्थ हुआ, जिसमें योगी अपनी तर्कशक्ति से तो चाणक्य को पराजित नहीं कर सका, लेकिन उसने वहाँ उपस्थित लोगों को सम्मोहित करके सत्य और ईश्वर को प्रत्यक्ष दिखा दिया। चाणक्य ने यह कहकर अपनी पराजय स्वीकार कर ली कि "मेरी आँखों ने आज प्रथम बार मुझको धोखा दिया है। नवयुवक योगी! मैं हारा और तुम जीते।" लेकिन चित्रलेखा सम्मोहित नहीं हुई। उसने कहा—"योगी, तुमने जो कुछ दिखलाया था, वह मैंने नहीं देखा। मन्त्री चाणक्य को सब लोग झूठा ठहरा सकते हैं, पर मैं नहीं।" और कुमारगिरि ने अपनी पराजय स्वीकार कर ली। इस सभा की विजय का मुकुट चित्रलेखा के मस्तक पर रख दिया गया और कुमारगिरि को दण्ड देने का अधिकार चित्रलेखा को दिया गया। चित्रलेखा ने दण्डस्वरूप वह विजय-मुकुट योगी कुमारगिरि के मस्तक पर रख दिया। चित्रलेखा का नृत्य प्रारम्भ हुआ और योगी कुमारगिरि तेजी के साथ सभा-मण्डल से बाहर चला गया। (पाँचवाँ परिच्छेद)

चित्रलेखा कुमारगिरि से इतना प्रभावित हुई कि वह उसके आश्रम उससे दीक्षा लेने के लिए जा पहुँची। पहले तो कुमारगिरि ने उसे दीक्षा देने से मना कर दिया; किन्तु अन्ततः उसे दीक्षा देने के लिए राजी हुआ। दोनों के बीच क्रमशः निकटता शारीरिक स्तर पर बढ़ती गयी, जिसकी परिणति सम्भोग के रूप में हुई। उसके बाद कुमारगिरि के आचरण से उसका मोहभंग हुआ। उसे वह 'वासना का कीड़ा' लगने लगा, जो नहीं जानता कि 'प्रेम बलिदान है; आत्मत्याग है; ममत्व का विस्मरण है।' (पृ. 175) और वह कुमारगिरि का आश्रम छोड़कर बीजगुप्त के पास लौट गयी।

प्रेम के दूसरे त्रिकोण में श्वेतांक क्रमशः मृत्युञ्जय की पुत्री यशोधरा के निकट आता गया और उससे प्रेम करने लगा। उसने यशोधरा से अपने प्रेम और उससे विवाह करने की इच्छा बीजगुप्त से कह दी। मृत्युञ्जय यशोधरा का विवाह बीजगुप्त से करना चाहते थे और इसका प्रस्ताव भी उन्होंने बीजगुप्त के समक्ष रखा था, लेकिन चित्रलेखा के प्रेम में मग्न उसने मना कर दिया; किन्तु काशी-प्रवास में यशोधरा ने उसे आकर्षित किया; वह उससे विवाह करने को तैयार हो गया; लेकिन श्वेतांक की इच्छा जानकर मृत्युञ्जय को मनाने के लिए उसने अपनी सारी सम्पत्ति श्वेतांक को दान कर दी और उसे सामन्त की पदवी भी दिलवा दी। श्वेतांक का यशोधरा से विवाह हो गया और वह सामन्त श्वेतांक बन गया। बीजगुप्त ने निश्चय किया कि वह निःस्व होकर एक भिखारी की तरह निकल पड़ेगा। चित्रलेखा बीजगुप्त के पास आयी और अपने गृह ले गयी; जहाँ पहले तो बीजगुप्त ने उसके प्रति अपना विरोध प्रकट किया; किन्तु यह जानकर न तो उसके मन में चित्रलेखा के प्रति उसका प्रेम मरा है और न ही चित्रलेखा का प्रेम उसके लिए मरा है। इसलिए उसने चित्रलेखा को पुनः स्वीकार किया और चित्रलेखा अपनी सारी सम्पत्ति दान करके बीजगुप्त के साथ हो ली। दोनों ने अनुभव किया कि "हम दोनों कितने सुखी हैं।" (पृ. 192)

इस कहानी का लक्ष्य 'पाप' को परिभाषित करना है। 'उपसंहार' में भगवतीचरण वर्मा के निष्कर्ष इस रूप में हमारे सामने आते हैं—महाप्रभु रत्नाम्बर ने श्वेतांक से पूछा—"वत्स श्वेतांक! तुम्हारा विवाह हो गया और तुम गृहस्थ हो चुके। अब मुझे बतला सकते हो कि बीजगुप्त और कुमारगिरि इन दोनों में कौन व्यक्ति पापी है?" श्वेतांक ने उत्तर दिया—"महाप्रभु! बीजगुप्त देवता हैं। संसार में वे त्याग की प्रतिमूर्ति हैं। उनका हृदय विशाल है। और कुमारगिरि पशु है। संसार में उसका जीवन व्यर्थ है। वह जीवन के नियमों के प्रतिकूल चल रहा है। अपने सुख के लिए उसने संसार की बाधाओं से मुख मोड़ लिया है। कुमारगिरि पापी है।" महाप्रभु रत्नाम्बर ने जब विशालदेव से यही पूछा कि कुमारगिरि और बीजगुप्त में से कौन पापी है तो उसने उत्तर दिया—"योगी कुमारगिरि अजित हैं। उन्होंने ममत्व को वशीभूत कर लिया है। वह संसार से बहुत ऊपर उठ चुके हैं। उनकी साधना, उनका ज्ञान और उनकी शक्ति पूर्ण है। और बीजगुप्त वासना का दास है। उसका जीवन संसार के घृणित भोग-विलास में है। वह पापी है—पापमय संसार का वह एक मुख्य भाग है।"

श्वेतांक और विशालदेव के निष्कर्ष पाप को लेकर अलग-अलग हैं। क्यों? इस 'क्यों' का उत्तर हमें महाप्रभु रत्नाम्बर के उन कथनों में मिलता है—"तुम दोनों विभिन्न परिस्थितियों में रहे और तुम दोनों की पाप की धारणाएँ भिन्न-भिन्न हो गयी हैं।... संसार में पाप कुछ भी नहीं है। वह केवल मनुष्य के दृष्टिकोण की विषमता का दूसरा नाम है। प्रत्येक व्यक्ति एक विशेष प्रकार की मनःप्रवृत्ति लेकर उत्पन्न होता है—प्रत्येक व्यक्ति इस संसार के रंगमंच पर एक अभिनय करने आता है। अपनी मनःप्रवृत्ति से प्रेरित होकर अपने पाठ को वह दुहराता है—यही मनुष्य का जीवन है। जो कुछ मनुष्य करता है, वह उसके स्वभाव के अनुकूल होता है और स्वभाव प्राकृतिक है। मनुष्य अपना स्वामी नहीं है। वह परिस्थितियों का दास है—विवश है। वह कर्त्ता नहीं है। वह केवल साधन है। फिर पुण्य और पाप कैसा?" (पृ. 194)

मनुष्य अपनी जिस मनःप्रवृत्ति से प्रेरित होकर जो कुछ करता है, वह क्या है? महाप्रभु रत्नाम्बर के अनुसार "मनुष्य में ममत्व प्रधान है। प्रत्येक मनुष्य सुख चाहता है। केवल व्यक्तियों के सुख के केन्द्र भिन्न होते हैं। कुछ सुख को धन में देखते हैं; कुछ सुख को मदिरा में देखते हैं; कुछ सुख को व्यभिचार में देखते हैं; कुछ त्याग में देखते हैं; पर सुख प्रत्येक व्यक्ति चाहता है; कोई भी व्यक्ति संसार में अपनी इच्छानुसार वह काम न करेगा, जिसमें दुःख मिले—यही मनुष्य की मनःप्रवृत्ति है और उसके दृष्टिकोण की विषमता है।" (पृ. 194)

"संसार में इसीलिए पाप की एक परिभाषा नहीं हो सकी—और न हो सकती है। हम न पाप करते हैं और न पुण्य करते हैं। हम केवल वह करते हैं जो हमें करना पड़ता है।" (पृ. 194)

पाप और पुण्य को लेकर महाप्रभु रत्नाम्बर का यह अनास्थावादी निष्कर्ष भगवतीचरण वर्मा का अपना निष्कर्ष, अपनी मान्यता है। कहा जा सकता है कि इसी के प्रतिपादन के लिए उन्होंने यह उपन्यास लिखा है। इस उपन्यास में विभिन पात्रों के माध्यम से वाचक के अपने कथनों के रूप में बार-बार इसे प्रतिपादित किया है।

मनुष्य परिस्थितियों का दास है, वह बात इस उपन्यास में कई बार दुहरायी गयी है। जैसे, चित्रलेखा श्वेतांक को मदिरापान करा देती है। उसके सौन्दर्य से सम्मोहित और मदिरा के नशे से प्रभावित श्वेतांक उसका हाथ पकड़ लेता है और उससे कहता है कि वह उससे

प्रेम करता है। इस पर चित्रलेखा उसे झिड़क देती है—"श्वेतांक, यह याद रखना कि तुम्हारे जीवन में मेरा आना असम्भव है।... मैं संसार में केवल एक मनुष्य से प्रेम करती हूँ और वह बीजगुप्त है।" (पृ. 27) श्वेतांक बीजगुप्त के प्रति अपराधबोध से ग्रस्त हो जाता है और उससे क्षमा-याचना करता है। बीजगुप्त उसे समझाता है—"श्वेतांक, मुझसे क्षमा-प्रार्थना करने की कोई आवश्यकता नहीं है। तुमने जो कुछ किया, उसके विपरीत तुम्हारी परिस्थिति में दूसरा मनुष्य नहीं कर सकता। तुमने जो कुछ किया, वह उचित किया और जो कुछ करते, वह भी उचित करते। उसमें तुम्हारा बिलकुल दोष न होता, दोष होता केवल परिस्थितियों का।" (पृ. 29) बीजगुप्त यशोधरा से कहता है—"देवि, मनुष्य अनुभव प्राप्त नहीं करता; परिस्थितियाँ मनुष्य को अनुभव प्राप्त कराती हैं" (पृ. 109) चित्रलेखा बीजगुप्त को छोड़कर ज्ञान प्राप्त करने के उद्देश्य से कुमारगिरि के आश्रम में चली जाती है और वहाँ वह कटु अनुभव से गुज़रती है। वह दुःखी है। वह विशालदेव से पूछती है—"विशालदेव, अब क्या उपाय है?" विशालदेव का उत्तर है—"देवि! मेरी समझ में कुछ नहीं आ रहा है।" इस पर चित्रलेखा कहती है—"तुम्हारी समझ में कुछ नहीं आ रहा और मेरी समझ में भी कुछ नहीं आ रहा। विधि की विडम्बना है।... मैं यहाँ ज्ञान पाने के लिए आयी हूँ—क्या यही ज्ञान है?... विशालदेव, तुम कुछ नहीं कर सकते; गुरुदेव कुछ नहीं कर सकते; मैं कुछ नहीं कर सकती और शायद भगवान् भी कुछ नहीं कर सकते! जो होना है, वह हो रहा है और होगा।" (पृ. 145) बीजगुप्त भी इसी निष्कर्ष पर पहुँचता है—"मनुष्य परतन्त्र है; परिस्थितियों का दास है; लक्ष्यहीन है। एक अज्ञात शक्ति प्रत्येक व्यक्ति को चलाती रहती है। मनुष्य की इच्छा का कोई मूल्य नहीं है। मनुष्य स्वावलम्बी नहीं है; वह कर्त्ता नहीं है, साधन मात्र है।" (पृ. 158)

'चित्रलेखा' में मनुष्य के परिस्थितियों के दासत्व का यह दर्शन वस्तुतः भगवतीचरण वर्मा का अपना जीवन-दर्शन है। उन्होंने अपने जीवन में बड़ा संघर्ष किया; बराबर अनिश्चितता को झेला; जीविकार्जन के लिए अनेक क्षेत्रों में काम किया; लेकिन कहीं भी स्थिर नहीं हो पाये। वे अपने समय में प्रचलित किसी भी विचारधारा—मार्क्सवाद, समाजवाद, गाँधीवाद आदि—से न तो प्रभावित हुए और न ही सहमत हुए। वे वस्तुतः व्यक्तिवादी थे और इसी ने उन्हें नियतिवादी बना दिया। उन्होंने अपनी संस्मरणात्मक रचना 'ये सात और हम' में इस नियतिवाद का प्रतिपादन इस प्रकार किया है—

"इस पलायन में एक ओर तो हमारे जीवन में नियोजन के अभाव ने तथा दूसरी ओर हमारी परिस्थितियों ने बड़ा योगदान दिया।... जीवन के भयावह संघर्षों में पग-पग पर असफलता तथा हार न मानकर लगातार संघर्ष करनेवाली अपनी जीवनी शक्ति ने हमें एक प्रकार से भाग्यवादी या नियतिवादी बना दिया है। (उनके इस नियतिवाद या भाग्यवाद में परिताप या पश्चात्ताप के लिए कोई स्थान नहीं है, क्योंकि) जो होना है वह हो चुका है—हम इतना जानते हैं; और इसीलिए हम जीवित रहनेवाले क्षण में ही (वर्तमान में ही) विश्वास करते हैं। जो हो चुका है, वह स्वाभाविक था, क्योंकि उसे होना ही था; इसलिए उस पर परिताप और पछतावा व्यर्थ है। जो होनेवाला है, वह भी हो चुका है, इसलिए उसकी भी चिन्ता व्यर्थ है। जो कुछ सामने है, वही सत्य है; वही नित्य है।"

भगवतीचरण वर्मा का यह नियतिवादी दर्शन उनकी परिस्थितियों की देन है; यह स्पष्ट है। किसी भी व्यक्ति के नियतिवादी दर्शन की दो परिणतियाँ हो सकती हैं—(1) वैराग्य या

घोर निराशा। वर्मा जी ने इस परिणति को स्वीकार नहीं किया; क्योंकि वे मनुष्य की प्रवृत्तियों को महत्त्व देते थे। वे मानते थे कि जो भी परिस्थिति हो, उसमें मनुष्य को जीना चाहिए। इसीलिए वे कुमारगिरि के, त्याग और वैराग्य के पक्षधर नहीं हैं। (2) अनुराग या संसक्ति। इसीलिए वे बीजगुप्त, चित्रलेखा, श्वेतांक और यशोधरा के पक्षधर हैं। उनकी एक कविता की बड़ी प्रसिद्ध पंक्तियाँ हैं–

हम दीवानों की क्याँ हस्ती, हैं आज यहाँ, कल वहाँ चले,
मस्ती का आलम साथ चला, हम धूल उड़ाते जहाँ चले;
आये बन कर उल्लास अभी, आँसू बनकर वह चले अभी,
सब कहते ही रह गये, और! तुम कैसे आये, कहाँ चले?

क्या अपना सब-कुछ त्यागकर बीजगुप्त और चित्रलेखा भिखारी और भिखारिणी बनकर संसार में निकल पड़ते हैं तब हम भी यही नहीं कहते रह जाते हैं–"अरे, तुम कैसे आये, कहाँ चले?"

भगवतीचरण वर्मा का यह सोच उनकी निजी परिस्थितियों की देन तो है ही; साथ ही उनके समय की परिस्थितियों की भी देन है। वे 1934 में जिस दर्शन का प्रतिपादन कर रहे थे, 1936 में प्रेमचन्द भी 'गोदान' में लगभग उसी दर्शन का प्रतिपादन कर रहे थे। प्रो. मेहता गोविन्दी खन्ना को अपने 'जीवन का आदर्श' बताते हुए कहते हैं–"मैं प्रकृति का पुजारी हूँ और मनुष्य को उसके प्राकृतिक रूप में देखना चाहता हूँ, जो प्रसन्न होकर हँसता है और क्रोध में आकर मार डालता है। जो दुःख और सुख दोनों का दमन करते हैं; जो रोने की कमज़ोरी और हँसने को हलकापन समझते हैं; उनसे मेरा कोई मेल नहीं। जीवन मेरे लिये आनन्दमय क्रीड़ा है सरल, स्वच्छन्द, जहाँ कुत्सा, ईर्ष्या और जलन के लिए कोई स्थान नहीं। मैं भूत की चिन्ता नहीं करता; भविष्य की परवाह नहीं करता। मेरे लिये वर्तमान ही सब-कुछ है। भविष्य की चिन्ता हमें कायर बना देती है, भूत का भार हमारी कमर तोड़ देता है।" (गोदान; संस्करण, 1972, पृ. 188-89)

इस प्रकार के सोचवाला व्यक्ति इस निष्कर्ष पर ठीक ही पहुँचता है कि संसार में न पाप कुछ है न पुण्य कुछ है, सब मनुष्य की मनःप्रवृत्ति, उसके दृष्टिकोण से परिभाषित चीज़ें हैं। वैसे, यदि हम पाप या पुण्य या इसी प्रकार के अन्य जीवनमूल्यों पर तटस्थ बौद्धिकता के साथ विचार करें तो हमें महाप्रभु रत्नाम्बर यानी भगवतीचरण वर्मा की स्थापनाओं से सहमत होने में कोई परेशानी नहीं होगी। पाप या पुण्य या इसी प्रकार के अन्य नैतिक, सामाजिक, धार्मिक आदि मूल्य मनुष्य के आचरण को नियन्त्रित करने, उसकी जैविक प्रवृत्तियों को परिष्कृत करने के साधन मात्र हैं। इसीलिए अलग-अलग सभ्यता-संस्कृतिवाले समाजों में अलग-अलग मूल्य-व्यवस्थाएँ होती हैं और वे समय के साथ बदलती रहती हैं। उदाहरण के लिए हमारे यहाँ विवाह को जन्मजन्मान्तर का सम्बन्ध माना जाता रहा है और यौन-शुचिता को बहुत बड़े नैतिक मूल्य के रूप में स्वीकार किया जाता रहा है। पश्चिम में तो ऐसा नहीं है। अब धीरे-धीरे हमारे यहाँ भी यह मूल्य विघटित हो रहा है।

'चित्रलेखा' में स्त्री को लेकर कुछ ऐसी स्थापनाएँ हैं जो इस उपन्यास के लेखन के समय स्वीकार्य थीं, लेकिन आज नहीं हैं। योगी कुमारगिरि जब चित्रलेखा से कहता है कि "नर्तकी! मैं तुमसे प्रेम करता हूँ।" तो चित्रलेखा हँस पड़ती है और कहती है–"मैं जानती हूँ कि तुम

मुझसे प्रेम करते हो, पर मैं तुमसे प्रेम नहीं करती। एक क्षण के लिए मेरी इच्छा तुम पर आधिपत्य जमाने की हुई थी और मैंने उसका प्रयत्न किया। मैं सफल भी हुई; पर उससे क्या? पुरुष पर आधिपत्य जमाने की इच्छा स्त्री के पुरुष से प्रेम की द्योतक नहीं है; प्रकृति ने स्त्री को शासन करने के लिए नहीं बनाया है। स्त्री शासित होने के लिए बनायी गयी है, आत्मसमर्पण करने के लिए। स्त्री अपने से निर्बल मनुष्य से प्रेम नहीं कर सकती। जिस मनुष्य पर उसने आधिपत्य जमा लिया, वह मनुष्य उसके प्रेम का अधिकारी नहीं हो सकता। स्त्री का क्षेत्र है आत्मसमर्पण, अपने अस्तित्व को अपने प्रेमी के अस्तित्व में मिला देना। इसीलिए स्त्री उसी मनुष्य से प्रेम कर सकती है जो उस पर विजय पा सके; उस पर आधिपत्य जमा सके।'' (चित्रलेखा, पृ. 147) काशी के एक सत्तर वर्षीय संन्यासी की यह स्थापना भी इसी से मिलती-जुलती है—''सुनो, स्त्री अबला है। प्रत्येक पुरुष का यह कर्त्तव्य है कि वह एक अबला को आश्रय दे। विवाह द्वारा ही पुरुष अबला स्त्री को आश्रय देता है। यदि पुरुष स्त्री को आश्रय न दे तो स्त्री की दशा बड़ी शोचनीय हो जाय।'' (वही, पृ. 161)

आज स्त्री-विमर्श के इस दौर में स्त्री को लेकर वर्मा जी की ये स्थापनाएँ हंगामा खड़ा करेंगी। स्त्री-विमर्श की शुरुआत तो अमरीका और यूरोप के कुछ देशों में बीसवीं शताब्दी ईसवी के मध्य में हुई, किन्तु हमारे देश में, विशेष रूप से हिन्दी क्षेत्र में इसका प्रारम्भ इस शताब्दी के लगभग अन्त में हुआ। हिन्दी की अनेक लेखिकाओं ने इसको लेकर लिखा और कहा कि पितृसत्तात्मक मूल्य बदलने चाहिए। आधुनिक काल की सुशिक्षित और आर्थिक रूप से आत्मनिर्भर स्त्री न तो सतीत्व को स्वीकार करती है, न यौन शुचिता को और असमानतापूर्ण वैवाहिक सम्बन्ध को। स्त्रीवादी प्रभा खेतान ने स्थापित किया कि, ''प्रत्येक स्त्री अपने-आप में एक विशिष्ट स्त्री है। अपने जीवन जीने और होने के तरीक़े से ही वह अपना स्त्री होना स्थापित करती है। अतः स्त्रीत्व के नाम पर समाज उसके स्त्री होने के आचरण को अच्छा या बुरा कहने का अधिकार नहीं रखता और न ही पूर्वनिर्धारित ढंग से किसी भी भूमिका को उस पर आरोपित नहीं कर सकता।'' (उपनिवेश में स्त्री : मुक्ति कामना की दस वार्त्ताएँ पृ. 130) भला ऐसे में यह कैसे स्वीकार किया जा सकता है कि स्त्री अबला है, वह आत्मसमर्पण के लिए बनायी गयी है, पुरुष उसका आश्रयदाता है, विवाह अबला स्त्री को आश्रय देने का साधन है, आदि।

भगवतीचरण वर्मा ने 'चित्रलेखा' में पाप, पुण्य, स्त्री के अबलात्व, वासना और प्रेम, धर्म और नीति, नारी-सौन्दर्य, ब्रह्म और माया, साकार और निराकार आदि को लेकर जो स्थापनाएँ की हैं, लगता है, इन्हीं की अभिव्यक्ति के लिए इस उपन्यास की रचना की गयी है। काफ़ी हद तक यह सच है। इनको लेकर जो उत्तर दिये हैं, जो प्रश्न उठाये हैं, वे नये नहीं हैं, वे शाश्वत प्रश्न हैं और उनके तमाम वैकल्पिक उत्तर भी शाश्वत हैं। लेकिन कोई भी पाठक यदि उपन्यास की 'अनुक्रमणिका' और 'उपसंहार' को अनदेखा करके इसे पढ़ेगा तो इसकी कहानी में रम जायेगा और उसे मानना पड़ेगा कि वर्मा जी सिद्ध कथाकार हैं और 'चित्रलेखा' सुगठित संरचनावाला उपन्यास है। चाहे उन्होंने इसका कथात्मक ढाँचा 'थाया' से ले लिया हो, लेकिन उन्होंने इसे जिस रूप में प्रस्तुत किया है, जिस परिवेश की रचना की है, चित्रलेखा, बीजगुप्त, कुमारगिरि जैसे मौलिक व्यक्तित्ववाले अविस्मरणीय पात्र रचे हैं, वह कोई प्रतिभाशाली सिद्ध कथाकार ही कर सकता था। यह देखकर कि यह उनका दूसरा ही उपन्यास है, हमें उनकी प्रतिभा और सृजनशीलता का लोहा मानना पड़ता है। इसमें

ऐतिहासिकता का भरपूर आभास है, यद्यपि यह पूर्णतः काल्पनिक घटनाओं से निर्मित उपन्यास है। इसके लिए उन्होंने जिस प्रकार के संवाद रचे हैं और जिस संस्कृतनिष्ठ, फिर भी अकृत्रिम भाषा का सहारा लिया है, वह ऐतिहासिकता की सृष्टि के लिए सर्वथा उपयुक्त है। बीच-बीच में उन्होंने सूक्तियाँ पिरोयी हैं, जो उनके अनुभव और अध्ययन के निष्कर्ष हैं।

इसलिए यह निस्संकोच कहा जा सकता है कि 'चित्रलेखा' एक श्रेष्ठ उपन्यास है। वह हिन्दी के कालजयी उपन्यासों में गणनीय है। यदि भगवतीचरण वर्मा ने अकेला यही उपन्यास लिखा होता तो भी हिन्दी कथा-साहित्य के इतिहास में वे अविस्मरणीय होते। यों उन्होंने 'चित्रलेखा' के बाद भी कई उपन्यास लिखे, लेकिन 'चित्रलेखा' जैसा अविस्मरणीय उनका कोई दूसरा उपन्यास नहीं बन सका।

———

लता शर्मा

'चित्रलेखा' के नारी पात्र

चित्रलेखा (1934) ने साहित्यिक जगत् में हलचल मचा दी थी। यह उपन्यास सामान्य पाठक और बौद्धिक आलोचक—दोनों में सामान्य रूप से लोकप्रिय रहा। उपन्यास पाप की परिभाषा के सन्धान से आरम्भ होता है और उसकी सटीक परिभाषा पर समाप्त! दो प्रणय त्रिकोण एक-दूसरे का अतिक्रमण करते हैं। बीजगुप्त, कुमारगिरि और चित्रलेखा, बीजगुप्त, श्वेतांक और यशोधरा! नायक बीजगुप्त, नायिका चित्रलेखा और प्रतिनायक कुमारगिरि उच्चकोटि के चिन्तक प्रतीत होत हैं। इन तीनों के पास मौलिक अवधारणाएँ व अकाट्य तर्क हैं।

यह उपन्यास नायिका चित्रलेखा के चरित्र निरूपण के कारण ही जाना जाता है।

इस उपन्यास के नारी पात्र मौलिक हैं, लीक से हटकर! मुख्य नारी पात्र दो हैं। नायिका चित्रलेखा और सहनायिका यशोधरा! अन्य नारी पात्र लगभग नगण्य हैं।

उपन्यास का आरम्भ ही मदिरापान करती चित्रलेखा के चित्रण से होता है। वह मानती है कि ''जीवन का सुख''...'मस्ती' है। यह नारी पात्र केवल देह के स्तर पर ही जीवित है। ''यौवन का अन्त क्या है'' जैसे गम्भीर प्रश्न वह मदिरा पात्र में डुबो देती है। सामन्त बीजगुप्त के केलिभवन में प्रणयरत नर्तकी चित्रलेखा का यह प्रथम चित्र है। इस समय गम्भीर प्रश्नों को स्थगित ही रखा जाता है।

चित्रलेखा के जीवन में पति के बाद प्रेमी कृष्णादित्य, बीजगुप्त, श्वेतांक और योगी कुमार-गिरि—ये पाँच पुरुष आते हैं। पति से प्रेम ''आत्म बलिदान की पराकाष्ठा'' था, कृष्णादित्य से उसका प्रेम 'प्राकृतिक' था, 'पिपासा' का शमन था, बीजगुप्त से उसका प्रेम पिपासा और आत्म- विस्मरण था—वह 'मादकता' रूपी प्रेम था, कुमारगिरि से प्रेम उसके सौन्दर्य, यौवन और प्रतिभा का परिणाम था। और श्वेतांक? वहाँ प्रेम या उसका कोई निकटवर्ती भाव नहीं है। वह श्वेतांक को मिट्टी की मूर्ति मान, उस पर अपने प्रभाव, आकर्षण और तर्कशक्ति द्वारा अपनी बात मनवा लेने जैसे उपकरणों का अभ्यास मात्र करती है।

चित्रलेखा स्थिरचित्त नहीं है। वैधव्य में वैराग्य साधा, जो कृष्णादित्य को देखते ही तिरोहित हो गया। बीजगुप्त के आमन्त्रण को यह कह अस्वीकार किया कि वह केवल 'समुदाय' के सामने ही आती है, व्यक्ति का उसके जीवन में कोई स्थान नहीं है। उसी बीजगुप्त को पत्र लिख अपने जीवन में प्रवेश देती है। मात्र मनोरंजन के लिए श्वेतांक को आकर्षित करती है। उसका कहना है ''मैं संसार में केवल एक ही मनुष्य से प्रेम करती हूँ और वह बीजगुप्त है।'' थोड़े ही अन्तराल पर वह कुमारगिरि के प्रति अपने आकर्षण को सँभाल नहीं पाती। वह कुमारगिरि से प्रेम करने लगती है और कहती है कि जब एक पुरुष दो पत्नियों से प्रेम कर सकता है तो स्त्री के लिए यह असम्भव क्यों है!

स्त्री को सदा दुर्बल समझा गया है। इस उपन्यास में उसकी शक्ति देखिये। वह कुशल और चतुर खिलाड़ी की भाँति सामन्त बीजगुप्त, ब्रह्मचारी श्वेतांक और विशालदेव, योगी कुमारगिरि—सबसे अपना मनचीता करवा रही है। वह मृत्युञ्जय को प्रोत्साहित करती है कि

वह अपनी पुत्री यशोधरा का विवाह बीजगुप्त से कर दे। क्योंकि अब उसके हृदय में कुमारगिरि हलचल मचा रहे हैं। वही है जो भरी सभा में कुमारगिरि को परास्त करती है। कुमारगिरि ने सत्य और ईश्वर का जो प्रस्तुतीकरण किया था, वह सम्मोहन का इन्द्रजाल था। इससे अधिक कुछ नहीं। इतना ही नहीं, वह कुमारगिरि से यह स्वीकारोक्ति भी करवा लेती है कि चाणक्य और चित्रलेखा सम्मोहित न हो सके क्योंकि उनकी इच्छाशक्ति योगी के समकक्ष थी।

चित्रलेखा के साथ दूसरी नारी पात्र है यशोधरा!

यशोधरा और चित्रलेखा एक-दूसरे के विपरीत ध्रुवीय चरित्र हैं। यशोधरा अकर्मक क्रिया है, और चित्रलेखा सकर्मक! यशोधरा सरल रेखा है। दो बिन्दुओं (पितृगृह-पतिगृह) के बीच की सबसे छोटी दूरी। पिता से पूछे बिना वह कुछ नहीं करती। काशी जाने की इच्छा मात्र प्रकट करती है। आग्रह नहीं, दुराग्रह नहीं। बीजगुप्त की भेंट मुक्ताहार—जो उसे बहुत अच्छा लगता है, पिता से पूछे बिना स्वीकार नहीं करती। अपने-आप कोई भी निर्णय लेने में वह सर्वथा असमर्थ है। उसे जो आज्ञा दी जायेगी, वही करेगी। कोई चयन करना उसके वश में नहीं। वह बीजगुप्त पर आसक्त है या नहीं। वह श्वेतांक पर अनुरक्त है या नहीं। वह अपने मन में निरन्तर चिन्तन-मनन करती रहती है, पर किसी स्पष्ट निर्णय पर पहुँच नहीं पाती। अभी उसे प्रकृति का सान्निध्य अत्यन्त रुचिकर है, उन्मुक्त गगन, शीतल पवन, पंछी, पुष्प और हरी घास। बीजगुप्त उन्मुक्त गगन के खतरे बताता है। शीतल पवन से ठण्ड लग सकती है, पुष्प में कृमि होते हैं और हरि घास में साँप-बिच्छू। यशोधरा कोई प्रति उत्तर नहीं दे पाती। वह बालिका की भाँति प्रसन्न हो जाती है। बीजगुप्त की तर्क क्षमता पर मुग्ध। वह स्वयं किसी तर्क का कोई उत्तर नहीं दे पाती। उसके लिए सकल चराचर श्वेत और श्याम हैं। यह उचित है, यह उचित नहीं। गृह प्रबन्धन में अति कुशल है। प्रहर मात्र में लम्बी यात्रा की तैयारी कर सकती है। ललित कलाओं में प्रवीण है, कुशल गायिका है, लेकिन कौन-सा राग गाया जाय, सही निर्णय नहीं ले पाती। उसका सौन्दर्य शान्त व सात्त्विक है। सर्वथा अनाक्रामक। विजय-पराजय के प्रति सर्वथा तटस्थ।

यशोधरा के लिए असत्य भाषण सम्भव नहीं। उसके सत्य भाषण से बीजगुप्त और श्वेतांक पर क्या प्रभाव पड़ेगा, वह नहीं सोचती।

उपन्यास के घटनाक्रम पर यह पात्र कोई सार्थक हस्तक्षेप नहीं करता।

इसके ठीक विपरीत है चित्रलेखा। सर्वथा स्वच्छन्द। मौर्यकालीन भारत में यह विधवा अठारह वर्ष की आयु में कृष्णादित्य से प्रेम करती है। गर्भवती हो, गृह से निष्कासित होती है। उपन्यास में बार-बार उसके संयम, कठोर साधना और विराग की चर्चा होती है। कैसा संयम, साधना और विराग? वह तो नवनीत की प्रतिमा है। रुचिकर उष्मा मिलते ही द्रवित हो उठती है। वह योगी कुमारगिरि के ज्ञान से कम, सौन्दर्य से अधिक प्रभावित थी, और बीजगुप्त की आशंका पर असत्य भाषण द्वारा उसे आश्वस्त करती है।

निस्सन्देह, चित्रलेखा का चरित्र बहुआयामी है। वह सुन्दर, ललित कलाओं में दक्ष होने के साथ-साथ तर्कशास्त्र में भी प्रवीण है। वह तर्कशास्त्र में लगभग सब पात्रों को निरुत्तर कर देती है। इस क्षेत्र में वह चाणक्य के समकक्ष है। केवल चाणक्य और चित्रलेखा ही इतनी सुदृढ़ इच्छाशक्ति रखते हैं कि उन्हें सम्मोहित नहीं किया जा सकता।

चित्रलेखा घनघोर स्वार्थी स्त्री है। अपने मनोरंजन के लिए उसने श्वेतांक को भी अपने 'यौवन की मादकता' का शिकार बनाया। बाद में उसे अपने इस कृत्य पर पश्चात्ताप होता है और वह उसे अपना छोटा भाई बना लेती है। पर क्या वह अपने इन सम्बन्धों के प्रति

निष्ठावान् है। नहीं! वह हर सम्बन्ध का उपयोग करती है। श्वेतांक और विशालदेव को वचनबद्ध कर अपने स्वार्थों के लिए प्रयुक्त करती है। बीजगुप्त उसे अपनी पत्नी मानता है, चित्रलेखा उसे अपना पति नहीं मानती। जो उसकी इच्छा है, वही करती है। किसी से पूछना, परामर्श करना उसके स्वभाव में नहीं। वह बीजगुप्त को बिना बताये कुमारगिरि के आश्रम में चली जाती है। जैसे ही उसे यह पता चलता है (कुमारगिरि के असत्य भाषण द्वारा) कि बीजगुप्त यशोधरा से विवाह कर चुका है, वह बीजगुप्त को पाने के लिए व्यग्र हो उठती है। वह भूल जाती है कि बीजगुप्त को यशोधरा से विवाह करने के लिए उसने स्वयं प्रोत्साहित किया था।

उचित-अनुचित, चित्रलेखा अपने निर्णय स्वयं लेती है। 1934 में प्रकाशित इस उपन्यास में नायिका चित्रलेखा योगी कुमारगिरि से कहती है "...पुरुष दो विवाह कर सकता है, फिर स्त्री ऐसा क्यों नहीं कर सकती?..." वह बीजगुप्त से भी प्रेम करती है और कुमारगिरि से भी। क्या मन्नू भण्डारी की प्रसिद्ध कहानी 'यही सच है' की पृष्ठभूमि इसी उपन्यास से तैयार हुई थी?

चित्रलेखा के चयन स्पष्ट होते हैं। उसके मन में कोई दुविधा नहीं होती। आकर्षण का स्पष्ट स्वीकार उसका चरित्र है। तर्कशास्त्र में निपुण इस नर्तकी को जो मिल जाता है, वह अपना आकर्षण खो बैठता है और जो नहीं मिला है, वही काम्य है। वह प्रज्वलित दीपशिखा-सी निरन्तर पतंगों को लुब्ध करती रहती है। अपनी कामनापूर्ति के लिए उसे असत्य भाषण करने में कोई कष्ट नहीं होता। चित्रलेखा अपने जीवन और प्रेम—दोनों क्षेत्रों में आक्रामक है। उसके आक्रमण से बचना सम्भव नहीं।

चित्रलेखा जहाँ है, उपन्यास का घटनाक्रम भी वहीं है। उसकी अनुपस्थिति भी द्वितीय स्तर पर छाया घटनाक्रम रचती है। चित्रलेखा जैसा संश्लिष्ट चरित्र दुर्लभ है।

यह उपन्यास अपनी संरचना में प्रसिद्ध अंग्रेजी उपन्यास 'वैनिटी फेयर' की तरह है। 'वैनिटी फेयर' के दोनों स्त्री पात्र मिलकर एक सम्पूर्ण चरित्र बनते हैं। चित्रलेखा के दोनों स्त्री पात्र भी विपरीत ध्रुवों पर हैं। दोनों मिलकर ही सम्पूर्णता प्राप्त करते हैं। यशोधरा में चित्रलेखा की उष्मा, निर्भीकता और आक्रामक दृष्टि का अभाव है। चित्रलेखा में यशोधरा की शान्ति, माधुर्य और सरलता का अभाव है। केवल मादकता जीवन नहीं है और केवल सरलता भी जीवन कहाँ है?

उपन्यास के अन्त में बीजगुप्त अपना समस्त वैभव त्याग, संन्यास ग्रहण कर लेता है। चित्रलेखा का भी स्वप्नभंग सम्पन्न हो चुका है। वह भी अपना समस्त वैभव त्याग, संन्यास ग्रहण कर बीजगुप्त के पास आ जाती है। दोनों भिक्षुकों की तरह जीवन पथ पर निकल पड़ते हैं और कहते हैं "हम कितने सुखी हैं" लेकिन संन्यास ग्रहण करने से पहले चित्रलेखा बीजगुप्त को अपने भवन में रहने और अपना वैभव भोगने के लिए आमन्त्रित अवश्य करती है। उसकी मूल प्रवृत्ति भोग है, त्याग नहीं। उसने अपना वैभव त्यागा, बीजगुप्त का साहचर्य पाने के लिए। बीजगुप्त ने वैभव त्यागा, श्वेतांक का मार्ग सरल करने के लिए। इसी अन्त में उपन्यास की मूल शंका का समाधान भी छुपा है।

मनुष्य अपनी संरचना और प्रवृत्तियों के वशीभूत हो, जो करता है, उसे कोई भी नाम दिय जा सकता है। पाप या पुण्य!

——————

मैत्रेयी पुष्पा

चित्रलेखा का बयान

(सन्दर्भ : 'चित्रलेखा'–भगवतीचरण वर्मा)

मैं चित्रलेखा उपन्यासकार भगवतीचरण वर्मा की ऐतिहासिक पात्र। एक नर्तकी, जिसे राजनर्तकी की पदवी के कारण दरबारी गणों के बीच वेश्यागत सम्मान प्राप्त है। अगर ऐसा नहीं है तो मेरा नाम रनिवास के लिए अभिशाप या पाप की तरह क्यों है?

'चित्रलेखा वेश्या न थी' मेरे सर्जक का यह वाक्य असर तो करता है, लेकिन दो क्षण बाद ही उनका कथन निष्प्रभावी होने लगता है। मुझे लगता है कि गृहस्थविहीन स्त्री जब अपनी मर्ज़ी से रहना चाहती है तो वह ज़िन्दा तो रह सकती है, लेकिन ज़िन्दगी को सामान्य रखने में क़ामयाब नहीं हो पाती। वह सामान्य जीवन भी जीती है, मगर समाज की नज़रों में वह सामान्य स्त्री होकर नहीं रह सकती। मैं वेश्या होने से बच नहीं पायी, क्योंकि जिन स्थितियों में कोई स्त्री वेश्या होने के लिए बाध्य होती है, उन्हें मैंने भोगा है। मैं जिस दशा में भुक्तभोगी रही, पुरुष समाज का भद्र और अभद्र तबका मेरे शरीर के लिए मनमानी लालसाएँ प्रस्तुत करता रहा।

मेरे सर्जक ने मेरे जीवन का इतिहास ही कुछ इस तरह रचा कि स्त्री का हतभाग्य उससे क़दम-क़दम पर टकराये। क्यों बनाया मुझे विधवा? पति की मृत्यु हुई और कलंकित मुझे किया, इसके लिए मेरा क्या दोष था? क्या पति के मरने के बाद मैं अनाथ हो गयी थी? कैसे? जबकि न तो मैं बच्चा थी, न अपंग-अपाहिज और न बूढ़ी। मैं अपने शारीरिक और मानसिक रूप में स्वस्थ युवती थी।

मगर यहाँ पुरुष छायाओं का घटाटोप है। यह छाया स्त्री के आसपास से जरा-सी हटी कि दुर्भाग्य की घोषणा होने लगी। क्या किसी पुरुष के लिए भी ऐसा होता है? वह उम्र भर स्त्री की छाया में रहने के लिए अभिशप्त है? पत्नी के मर जाने के बाद वह कलंकित क्यों नहीं होता? उसके व्यवहार और वेशभूषा में फ़र्क़ क्यों नहीं आता? बस मेरा ही जीवन उधड़ और उखड़ता रहा। मैं उखड़ने के लिए तैयार नहीं थी, तब भी। मैं अगर पति सेवा के लिए घर में मेहनत कर रही थी तो अपने लिये बाहर श्रम क्यों नहीं कर सकती थी? किसी ने ग़ौर नहीं किया कि गृहिणी के अतिरिक्त मेरी योग्यताएँ और क्या-क्या हैं? बस मेरे वजूद के आगे वर्जनाओं की सूची लगा दी। विधवाओं के लिए क्या ज़रूरी होता है, संन्यास लेकर अपने शरीर को क्षीण करना, आत्महत्या या कि पति के चिता पर मरने के लिए ज़िन्दा बैठ जाना। सुहाग गया तो तन-मन की आकांक्षाएँ भी गयीं। अपने आवेग-संवेगों को पीसकर रखने में मेरा जीवन व्यतीत होगा। पतिविहीन होने की ग्लानि मुझे इसी तरह प्रस्तुत करनी होगी। अपने स्वाभाविक जीवन को बर्दाश्त लायक़ बनाने के तरीक़े क्या होंगे? विधवा होना एक पाप है, इस पाप से उबरने के लिए प्रायश्चित्त में मैं क्या करूँ? मेरे लेखक ने पतिविहीना

बनाकर मुझे लाचार बना दिया कि कोई ऐसी साफ़-शफ़्फ़ाक चादर नहीं, जिससे अपने दाग़ ढक सकूँ।

यह सब सोचते हुए ही तो मैं उन शास्त्रसम्मत नियमों के पार जाने लगी थी, जिनकी जंजीर से स्त्री कुँवारी, विवाहिता और विधवा के रूप में बँधी रहती है। यों तो जो लोग मेरे समीप आते थे, पुरुषत्व के चलते यौनिक निमन्त्रण भी देते थे, मगर मैं उनकी धूर्तता से बेख़बर रहने का अभिनय कर लेती थी। सब्जबाग़ दिखाना भी पुरुष प्रवृत्ति में होता है और विधवा हमदर्दी के कतरे-कतरे को तरस रही होती है क्योंकि उसको बेदर्दी और दुर्भाग्य ने घेरा हुआ होता है। लेकिन मैं अपने दुर्भाग्य पर विजय पाने के उपक्रम कर रही थी कि तभी मेरे जीवन में कृष्णादित्य आया, प्रेम का आधार बनकर उसने मेरे संसार में प्रवेश किया।

कृष्णादित्य को समीप पाकर मैंने सोचा, दूसरों का निर्णय मेरे लिये मेरे कलंकित जीवन की घोषणा थी, लेकिन अब मैं अपने लिये अपनी ही घोषणा करूँगी। ऐसी दृढ़ता उनको ही शोभा देती है जो कोई संकल्प ले सकते हैं और उस पर चल सकते हैं। अगर मेरे पास कुछ नहीं है, तो मेरा, केवल मेरा तन-मन है, जिसे दूसरे लोगों ने तबाह करने की ठानी है।

कृष्णादित्य मेरे प्रेम का आधार, जिसके कारण मैं वैधव्य भूल गयी उस अभिशाप से उबर आयी। जल्दी ही मैं पत्नी होकर माँ बन गयी। यहाँ ये सारे फ़ैसले मेरे थे, किसी पण्डिताई संस्कार की मैं मोहताज़ नहीं रही। पण्डिताऊ संस्कारों ने तो मेरा अनिष्ट करने के लिए, मेरे जीवन को दुःखों से भर देने में कोई कसर नहीं छोड़ी, क्योंकि कृष्णादित्य की पत्नी के रूप में भी अवैध ही घोषित की गयी। इस कुकृत्य में कृष्णादित्य के पिता अपनी पूरी ताक़त के साथ शरीक़ हुए। अपने बेटे को सुधारने का जिम्मा उन्होंने अपने ऊपर लिया। कृष्णादित्य के लिए यह सज़ा मेरे कारण बख़्शी गयी। एक विधवा से विवाह उसका घिनौना कृत्य माना गया। बस, इसलिए कि उसने कर्मकाण्डों को ठुकराया था। मेरे पति को उसके पिता ने इतना धिक्कारा कि लगभग उस पर थूका, कि वह आत्मग्लानि सहन नहीं कर पाया।

कृष्णादित्य आत्महत्या करके ख़त्म हुआ।

मैं एक बार फिर विधवा हुई।

अब क्या था मेरे जीवन में? प्रेम गया, पति गया, गोद का शिशु भी काल-कवलित हो गया। अबकी बार दुर्भाग्य नहीं, असहनीय दुःख और दर्द था। भावात्मक रूप से बिखराव का भयानक दृश्य सामने आ गया। साथ ही इस वैधव्य को मेरा पाप कहने में लोग ज़रा भी शिथिलता नहीं दिखा रहे थे, बल्कि दोगुने उत्साह के साथ हमला करने का मौक़ा पा गये थे।

मेरे पाँवों के नीचे की ज़मीन दहलने लगी। अब जाऊँ तो कहाँ जाऊँ, मैं कथित डायन का रूप, जिसने पति और पुत्र दोनों खा लिये। मैं अपशकुन की जीती-जागती मूर्ति, मुझे अपने आसपास कौन आने देगा? मेरा लेखक यह बख़ूबी जानता था, इसलिए अब मेरा सहारा वही स्त्री बनायी जा सकती थी, जिसे समाज की नैतिकता, मर्यादा और पवित्रता की परवाह न हो। बात यह तो थी ही कि मेरे चारों ओर एक विरुद्ध परिवेश था जो मुझे विभ्रान्त कष्ट, दुःख और शोक से पागल किये दे रहा था। मैं यह कैसे कह पाती कि स्त्री के लिए यह समाज रुग्ण, बीमार और घिनौना है। यहाँ मेरा विवेक एकदम पस्त था और इस यन्त्रणा से मेरी रिहाई नहीं थी। वेश्या बनाने के लिए ऐसा वातावरण तैयार न हो, तो वेश्याओं के टोटे पड़ जायें। मैं नृत्य के लिए ही जैसे बनी थी। अवसन्न स्तब्धता की हालत में वहाँ पहुँचायी गयी

जहाँ एक नर्तकी ने मुझे कबूल किया। यह जगह कुलशील पुरुषों की सेवा-सत्कार का समायोजन कक्ष थी। मनोरंजन, दिलबहलाव, दिलजोई, सब-कुछ नृत्यशाला के सौजन्य से हासिल कराया जाता। अभिजन यहाँ अनुपम आनन्द का अनुभव करते। मैं जो अब तक विधवा के रूप में साक्षात् अपशकुन थी, कृष्णादित्य की पत्नी के रूप में अवैध थी, अपने शिशु की माता के रूप में पुत्र-भक्षिणी थी, यहाँ नर्तकी के रूप में अभिजनों की आँखों का नूर होने लगी। मैं नाचती, वे निछावर होते, मैं हाव-भावों का प्रदर्शन करती, वे पाँवों में लोटने लगते।

यह यात्रा मेरा प्रारब्ध थी और यह स्थिति मेरी नियति। स्त्री के ये विभिन्न मुकाम मैंने बड़ी जल्दी ही देख लिये। साथ ही अपनी अहमियत शृंगारपूर्ण सौन्दर्य के ज़रिये सार्वजनिक सम्पत्ति होकर ही हासिल की। सोचती रही, स्त्री के इस रम्भा रूप के ये लोग दास हैं या मेरे रचयिता?

बहरहाल मुझे यह तो समझा दिया गया कि स्त्री को शृंगार का हक़ या तो सुहाग (पति) के कारण दिया जाता है या लोगों को मनोरंजन करने के हेतु। सारी सम्बद्धता पुरुष के साथ ही होती है, चाहे वह एक हो या अनेक। अब मेरी ज़िन्दगी में किसी एक पुरुष की ज़रूरत नहीं रही। अगर मुझे यह रास्ता मंजूर नहीं होता तो सारी उम्र वैधव्य को टीसते घाव की तरह झेलना पड़ता और उसकी वीभत्सता जब न तब कलंकित की जाती। एक कलंक से दूसरे कलंक तक, मैं अकसर ऐसा ही सोचा करती।

मैं नृत्य में निष्णात थी। मेरी शारीरिक मुद्राएँ दिलफरेब मानी जाती थीं। क़दम चूम उठनेवाले पुरुषों की कामुकता देखकर मैं काँप उठती। लगता कि पुरुषों के बारे में सोचना या सपने देखना ही बेहतर है, नजदीकी वितृष्णा पैदा करती है। मैं सैकड़ों आँखों द्वारा बलात्कृत होती।

अपने लेखक से क्या कहूँ कि आप लाख बार कहें कि चित्रलेखा वेश्या नहीं थी, मगर नर्तकी को भी समाज वेश्या करके ही देखता है। सार्वजनिक समारोहों में उसके अंग संचालन की शास्त्रीय व्याख्या कितने लोग करते और समझते हैं? ज़्यादातर तो उत्तेजक भंगिमा की ही माँग करते हैं।

बीजगुप्त भी ऐसी ही महफिल में आया था और उसने भी ऐसा ही भाव दिखाया था जैसा कि महफिल में रसिक लोग दिखाया करते हैं। शारीरिक सुख की उत्तेजना का भाव। अतिरिक्त अनुरक्ति उसकी आँखों में लहक रही थी और मैं थी कि जतला रही थी कि मेरी ज़िन्दगी में अब किसी पुरुष की जगह और ज़रूरत नहीं। एक समय ऐसा हो सकता था कि बीजगुप्त जैसे नौजवान को देखकर मैं अपनी दृष्टि जल्दी ही उसके चेहरे से न हटा पाती। उसकी सुदीर्घ काया, मोहक आँखें और मधुर मुस्कान मुझे आकर्षित किये रहती जैसे कि वह प्यासी नज़रों से मेरे सुन्दर रूप को निहारे जा रहा था। ऐसे युवक की कामना कोई भी स्त्री करेगी और ऐसा मन मोहनेवाला आसानी से मिलता भी नहीं।

निस्सन्देह मैं अब केवल नाचनेवाली स्त्री के अलावा कुछ न थी, बीजगुप्त या किसी अन्य को अपने ऊपर एकाधिकार क्यों देती? मेरे जीवन से एक पुरुष के सम्बन्ध का विधान तो पुरुषों ने ही काट डाला। अब मैं नगरवधू के सिवा क्या थी? फिर भी आप यही कहते जाते हैं मेरे प्रणेता कि चित्रलेखा वेश्या न थी।

आप ही बतायें कि आप ऐसी घोषणा क्यों करते रहे? यह समझने के बाद भी कोई व्यक्ति कुछ नहीं बदल सकता। जो व्यवस्था उसके सामने है, उसी में रहना उसकी मजबूरी है। क्या आपकी भी मजबूरी यही नहीं रही कि बीजगुप्त की मर्यादा की रक्षा हर हालत में की जाये।

मर्यादा ही नहीं, अहंकार की भी रक्षा। नहीं तो उसका मान-अभिमान इतना मगरूर हो उठता कि सामन्ती अन्दाज में महफिल से उठकर चला जाये। यह वही मोहित-मुग्ध पुरुष था, जिसे मुझे देखते रहने की मोहकता में मिलने की उतावली थी। और अब वही था कि जाने के बाद पलटकर मुँह नहीं फेरा जैसे वह एक गणिका को उसकी औकात बता रहा हो।

हे गुरुदेव! क्या मैं अपनी औकात और बीजगुप्त की हैसियत नहीं जानती थी? पाँवों में घुँघरू बाँधकर और नाक में नथनी पहनकर सरेआम छमाछम नाचनेवाली स्त्री आख़िर कितना स्वाभिमान रख सकती है? हाँ, अपनी ज़िद भले ही रख ले, जिसके चलते सोचे कि कोई भी बीजगुप्त हाव-भाव कुछ भी दिखाये, लेकिन उसे इतना नहीं चाह सकता कि नर्तकी को अपनी महफिल उजड़ जाने का ग़म न हो। सपने को सपना ही रहने देना चाहिए महाराज, और हम रात में जागी आँखों सपने देखा करते हैं। पुरुष का सपना भी कम मनमोहक नहीं होता, लेकिन उसे ज़िन्दगी में शामिल करना जोख़िम-भरा ज़रूर होता है। एक पुरुष से शामिलखाता करते हुए स्त्री को अनेक खाँचों और विभाजनों से गुज़रना पड़ता है। मैं विधवा बनी तो पुरुष के कारण, विवाहिता हुई तो पुरुष के कारण और आज नर्तकी वेश्या हूँ तो पुरुषों के लिए। मगर अब कम-से-कम मेरी साझेदारी पुरुषों के साथ नहीं, मैं स्वतन्त्र औरत की तरह तो हूँ ही।

बहरहाल मैंने बीजगुप्त को पत्र लिखकर बुलाया था। पत्र ने अपना प्रभाव दिखाया। आपकी ही क़लम गवाह है कि केलिगृह में मद और मदिरा मिलकर रात के वैभव का विस्तार करने लगे थे। नृत्य के बाद, नहीं, नृत्य को छोड़कर तन का होश क्या जागा, मन मदहोशी में चला गया। नगरवधू का दामन थामकर बीजगुप्त ने कहा था—तुम मेरी पत्नी जैसी!

वेश्या बनाम नर्तकी का टूटा दिल रखने का दायित्व आज बीजगुप्त ले रहा है—तुम मेरी पत्नी जैसी...

मुझे यकायक हँसी आ गयी थी जबकि उसके सुन्दर-से-सुन्दर शब्दों पर मुझे मुग्ध हो जाना चाहिए था। उन शब्दों की तुलना में मेरा वज़न क्या, वजूद क्या? वाक्य इस आकर्षक ढंग से कहा गया था कि आज तक मेरे कानों को गुंजान करता रहता है। मैंने अपनी हँसी को यत्नपूर्वक रोक लिया था कि बीजगुप्त को यह न लगे कि मैं उसकी बात का मखौल उड़ा रही हूँ या एक सामन्त पर भरोसा नहीं कर रही, दोनों ही बातें उसकी तौहीन के लिए काफ़ी थीं।

मगर सच तो यही है न कि भोग की लालसा में कोई पुरुष पर-स्त्री से ऐसे ही शब्दों और सम्बन्धों का व्यवहार करता है। वेश्या को पत्नी-पद की कितनी उत्कट इच्छा होती है, पुरुष अच्छी तरह समझता है, क्योंकि पत्नी एक सम्मानसूचक शब्द है। भले ही पत्नी का जीवन दूसरी तरह की समस्याओं का भण्डार रहे।

मेरे रचयिता, अपने प्रिय सामन्त बीजगुप्त से कहीं ज़्यादा सच्चाई का पोषक तो आपने उसके शिष्य श्वेतांक को रचा, जिसने मेरे सान्निध्य में मदिरापान किया और अपने अभ्यास में मुझे कंचन-कामिनी मानकर मेरे अरुण कपोलों का स्पर्श किया। पराग भीगे मेरे मधु

अधरों से आकर्षित और उत्तप्त यौवन को देखकर अवसर पाते ही हाथ पकड़ बैठा। और सीधा प्रस्ताव रख दिया—'देवि, तुम मेरे जीवन में बवण्डर।' सुनकर मुझे न हँसी आयी, न शक-सन्देह हुआ, बस उसके सच से अवगत हो गयी। उसकी ईमानदारी पर भरोसा हुआ। इस सबके बावजूद वह अज्ञानी माना गया। मेरे लिये वह अबोध था, भोला और निश्छल।

गुरुदेव! ज्ञानियों के ज्ञानी तो महात्मा कुमारगिरि ही हैं, जो आँखें बन्द करके कहते रहे—स्त्री अन्धकार है, वासना है, माया है। ज्ञान के आलोक में स्त्री का कोई स्थान नहीं।—ज्ञानी लोग अकसर ऐसी ही माला जपते हैं। आचार्य, आपके योगी कुमारगिरि अपलक आँखें, विजड़ित पुतलियाँ और अवाक् स्वर, मैं जानती हूँ कि कैसा हाहाकार कर रहे थे, जो मेरे सौन्दर्य के कवित्व, स्वर के संगीत और मस्ती के अहंकार से पैदा हुआ था। यों तो मेरी सारी इच्छा-आकांक्षा ही नहीं, सामर्थ्य भी योगी मिटाना चाहते थे, मगर वे बार-बार असफल हो रहे थे। बीजगुप्त भी तो बेहद अशान्त था। ईर्ष्या से जलता हुआ पुरुष...क्या इन दोनों पुरुषों की आँखों में छीना-झपटी का दंगल नहीं मचा था, कि कोई स्त्री घबरा जाये। मैं घबराने ही तो लगी थी।

आपने फ़रमाया कि यही योग और भोग का द्वन्द्व है। दार्शनिक मुठभेड़ है। कितनी चतुराई से आध्यात्मिक वरकों में लपेटा आपने पुरुष युग्म को। बलिहारी जाने को जी चाहता है। मगर आपकी इस चित्रलेखा के कोमल कपोल थर्राने लगे, पराग मधु भीगे होंठ प्रकम्पित हुए। आप प्रत्यक्ष रूप से कुछ नहीं कह सके, मगर हम तीनों ही अपनी-अपनी नियति के हवाले थे।

इस सबके बाद भी आप माने नहीं, बराबर कहते रहे—चित्रलेखा वेश्या न थी। कहने से क्या होता है आचार्यप्रवर? मैं दो पतियों के वैधव्य से होकर सार्वजनिक मनोरंजन के मंच पर आयी तो मुझ पर क्या-क्या इलजाम हैं, आप भी जानते हैं। और इस दुर्भाग्य का देनदार भी कौन रहा, यह बात मैं जानती हूँ। समाज में हर विधवा पर पति की अप्रत्यक्ष हत्या का आरोप कलंक के रूप में लगता है, क्या इस दोहरे कलंक से आप मुझे बचाकर नहीं रख सकते थे? या वेश्यागिरी (राजनर्तकी) के लिए यह अभिशाप आपके लिए भी मुझे देने के लिए ज़रूरी हो गया था? वेश्या के जीवन के लिए आप कुछ भी लिख मारें, लोग उसे झपटकर पढ़ते हैं, क्या आप नहीं जानते? मेरे दोनों पतियों के लिए पाठकों के मन में कितनी करुणा जागी होगी और आपका 'चित्रलेखा वेश्या न थी' कहना कतई विश्वसनीय नहीं लगा होगा। निस्सन्देह तभी इस रचना की धूम मच गयी। जबकि मेरे लिये संगतियाँ ऐसी बिठा दीं कि मुझे उसी नियति को स्वीकार करके उद्धार की राह मिलेगी। मृत्युञ्जय महाशय का प्रकट होना इसी नियति का तो संकेत था। वे अपनी बेटी यशोधरा के साथ क्या प्रकट हुए, पिता का भव्य व्यक्तित्व और बेटी का भोला चेहरा, प्रशान्त और सुधा-सिंचित आँखें कुलशील होने की गवाहियाँ थीं और लज्जा से परिपूर्ण यशोधरा का मुखमण्डल उसको सुलक्षिणी प्रमाणित कर रहा था। यह सब आपने मुझको कहाँ दिया? इस सब पर मेरा हक़ क्यों नहीं था? इसलिए कि वेश्या होने के लिए शुरुआत से ही कुछ खास लक्षणों की ज़रूरत होती है और कुछ विशेष आयाम उसके जीवन से जोड़े जाते हैं। तभी तो विधवा होते ही मेरा रूप बदल दिया गया, रंगत उड़ा दी गयी, जैसे कि विधवा स्त्री के लिए ये दो विधान अनिवार्य होते हों, एक रूखा-सूखा जड़ जीवन, जो संन्यास की ओर जाता है, दूसरा श्रृंगार और रूप की आकांक्षावाली

ज़िन्दगी, जो वेश्यागीरी में डूब जाती है। उस स्त्री का स्त्रीपन इसी जायज़-नाज़ायज़ में बाँटकर देखने के रिवाज़ से आप भी तो नहीं बच पाये।

मैंने आपके द्वारा ही नर्तकी के रूप में शिष्टता खो दी। क्या आपको पता है कि इस स्थिति में आकर कोई स्त्री क्या सोचती है? यही कि आखिर मेरे लिये ये खूँखार विधान किसने बनाये हैं? स्त्री के रूप में विधवा भी कलंकित और वेश्या भी दागदार। क्या पुरुष ही हमें कलंकमुक्त और पवित्र बना सकता है? उसी के पास सारे अधिकार होते हैं हमारे लिये? मैं यहाँ अपने बारे में बहुत-कुछ ऐसा ही कह सकती थी, मगर मौन मेरी मज़बूरी थी यहाँ या चुप रहने की बाध्यता थी अथवा निर्वाक् रहकर थोड़ी-बहुत शालीनता को बचा लेने के लिए मुझे छोड़ दिया गया था।

यशोधरा इससे ज़्यादा आप सबके लिए क्या थी कि आप लोग उसे यौनिक पवित्रता से जोड़कर देखें। आपने एक स्त्री के सामने दूसरी स्त्री खड़ी करके यौनिकता के नाम पर कमतर और श्रेष्ठतम का मानक बनाया जो कतई नया नहीं था। यशोधरा ने अक्षतयोनि रहने का व्रत निभाया, यह उसकी योग्यता मानी गयी, जबकि यह पुरुष या पुरुषों द्वारा दी गयी एक स्थिति ही थी। पुरुष के रूप में बीजगुप्त उससे विवाह कर सकता है, यशोधरा उसकी पत्नी बन सकती है, यहाँ तक तो ठीक है, मगर बीजगुप्त संयोगवश काल-कवलित हो जाता है तो यशोधरा को मेरी राह ही आप रवाना कर डालेंगे?

बहरहाल, बीजगुप्त आपका, कहता आया है कि वह चित्रलेखा से प्रेम करता है। यशोधरा की पवित्रता के बावजूद बीजगुप्त का विवाहवाला दावा क्या हुआ? क्या विवाह का सम्बन्ध प्रेम से होता है? या प्रेम का रिश्ता विवाह में प्रतिफलित होना चाहिए? 'चित्रलेखा से प्रेम किया है, इसलिए उसे पत्नी माना है' यह वाक्य क्या धार्मिक और सामाजिक व्यवस्था में भी अपनी सार्थकता सिद्ध कर सकता है? यह तो मैं भी जानती हूँ और बीजगुप्त भी अनजान नहीं होगा कि शास्त्रसम्मत विधान सामन्ती शक्ति से हर हाल में ताक़तवर रहे हैं। विवाह में प्रेम का रत्ती भर भी दखल नहीं होता। अगर बीजगुप्त के प्रेम को महत्त्व दिया जाता तो आपके मृत्युञ्जय महाशय पूरे अधिकार के साथ सार्वजनिक घोषणा क्यों करते कि—एक नर्तकी की बीजगुप्त से पैदा सन्तान बीजगुप्त की नहीं मानी जायेगी। वह सामन्त की उत्तराधिकारी नहीं होगी।

बहुत ठीक! बहुत श्रेष्ठ!!

हाँ, नर्तकीरूपी वेश्या हो या वेश्यारूपी नर्तकी, उनकी सन्तान के पिता कहाँ होते हैं? और विवाह तो सन्तानोत्पत्ति (पुत्र-जन्म) के लिए हुआ करता है। सदियों नहीं, युगों से चली आ रही यह निष्कलुष परम्परा पर आप भी अपनी क़लम का वार क्यों करते? नहीं कर पाये, क्योंकि विवाह से सन्तान, सन्तान से पिता, पिता से उत्तराधिकार और उत्तराधिकार से सम्पत्ति जुड़ी होती है। इसलिए विवाह की योग्यता अक्षतयोनि लड़की, जिसे कन्या कहते हैं, जिसे कुलशील मानते हैं, में होती है, चित्रलेखा में तो हरगिज़ नहीं थी।

अब मुझे क्या कहोगे मेरे प्रणेता? वही न, जिसने एक बार मदिरा पी ली और मादकता को जान लिया, वह मदिरा की लत छोड़ नहीं सकता। मैं बद और बदनाम, बीजगुप्त की पत्नी बनकर इस जन्म में तो रह नहीं सकती थी। इसका मुझे कोई दुःख भी नहीं था, बस स्त्री के अपमान पर क्लेश था। वेश्या होकर भी मैं सिर उठाकर रह रही थी, क्योंकि इस जीवन

की सच्चाई भी जान गयी थी। हर व्यक्ति अपनी सच्चाई को जानता है, दूसरे लोग उस सच्चाई को जानने के कयास लगाते हुए तमाम झूठों का पुलिन्दा इकट्ठा कर लेते हैं। स्त्री के बारे में तो ज़्यादातर सच्चाइयाँ सामने आती ही नहीं, क्योंकि उसे लोग आनन्द और भोग का जरिया मानते हैं, अतः मनोरंजन और चटखारों से भरी पोटलियाँ उठाये रखना ही बेहतर समझते हैं।

मैंने इस सच का साक्षात्कार कर लिया कि अब मैं हर तरह से स्वतन्त्र हूँ, आपका धन्यवाद! मैं जब तक विवाह, वैधव्य जैसी नियमावली की गुलाम रही, ज़िन्दगी रोती-बिसूरती हुई बेचैन और दुःखों का सागर हो गयी। आज मैं अपनी मर्जी की मालिक हूँ। बीजगुप्त के प्रेम को स्वीकार करूँ या न करूँ, यह मेरा निर्णय होगा। वह पत्नी माने, मगर मैं खुद को उसकी पत्नी जैसी मानूँ, ज़रूरी तो नहीं। सम्बन्ध का कोई सूत्र मुझे अपनी तरह बाँधने में सक्षम नहीं।

सच मानिये, अपने भाग्य-दुर्भाग्य की बात भूलकर मुझे अब उन स्त्रियों पर दया आती है, जिन्हें आपने जीवन भर का दैहिक उपवास और अनुबन्ध देकर धर्मपत्नी का पद दिलाया है। और बीजगुप्त जैसे पुरुषों को स्वतन्त्र छोड़ दिया, जो अपने यौन-नियन्त्रण में विश्वास नहीं रखते। उनके लिए कौमार क़तई ज़रूरी नहीं। तब मैं भी अपने नर्तकी जीवन के इस कोने से कोई क्यों घृणा करूँ। वे सामन्त स्त्रियाँ मुझ पर क्या खाकर थूक रही हैं, जिन्होंने अपने शरीर पुरुषों के पास उम्र भर के लिए गिरवी रख दिये हैं और समझ रही हैं कि सम्मान प्राप्त कर लिया। सम्मान स्वतन्त्रता के बिना पाना असम्भव होता है।

हाँ, मैं वेश्या हूँ, डंके की चोट पर हूँ। वेश्या के रूप में ही कुमारगिरि के पास गयी। कुछ संस्कार लेने या संन्यास की दीक्षा लेने? या इसलिए कि समाज बहिष्कृत स्त्री के रूप में सामन्त बीजगुप्त को सद्गृहस्थ होने के लिए स्वतन्त्र छोड़ दूँ? अपने प्रेमपाश को समेटकर चली जाऊँ। उद्धार के नाम पर, दीक्षा की शर्त पर अपनी सहमति देते हुए क्या आप मेरी विद्रोही चेतना से घबरा गये थे? बेशक मैं उद्धार और दीक्षा जैसे पाखण्डों की क़ायल नहीं थी। कुमारगिरि का आगमन बीजगुप्त और मृत्युञ्जय महाशय के लिए महत्त्वपूर्ण रहा होगा, मेरे लिये नहीं। बल्कि उस योगी के आने से मेरे नृत्य में जो व्यवधान हुआ, वह मुझे नाममात्र को अच्छा नहीं लगा। मैं क्या कम थी उस योगी से? उसने यदि गिरि-कन्दराओं में तपस्या की है तो मैंने भी नृत्यशाला में कम साधना नहीं की। मेरी कला पर शून्य चस्पां करनेवाला मुझे अपराधी और पापी के सिवा क्या लगता? मैं कड़ुवी हँसी न हँसती को क्या करती? उसी कड़वाहट के बीच आपने रही-सही कसर पूरी कर दी, जब आपने चित्रलेखा को साकार और निराकार की रटन्त लगानेवाले योगी और बीजगुप्त सरीखे भोगी के बीच मुझे लाकर खड़ा कर दिया। कैसा खेल खेल रहे थे आप, स्त्री और पुरुष को अपने दाँवों पर चला रहे थे कि वही अध्यात्म, शास्त्र और यथार्थ की मुठभेड़ में माध्यम वही चित्रलेखा। इस खींचतान, घसीटा-घसीटी और फिर चीर-फाड़ के प्रावधान में स्त्री की छीछालेदर के सिवा आपके आख्यान में अब तक आख़िर क्या आया?

बीजगुप्त और कुमारगिरि सारे सामाजिक कलंकों से मुक्त पुरुष अपनी-अपनी मर्दानगी का शिकार चित्रलेखा में देखने लगे। आपने तो उनकी इस स्वतन्त्रता और मेरी परवशता का परिवेश पहले ही रच दिया था तो अब उनकी नज़र का निशाना मैं कैसे न होती? सीने पर आपकी दी हुई यन्त्रणा लादे हुए मैं उनके सामने प्रस्तुत थी। आपका तर्क भी सही था कि

जिस स्त्री को समाज न अपनाये उसे समाज के सामन्त और संन्यासी अपने लिये इस्तेमाल करेंगे ही। कारण कि वह अपने-आपको पापिन माने या न माने, हम मानते हैं। आप पुरुष थे, ऐसा सोच सकते थे क्योंकि मेरी मानसिकता से परिचित न थे। काश! इस बाबत किसी स्त्री से पूछ लिया होता और जवाब सुन लिया होता कि उसकी अपनी मर्जी क्या है? सामन्त और संन्यासी उसके लिए पुरुष के सिवा क्या हैं?

ऐसा नहीं कि स्त्री की गति पुरुष के बिना सम्भव नहीं। ऐसा तो आप लोगों ने बना रखा है या अपने लिये सुविधा जुटा रखी है कि स्त्री के रूप में सेवाश्रम और सेक्स का ज़रिया चाहिए पुरुष वर्ग को। क्या चमत्कार किया आपने कि कुछ दिन बीजगुप्त चित्रलेखा से अपना मन बहलाये रहा, इसके बाद उसे कुमारगिरि के हवाले कर दिया।

उद्धार कैसा हुआ, कैसे हुआ, आपकी कृपा का फल है।

"देवी चित्रलेखा।"

मेरे पाँवों की आहट पर कुमारगिरि ने अपने नेत्र खोल दिये।

"क्षमा करें गुरुदेव, मैं जाती हूँ!"

"जाने की आवश्यकता नहीं, तुम यहीं बैठो। मैं आज अभी समाधि नहीं लगाऊँगा। तुम दीक्षा लेने आयी थीं। तुमने कहा था, तुम मुझसे प्रेम करती हो।"

"मैंने सत्य कहा था गुरुदेव।"

"प्रेम के अर्थ क्या होते हैं चित्रलेखा?"

"दो आत्माओं का सम्बन्ध।"

"प्रेम केवल दो आत्माओं, दो मनुष्यों में हो सकता है। मनुष्य और ब्रह्म में नहीं, विराग नकारात्मक है। विराग का आधार शून्य है। जब कोई कहता है कि वह विरागी है तो ग़लत कहता है, क्योंकि संसार के प्रति विरागी का अनुराग अवश्य है।"

यह सब कुमारगिरि कह रहे थे या आप? या कुमारगिरि की मर्दानगी की पक्षदारी थी यह? कहना चाहते थे, योगी भी मनुष्य होता है और वेश्या भी मनुष्य। मनुष्य ही मनुष्य से प्रेम करता है। मगर प्रेम के पथ में विचलन क्यों होता गया? योगी भोग के रास्ते पर क्यों चल पड़ा? मैं देख रही थी स्वामी कुमारगिरि अपनी इन्द्रियों पर क़ाबू नहीं रख पा रहे थे।

एक ऋषि अपनी तप साधना को अपने ही हाथों नष्ट करने पर आमादा है, मैं उसे देखकर घबराती नहीं तो क्या करती? यह कैसी विचित्र लीला रच दी आपने?

देखते-ही-देखते तपस्वी के चेहरे का मुखौटा उखड़ने लगा। मेरे होश उड़ने लगे।

मैं नर्तकी थी, मुझे वेश्या माना गया, मेरे सामने कामुक पुरुषों की कतारें लगी रही हैं, मैंने रसिकों के लिए महफिल गुलजार की हैं और मैंने शाबाशियाँ बटोरी हैं, अशर्फियाँ समेटी हैं। कितने-कितने वासनामय मंज़र भी देखे हैं, लेकिन आज मेरे सामने प्रलय-सी क्यों आ गयी?

तपस्वी, एक नंगा पुरुष, जिसके शरीर में दौड़ती कामाग्नि की विद्युत्, आग की लपटें और उसकी लटपटाती जुबान—"निराकार की उपासना आज कठिन मालूम होती है चित्रलेखा! मन कहता है, साकार-साकार। मैं एक प्रयोग करना चाहता हूँ, तुम मेरी सहायता करो, उठो।"

योगी के नेत्रों की जगह लिप्सा के दो जलते-बुझते शोले, हाथों से बना शिकंजा। आलिंगनपाश में मैं छटपटाने लगी। होंठों पर होंठों का जानलेवा कँटीला दबाव बेतहाशा बढ़ता जा रहा था और स्वर की विषैली फुसफुसाहट—"मैं तुम्हें प्रेम करता हूँ। मैं प्रयोग... "प्रयोग..."

कितने प्रयोग करने की मंशा थी मेरे सर्जक? क्या पुरुष के प्रयोग ही हमारे प्रारब्ध में लिखे हैं। बीजगुप्त ने मदिरा में मस्त होकर मेरे ऊपर अपना पौरुष आजमाया था। और कुमारगिरि देह पर भस्म मलकर अपनी पुरुषोचित कामुकता को परख रहा था। ऐसा विधान क्यों रचा कि हम उसके माध्यम बनें? और इस तरह बनें कि जिसमें तनिक-सा भी धैर्य, जरा-सी भी शालीनता न बचे, जिसके लिए वे कुलशील और आभिजात्य करके जाने जाते हैं। क्या अपनी अश्लीलता को यह हमारे ऊपर थोपने का उपक्रम नहीं है? वैसे इन दोनों को पत्नियाँ भी तो मिल सकती थीं आर्य, जो हर रात इनकी इच्छा पर बकरी की तरह जिबह होने के लिए तैयार रहतीं। विवाह संस्था की जादूगरी यही तो है कि एक मान्यता प्राप्त शिकारी होता है और दूसरा अधिकार प्राप्त शिकार। शिकार का कर्त्तव्य माना गया है, अपने बहेलिये को सन्तुष्ट और शान्त करना।

आपके ज्ञान और अनुमान को दाद देने को जी करता है मेरे लेखक कि इनको क्या, किसी भी कामुक पुरुष को चित्रलेखा-जैसी स्त्री चाहिए, जिसका शिकार करके वे ख़ुद को वज्र पुरुष सिद्ध करना चाहते हैं यानी कि वे बकरी नहीं, शेरनी का मांस खाना पसन्द करते हैं। चित्रलेखा, कला विद्वत्ता और आकांक्षा की स्वामिनी इनके लिए स्त्री के रूप में निश्चित ही चुनौती थी, वे मुझे हरहाल में पराजित और पस्त देखना चाहते थे और यह उनकी चाहत पुरुषोचित मानी गयी।

क्या मेरे लिये इस तरह के षड्यन्त्र या मिट्टी में मिलाने की योजना मेरी तर्क-बुद्धि के लिए दिये गये दण्ड नहीं थे? क्या आप भी गुप्तकाल से लेकर आज तक चले आ रहे उन्हीं विधानों से सहमत नहीं होते गये जहाँ ऋषियों, मुनियों, योगियों और सन्तों ने अविवाहित रहकर या गृहत्याग के नाम पर समाजसेवी बनकर अपने शरीरों को स्त्री-शरीरों से सटा-भिड़ाकर अथवा रगड़-धगड़कर अपना पुरुषत्व आजमाया है।

आज मुझे हँसी आ रही है आचार्यप्रवर! देखिये, मेरी मुस्कान फूट उठी है इस बात पर कि पुरुषों ने स्त्री को अपनी जननेन्द्रिय की ताक़तवरी का करिश्मा दिखाने का साधन माना और स्त्री उन पुरुषों के लिए ऐसी कसौटी बन गयी जो उनमें से कितनों की पुंसकता को किनारे कर दे। यानी कि उत्तीर्ण और अनुत्तीर्ण का प्रमाण-पत्र उस स्त्री के ही हाथ में है, जिसे आप अपनी प्रयोगशाला में सजाया हुआ यन्त्र समझ रहे हैं। एक बात और जाहिर करनी है गुरुदेव कि वह स्त्री वेश्या ही हो सकती है जो साहसपूर्ण ढंग से किसी पुरुष के पुंसत्व पर बेबाक फैसला दे सके। पत्नियाँ तो अपने जीवन में उन चोर दरवाजों को रखने के लिए बाध्य हैं, जिनसे उनके नामर्द पति मर्द के रूप में निकलकर मूँछों पर ताव दिया करते हैं और पत्नी होंठों को भींचे हुए अपनी कामेच्छा पर खाक डालते हुए पतिव्रता का जीवन काटती है और पुरुष समझता है कि स्त्री की नस-नाड़ियों में जो आवेग और उत्तेजना होते हैं, वे पुरुष के भीतर यौनिक उत्पात मचाने के लिए होते हैं। कैसी नादानी है यह भी, क्योंकि पत्नी भी स्त्री है और वेश्या भी, क्यों नहीं माना जाता कि इच्छाओं का वैसा ही उद्वेग, रक्तिम बहाव उपस्थित रहता है, क्योंकि दोनों ही हाड़-मांस की बनी हैं, बस, पत्नी अपनी दमित इच्छाओं के चलते पत्नी है और इच्छाओं का दमन एकनिष्ठता में क़ैद रहने से भी होता है।

मुझे बेझिझक वेश्या कहिये मेरे लेखकप्रवर! क्योंकि मैं बता सकती हूँ कि विश्वामित्र से लेकर कुमारगिरि तक न जाने कितने-कितने योगी-महात्माओं के ब्रह्मचर्य रम्भाओं, मेनकाओं और चित्रलेखाओं की इच्छा में स्खलित हुए हैं। हम वेश्याओं की गवाही में यह सच्चाई कब से गूँज रही है कि यहाँ न कोई भोगी बन सका, न योगी। पत्नी, रखैल, वेश्या कहने से किसी के स्त्रीत्व में क्या अन्तर आ जायेगा? ये खाँचे तो पुरुषों ने अपनी सुविधा और झूठे सामाजिक सम्मान के लिए बना लिये हैं। आप बार-बार क्यों कहते हैं कि चित्रलेखा वेश्या न थी, क्या यह आपका अपराध बोध बोलता है।

मैं वेश्या नहीं थी तो क्या थी?

बहरहाल 'चित्रलेखा' नाम से आपकी रचना अमर हुई। आपने अपनी चित्रलेखा को वेश्या होने से नहीं, वेश्या कहे जाने से बचाने की कोशिश की। इसका कारण साफ़ समझ में आता है कि आप उसके प्रति दया और करुणा से भरे हुए थे, किसी बराबरी के जज्बे से नहीं। स्त्री को बराबरी देने का रिवाज़ आज भी नहीं है, ऊपर से आपने उसके पाँवों में घुँघरू बाँध दिये। घुँघरूओं वाली बाई को बीजगुप्त की रहनुमाई में प्रजा ही होना चाहिए, यह आपका मत था, वरन् बीजगुप्त में पुरुष होने के अलावा मेरे समकक्ष अतिरिक्त योग्यता क्या थी? वह तो यह भी नहीं समझना चाहता था कि प्रेम का वरण करे या पवित्रता का? वह सामन्त रहे या कुमारगिरि की तरह संन्यासी हो जाये?

बीजगुप्त का चारित्रिक सिंहासन बहुत ऊँचा उठ गया आचार्यप्रवर! जब उसने सत्ता का साम्राज्य अपने सेवक शिष्य श्वेतांक को सौंप दिया। समझा यह भी जा सकता है कि जिसके पास बहुत-कुछ होता है, वह दाता का दायित्व निभा पाता है। यशोधरा से श्वेतांक ने विवाह किया और बीजगुप्त को ऊहापोह से बचा लिया, इसका पारितोषिक भी तो देना बनता ही है। अपनी होनेवाली पत्नी की पवित्रता से अभिभूत बीजगुप्त उस कन्या की कुलशीलता की रक्षा करने का धर्म निभाकर महान् पुरुष की पदवी पा गया। साथ ही सद्गृहस्थों की सम्पत्ति सद्गृहस्थों के हाथ गयी। सामन्त और त्याग भावना, दो विरोधी बातें हैं, लेकिन यहाँ बीजगुप्त ने आपके ज़रिये अपनी उदारता और निःस्वार्थता का इतिहास रचा।

बीजगुप्त भोला या मासूम नहीं था आर्य! वह समझ चुका था कि सामन्ती राज मुकुट में कितनी जकड़न है और वैराग्य में अनगिनत छूटें हैं। वह देख रहा था, वन-जंगलों में कुमारगिरि स्वतन्त्र और निरंकुश तरीके से विचरण करता है, प्राकृतिक सम्पदा उसकी अपनी सम्पत्ति है और वनचारियों पर उसका एकच्छत्र शासन चलता है। बीजगुप्त को वनगमन रास आया। उसे गृहस्थ के बन्धनों से मुक्ति मिली। मुझे भी तो वह पत्नी नहीं, 'पत्नी जैसी' के रूप में रखना चाहता था।

आपने अपना कर्त्तव्य समझते हुए बीजगुप्त को महान् मार्ग पर भेजकर मुझे उसकी अनुगामिनी बनाया। आपको लगा होगा न कि इसी तरह एक वेश्या का मार्ग प्रशस्त हो सकता है। समाज चित्रलेखा की ओर तनिक वाहवाही की नज़र से देख सकता है। मगर आपको यह पता नहीं था कि कोई भी स्त्री, अनुगामिनी बनकर सुखी या सन्तुष्ट नहीं हो सकती। सीता की मिसाल आपके सामने है, अनुगामिनी के रूप में उसने क्या पाया? अपहरण और फिर लांछनयुक्त जीवन में वनवास। जबकि सीता स्वतन्त्रचेता हुई, तब वह राजमहलों की रानी न होते हुए भी व्यक्तित्व सम्पन्न स्त्री हुई। ऐसी स्त्री राम के सामने लड़ाकू सेना खड़ी कर

सकती है, इसलिए उसके बेटे राजा और पिता रामचन्द्र जी के अश्व को पकड़ने का साहस दिखाते हैं। यहाँ वह पत्नी कहाँ है जो अनुगामिनी बनकर धन्य हुई थी?

आपकी कथा मुझ चित्रलेखा की कहानी के रूप में मेरे ऊपर शीलवती वेश्या का खोल है, जिसका मुलम्मा मैं ही उखाड़ने आ खड़ी हुई। कारण कि आपने मुझे इस लायक ही समझा कि यौनिक स्तर पर कुमारगिरि का आक्रामक रवैया बर्दाश्त करूँ और सामाजिक स्तर पर बीजगुप्त के लायक न समझी जाऊँ। आपने अपने काल के दबाव में जो कुछ किया, वही तो किया जो हमारे समाज में वेश्या बनाम नर्तकी के लिए होता आया है। मुझे सामान्य जीवन और अपने बूते खड़े होने का मौक़ा आप देते तो पुरूष व्यवस्था को क्या कहकर शान्त करते? धर्म-अधर्म, पाप-पुण्य के फेर में अपनी रचना को डालकर जो निष्कर्ष निकाला, वह आपके लिए उपलब्धि हो सकती है, क्योंकि चित्रलेखा के लिए धर्म-अधर्म है और पाप-पुण्य कोई मुद्दा नहीं था।

शेष शुभ! आपको मेरा प्रणाम।

('तब्दील निगाहें' से साभार)

नमिता सिंह

चित्रलेखा और स्त्री-विमर्श के सन्दर्भ

'चित्रलेखा' उपन्यास के नाम से प्रथम द्रष्टया प्रतीत होता है कि स्त्री चरित्र पर केन्द्रित इसका कथानक पाठक को स्त्री-विमर्श के सूत्र देता है। भगवतीचरण वर्मा हिन्दी के महत्त्वपूर्ण उपन्यासकारों में हैं। बीसवीं शताब्दी के तीसरे दशक के आसपास हिन्दी कथालेखन के क्षेत्र में आनेवाले महत्त्वपूर्ण साहित्यकारों की लम्बी श्रृंखला है जिन्होंने प्रेमचन्द के बाद हिन्दी कथा-साहित्य को समृद्ध किया। इनमें जैनेन्द्र, सुदर्शन, यशपाल, राहुल, रांगेय राघव, अमृतलाल नागर, नागार्जुन, भैरवप्रसाद गुप्त, चतुरसेन शास्त्री, वृन्दावनलाल वर्मा जैसे प्रमुख उपन्यासकारों की लम्बी सूची है। चौथे-पाँचवें दशक के दौरान् ये सर्वाधिक पढ़े जानेवाले उपन्यासकार थे। बीसवीं सदी के तीसरे दशक से भारतीय परिदृश्य में एक नवोन्मेष धारित युग की शुरुआत होती दिखायी देती है। इसी का परिणाम रहा कि लेखन में पहली बार स्त्री और दलित प्रश्न केन्द्रीय भाव ग्रहण करने लगे। यानी हाशिये के लोग राजनीतिक-सामाजिक पटल पर अपनी उपस्थिति दर्ज करा रहे थे और साहित्य में भी केन्द्रीय विषय बन रहे थे। ये स्त्री अगर समकालीन आधुनिक समाज से नहीं थी तो इतिहास में जाकर अतीत के गह्वर से नायिकाएँ प्रस्तुत की जा रही थीं। इस सन्दर्भ में चित्रलेखा, दिव्या, वैशाली की नगरवधू, झाँसी की रानी, ध्रुवस्वामिनी-जैसे कुछ प्रमुख उपन्यास और नाट्य कृतियों के नाम लिये जा सकते हैं।

'चित्रलेखा' भगवतीचरण वर्मा का सबसे अधिक चर्चित और लोकप्रिय उपन्यास है। 1934 में प्रकाशित यह आज भी एक कलात्मक कृति मानी जाती है। यूँ भगवती बाबू के उपन्यासों की भी ख़ासी लम्बी सूची है जिनमें भूले-बिसरे चित्र, सीधी-सच्ची बातें, टेढ़े-मेढ़े रास्ते, रेखा, सबहिं नचावत राम गोसाईं, सामर्थ्य और सीमा प्रमुख हैं। इन उपन्यासों के अतिरिक्त उनके अन्य उपन्यास प्रश्न और मरीचिका, वह फिर नहीं आयी, युवराज चूण्डा, घुप्पल और चाणक्य हैं।

'चित्रलेखा' को ऐतिहासिक-सांस्कृतिक उपन्यास कहा जाता है। उस समय के अनेक ऐतिहासिक उपन्यास हैं जो किसी-न-किसी कारण से चर्चित हुए और आज भी महत्त्वपूर्ण माने जाते हैं। इस सन्दर्भ में सर्वाधिक महत्त्वपूर्ण उपन्यास यशपाल का 'दिव्या' है। इसके अलावा आचार्य चतुरसेन का 'चित्रलेखा' के समान ही महत्त्वाकांक्षी वृहद् उपन्यास 'वैशाली की नगरवधू' है। राहुल सांकृत्यायन का 'सिंह सेनापति', हजारीप्रसाद द्विवेदी का 'बाणभट्ट की आत्मकथा', रांगेय राघव का 'मुर्दों का टीला' और भगवतशरण उपाध्याय का 'कालिदास' जैसे समाज प्रधान ऐतिहासिक उपन्यासों की एक अलग श्रेणी है (दिव्या : संस्कृति और इतिहास-मदन दीक्षित, दिव्या, इतिहास संस्कृति और नारी-विमर्श, पृ. 16) व्यक्ति आधारित चरित्रप्रधान उपन्यासों में अमृतलाल नागर के उपन्यास 'मानस का हंस', 'खंजन नयन', 'एकदा नैमिषारण्ये' और 'सात घूँघटवाला मुखड़ा' रखे जा सकते हैं जहाँ 'प्रमाणित ऐतिहासिक व्यक्तियों और घटनाओं का हलका-सा आलम्बन लेकर ही वे अपनी कलात्मक कल्पना और

रोचक क़िस्सागोई के सहारे रचते हैं। अपनी कथा-कृतियाँ (दिव्या : संस्कृति और इतिहास-मदन दीक्षित, दिव्या, इतिहास संस्कृति और नारी-विमर्श, पृ. 16) एक अन्य श्रेणी के ऐतिहासिक उपन्यासों के रचनाकार वृन्दावन लाल वर्मा के उपन्यास भी चरित्रप्रधान, व्यक्ति आधारित हैं और उनका इतिहास लेखन भी सोद्देश्य है। उनका कहना—"हम अतीत से बहुत-सा भला-बुरा लेकर वर्तमान में आये हैं क्योंकि हम अतीत की बुराइयों से बचकर वर्तमान को ऐसा सुन्दर बनाना चाहते हैं कि भविष्य अच्छा बन सके।" (वृन्दावनलाल वर्मा समग्र, पृ. 7) उनके उपन्यासों में कल्पना के लिए अधिक स्थान नहीं बल्कि जैसा उन्होंने कहा है, उन्होंने—"इतिहास को कला के चौखटे में जड़ने का प्रयास किया है।" (वृन्दावनलाल वर्मा समग्र, पृ. 12)

ऐतिहासिकता के सन्दर्भ में यशपाल का उपन्यास 'दिव्या' है जो उनकी वैचारिकता के साथ-साथ बौद्धकालीन भारतीय समाज की संरचना के सामाजिक-मानसिक स्वरूप और राजनैतिक अन्तर्द्वन्द्वों को पूरी कलात्मकता के साथ प्रस्तुत करता है। इतिहास के विषय में यशपाल ने 'दिव्या' की भूमिका में लिखा है—"इतिहास मनुष्य के विश्वास की नहीं विश्लेषण की वस्तु है।" साहित्यिक रचना में इतिहास निश्चित रूप से उद्देश्य के अन्तर्गत होता है। इतिहास के किसी कालखण्ड को आधार बनाकर उसकी पुनर्रचना जो उस समय के समाज-राजनीति और चरित्रों को किसी नये रूप और मन्तव्य के साथ प्रस्तुत करे। इसके अतिरिक्त यह भी सम्भव है कि ऐतिहासिक चरित्र को आधार बनाकर इतिहास के उस कालखण्ड-विशेष की पृष्ठभूमि में कृति का निर्माण जहाँ उस चरित्र या चरित्रों को प्रस्तुत करने के पीछे भी निश्चित उद्देश्य हों। तीसरा मन्तव्य ऐतिहासिक कालखण्ड में इतिहास और संस्कृति को व्याख्यायित करते हुए एक निश्चित वैचारिक धरातल पर चरित्र और परिस्थितियाँ निर्मित कर इतिहास की व्याख्या करना।

'चित्रलेखा' के आसपास कुछ अन्य उपन्यास उस दौर में आये जो स्त्रीप्रधान थे और ऐतिहासिक पृष्ठभूमि में थे या इतिहास के किसी कालखण्ड को विषय बनाकर लिखे गये थे। इस सन्दर्भ में जयशंकर प्रसाद की एक सफल कृति 'ध्रुवस्वामिनी' है हालाँकि, यह उपन्यास न होकर नाटक है। 'ध्रुवस्वामिनी' की रचना 1933 में हुई जबकि चित्रलेखा का प्रथम प्रकाशन 1934 में हुआ। 'दिव्या' का प्रकाशन-वर्ष 1945 है। चतुरसेन शास्त्री का 'वैशाली की नगरवधू' का प्रथम प्रकाशन-वर्ष 1949 में हुआ-हालाँकि इसका लेखन दस वर्ष पूर्व प्रारम्भ हो चुका था जैसा कि उन्होंने उपन्यास की भूमिका में कहा है। इनके बीच चित्रलेखा को यदि ऐतिहासिक उपन्यास की श्रेणी में रखा जाता है तो यह उचित नहीं है। वस्तुतः चित्रलेखा पूर्णतः एक भाववादी, रोमाण्टिक उपन्यास है और उस समय के अन्य ऐतिहासिक कहे जानेवाले उपन्यासों के बीच एक अलग ही स्थान रखता है।

हिन्दुस्तान में बीसवीं सदी का तीसरा दशक बेहद उथल-पुथल भरा था। राष्ट्रीय और अन्तरराष्ट्रीय पटल पर राजनीति और समाज में नये बदलाव आ रहे थे और वातावरण आवेशित हो रहा था। राष्ट्रीय स्वाधीनता आन्दोलन के प्रारम्भिक चरणों की पृष्ठभूमि में प्रेमचन्द एक ओर नये बनते-बिगड़ते कृषक समाज के सम्बन्धों, शहरी मध्यवर्ग तथा किसान के भूमिहीन हो श्रमिक के रूप में रूपान्तरित होने की कथा 'गोदान' में कह रहे थे तो 1934 में जैनेन्द्र ने 'सुनीता' उपन्यास दिया जिसमें उन्होंने नये बदलते सन्दर्भों में स्त्री के 'बोल्ड' चरित्र को प्रस्तुत करते हुए नितान्त भाववादी स्वरूप में स्त्री-पुरुष सम्बन्धों के आधुनिक

स्वरूप की रचना की। यह अलग बात है कि एक ओर नयी साहसिक और आत्मविश्वास से भरी स्त्री की कल्पना लेकिन दूसरी ओर परम्परागत रूप से पति की इच्छा का अनुसरण करती पत्नी रूप के बीच खींचतान में सुनीता का चरित्र एक यूटोपिया बनकर रह गया। प्रेमचन्द के कथा-संसार की सामाजिकता और यथार्थवाद से अलग होने का सम्भवतः यह एक सायास प्रयास था। युगीन परिस्थितियों में एक ओर निराशा और कुण्ठा का वातावरण था तो दूसरी ओर क्रान्तिकारी भावनाओं से भरा जज़्बा था जो राजनीति-समाज के साथ-साथ साहित्य में भी दिखायी दे रहा था। अपने समय की राजनीतिक स्थितियों से उपजे सामाजिक वातावरण को आधार बनाते हुए यशपाल ने 'दिव्या' से पहले 'दादा कामरेड' और 'मनुष्य के रूप' जैसी कृतियाँ दीं। इन दोनों उपन्यासों में उस समय की राजनैतिक गतिविधियाँ, किसान सभाओं के जुझारू कार्यक्रम, ट्रेड यूनियनों की विभिन्न मोर्चों पर सक्रियता, क्रान्तिकारी समूहों की अलग स्तर पर गतिविधियाँ, हिन्दुस्तान सोशलिस्ट रिपब्लिकन आर्मी जैसे अनेक संगठन तथा भगतसिंह, चन्द्रशेखर आज़ाद-जैसे क्रान्तिकारियों की छवियाँ प्रतिबिम्बित होती हैं। यशपाल ने अपने पहले के दो उपन्यासों में जीते-जागते अपने समय के नायकों को चरित्र बनाकर मानो अपने समय को ही कथा का स्वरूप दिया।

इसके विपरीत जैनेन्द्र ने 'सुनीता' में स्वाधीनता आन्दोलन की एक क्षीण पृष्ठभूमि तो तैयार की लेकिन मूलभाव में इस उपन्यास का स्वरूप उनकी अधिकतर कृतियों की तरह भाववादी धरातल पर ही आधारित रहा और स्त्री-पुरुष सम्बन्ध जैसे सामाजिक-मनोविज्ञान का विषय पूरी दार्शनिकता के साथ उपन्यास में छाया रहा। स्त्री-स्वाधीनता और अस्मिता-जैसे सवाल परम्परा की डोर से बाँधकर आधुनिकता के नाम पर पति के अभिन्न मित्र के सम्मुख सुनीता को निर्वस्त्र करने तक सिमटकर रह गये।

भगवतीचरण वर्मा ने चित्रलेखा में आधुनिकता के स्वरूप और उठ रहे समसामयिक स्त्री स्वाधीनता के प्रश्नों से असम्पृक्त भारतीय दर्शन की परम्परा में निहित पाप और पुण्य की व्याख्या का विषय उठाया और विशुद्ध भाववादी धरातल पर चित्रलेखा-जैसी कृति को कलात्मक रूप में प्रस्तुत किया। यह कला की उत्कृष्टता भाषा के स्तर पर उनके परिश्रम से स्पष्ट होती है।

चित्रलेखा के कथानक में ऐतिहासिकता का बेहद क्षीण आलम्बन है। कथाभूमि पाटलिपुत्र है और शासक सम्राट् चन्द्रगुप्त मौर्य है। चन्द्रगुप्त मौर्य की उपस्थिति का आभास उपन्यास के अन्त में होता है जब नायक बीजगुप्त अपनी समस्त सम्पत्ति, प्रासाद और अपनी सामन्त की पदवी भी श्वेतांक को प्रदान कर देता है और भिखारी की भाँति देश-पर्यटन के लिए प्रस्थान करने को तैयार होता है। अगर पाटलिपुत्र-जैसे प्राचीन नगर की जगह कोई और काल्पनिक नाम रख दिया जाता अथवा चन्द्रगुप्त मौर्य के स्थान पर कोई और सम्राट् का नाम होता तो भी कथा के स्वरूप पर प्रभाव नहीं पड़ता। ये पूरा उपन्यास प्राचीन भारतीय समाज की पृष्ठभूमि में योगी कुमारगिरि और भोगी बीजगुप्त और उनके बीच राजनर्तकी चित्रलेखा के सम्बन्धों की ख़ूबसूरती से बुनी गयी कहानी है। भगवती बाबू इन चरित्रों के माध्यम से पाप और पुण्य के साथ योगी और भोगी के स्वरूप की व्याख्या करते हैं जो नितान्त व्यक्तिपरक और भाववादी होती है। यूँ तो पाप और पुण्य, स्वर्ग और नरक-जैसी भाववादी अवधारणाएँ सभी धर्मों में हैं लेकिन भारतीय संस्कृति में ये गहन दार्शनिक विषय बन जाते

हैं। सांसारिक जीवन कितना वास्तविक है और कितना माया का रूप है, आत्मा और परमात्मा के बीच सूत्रबद्ध मानव जीवन की नियति भोग है अथवा मोक्ष... ऐसे वायवीय जटिल प्रश्नों की विशद व्याख्याएँ हमारे ऋषि-मुनियों के साथ-साथ दर्शनशास्त्र के अध्येताओं ने समय-समय पर की हैं। धर्मसत्ता ने वेद, पुराण, ब्राह्मण, उपनिषद्, संहिताओं आदि के माध्यम से समाज के नैतिक-अनैतिक और उचित-अनुचित जैसे क्रिया-कलापों और पद्धतियों पर स्थापनाएँ देकर सामाजिक आचार-विचार और व्यवहार को नियमबद्ध किया है। इन्हीं स्थापनाओं से प्रचलित धार्मिक मान्यताओं का निर्माण हुआ है और समाज की मानसिकता बनी है। वैदिक काल से लेकर आज तक संन्यासी ईश्वर के समान पवित्र समझे और पूजे जाते हैं। (आज इक्कीसवीं सदी में संन्यासी समुदाय धर्मसत्ता के रूप में एक समानान्तर शासन-सत्ता का संचालन कर रहा है और अपने निकृष्टतम रूप में दिखायी दे रहा है। धार्मिक संस्था और मठ-आश्रम कारपोरेट घरानों के रूप में तथाकथित संन्यासियों द्वारा संचालित हो रहे हैं और व्यापार कर रहे हैं।) उपन्यास में कुमारगिरि एक युवा, मोहमाया से मुक्त दार्शनिक योगी है—उसका दावा है उसने संसार की समस्त वासनाओं पर विजय प्राप्त कर ली है। संसार से उसको विरक्ति है। दूसरी ओर बीजगुप्त (सामन्त) भोगी है। "उसके हृदय में यौवन की उमंग है और आँखों में मादकता की लाली। उसकी विशाल अट्टालिकाओं में भोग-विलास नाचा करते हैं। रत्नजटित मदिरा के पात्रों में ही उसके जीवन का सारा सुख है...ईश्वर पर उसे विश्वास नहीं। शायद उसने कभी ईश्वर के विषय में सोचा तक नहीं है। स्वर्ग-नरक की उसे कोई चिन्ता नहीं..." (पृ. 9) आरम्भ में ही लेखक ने दोनों प्रमुख पात्रों का परिचय दे दिया है।

'चित्रलेखा' के साथ समकालीन 'ध्रुवस्वामिनी', 'दिव्या' और 'वैशाली की नगरवधू' का उल्लेख करने पर यह देखना दिलचस्प है कि ये सभी स्त्री पात्रों को केन्द्र में रखकर लिखे गये हैं। यह भी युगबोध का एक संकेत है जो रचनात्मक वातावरण में एक वैचारिकता का समावेश करता है। स्त्रीप्रधान इन सभी कृतियों में हिन्दी के ये मूर्द्धन्य रचनाकार अपने समय के सामाजिक प्रश्नों को नवोन्मेषवादी दृष्टि से विश्लेषित कर रहे थे और दो-ढाई हज़ार वर्ष पूर्व तक इतिहास का पीछा करते हुए परम्परा और आधुनिकता के बीच सम्बन्ध-सूत्र तलाश रहे थे। यह एक श्रमसाध्य अध्ययन के साथ रचनात्मकता का उत्कर्ष था। प्रसाद जी का मन्तव्य केवल गुप्तकालीन शासन के दौरान रामगुप्त और चन्द्रगुप्त विक्रमादित्य के समय को प्रस्तुत करना मात्र नहीं था बल्कि उस अवधि में शकराज के साथ युद्ध और उसके बीच ध्रुवस्वामिनी के रूप में एक सशक्त, नारी पात्र को प्रस्तुत करना था। प्रसाद ने इस सम्बन्ध में ऐतिहासिक तथ्यों की प्रामाणिकता का पूरा विवरण सचेत रूप में 'ध्रुवस्वामिनी' की भूमिका में देने का प्रयास किया। 'वैशाली की नगरवधू' में चतुरसेन शास्त्री भी भूमिका में कहते हैं कि "(उन्हें) आर्य, बौद्ध और हिन्दुओं के साहित्य का सांस्कृतिक अध्ययन दस वर्ष तक करना पड़ा है।" उन्होंने इसी भूमिका में यह भी कहा कि—"(यह उपन्यास) एक गम्भीर रहस्यपूर्ण संकेत है जो उस काले पर्दे के प्रति है जिसकी ओट में आर्यों के धर्म, साहित्य, राजसत्ता और संस्कृति की पराजय और मिश्रित जातियों की प्रगतिशील संस्कृति की विजय सहस्राब्दियों से छिपी हुई है जिसे सम्भवतः किसी इतिहासकार ने और उघाड़कर नहीं देखा है।" 'चित्रलेखा' की कथावस्तु पाटलिपुत्र की है तो वैशाली की नगरवधू, स्पष्ट है आज से ढाई हज़ार वर्ष पूर्व की वैभवशाली वैशाली है जो "लिच्छवियों के वज्जी संघ की राजधानी

थी जिसमें आठ कुल सम्मिलित हो गये और अब यह पूरे संघ की राजधानी भी थी। लिच्छवियों का यह संघव्रात्य संकरों का सामर्थ्यवान् और आदर्श गणतन्त्र, उस समय के प्रतापी मगध-साम्राज्य की सबसे बड़ी राजनीतिक और सामरिक बाधा थी" (वैशाली की नगरवधू, पृ. 7) चतुरसेन शास्त्री ने इस पूरे उपन्यास में बेहद विस्तार से उस समय के मगध राजतन्त्र और लिच्छवियों के गणतन्त्र की राजनैतिक गतिविधियों, अन्तर्द्वन्द्वों, सामरिक कूटनीति के साथ-साथ सामाजिक स्वरूप और कार्यविधियों को कथावस्तु में पूरी रचनात्मक कला और सचेत भाषा सौष्ठव के साथ सँजोया है।

'दिव्या' भी यशपाल का सही अर्थों में ऐतिहासिक उपन्यास है जो ईसा पूर्व दो से चार शताब्दी पहले के बौद्ध कालीन समाज को प्रस्तुत करता है। 'दिव्या' उपन्यास की काल्पनिक पात्र है जैसा वे स्वयम् भूमिका में कहते हैं लेकिन, जिस कालखण्ड की कथावस्तु यशपाल रचते हैं उसकी ऐतिहासिकता, संस्कृति और सामाजिक संरचना के साथ राजनीति के स्तर पर सत्ता और वैचारिक अन्तर्द्वन्द्व पूरी तथ्यात्मकता के साथ प्रस्तुत होती है। बौद्धकालीन समाज जहाँ बौद्ध धर्म राजधर्म के रूप में है और कुलीन ब्राह्मणवादी वर्णव्यवस्था के पोषक-समर्थक समाज का असन्तोष और द्वन्द्व के साथ संघर्ष की राजनीति चित्रित होते हैं। 'दिव्या' की भूमिका में यशपाल इस कालखण्ड के इतिहास के अपने विशेष अध्ययन का संकेत भी देते हैं जो इसकी तैयारी के लिए आवश्यक था और जो उपन्यास की घटनाओं से भी स्पष्ट होता है।

दिलचस्प है कि प्राचीन इतिहास और समय को आधार बनाकर प्रसाद ने जिस प्रांजल, तत्सम प्रधान आभिजात्य भाषा का प्रयोग किया, जो 'ध्रुवस्वामिनी' में भी मिलता है, उसी प्रकार की श्रमपूर्वक तराशी गयी भाषा हमें 'चित्रलेखा' में मिलती है और 'दिव्या' में तथा 'वैशाली की नगरवधू' में भी मिलती है जो कि सर्वथा तर्कसंगत और स्वाभाविक है। 'चित्रलेखा' के समान ही ये तीन उपन्यास भी सामन्ती समाज का प्रतिनिधित्व करते हैं। सभी उपन्यासों के प्रमुख पात्र राजदरबार अथवा शासन व्यवस्था से जुड़े हुए लोग हैं और वे कथावस्तु के वातावरण का निर्माण करते हैं। ऐसी परिस्थितियों में स्त्री-विमर्श की व्यापक सम्भावनाएँ इन उपन्यासों के माध्यम से उत्पन्न होती हैं।

'चित्रलेखा' ने भगवतीचरण वर्मा को वैसी ही ख्याति और लोकप्रियता प्रदान की जैसी राही मासूम रज़ा को 'महाभारत' टीवी सीरियल ने प्रदान की थी बावजूद इसके कि छठे दशक के आरम्भ में आया उनका उपन्यास 'आधा गाँव' को 'क्लासिक' रचना के रूप में मान्यता मिली है और उनके अन्य उपन्यासों को भी विशिष्टता की श्रेणी में रखा जाता है। 'चित्रलेखा' भी पढ़े-लिखे भारतीय मध्यवर्ग में ऐसी ही लोकप्रिय कृति है और इस पर आधारित फ़िल्म ने इसके प्रशंसकों का दायरा और अधिक विस्तृत किया। भगवती बाबू ने पहचान के रूप में लखनऊ के महानगर इलाक़े में स्थित अपनी कोठी का नाम भी 'चित्रलेखा' ही रखा।

उपन्यास की प्रमुख पात्र चित्रलेखा एक विधवा ब्राह्मणी थी जिसने अठारह वर्ष की आयु में पति को खो दिया। नियम-संयम से वह जीवन यापन कर रही थी कि उसके जीवन में कृष्णादित्य ने प्रवेश किया जो क्षत्रिय और शूद्र स्त्री का वर्णसंकर पुत्र था। वह सुन्दर और आकर्षक व्यक्तित्ववाला युवक था और चित्रलेखा उसकी ओर आकर्षित हुई और सदैव साथ रहने की शपथ के साथ वह गर्भवती हुई।

सम्पन्न पिता द्वारा कृष्णादित्य को उसके इस कृत्य पर घर से निकाल दिया गया और दोनों ही राह के भिखारी हो गये। अन्ततः क्षोभ और ग्लानि से कृष्णादित्य ने आत्महत्या कर ली और सुन्दर, गर्भवती चित्रलेखा को एक नर्तकी के घर शरण मिली। कालान्तर में उत्पन्न नवजात पुत्र भी काल सिधार गया और विकसित यौवन और अथाह रूपराशि की स्वामिनी चित्रलेखा संगीत और नृत्यकला की शिक्षा प्राप्त कर पाटलिपुत्र की नर्तकी के रूप में प्रसिद्ध हुई।

लेखक ने आरम्भ में ही स्पष्ट कर दिया कि चित्रलेखा वेश्या न थी, केवल नर्तकी थी। (पृ. 11) चित्रलेखा पाटलिपुत्र नगर की सर्वसुन्दरी नर्तकी है, उसे राजनर्तकी का पद प्राप्त है, वह यौवन से भरपूर है। एक दिन उसने बीजगुप्त को देखा। वह सुन्दर था, युवा सामन्त था, आकर्षक था और फिर एक अन्तराल के बाद चित्रलेखा ने उसे आमन्त्रण दिया—"चित्रलेखा बहुत सोच-विचार के बाद इस निष्कर्ष पर पहुँची है कि केवल एक व्यक्ति उसके जीवन में आ सकता है और वह व्यक्ति बीजगुप्त है।..." (पृ. 13) उसी दिन से इन दो प्राणियों का साथ हुआ था पर फिर भी 'चित्रलेखा वेश्या न थी।'

उसके व्यक्तित्व का एक रूप दार्शनिक का है। वह प्रतिदिन सान्ध्य बेला में बीजगुप्त के प्रासाद में जाती है। एक-दूसरे के सान्निध्य में वे रोज़ लम्बा समय बिताते हैं और इस दौरान उनके मध्य मदिरा होती है। प्रेमालाप होता है। मदिरापान करते हुए वे दर्शनिक प्रश्नों से उलझते विचारों की गहन बीथियों से होते हुए सदैव समाधान के लिए अनिश्चित रहते हैं। लेखक उनके बीच के सम्बन्धों के प्रति जो आभास देता है वह यह कि दोनों संसार के सुखों को, भोग को जीवन का अंग मानते हैं। "छलकते हुए मदिरा पात्र को चित्रलेखा के मुँह से लगाते हुए बीजगुप्त ने कहा—चित्रलेखा, जानती हो जीवन का सुख क्या है? चित्रलेखा की अधखुली आँखों में मतवालापन था और उसके अरुण कपोलों पर उल्लास था। यौवन की उमंग में सौन्दर्य किलोलें कर रहा था। आलिंगन के पाश में वासना हँस रही थी। चित्रलेखा ने मदिरा का एक घूँट पिया—इसके बाद वह मुस्कुरायी। एक क्षण के लिए उसके अधरों ने बीजगुप्त के अधरों से मौन भाषा में कुछ बात कही, फिर धीरे से उसने उत्तर दिया—"मस्ती"।

उस समय प्रायः आधी रात बीत चुकी थी...(पृ. 10) इस परिदृश्य के साथ उपन्यास में चित्रलेखा और बीजगुप्त परस्पर सामीप्य सम्बन्धों के बीच ऐसे ही जीवन मृत्यु, यौवनावस्था और उसके बाद, भूत, भविष्य और वर्तमान, राग और विराग जैसे अनगिनत प्रश्नों की दार्शनिक व्याख्याओं के साथ सहजीवन व्यतीत कर रहे होते हैं। लेखक उनके बीच गहन प्रेम सम्बन्ध और सान्निध्य का वर्णन करते हुए सम्भवतः किसी प्रकार के 'प्लेटोनिक लव' (वायवीय प्रेम) जैसी स्थिति का चित्रण करना चाहता है। उनके परस्पर सम्बन्धों और अन्तरंगता के मध्य यह वायवीय प्रेम जैसी कल्पना भावुकता के वातावरण में ही निर्मित की जा सकती है और निश्चित तौर पर पाठक को आकर्षित करती है।

कुमारगिरि योगी है। सांसारिक माया-मोह से मुक्त उसने वासनाओं पर विजय प्राप्त कर ली है। एक रात बीजगुप्त और चित्रलेखा देर रात भ्रमण से लौटने पर कुमारगिरि के आश्रम में रात भर का आश्रय माँगते हैं। कुमारगिरि स्त्री को माया मानकर उसे आश्रय देने की इच्छा नहीं रखते लेकिन चित्रलेखा की मेधा और दार्शनिकता से चकित हो रात्रिविश्राम हेतु एक कुटी का प्रबन्ध करते हैं। परस्पर तर्क-वितर्क के बीच कुमारगिरि को चित्रलेखा के विदुषी स्वरूप

से साक्षात्कार होता है। योगी चित्रलेखा के ज्ञान से प्रभावित होते हैं तो चित्रलेखा योगी के सौन्दर्य और आकर्षक व्यक्तित्व से। दोनों ही अन्तस् में एक-दूसरे की ओर आकर्षित हैं।

यह आकर्षण कई गुना बढ़ता है जब राजदरबार में महायज्ञ के बाद दर्शन पर तर्क करने के लिए बड़ी संख्या में दार्शनिक और विचारक एकत्र होते हैं। सुन्दरी चित्रलेखा का नृत्य भी उस अवसर पर विशेष कार्यक्रम के रूप में होता है। सभा में नीतिप्रवर प्रधानमन्त्री चाणक्य वाद-विवाद हेतु तर्क प्रस्तुत करते हैं कि "नीतिशास्त्र धर्म के अन्तर्गत है या नहीं।" कुमारगिरि का तर्क है कि धर्म सर्वोच्च सत्ता है। अपनी बात प्रमाणित करने के लिए कुमारगिरि चित्रलेखा का नृत्य बीच में ही रोककर ईश्वर का साक्षात् दर्शन जन समुदाय को कराते हैं। प्रधानमन्त्री चाणक्य के कहने पर कि उन्हें किसी अग्नि शिखा के दर्शन नहीं हुए, उन्हें झूठा ठहरा दिया जाता है। तब चित्रलेखा सभा में घोषणा करती है कि उसे भी ऐसे किसी दिव्य प्रकाश के दर्शन नहीं हुए। वह अन्ततः कुमारगिरि को स्वीकारोक्ति के लिए विवश करती है कि सब-कुछ आत्मशक्ति से जनमण्डल को प्रभावित कर अपनी कल्पना द्वारा निर्मित ईश्वर का रूप दिखाया था। (जिसे आधुनिक भाषा में सम्मोहन यानी हिप्नोटिज़्म कहा जाता है।) जिनकी आत्मशक्ति प्रबल थी वे कुमारगिरि की कल्पना से निर्मित ईश्वर स्वरूप से सम्मोहित नहीं हुए।

राजदरबार में कुमारगिरि का तर्क पराजित हुआ लेकिन चित्रलेखा ने अपना विजय मुकुट कुमारगिरि के सर पर रख दिया और स्वयं उसका हृदय उस पर निछावर हो गया। उसके हृदय के उद्‌गार थे "पर कुमारगिरि सुन्दर अवश्य है।" (पृ. 31)

उद्विग्न चित्रलेखा अन्ततः अपना प्रासाद छोड़कर कुमारगिरि के पास दीक्षा ग्रहण करने जाती है लेकिन वास्तव में वह उससे प्रेम करती है। कुमारगिरि को अपनी इन्द्रियों पर पूरा अधिकार है। वासनाओं को जीत चुके हैं अतः चुनौती के रूप में चित्रलेखा को अपनी ही कुटी में रहने की आज्ञा देते हैं। जैसा कि स्वाभाविक है, जीत मानवोचित मनावेगों की होती है, चित्रलेखा के रूप-यौवन और प्रेम की होती है और योगी कुमारगिरि उद्‌दाम वासना के वशीभूत हो चित्रलेखा के मोहपाश में आबद्ध होते हैं और चित्रलेखा उन्हें अपना शरीर भी समर्पित कर देती है। बीजगुप्त की स्मृतियों से चित्रलेखा को विमुख करने के लिए कुमारगिरि को झूठ का सहारा भी लेना पड़ता है।

उधर बीजगुप्त चित्रलेखा के वियोग में अपना सर्वस्व श्वेतांक को समर्पित कर नगर छोड़कर संसार भ्रमण हेतु चल देता है। चित्रलेखा का मन अब कुमारगिरि से भर चुका है। उसके रूप और यौवन ने कुमारगिरि के वैराग्य पर विजय प्राप्त की लेकिन इससे वह अन्ततः विक्षुब्ध हो उठी। कुमारगिरि के व्यक्तित्व की इस कमज़ोरी से उसका मोहभंग होने पर वह पुनः पाटलिपुत्र वापिस आ जाती है। उपन्यास के अन्त में वह भी अपना समस्त वैभव त्याग बीजगुप्त के साथ चली जाती है।

इस सम्पूर्ण कथावस्तु में भगवती बाबू ने चित्रलेखा के रूप में नारी स्वभाव का बेहद स्वाभाविक और मनोवैज्ञानिक स्तर पर चरित्र चित्रण किया है। एक उन्मुक्त स्त्री जो समाज में प्रतिष्ठित है, जीवन को सुख और भोग का साधन समझती है। उसे जब जो प्रीतिकर लगता है वही करती है। वह बीजगुप्त से प्रेम करती है। जब उसे लगता है कि योगी कुमारगिरि

का आकर्षण उसे खींच रहा है वह उसके पास चली जाती है। योगी के जिस स्वरूप से उसे प्रेम था, जब वह खण्डित होता है तो उसके प्रति उसका आकर्षण समाप्त हो जाता है और अन्ततः वह अपने सच्चे प्रेमी के रूप में बीजगुप्त का अनुगमन करती है।

चित्रलेखा एक स्वतन्त्र नारी है। वह क्रियाशीलता को जीवन का आधार मानती है और योग को पलायन की संज्ञा देती है। जीवन को अपनी तरह से जीना और प्राप्त सुखों का भोग करना...जो स्वयं को रुचे, वही करना...उसका जीवन-दर्शन है। यही जीवन-दर्शन बीजगुप्त का भी है लेकिन उसका प्रेम एकनिष्ठ है, कभी पल भर को भी उसने चित्रलेखा के लिए प्रतिकूल नहीं सोचा। एक प्रेमी के रूप में बीजगुप्त आदर्श है। यूँ उसकी छवि भोगी की है लेकिन एक पल में वह निर्णय लेकर अपना समस्त वैभव, भोग के साधन, राजकीय सम्मान और सम्पत्ति त्याग देता है।

चित्रलेखा विदुषी है। जीवन और संसार के क्रिया-कलापों, परस्पर सम्बन्धों की जटिलताओं के प्रति वह एक चिन्तक के रूप में विचार करती है और उनकी दार्शनिक व्याख्या करती है। उसके चरित्र के विविध रंग हैं। जो सुन्दर है, आकर्षक है, उसे प्रभावित करता है, वह उसके प्रति अनुरक्त होती है और यह उसके स्वतन्त्र व्यक्तित्व की विशेषता है।

दरअसल दार्शनिकता भारतीय चिन्तन-पद्धति की एक धारा है जो तर्कसंगत वैज्ञानिक चिन्तन पद्धति के विपरीत खड़ी होती है। भारतीय चिन्तन पद्धति की मुख्य धारा एक परम सत्ता के अस्तित्व में विश्वास करती है जो तर्क से परे है और आस्था एवं भाववादी अवधारणा पर आधारित है। यह चिन्तन-पद्धति इस भौतिक संसार को मिथ्या समझते हुए इससे मुक्त होकर व्यक्तिवादी कल्पना से निर्मित ईश्वर अथवा परम ब्रह्म में लीन हो जाने का मार्ग निर्धारित करती है। इसके विपरीत तर्कसंगत वैज्ञानिकता पर आधारित चिन्तन इस संसार के क्रिया-कलापों को समझते हुए मानव अस्तित्व को सर्वोच्च स्थान देता है। इसका उद्देश्य मनुष्य को भौतिक और भावनात्मक दोनों रूपों में सुखी बनाने का है और निरन्तर ज्ञानविज्ञान के विकास के साथ मानव-जीवन के विकास को सुनिश्चित करना है।

यशपाल 'दिव्या' में मारिश जैसे पात्र के द्वारा इसी तार्किक और समाजोन्मुखी विकास की अवधारणा को प्रस्तुत करते हैं जो भारतीय संस्कृति के इतिहास में लोकायत चिन्तन-पद्धति के रूप में चार्वाकों (तथा कुछ सीमा तक बुद्ध) द्वारा स्थापित की गयी। चित्रलेखा में लेखक ने योगी कुमारगिरि के चिन्तन और दार्शनिकता का वह स्वरूप प्रस्तुत किया है जो भारतीय धर्म और दर्शन की भाववादी, तर्कातीत परम्परा है। यद्यपि चित्रलेखा कुमारगिरि के तर्कों को समाजोन्मुखी संसारिक जीवन-पद्धति से उपजे विचारों के द्वारा निरस्त करती है लेकिन अन्ततः दोनों के मध्य प्रेमाकर्षण से निर्मित सम्बन्ध केवल वासना और शारीरिक आकर्षण में परिणत हो जाते हैं जहाँ तर्क-वितर्क और चिन्तन-मनन का कोई स्थान नहीं होता।

इस रूप में चित्रलेखा का सम्पूर्ण व्यक्तित्व केवल उसकी व्यक्तिगत आकांक्षाओं उसके स्वयं के राग-विराग तक सीमित है। वह अपने निर्णय स्वयं लेती है। राजनर्तकी के रूप में स्वावलम्बी है। जैसा लेखक ने स्पष्ट किया कि वह केवल नर्तकी है वेश्या नहीं है। कुमारगिरि को वह देह समर्पित करती है तो स्वयं अपनी इच्छा से और परस्पर प्रेम के वशीभूत होकर जो सहज-स्वाभाविक है। यद्यपि बीजगुप्त के साथ उसके सम्बन्धों के प्रति लेखक केवल 'प्लेटोनिक लव' का और 'सहजीवन' का आभास ही देता है। इस रूप में चित्रलेखा की कोई

सामाजिक भूमिका दिखायी नहीं देती। लेखक का सम्भवतः इस रूप में चित्रलेखा को प्रस्तुत करने का उद्देश्य भी नहीं है। दरअसल बीसवीं सदी के तीसरे-चौथे दशक के उथल-पुथल भरे अशान्त, आशंकाग्रस्त एवं अनिश्चिन्तता के वातावरण में चित्रलेखा जैसी भावुक और रोमाण्टिक कथा का जो अभूतपूर्व स्वागत हुआ वह सहज स्वाभाविक था। इस पाप-पुण्य और योग-भोग की अमूर्त और भाववादी अवधारणाओं के बीच भगवती बाबू ने कलात्मकता के साथ युगीन परिस्थितियों में युवा मानस को आकर्षित करनेवाली इस औपन्यासिक कृति की रचना की।

इसके विपरीत नाटक 'ध्रुवस्वामिनी' में ऐतिहासिकता का पूरा निर्वाह करते हुए प्रसाद एक तेजस्वी और अन्याय का प्रतिकार करनेवाली स्त्री की कथा को केन्द्रित कर नाटक लिखते हैं जहाँ ध्रुवस्वामिनी अपने कायर और निस्तेज पति सम्राट् रामगुप्त के आदेश का विरोध कर अपने सम्मान की रक्षा करती है। विजेता शकराज की सन्धि-शर्त के अनुसार रामगुप्त ने राजमहिषी ध्रुवस्वामिनी को शकराज के पास जाने का आदेश दे दिया। ध्रुवस्वामिनी रामगुप्त के छोटे भाई वीर चन्द्रगुप्त के साथ योजना बनाकर शकराज के पास जाती है और अन्ततः शकराज मारा जाता है। अब राज्य की स्वामिनी ध्रुवस्वामिनी है। रामगुप्त तिरस्कृत किया जाता है। ध्रुवस्वामिनी चन्द्रगुप्त विक्रमादित्य के साथ पुनर्विवाह को स्वीकार करती है।

वैशाली की नगरवधू में चतुरसेन शास्त्री ने अम्बपाली के जिस चरित्र को निर्मित किया है वह जीवनभर अपनी स्थितियों से संघर्ष करती रही। जनपद कल्याणी के रूप में वह वज्जी संघ के गणपरिषद् के निर्णय के अनुसार बलात् गणिका अर्थात् वेश्या बना दी गयी। संघ के क़ानून के अनुसार वहाँ की सर्वश्रेष्ठ सुन्दरी किसी से विवाह नहीं कर सकती। वह सम्पूर्ण समाज की सम्पत्ति है। जीवन भर वह वैशाली और उसके कुलीन सामन्तों की भर्त्सना करती रही, 'धिक्कृत क़ानून' का भरसक प्रतिरोध करती रही और प्रतिशोध की ज्वाला में भस्म होती रही। सम्भवतः इसी कारण वह शत्रु मगध साम्राज्य के सम्राट् बिम्बसार का प्रणय निवेदन स्वीकार कर यह शर्त रखती है कि उसका पुत्र ही मगध का भावी सम्राट् होगा और बिम्बसार उसे सहर्ष स्वीकार कर अन्त में ऐसा ही करते हैं। केवल अम्बपाली ही नहीं, उपन्यास की अन्य स्त्री पात्र भी पुरुष समाज की दासी हैं चाहे वह विशिष्ट वर्ग, सामन्ती समाज की स्त्रियाँ ही क्यों न हों। ऐसी पीड़िता स्त्रियों के रूप में आर्या मातंगी जो राजकुल के कुलीनों/सामन्तों से बलात्कृत होने के लिए विवश है अथवा कुण्डली जिसे बलात् विषकन्या बनाकर राजनीति के प्रयोजन सिद्ध किये जाते हैं। अम्बपाली के जीवन-चरित्र को आधार बनाकर ईसापूर्व दूसरी-तीसरी शताब्दी के समाज का विस्तृत वर्णन उपन्यास की कथावस्तु बनता है।

यशपाल 'दिव्या' के माध्यम से सामन्ती समाज में स्त्री की दशा-दुर्दशा का विस्तृत चित्रण पूरे ऐतिहासिक प्रामाणिकता से करते हैं और स्त्री-पुरुष सम्बन्धों को तीनों स्थितियों में प्रस्तुत करने का प्रयास करते हैं जहाँ एक ओर ब्राह्मणवादी वर्णव्यवस्था पर आधारित संस्कृति है, दूसरी ओर श्रमण संस्कृति में स्त्री का स्थान निर्धारण है। तीसरे छोर पर लोकायत परम्परा के भौतिकवादी मारिश के माध्यम से परस्पर सहयोग, समानता और सम्मान पर आधारित स्त्री के स्थान के विचार को यशपाल प्रस्तुत करते हैं।

इस सन्दर्भ में 'चित्रलेखा' के माध्यम से लेखक ऐसा कोई चिन्तन अथवा विचार प्रस्तुत नहीं करता। दरअसल यहाँ चित्रलेखा उपन्यास के केन्द्र में ही नहीं है। वह केवल आलम्बन मात्र है जो स्वयं सुख विलास और सांसारिक भोग को जीवन का आनन्द कहती है। एक भोगी

बीजगुप्त और योगी कुमारगिरि दोनों उसके प्रेमी हैं और वह भी अलग-अलग परिस्थितियों में उस पर अनुरक्त है। वास्तव में उपन्यास का केन्द्रीय भाव-पाप क्या है! पुण्य क्या है! कौन पापी! कौन पुण्यात्मा! कौन योगी! कौन भोगी! कौन वास्तव में आसक्त! कौन विरक्त!.. .. जैसी पहेलियों के बीच निर्मित होता है। पाप और पुण्य की परिभाषा से परे एक रोमाण्टिक भाववादी कथानक पर आधारित यह उपन्यास अपनी कलात्मकता और प्रस्तुतीकरण के कारण महत्त्वपूर्ण उपन्यासों की श्रेणी में रखा जा सकता है।

जहाँ तक वैचारिक पक्ष का प्रश्न है वह इसके उपसंहार में निहित है। कथा के प्रारम्भ में उपक्रमणिका के रूप में मुनि रत्नाम्बर के दोनों शिष्य श्वेतांक और विशालदेव अपने गुरु से पाप क्या है और पुण्य क्या है-जैसे प्रश्न पूछते हैं। गुरु उन्हें कोई समुचित उत्तर न देकर कहते हैं कि इन प्रश्नों का कोई एक सीधा सरल समाधान नहीं हो सकता। वे विशालदेव को योगी कुमारगिरि के पास और श्वेतांक को सामन्त और भोगी बीजगुप्त के पास भेजकर एक वर्ष तक वहाँ रहने का आदेश देते हैं और स्वयं अपने सांसारिक अनुभवों से पाप और पुण्य जैसे गूढ़ प्रश्न के उत्तर और स्वरूप खोजने का आदेश देते हैं।

एक वर्ष के घटनाक्रम के बाद श्वेतांक और विशालदेव दोनों ही अपने अनुभवों का वर्णन करते हैं और अपने निष्कर्षों में एक-दूसरे से सहमत नहीं हैं। विशालदेव की दृष्टि में कुमारगिरि "सच्चे योगी हैं। उन्होंने ममत्व को वशीभूत कर लिया है।" ...और बीजगुप्त वासना का दास है।... (पृ. 147)

इसके विपरीत "श्वेतांक ने रत्नाम्बर के सम्मुख मस्तक नवा दिया—महाप्रभु, बीजगुप्त देवता है। और कुमारगिरि पशु है। वह अपने लिये जीवित है। संसार में उसका जीवन व्यर्थ है..." (पृ. 147)

और इसके प्रत्युत्तर में रत्नाम्बर का उत्तर कि संसार में पाप कुछ भी नहीं, वह केवल मनुष्य के दृष्टिकोण की विषमता का दूसरा नाम है... प्रत्येक मनुष्य सुख चाहता है। केवल व्यक्तियों के सुख के केन्द्र भिन्न होते हैं।" ...और अन्त में "संसार में इसीलिए पाप की परिभाषा नहीं हो सकी—और न हो सकती है।" (पृ. 148)

पूरे उपन्यास के कथानक का यह सार ही वास्तव में केन्द्रीभूत होकर स्वयं एक चरित्र के रूप में सर्वत्र उपस्थित रहता है और यही भावचरित्र 'चित्रलेखा' की आत्मा है और इसी में उपन्यास की सार्थकता है।

———

जवरीमल्ल पारख

'चित्रलेखा' और सिनेमाई रूपान्तरण की समस्याएँ

भगवतीचरण वर्मा के प्रख्यात उपन्यास 'चित्रलेखा' (1) का प्रकाशन 1934 में हुआ था, उस समय वह 31 वर्ष के थे और एक कवि के तौर पर उनकी पहचान बनने लगी थी। लेकिन 'चित्रलेखा' ने उन्हें एक उपन्यासकार के रूप में भी प्रतिष्ठित कर दिया। 'चित्रलेखा' ऐतिहासिक कल्पना पर आधारित उपन्यास है जो चन्द्रगुप्त मौर्य के युग की कहानी हमारे सामने प्रस्तुत करता है। मुख्य कथा जिन पात्रों के माध्यम से सामने आती है, वे ऐतिहासिक नहीं हैं लेकिन उन्हें जिस देश-काल में पेश किया गया है और वे जैसा व्यवहार करते हैं, जो उनका सोच है, वह काफी हद तक उस दौर का प्रतिनिधित्व करता है। इसका अर्थ यह नहीं है कि उपन्यास की कोई प्रासंगिकता नहीं है। जिस पाप-पुण्य का प्रश्न उपन्यास के केन्द्र में है, वह ठीक उसी रूप में भले ही बहुत प्रासंगिक न हो, लेकिन इस बात से इन्कार नहीं किया जा सकता कि अब भी लोग लौकिक जीवन को अभिशाप की तरह देखते हैं और धर्म, अध्यात्म को ही मुक्ति का मार्ग समझते हैं। उपन्यास का मुख्य कथ्य इस प्रश्न से जुड़ा है कि क्या जीवन और जगत् से वैराग्य अपने में कोई मूल्य है? जीवन में आसक्ति रखनेवाले और जीवन का 'भोग' करनेवाले क्या जीवन से भागनेवालों की तुलना में तुच्छ होते हैं? क्या संसार में रहनेवाले त्याग का मूल्य नहीं जानते? अनुभव महत्त्वपूर्ण है या पुस्तकीय ज्ञान? स्त्री और पुरुष को उनके आचरण से जानना चाहिए या उनकी सामाजिक प्रतिष्ठा से? ऐसे कई प्रश्न हैं जो इस उपन्यास में उठाये गये हैं, जिनकी प्रासंगिकता से इन्कार नहीं किया जा सकता। फिर भी एक उपन्यास के रूप में 'चित्रलेखा' 'बाणभट्ट की आत्मकथा' और 'दिव्या' की तुलना में साधारण उपन्यास है। नायिका के नाम पर आधारित होने के बावजूद चित्रलेखा में वह ओज और गरिमा नहीं है जो दिव्या में, निउनिया या भट्टिनी में दिखायी देती है। इस उपन्यास की प्रासंगिकता बहुत सीमित है, वैचारिक धरातल पर वह आधुनिक मूल्यों का वाहक है, लेकिन समाज के बुनियादी प्रश्नों से यह उपन्यास टकराने का साहस नहीं करता। उपन्यास निश्चय ही बहुत रोचक ढंग से लिखा गया है और जो दार्शनिक प्रश्न उठाये गये हैं उन्हें ग्रहण करने में पाठकों को उलझन नहीं होती।

इस उपन्यास की कथा बहुत सीधी-सादी है। महाप्रभु रत्नाम्बर के दो शिष्य श्वेतांक और विशालदेव यह जानना चाहते हैं कि पाप क्या है और पुण्य क्या है। लेकिन रत्नाम्बर के पास इसका कोई बना-बनाया उत्तर नहीं है। उनका मानना है कि पाप और पुण्य की पहचान संसार में रहकर ही हो सकती है। अपने अनुभवों से मनुष्य अच्छे और बुरे का ज्ञान प्राप्त करता है। अनुभव हासिल करने के लिए वह अपने इन दोनों शिष्यों को दो अलग-अलग व्यक्तियों के पास भेजता है। श्वेतांक को सामन्त बीजगुप्त के पास भेजता है जो रत्नाम्बर के अनुसार 'भोगी' है और विशालदेव को कुमारगिरि के पास जो 'योगी' है। रत्नाम्बर के अपने शब्दों में, ''कुमारगिरि योगी है, उसका दावा है कि उसने संसार की समस्त वासनाओं पर विजय

पा ली है। संसार से उसको विरक्ति है, और अपने मतानुसार उसने सुख को भी जान लिया है, उसमें तेज है और प्रताप है; उसमें शारीरिक बल है और आत्मिक बल है। जैसा कि लोगों का कहना है, उसने ममत्व को वशीभूत कर लिया है। कुमारगिरि युवा है; पर यौवन और विराग ने मिलकर उसमें एक अलौकिक शक्ति उत्पन्न कर दी है। संसार उसका साधन है और स्वर्ग उसका लक्ष्य'' (चित्रलेखा, पृ. 9)। इसके विपरीत, रत्नाम्बर के अनुसार, 'बीजगुप्त भोगी है; उसके हृदय में यौवन की उमंग है और आँखों में मादकता की लाली। उसकी विशाल अट्टालिकाओं में भोग-विलास नाचा करते हैं; रत्नजटित मदिरा के पात्रों में ही उसके जीवन का सारा सुख है। वैभव और उल्लास की तरंगों में वह केलि करता है, ऐश्वर्य की उसके पास कमी नहीं है। उसमें सौन्दर्य है, और उसके हृदय में संसार की समस्त वासनाओं का निवास। उसके द्वार पर मातंग झूमा करते हैं; उसके भवन में सौन्दर्य के मद से मतवाली नर्तकियों का नृत्य हुआ करता है। ईश्वर पर उसे विश्वास नहीं, शायद उसने कभी ईश्वर के विषय में सोचा तक नहीं है। और स्वर्ग तथा नरक की उसे कोई चिन्ता नहीं। आमोद और प्रमोद ही उसके जीवन का साधन हैं तथा लक्ष्य भी हैं'' (चित्रलेखा, पृ. 9)।

यही बीजगुप्त चित्रलेखा से प्यार करता है। चित्रलेखा नर्तकी है। लेकिन यही उसकी पहचान नहीं थी। उपन्यास के अनुसार वह ब्राह्मण विधवा थी। विधवा होने के समय उसकी उम्र महज अठारह वर्ष की थी। वैधव्य के दौरान ही कृष्णादित्य नामक युवक उसके जीवन में आया जो क्षत्रिय पिता और शूद्रा का पुत्र था। दोनों में प्रेम हुआ लेकिन उनके प्रेम को समाज की स्वीकृति नहीं मिली। कृष्णादित्य और चित्रलेखा को उनके माता-पिताओं ने त्याग दिया। उन दोनों को दर-दर की ठोकरें खानी पड़ीं। कृष्णादित्य यह दुःख सहन न कर सका और उसने आत्महत्या कर ली। कृष्णादित्य से चित्रलेखा को जो सन्तान उत्पन्न हुई वह भी जीवित नहीं रह सकी। चित्रलेखा के लिए जब सब दरवाज़े बन्द हो गये तब एक नर्तकी ने उसे आश्रय दिया जहाँ उसने नृत्य और गायन सीखा। वे ही उसके जीवन के सहारे बने। उसके सौन्दर्य और कला की ख्याति चारों ओर फैलने लगी। इसी दौरान बीजगुप्त के सम्पर्क में भी आयी और दोनों एक-दूसरे से प्रेम करने लगे। मृत्युञ्जय नामक सामन्त अपनी पुत्री यशोधरा का विवाह बीजगुप्त से करना चाहते हैं लेकिन चित्रलेखा इसमें सबसे बड़ी बाधा है। चित्रलेखा को बीजगुप्त से अलग करने के लिए मृत्युञ्जय कुमारगिरि की सहायता लेता है। कुमारगिरि इसमें क़ामयाब तो हो जाता है और बीजगुप्त को अपने बन्धन से मुक्त करने के लिए चित्रलेखा कुमारगिरि की शरण में चली जाती है।

अपनी तपस्या और संयम पर गर्व करनेवाला कुमारगिरि चित्रलेखा के सौन्दर्य के आगे अपने को विवश पाता है और वह स्वयं उसके सौन्दर्य जाल में फँस जाता है। यहाँ तक कि चित्रगुप्त का प्यार पाने के लिए वह झूठ का सहारा लेता है और चित्रलेखा को यशोधरा से बीजगुप्त के विवाह का झूठा समाचार सुनाकर उसे अपनी वासना का शिकार बनाता है। जबकि बीजगुप्त यशोधरा के सौन्दर्य से प्रभावित होते हुए भी चित्रलेखा को भुला नहीं पाता। यही नहीं जब बीजगुप्त को मालूम पड़ता है कि श्वेतांक यशोधरा से प्रेम करने लगा है और उससे विवाह करना चाहता है, तो वह अपनी सम्पत्ति और सम्राट चन्द्रगुप्त के दरबार में मिला सम्मान सभी कुछ श्वेतांक को दे देता है। चित्रलेखा को जब कुमारगिरि के झूठ की जानकारी मिलती है तो उसका मन घृणा से भर जाता है और वह कुमारगिरि का आश्रम छोड़ देती है।

बीजगुप्त अपने ऐश्वर्य और विलासितापूर्ण जीवन को त्याग कर पाटलिपुत्र से प्रस्थान कर जाता है और चित्रलेखा भी सब-कुछ त्यागकर बीजगुप्त के साथ चली जाती है।

लेकिन उपन्यास की मुख्य शक्ति प्रेमकथाएँ नहीं हैं। विभिन्न प्रेमकथाएँ जो एक-दूसरे से टकराती आगे बढ़ती हैं वह कहना लेखक का उद्देश्य नहीं है। लेखक का उद्देश्य उन दार्शनिक सवालों पर जीवनानुभवों के माध्यम से बहस करना है, जो विभिन्न पात्रों के माध्यम से हमारे सामने आते हैं। इस उपन्यास के सभी प्रमुख पात्र इस बहस में हिस्सेदारी करते हैं। पाप और पुण्य के अलावा भी कई प्रश्न उपन्यास में सामने आते हैं। मसलन, उपन्यास के पहले ही परिच्छेद में चित्रलेखा और बीजगुप्त मदिरापान करते हुए इस प्रश्न पर विमर्श करते हैं कि "...जीवन का सुख क्या है?" "यौवन का अन्त क्या है?" व्यक्ति और समुदाय के बीच सम्बन्ध क्या है? ये और ऐसे कई प्रश्न उपन्यास में निरन्तर सामने आते हैं और पात्र अपने-अपने ढंग से उनका उत्तर देने का प्रयत्न करते हैं। उपन्यास में वैचारिक बहसें कोई नयी चीज़ नहीं हैं। रवीन्द्रनाथ टैगोर, प्रेमचन्द, हजारीप्रसाद द्विवेदी, यशपाल आदि लेखकों के उपन्यासों में भी विस्तृत वैचारिक बहसें देख सकते हैं। लेकिन जब किसी उपन्यास का फ़िल्मान्तरण किया जाता है, तब उसमें चलनेवाली वैचारिक बहसों को यथावत् पेश करना आसान नहीं होता। उपन्यास का आस्वादन पाठक पढ़कर उठाते हैं। उसे सुविधा होती है कि वह पढ़े गये हिस्से को बार-बार पढ़कर उसको समझने का प्रयत्न करे। लेकिन फ़िल्म के साथ यह सुविधा नहीं है। उसे तो समय के प्रवाह में अनवरत देखना होता है। सुनने में एकाग्रता की ज़्यादा आवश्यकता होती है और फ़िल्म देखते वक़्त जो कहा जा रहा है उसको उतनी एकाग्रता से ग्रहण नहीं किया जा सकता। लम्बे-लम्बे और जटिल विचार-विमर्श से सामान्य दर्शक दूर छिटक जाते हैं। हिन्दी फ़िल्मों का सामान्य दर्शक मनोरंजन के लिए फ़िल्म देखता है और मनोरंजन की उसकी समझ भी सतही होती है जिसमें प्रेम कहानियाँ, खलनायक या खलनायिका, विदूषक और उनका फूहड़ हास्य और गीत, संगीत, नृत्य यही उसकी मनोरंजन की समझ है। इसलिए गम्भीर-से-गम्भीर विषय पर बनी फ़िल्मों में भी जब ये मसाले डालने की कोशिश की जाती है, तो उसकी गम्भीरता क्षतिग्रस्त हो जाती है। 'चित्रलेखा' पर आधारित फ़िल्म के साथ ही कुछ ऐसी ही दुर्घटना होती है।

'चित्रलेखा' पर प्रख्यात फ़िल्मकार केदार शर्मा ने दो बार फ़िल्में बनायीं। पहली बार 1941 में और दूसरी बार 1964 में। केदार शर्मा जिनका पूरा नाम किदारनाथ शर्मा (1910-1999) है, बहुमुखी प्रतिभा के धनी थे। उनकी दर्शनशास्त्र, कविता, चित्रकला और छायांकन में समान रुचि थी और उन्होंने अंग्रेज़ी में एम.ए. तक शिक्षा प्राप्त की थी। उनका सिनेमा के प्रति विशेष आकर्षण था। पढ़ाई पूरी कर एक फ़िल्मकार के रूप में अपना कैरियर बनाने के लिए प्रख्यात फ़िल्म कम्पनी न्यू थियेटर्स के निर्देशक देवकी बोस के साथ काम करने के लिए कलकत्ता पहुँच गये। कुछ समय बेरोज़गारी में बिताने के बाद उन्हें न्यू थियेटर्स में पोस्टर बनाने और स्थिर छायांकन करने का काम मिला। इस दौरान उनकी मित्रता पृथ्वीराज कपूर और कुन्दनलाल सहगल से हो गयी थी। धीरे-धीरे वे अपनी जगह बनाने की कोशिश करते रहे। उन्हें पहला महत्त्वपूर्ण कार्य न्यू थियेटर्स की ही फ़िल्म 'देवदास' (1935) में संवाद और गीत लिखने का मिला। यह बहुत बड़ी उपलब्धि थी। न्यू थियेटर्स की इस फ़िल्म के निर्देशक पी.सी. बरुआ थे और छायाकार बिमल राय। यह फ़िल्म बहुत लोकप्रिय हुई। उनके

लिखे गीत 'बालम आय बसो मोरे मन में' और 'दुख के दिन अब बीतत नाहीं' काफ़ी लोकप्रिय हुए। निर्देशन के क्षेत्र में वे 1939 में आये जब उन्हें एक अधूरी फ़िल्म तुम्हारी जीत को पूरा करने का अवसर मिला। इसी साल उन्होंने अपनी ही पटकथा पर बनी फ़िल्म 'औलाद/दिल ही तो है' का निर्देशन किया। लेकिन उन्हें अपार प्रसिद्धि मिली 'चित्रलेखा' से जो 1941 में प्रदर्शित हुई। उनका फ़िल्मी कैरियर लगभग पाँच दशकों में फैला था जिसमें निर्देशन, निर्माण, गीतकार, पटकथा लेखन, संवाद लेखन के अलावा अभिनय भी किया था। 'चित्रलेखा' का निर्माण और निर्देशन उन्होंने दो बार किया था। उनके द्वारा निर्देशित अन्य प्रसिद्ध फ़िल्में हैं : नीलकमल (1947), सुहागरात (1948), बावरे नैन (1950), जोगन (1950), चित्रलेखा (1964)। केदार शर्मा को कई अभिनेताओं और अभिनेत्रियों को पहली बार पेश करने का श्रेय भी दिया जाता है जिनमें महताब, राजकपूर, मधुबाला, गीताबाली, भारतभूषण, माला सिन्हा प्रमुख हैं। केदार शर्मा ने बच्चों के लिए भी बहुत-सी फ़िल्मों का निर्माण किया था और 1956 में उनके निर्देशन में बनी फ़िल्म 'जलदीप' को वेनिस फ़िल्म समारोह में सर्वश्रेष्ठ बाल फ़िल्म का पुरस्कार प्राप्त हुआ था। इसी फ़िल्म को सर्वश्रेष्ठ बाल फ़िल्म का राष्ट्रीय पुरस्कार भी मिला था।

1941 की फ़िल्म चित्रलेखा उस वर्ष की दूसरी सर्वाधिक लोकप्रिय फ़िल्म थी। निर्देशन के अलावा इसकी पटकथा, संवाद और गीत भी केदार शर्मा ने लिखे थे। इसका संगीत उस्ताद झण्डे ख़ान और ए. एस. ज्ञानी ने दिया था। ए. एस. ज्ञानी. ने कुमारगिरि की भूमिका भी निभायी थी। इस फ़िल्म की नायिका महताब थी जिसने चित्रलेखा की भूमिका निभायी थी। इससे पहले तक महताब ने स्टण्ट फ़िल्मों में ही काम किया था। चित्रलेखा के बाद महताब की गणना श्रेष्ठ अभिनेत्रियों में होने लगी। सोहराब मोदी की प्रसिद्ध फ़िल्म 'झाँसी की रानी' में उन्होंने झाँसी की रानी की भूमिका निभायी थी। सोहराब मोदी से ही महताब का विवाह भी हुआ। 'चित्रलेखा' फ़िल्म से ही प्रसिद्ध अभिनेता भारतभूषण ने अपने फ़िल्मी कैरियर की शुरुआत की थी। यह फ़िल्म कई दृष्टियों से उल्लेखनीय थी। इसके गीत भी काफ़ी लोकप्रिय हुए। इसके कुछ गीत तो उपलब्ध हैं लेकिन काफ़ी कोशिश के बाद भी एकाध दृश्यों और गानों को छोड़कर पूरी फ़िल्म प्राप्त न हो सकी।

केदार शर्मा ने इस फ़िल्म के बाद कई अन्य फ़िल्में बनायीं जिनमें 'बावरे नैन' और 'जोगन' खासतौर पर उल्लेखनीय हैं। केदार शर्मा की दर्शनशास्त्र के प्रति अभिरुचि ने उन्हें ऐसी फ़िल्में बनाने के लिए प्रेरित किया जिनमें जीवन के प्रति नियतिवादी दृष्टि प्रकट होती है। बावरे नैन में नायक चाँद (राजकपूर) जिस लड़की तारा (गीता बाली) से प्रेम करता है उससे शादी नहीं कर पाता और रजनी से शादी करता है जो साजिश करके तारा को चाँद से दूर कर देती है। लेकिन चाँद जिस रजनी से शादी करता है वह एक दुर्घटना में मारी जाती है और मरने से पहले चाँद को बता जाती है कि उसी ने तारा को चाँद से दूर किया था। जब चाँद तारा की खोज में जाता है तो वह भी नहीं मिलती क्योंकि उसकी भी मौत हो चुकी है। इसी तरह फ़िल्म 'जोगन' में भी नियतिवाद का यह खेल नज़र आता है। नायिका सुरभि (नरगिस) के कर्ज़दार पिता और शराबी भाई उसका विवाह एक बूढ़े आदमी से कर देते हैं। वह वहाँ से भाग जाती है और जोगन बन जाती है। जोगन के रूप में उसकी मुलाकात एक नास्तिक युवक विजय (दिलीप कुमार) से होती है जो उसके सौन्दर्य और गायन से गहरा

प्रभावित हो जाता है। सुरभि इस युवक के आकर्षण से अपने को बचाने की कोशिश करती है। दोनों गहरे अन्तर्द्वन्द्व से गुज़रते हैं। सुरभि अपने जीवन की कहानी भी विजय को बताती है और अन्ततः उस गाँव को छोड़ जाती है। जाते हुए वह विजय को गाँव के बाहर एक पेड़ से आगे आने से मना कर देती है। विजय उसी पेड़ के पास जोगन का इन्तज़ार करता है। लेकिन बहुत समय बाद एक दूसरी जोगन आती है और उसे एक किताब देती है जो सुरभि ने देने के लिए कहा था जिसने मरते वक्त कहा था कि पेड़ के पास वह युवक उसका इन्तज़ार कर रहा होगा, यह पुस्तक उसे दे देना। इस तरह इस फ़िल्म में भी नायिका और नायक अपनी-अपनी नियति से बँधे रहते हैं और उनका मिलन नहीं होता।

ऐसा प्रतीत होता है कि प्रेम और वैराग्य का द्वन्द्व केदार शर्मा को काफी आकृष्ट करता रहा है। चित्रलेखा पर दो बार फ़िल्म बनाने के पीछे सम्भवतः यही कारण रहा होगा। जिस उपन्यास पर उन्होंने 1941 में फ़िल्म बनायी थी उसी पर 23 साल बाद उस पर दोबारा फ़िल्म बनायी। लेकिन इन 23 सालों में बहुत-कुछ बदल चुका था। 1941 में जब उन्होंने 'चित्रलेखा' का निर्देशन किया था तब निर्देशन के क्षेत्र में प्रवेश किये हुए उन्हें दो-तीन साल ही हुए थे। यह दूसरी फ़िल्म थी जिसका निर्देशन करने के साथ-साथ उन्होंने इसकी पटकथा भी लिखी थी। लेकिन जब उन्होंने इसी उपन्यास पर दूसरी बार फ़िल्म बनायी, एक फ़िल्मकार के तौर पर वह उनके कैरियर के उतार का समय था। यही कारण है कि इस फ़िल्म में संवाद लेखन और निर्देशन के अलावा कोई और दायित्व उन्होंने वहन नहीं किया। उसकी पटकथा राजेन्द्र शर्मा से लिखवायी गयी थी और गीत साहिर लुधियानवी से लिखवाये थे जबकि 1941 के गीत और संवाद केदार शर्मा ने स्वयं लिखे थे। 1964 में बनी चित्रलेखा एक साधारण फ़िल्म साबित हुई और बॉक्सऑफिस पर भी वह नाक़ामयाब रही।

1941 और 1964 की फ़िल्मों की पटकथा में क्या अन्तर किया गया, दोनों फ़िल्में सामने न होने के कारण बताना मुश्किल है। फिर भी, उपलब्ध सामग्री के अनुसार 1941 की चित्रलेखा में बीजगुप्त नर्तकी चित्रलेखा के प्रेमपाश में बँधा हुआ है। मृत्युञ्जय अपनी बेटी यशोधरा की शादी उससे करना चाहता है और इसके लिए वह योगी कुमारगिरि की मदद लेता है। लेकिन कुमारगिरि स्वयं चित्रलेखा के मोहपाश में बँध जाता है। अपने को इस तरह एक नर्तकी के आगे पराजित पाकर कुमारगिरि आत्महत्या कर लेता है। चित्रलेखा इस घटना से आहत होकर महल छोड़कर चली जाती है। दूसरी ओर चित्रलेखा को कुमारगिरि की तरफ़ आकृष्ट हुआ देखकर बीजगुप्त अपने को इस पापकर्म से मुक्त करने के लिए गया चला जाता है। लेकिन वहाँ उसकी मुलाकात यशोधरा से होती है और वह उससे प्रेम करने लगता है। लेकिन जब उसे पता चलता है कि यशोधरा किसी अन्य से प्रेम करती है तो वह स्त्री मात्र को माया समझने लगता है और संसार से उसे विरक्ति हो जाती है। वह निराश होकर संन्यासी बन जाता है। चित्रलेखा उसकी शिष्या बन जाती है।

यह स्पष्ट है कि 1941 की फ़िल्म उपन्यास का पूरा अनुकरण नहीं करती। उपन्यास का आरम्भ चित्रलेखा और बीजगुप्त के प्रेम से होता है। मृत्युञ्जय अपनी बेटी यशोधरा का विवाह बीजगुप्त से करना चाहता है। लेकिन बीजगुप्त चित्रलेखा से बँधा होता है। मृत्युञ्जय कुमारगिरि की मदद से चित्रलेखा और बीजगुप्त को अलग करने की कोशिश करते हैं। उपन्यास में चित्रलेखा कुमारगिरि की तरफ़ आकृष्ट विवाह के प्रस्ताव से पूर्व ही हो जाती

है। लेकिन जब बीजगुप्त के विवाह की बात सामने आती है, तब उसे कुमारगिरि के पास जाने का बहाना मिल जाता है। इस तरह चित्रलेखा द्वारा बीजगुप्त का त्याग उसके लिए आघात जैसा होता है। 1941 की फ़िल्म यहाँ तक उपन्यास का अनुकरण करती है। लेकिन इसके बाद उपन्यास में बीजगुप्त, मृत्युञ्जय, यशोधरा और श्वेतांक के साथ वाराणसी चला जाता है। लेकिन फ़िल्म में बीजगुप्त गया जाता है। फ़िल्म में बीजगुप्त के गया जाने का उद्देश्य पापकर्म से मुक्ति है लेकिन उपन्यास में यह कारण नहीं है। फ़िल्म में भी कुछ समय के लिए बीजगुप्त चित्रलेखा से छिटककर यशोधरा की तरफ़ आकृष्ट होता है। लेकिन जैसा कि उपन्यास में कहा गया है उसका स्थायी अनुराग चित्रलेखा के प्रति ही होता है। हाँ यह अवश्य है कि बीजगुप्त को जब यशोधरा का प्यार नहीं मिलता तो वह स्त्री मात्र को माया समझने लगता है और संसार त्यागकर संन्यासी बन जाता है। चित्रलेखा के प्रति अपने वासनात्मक प्रेम से फ़िल्म में कुमारगिरि में ग्लानि पैदा होती है और वह आत्महत्या कर लेता है। लेकिन उपन्यास में कुमारगिरि न सिर्फ़ आत्महत्या नहीं करता बल्कि उसमें ऐसी कोई ग्लानि भी नहीं पैदा होती। उपन्यास में बीजगुप्त अपनी सम्पत्ति, अपना वैभव और अपना पद सब-कुछ त्याग देता है लेकिन यह नहीं कहा गया है कि वह संन्यासी हो जाता है। इसी तरह चित्रलेखा भी अपनी सम्पत्ति और वैभव त्याग देती है, लेकिन वह बीजगुप्त की शिष्या नहीं बनती जैसा कि फ़िल्म में बताया गया है। ऐसा प्रतीत होता है कि फ़िल्मकार इस बात से ज़्यादा आकृष्ट है कि जो संन्यासी है वह भोगी बन जाता है और जो गृहस्थ है, संसार से अनुराग रखता है, वह संसार का त्यागकर योगी बन जाता है।

1964 में जब केदार शर्मा ने दुबारा चित्रलेखा फ़िल्म बनायी तब उन्होंने कहानी में और भी कई परिवर्तन किये। यहाँ फ़िल्म के आरम्भ में ही बीजगुप्त और यशोधरा की सगाई हो चुकी है और उनका विवाह होना है। चित्रलेखा उसके बाद बीजगुप्त के जीवन में प्रवेश करती है। जब बीजगुप्त को चित्रलेखा के मोहपाश में बँधा देखता है तो मृत्युञ्जय कुमारगिरि की मदद लेता है। कुमारगिरि चित्रलेखा के यहाँ जाकर उसे काफ़ी भला-बुरा कहता है और उसे साधना और त्याग का उपदेश देता है। वह उसे बताता है कि वैभव और सौन्दर्य जिस पर उसे नाज़ है वह क्षणभंगुर है और एक दिन सब-कुछ समाप्त हो जायेगा। मिट्टी की काया मिट्टी में मिल जायेगी। जीवन का आनन्द साधना और तपस्या में है। लेकिन चित्रलेखा कुमारगिरि की बातों से प्रभावित नहीं होती। वरन उसका मानना है कि दूसरों को सुख पहुँचाना भी ईश्वर की साधना है, और उसे इसी में आनन्द आता है। साहिर के एक गीत के माध्यम से वह अपना जीवन दर्शन प्रस्तुत करती है—

संसार से भागे फिरते हो, भगवान् को तुम क्या पाओगे
इस लोक को अपना न सके, उस लोक में भी पछताओगे

उपन्यास में यह प्रश्न पाप और पुण्य को समझने के सन्दर्भ में आता है। लोक के प्रति अनुराग या उसका त्याग क्या सही है इसी प्रश्न के इर्द-गिर्द उपन्यास की रचना की गयी है। इस गीत में भी पाप और पुण्य को परिभाषित करने की कोशिश की गयी है :

ये पाप है क्या, ये पुण्य है क्या
रीतों पर धर्म की मोहरें हैं
हर युग में बदलते धर्म को कैसे आदर्श बनाओगे

उपन्यास में पाप और पुण्य की परिभाषा इस रूप में नहीं की गयी है। वहाँ पाप और पुण्य को व्यक्ति के दृष्टिकोण से जोड़ा गया है। जो एक की नज़र में पाप है, हो सकता है, दूसरे की नज़र में वह पाप न हो। जीवनानुभव से ही पाप और पुण्य के बारे में व्यक्ति का दृष्टिकोण निर्मित होता है। साहिर के गीत में व्यक्त दृष्टिकोण सामाजिक और प्रगतिशील है।

ये भोग भी एक तपस्या है, तुम त्याग के मारे क्या जानो
अपमान रचयिता का होगा
रचना को अगर ठुकराओगे
हम कहते हैं जग अपना है,
तुक कहते हो, झूठा सपना है
हम जनम बिताकर जायेंगे,
तुम जनम गँवाकर जाओगे।

चित्रलेखा कुमारगिरि के तर्क से प्रभावित नहीं होती बल्कि अपने को अपमानित महसूस करती है। लेकिन दासियों द्वारा शृंगार करते वक़्त जब दासी बताती है कि उसके सिर के बालों में एक सफेद बाल भी है तो उसे अपने बुढ़ापे का ध्यान आता है और उसके साथ ही कुमारगिरि की बातें भी। उसे महसूस होता है कि बीजगुप्त को अपने से बाँधे रखना उचित नहीं है और उसे गृह त्यागकर कुमारगिरि की शरण में चले जाना चाहिए। वह अपने निर्णय के बारे में बीजगुप्त को भी बता देती है और उससे वचन लेती है कि वह उसे रोके नहीं और यशोधरा से विवाह कर ले। बीजगुप्त अनिच्छा से उसकी बात मान लेता है।

चित्रलेखा कुमारगिरि के आश्रम में पहुँच जाती है और उससे दीक्षा देने का आग्रह करती है। कुमारगिरि पहले तो तैयार नहीं होते। वह तर्क देते हैं कि एक योगी के लिए स्त्री का संसर्ग उचित नहीं है। लेकिन चित्रलेखा कहती है कि उन्हें स्त्री से क्यों डरना चाहिए। उन्होंने तपस्या द्वारा वासनाओं पर विजय प्राप्त की है। कुमारगिरि के सामने चित्रलेखा जिस तरह की चुनौती पेश करती है उसके कारण उनके पास कोई विकल्प नहीं बचता और वह चित्रलेखा को दीक्षा देने के लिए तैयार हो जाते हैं। लेकिन चित्रलेखा का सौन्दर्य धीरे-धीरे उनके मन में आकर्षण पैदा करने लगता है। उनका ध्यान साधना में नहीं लगता। चित्रलेखा को पाने की इच्छा इस हद तक बढ़ जाती है कि वह किसी भी क़ीमत पर उसे पाना चाहते हैं।

चित्रलेखा के जाने के बाद बीजगुप्त यशोधरा से विवाह का मन बना लेता है लेकिन इसी दौरान श्वेतांक यशोधरा पर मोहित हो जाता है और उससे विवाह करना चाहता है। यह बात वह बीजगुप्त को बताता है और वह चाहता है कि उसकी ओर से बीजगुप्त उसके विवाह की बात करे। बीजगुप्त असमंजस में पड़ जाता है। कुमारगिरि के लिए उसे चित्रलेखा का त्याग करना पड़ा और अब श्वेतांक के लिए यशोधरा का। वह मृत्युञ्जय के पास जाकर यशोधरा का विवाह श्वेतांक से करने का अनुरोध करता है लेकिन मृत्युञ्जय इस प्रस्ताव को स्वीकार नहीं करता क्योंकि श्वेतांक सूर्यवंशी होते हुए भी निर्धन होता है। बीजगुप्त अपनी सम्पत्ति और अपना पद श्वेतांक को देने का निर्णय करता है और इस तरह यशोधरा और श्वेतांक के विवाह की सारी बाधाएँ दूर कर देता है। यशोधरा बीजगुप्त और अपने पिता के निर्णय का सम्मान करते हुए इस विवाह के लिए तैयार हो जाती है।

कुमारगिरि में चित्रलेखा को पाने की इच्छा बढ़ने लगती है। अपने प्रति कुमारगिरि के बढ़ते मोह से चित्रलेखा परेशान रहने लगती है। कुमारगिरि के प्रति उसकी श्रद्धा और विश्वास डगमगाने लगते हैं। यहाँ तक कि वह कुमारगिरि का आश्रम छोड़कर बीजगुप्त के पास लौटने का निर्णय लेती है। जब कुमारगिरि को लगता है कि चित्रलेखा पर वह विजय नहीं प्राप्त कर पायेगा, तो वह झूठ का सहारा लेता है और उसे बताता है कि बीजगुप्त तो यशोधरा से विवाह कर रहा है। चित्रलेखा का दिल टूट जाता है। कुमारगिरि चित्रलेखा की इस मनःस्थिति का लाभ उठाता है और उसे अपनी वासना का शिकार बना लेता है। दूसरे दिन सुबह विशालदेव बताता है कि यशोधरा का विवाह श्वेतांक से हो रहा है और बीजगुप्त ने अपनी सारी सम्पत्ति श्वेतांक को दान कर दी है। चित्रलेखा के सामने कुमारगिरि की नीचता पूरी तरह उजागर हो जाती है। वह उसे धिक्कारते हुए आश्रम छोड़कर चली जाती है।

कुमारगिरि को एहसास होता है कि वह बहुत नीचे गिर गया है और इसका एक ही प्रायश्चित्त है आत्महत्या। वह आश्रम छोड़ देता है। लेकिन गंगा में डूबने से पहले ही एक साँप उसे डस लेता है। वह किसी तरह गंगा के पास तक पहुँच जाता है लेकिन गंगा के किनारे नहीं पहुँच पाता। वह गंगा से प्रार्थना करता है कि उसे गंगा अपनी गोद में ले लें। गंगा उस तक बढ़ आती हैं और इस तरह कुमारगिरि इस जीवन से मुक्त हो जाता है। कुमारगिरि की आत्महत्या का प्रसंग उपन्यास में नहीं है। कुमारगिरि से आत्महत्या केदार शर्मा ने पहली फ़िल्म में भी करायी थी।

बीजगुप्त पहले ही घर त्याग चुका है। चित्रलेखा उसे ढूँढ़ती हुई उस तक पहुँच जाती है और इन दोनों के मिलन के साथ फ़िल्म समाप्त हो जाती है।

फ़िल्म और उपन्यास के कथानक में अन्तर है और यह स्वाभाविक है। दोनों अलग-अलग माध्यम हैं। साहित्य रचना को फ़िल्म में रूपान्तरित करने के लिए बदलाव करना ज़रूरी होता है। लेकिन कथानक में कुछ बदलाव फ़िल्मकार इसलिए भी करता है क्योंकि रचना की उसकी समझ भिन्न होती है। कथानक को उसी रूप में पेश करना न तो मुमकिन होता है और न ही ज़रूरी होता है। फ़िल्मकार माध्यम की उपयुक्तता के अलावा और भी कई कारणों से कहानी में बदलाव करता है। इस फ़िल्म में भी एक-दो प्रसंगों को छोड़कर कथानक कमोबेश उसी रूप में आगे बढ़ता है जिस रूप में उपन्यास में। उपन्यास के बहुत-से प्रसंगों को छोड़ दिया गया है, तो कई नये पात्रों और प्रसंगों की उद्‌भावना भी की गयी है। उपन्यास में यशोधरा और बीजगुप्त की सगाई नहीं होती सिर्फ़ मृत्युञ्जय की ओर से यह प्रस्ताव आता है। लेकिन फ़िल्म में आरम्भ में ही बताया जाता है कि यशोधरा की सगाई बीजगुप्त से हो गयी है। सगाई फ़िल्म में भी नहीं दिखायी गयी है, उसे संवादों के माध्यम से ही बताया गया है। कहानी में यह परिवर्तन सम्भवतः इसलिए किया गया है कि उपन्यास में मृत्युञ्जय यह जानते हुए कि बीजगुप्त चित्रलेखा के मोहपाश में बँधा है उससे अपनी बेटी का विवाह करना चाहता है क्योंकि सामन्तों का एक साथ कई स्त्रियों से सम्बन्ध रखना बहुत सामान्य-सी बात रही है। मृत्युञ्जय भी सामन्त है और अपनी इकलौती बेटी यशोधरा के लिए बीजगुप्त उसे उपयुक्त वर लगता है। इसका कारण यही है कि 'बीजगुप्त उच्चकुल का नवयुवक था' (पृ. 80)। फिर भी एक पिता के नाते वह यह भी चाहता है कि बीजगुप्त यदि चित्रलेखा से दूर हो जाये तो उसकी बेटी यशोधरा ज़्यादा सुखी रहेगी। इसीलिए वह कुमारगिरि की मदद

लेते हैं। लेकिन फ़िल्मकार ने महसूस किया होगा कि जो बात उपन्यास के पाठक बहुत आसानी से समझ सकता है, वह शायद फ़िल्म के दर्शकों के लिए उतनी तार्किक न लगे। यानी कि यदि बीजगुप्त किसी दूसरी स्त्री से बँधा है, भले ही वह नर्तकी हो, तो कोई पिता अपनी इकलौती बेटी की शादी का प्रस्ताव ऐसे व्यक्ति से कैसे कर सकता है। इस प्रकार उपन्यास का एक प्रसंग जो सामन्ती समाज के लिए बहुत सामान्य परिघटना है, फ़िल्मकार को उपयुक्त नहीं लगती और वह उसे बदल देता है। लेकिन यहाँ तब नया प्रश्न पैदा होता है। बीजगुप्त की यशोधरा से सगाई हो चुकी है, ऐसी स्थिति में क्या उसके लिए किसी अन्य स्त्री के प्रेमजाल में फँसना उपयुक्त है? इस प्रश्न का उत्तर ठीक वही है जिसकी चर्चा उपन्यास के सन्दर्भ में की गयी है। यानी कि सामन्ती समाज में प्रभु वर्ग के लिए विवाह से पूर्व और विवाह के बाद अपनी पत्नी (या पत्नियों) के अलावा भी अन्य स्त्रियों से सम्बन्ध रखना बहुत सामान्य रहा है। यहाँ यह प्रश्न ज़रूर उठता है कि जो पुरुषों के लिए सामान्य है क्या वही स्त्री के लिए भी सामान्य है? उपन्यास और फ़िल्म दोनों ही इस प्रश्न को इस दृष्टि से देखने से बचती हैं। हालाँकि स्त्री-पुरुष प्रेम में एकनिष्ठता का प्रश्न उपन्यास और फ़िल्म दोनों में उठाया गया है।

उपन्यास में चित्रलेखा का एक अतीत है। अतीत की पूरी कहानी उपन्यास में चित्रलेखा के परिचय के रूप में उपन्यास के आरम्भ में ही आती है। लेकिन फ़िल्म में इस कहानी को काफ़ी हद तक वायवीय रूप में चित्रलेखा के मुख से कहलाया गया है। उसकी इस त्रासद कथा को सुनकर ही बीजगुप्त चित्रलेखा से प्रेम करने लगता है। वह सिर्फ़ सौन्दर्य से नहीं उसके प्रति सहानुभूति से भी आकृष्ट होता है और यह आकर्षण ही प्रेम के रूप में परिवर्तित होता है। लेकिन जब चित्रलेखा कुमारगिरि के पास चली जाती है तो बीजगुप्त को आघात लगता है। उपन्यास में इसका कारण यह बताया गया है कि कुमारगिरि के प्रति उसमें प्रेम पैदा होता है, हालाँकि बीजगुप्त के प्रति प्रेम भी बना रहता है। लेकिन फ़िल्म में ऐसा नहीं होता। वह कुमारगिरि से बिलकुल प्रभावित नहीं होती। कुमारगिरि के पास चित्रलेखा तब जाती है जब उसे अपने बुढ़ापे का ख़याल आता है और उसे लगता है कि अपने मोहजाल में बाँधकर वह बीजगुप्त के साथ अन्याय कर रही है। अपने वर्तमान जीवन के प्रति उसमें पापबोध पैदा होता है इसीलिए वह अपना सब-कुछ दान कर दीक्षा लेने के लिए कुमारगिरि के पास जाती है जबकि उपन्यास में वह जब कुमारगिरि के पास जाती है, तब सब-कुछ का त्याग करके नहीं जाती। इसलिए जब कुमारगिरि के पास से वापस लौटती है, तो भी उसके पास वह सब-कुछ होता है जो पहले था। इसलिए वह बीजगुप्त को यह कहती है कि 'नाथ! मेरे पास अतुल धनराशि है, मैं तुम्हारी हूँ। मेरा धन तुम्हारा है, फिर तुम निर्धन कैसे?' स्पष्ट है कि फ़िल्म उपन्यास के कई जटिल प्रश्नों को या तो हटा देती है या उसको सरलीकृत कर देती है।

ऐसा प्रतीत होता है कि फ़िल्मकार उपन्यास की कथा को इस रूप में ग्रहण करता है कि कैसे एक युवा और सुन्दर स्त्री के लिए एक योगी भोगी बन जाता है और एक भोगी योगी। लेकिन उपन्यास को इस रूप में देखना उसे बहुत सतही ढंग से देखना है। उपन्यास में कथा का विकास तो इसी रूप में होता है लेकिन कई दार्शनिक और नैतिक प्रश्न भी जुड़े होते हैं। फ़िल्म के आरम्भ में ही जब कुमारगिरि सम्राट् चन्द्रगुप्त के दरबार में योग के बल

पर जो चमत्कार दिखाता है उससे चाणक्य और चित्रलेखा बिलकुल प्रभावित नहीं होते। इसके विपरीत कुमारगिरि को चित्रलेखा के हाथों लज्जित होना पड़ता है। यानी कि उपन्यासकार योग और साधना को आरम्भ में ही प्रश्नांकित कर देता है। संसार से त्याग को भी वह कोई मूल्य नहीं मानता अगर वह निजी उपलब्धि के रूप में हो, जैसाकि कुमारगिरि के साथ है। जबकि बीजगुप्त और चित्रलेखा भी अपना वैभव और भोगविलास-भरी ज़िन्दगी त्याग देते हैं।[1] लेकिन उनका उद्देश्य मोक्ष प्राप्त करना नहीं है। उसके पीछे प्रेम है। वहाँ त्याग दिखावा नहीं है और उपन्यास में चित्रलेखा और बीजगुप्त संन्यासी नहीं बनते बल्कि ग़रीबी का, साधारण जीवन का वरण करते हैं। बीजगुप्त जैसे सुदृढ़ चरित्र के व्यक्ति का फ़िल्म में सगाई के बाद किसी अन्य स्त्री के प्रेम में पड़ना बहुत उपयुक्त नहीं लगता। इस दृष्टि से उपन्यास में बीजगुप्त का चित्रलेखा से प्रेम ज़्यादा तर्कपूर्ण लगता है। यहाँ तक कि जब उसके सामने यशोधरा के विवाह का प्रस्ताव आता है तो वह चित्रलेखा को अपनी पत्नी बताता है, भले ही उससे विधिवत् विवाह न हुआ हो। इसका अर्थ है कि चित्रलेखा के प्रति अपने सम्बन्धों में वह ईमानदार है। कुमारगिरि इस दृष्टि से एक कमज़ोर चरित्र है। काफ़ी हद तक ख़लनायक। फ़िल्मकार उसे खलनायक बनाने से बचने के लिए उसके द्वारा आत्महत्या करवाता है। यही नहीं एक योगी के रूप में उसकी शक्ति को भी स्थापित करने का प्रयत्न करता है जब उसकी पुकार पर गंगा अपना रास्ता छोड़कर उसके पास तक पहुँच जाती हैं। दरअसल यह फ़िल्म को नाटकीय बनाने की कोशिश का परिणाम भी है।

एक गम्भीर उपन्यास को व्यावसायिक फ़िल्म के ढाँचे में पेश करने का ही नतीजा है कि फ़िल्मकार श्वेतांक के चरित्र को विदूषक बना देता है और बीजगुप्त और चित्रलेखा को उद्यान में युगल गीत गाते हुए दिखाता है। यह सही है कि फ़िल्म के गीत और संगीत बहुत ही कर्णप्रिय और प्रभावशाली हैं। केदार शर्मा के संवाद बहुत प्रभावशाली बने हैं। मीना कुमारी के सौन्दर्य को भी उभारने में सफल रहा है। यही नहीं कई जगह चित्रलेखा के अन्तर्द्वन्द्व को भी मीना कुमारी बहुत कुशलतापूर्वक उभारती हैं। लेकिन कुमारगिरि और बीजगुप्त युवा नहीं लगते, अधेड़ लगते हैं। बीजगुप्त की भूमिका में प्रदीप कुमार बहुत साधारण और अशोक कुमार बहुत नाटकीय। देखा गया है कि कई बार साधारण रचना पर उत्कृष्ट फ़िल्म बनती है और उत्कृष्ट रचना पर साधारण फ़िल्म। 'चित्रलेखा' उपन्यास साहित्यिक कृति के तौर पर निश्चय ही उत्कृष्ट रचना है, भले ही महान् न हो लेकिन केदार शर्मा की फ़िल्म अत्यन्त साधारण कही जा सकती है।

———

1. चित्रलेखा : भगवतीचरण वर्मा, 2008 राजकमल प्रकाशन प्रा. लि. नयी दिल्ली।

अफ़सर अली

'चित्रलेखा' : एक दृष्टि

'चित्रलेखा' वर्मा जी का प्रथम सफल उपन्यास माना गया है, जबकि इस कृति से पूर्व उन्होंने 'पतन' भी लिखा, जिसे स्वयं वर्मा जी एक प्रयोगमात्र मानते हैं। वस्तुतः एवं मूलतः वर्मा जी उपन्यासकार से पहले कवि हैं, जिसे वे स्वीकार करते हैं। "पर गद्य के विकास और पद्य के ह्रास ने मुझे उपन्यास लिखने को प्रेरित किया...अर्थजनित जीवन-संघर्ष के फलस्वरूप मुझे जीविकार्जन की चिन्ता ने भी घेर लिया और मुझे यह अनुभव हुआ कि कविता उनकी आजीविका की समस्या नहीं सुलझा सकती।"[1]

परिस्थितियों से जूझते हुए वर्मा जी ने काव्यक्षेत्र से 'चित्रलेखा' के साथ कथाक्षेत्र में जब प्रवेश किया तो फिर वे सदैव के लिए इसी क्षेत्र में रमे चले गये। इस उपन्यास को हिन्दी साहित्य जगत् में सराहा गया और अनुभव भी किया जाने लगा कि कवि वर्मा के अन्तःकरण में एक कथाकार सुप्तावस्था में पड़ा हुआ है जो उनकी यौवनावस्था के साथ जाग उठा।

परन्तु वर्मा जी का छायावादी व्यक्तित्व कविता से कितना दूर चला गया या उन पर उसका मोह एवं प्रभाव बना रहा, इस बात पर विवाद रहा। लेकिन उनकी 'चित्रलेखा' औपन्यासिक कृति होते हुए भी गद्य में एक छायावादी कविता है। इसमें यत्र-तत्र छायावादी कवित्व के दर्शन हो ही जाते हैं यथा, "छलकते हुए मदिरा के पात्र को चित्रलेखा के मुख से लगाते हुए बीजगुप्त ने कहा", 'चित्रलेखा' जानती हो जीवन का सुख क्या है? चित्रलेखा की अधखुली आँखों में मतवालापन था और उसके अरुण कपालों में उल्लास था। यौवन की उमंग में सौन्दर्य किलोल कर रहा था, आलिंगनपाश में वासना हँस रही थी। चित्रलेखा ने मदिरा का घूँट पिया—इसके बाद मुस्करायी। एक क्षण के लिए उसके अधरों ने बीजगुप्त के अधरों से मौन भाषा में कुछ बात कही, फिर धीरे से उसने उत्तर दिया—'मस्ती'।

पात्रों का वार्त्तालाप एवं वाद-विवाद-संवाद तो कवित्वमय है ही, भावों का प्रस्तुतीकरण भी काव्यमय बन पड़ा है। जब कुमारगिरि की कुटी में बीजगुप्त और चित्रलेखा अतिथि के रूप में जाकर विश्राम करते हैं तो कुमारगिरि स्त्री को देखकर हिचकिचाता है क्योंकि उसके लिए स्त्री अन्धकार है, मोह है, माया है और वासना है। चित्रलेखा कुमारगिरि के इन विचारों से तिलमिला जाती है और इस बात का उत्तर वह इतनी तीव्र व्यंग्यात्मक कवित्वमय भाषा में देती है कि योगी परास्त-सा दिखायी पड़ता है। चित्रलेखा उसकी बात का उत्तर उसके सामने अपना मस्तक झुकाकर देती है—"प्रकाश पर लुब्ध पतंग को अन्धकार का प्रणाम है।"

स्पष्टतः वाक्य में तीर की भाँति पैनापन एवं कुठाराघात करने की तीखी शक्ति है, उसका स्वर संगीत की तरह कोमल है। सौन्दर्य में कवित्व एवं वासना की मस्ती में अन्धकार है।

'चित्रलेखा' की कथावस्तु उसे औपन्यासिक कृति का रूप प्रदान करती है और उसकी अभिव्यक्ति में कवित्व के दर्शन होते हैं।

1. डॉ. कुसुम वार्ष्णेय भगवतीचरण वर्मा : 'चित्रलेखा से सीधी सच्ची बातें' तक, साहित्य भवन, प्रा. लिमि. इलाहाबाद प्रथम सं. 1968, पृ. 61

बात स्पष्ट है कि वर्मा जी 'चित्रलेखा' में अपनी कवि-प्रकृति नहीं छोड़ पाये। यही नहीं, जब वे तर्क-वितर्क की स्थिति में होते हैं, वहाँ भी उनका कवि हृदय अनायास ही प्रस्फुटित होने लगता है। 'चित्रलेखा' में इस प्रकार का चमत्कार जगह-जगह पर है। बीजगुप्त और चित्रलेखा का एक वार्त्तालाप देखिये, बीजगुप्त ने धीरे से कहा—''चित्रलेखा, तुम भूलती हो। प्रेम का सम्बन्ध आत्मा से है, प्रकृति से नहीं। जिस वस्तु का प्रकृति से सम्बन्ध है, वह वासना है, क्योंकि वासना का सम्बन्ध बाह्य से है। वासना का लक्ष्य वह शरीर है, जिस पर प्रकृति ने कृपा करके उसको सुन्दर बनाया है। प्रेम आत्मा से होता है, शरीर से नहीं, परिवर्तन प्रकृति का नियम है, आत्मा का नहीं। आत्मा का सम्बन्ध अमर है।''

चित्रलेखा बीजगुप्त की बात पर हँस पड़ती है और कहती है, ''आत्मा का सम्बन्ध अमर है। बड़ी विचित्र बात कह रहे हो बीजगुप्त। जो जन्म लेता है वह मरता है, यदि कोई अमर है तो अजन्मा भी है। जहाँ सृष्टि है वहीं प्रलय भी रहेगा आत्मा अजन्मा है इसलिए वह अमर है, पर प्रेम अजन्मा नहीं है। किसी व्यक्ति से प्रेम होता है, तो उस स्थान पर प्रेम जन्म लेता है। वह सम्बन्ध अनन्त नहीं है, कभी-न-कभी उस सम्बन्ध का अन्त होगा ही। प्रेम और वासना में भेद केवल इतना ही है कि वासना पागलपन है, जो क्षणिक है और इसीलिए वासना पागलपन के साथ ही दूर हो जाती है और प्रेम गम्भीर है। उसका अस्तित्व शीघ्र नहीं मिटता। आत्मा का सम्बन्ध अनादि नहीं है, बीजगुप्त।''

वस्तुतः वर्मा की तार्किक शक्ति द्वीआयामी है वह न केवल बीजगुप्त को ही चित्रलेखा द्वारा तर्क शक्ति से चमत्कृत करती प्रत्युत पाठकगण भी इससे प्रभावित हुए बिना नहीं रहते। इस प्रकार से 'चित्रलेखा' में एक अनोखा एवं जीवन्त जीवन-दर्शन है जिसमें कवित्व, तर्क और दर्शन का मणिकांचन योग है।

'चित्रलेखा' में कर्म और भोग को समानान्तर रूप में पा सकते हैं। जहाँ लेखक कर्म पर ज़ोर देता है, वहीं वह भोग के प्रति भी आश्वस्त है, किन्तु उनका भोगवादी दृष्टिकोण चार्वाक के भोगवाद से सर्वथा भिन्न है। वर्मा जी भौतिक सुखों पर बल देते हैं, परन्तु वे उसके उदात्तीकरण को आवश्यक मानकर चलते हैं। इस जीवन-दर्शन को वर्मा जी ने बीजगुप्त द्वारा चरितार्थ किया है। वह जीवन का भरपूर आनन्द उठाता है। और वह जीवन जीता है, उससे भागता नहीं है। वह पूर्णतः भोगवादी है। वर्मा जी के शब्दों में, ''बीजगुप्त भोगी है, उसके हृदय में यौवन की उमंग है और आँखों में मादकता की लाली। उसकी अट्टालिकाओं में भोग-विलास नाचा करते हैं, रत्न-जटित मदिरा के पात्रों में ही उसके जीवन का सारा सुख है, वैभव और उल्लास की तरंगों में वह केलि करता है, ऐश्वर्य की उसके पास कमी नहीं है। उसके भवन में सौन्दर्य के मद से मतवाली नर्तकियों का नृत्य हुआ करता है...आमोद-प्रमोद की उसके जीवन का उल्लास है और लक्ष्य भी है।''

स्पष्टतः उपन्यास में बीजगुप्त भोगी है, लेकिन जहाँ तक इस कृति में कर्म की बात है, उसके महत्त्व को विस्मृत नहीं किया जा सकता। एक स्थान पर वर्मा जी का कथन है, ''मनुष्य स्वतन्त्र विचारवाला प्राणी होते हुए भी परिस्थितियों का दास है। मनुष्य की विजय वहीं सम्भव है, जहाँ वह परिस्थितियों के चक्कर में न पड़कर उसी के साथ चक्कर न खाये, वरन् अपने कर्त्तव्य-अकर्त्तव्य का विचार रखते हुए उस पर विजय पाये।'' जब वर्मा जी कर्म पर बल देते हैं या उसका महत्त्व प्रतिपादित करते हैं, उस स्थान पर कुछ विद्वान् उनको नियतिवाद में परिगणित करते हुए दिखायी पड़ते हैं। डॉ. कुसुम वार्ष्णेय का कहना है, ''नियतिवाद वर्मा जी

के जीवन-दर्शन का एक भाग है। पर उनका नियतिवाद परिस्थितियों के वश में होना नहीं सिखाता उसमें कर्म का विशेष महत्त्व है।''[1]

'चित्रलेखा' में प्रेम सम्बन्धी विचारों को लेकर वर्मा जी व्यक्ति-स्वातन्त्र्य की बात करते हैं और बीजगुप्त को स्वच्छन्द प्रेमी के रूप में प्रतिष्ठित करते हुए कहते हैं, ''प्रेम एक-दूसरे में भेदभाव नहीं देखता, प्रेम दो हृदयों की अभिलाषा का द्योतक है।'' इसलिए लोगों की नज़रों में अविवाहित होते हुए भी बीजगुप्त अपने को विवाहित अनुभव करता है।

'चित्रलेखा' की कलात्मकता अपने-आप में अनूठी है इसमें सन्देह नहीं। इसकी वस्तु त्रिकोण बनाकर चलती है। एक युवती और उससे प्रेम करनेवाले दो विपरीत विचारवान् युवक। इसकी अभिव्यक्ति में एक नवीनता है, कमनीयता है, अनोखा माधुर्य है एवं अत्यन्त रोमानियत है जो पाठक को अनायास ही अपनी ओर मोह लेती है। इस सन्दर्भ में डॉ. कुसुम वार्ष्णेय का कहना अप्रासंगिक नहीं है, '''चित्रलेखा' तरुण कवि का आत्मा का संगीत है। आत्मा का संगीत ही नहीं, 'चित्रलेखा' में जीवन की कविता है। जीवन का माधुर्य और प्राणों का उल्लास है जीने की प्रेरणा है।''[2]

औपन्यासिक धरातल पर रखकर 'चित्रलेखा' पर यदि विचार किया जाये तो कथाकार की रचनाधर्मिता सोद्देश्यपूर्ण है। निश्चित स्थितियों में पात्रों का उत्थान एवं पतन लेखक के जीवन-दर्शन को चरितार्थ करता है। इस कृति की सफलता का कारण यह भी है कि वर्मा जी ने परिस्थितियों और पात्रों को परस्पर उलझाकर उनकी क्रिया-प्रतिक्रिया उत्पन्न की है। किन्तु उपन्यास की कुछ आकस्मिक घटनाएँ बड़ी अस्वाभाविक भी लगती हैं। जंगल में रास्ता भूल जाने पर कुमारगिरि और चित्रलेखा की भेंट अस्वाभाविक नहीं है, किन्तु ऐसा स्पष्ट आभास होने लगता है कि लेखक ने इस सब की नियोजना पूर्ववत् कर ली होगी, परन्तु फिर भी इस कहानी का रोचक आवरण इस अभाव को पूर्णतः ढक लेता है।

जीवन परिवर्तनशील है और परिवर्तन प्रकृति का नियम भी है। इस भौतिक जगत् में दिन के बाद रात और फिर रात के बाद दिन होता है। उसी तरह जीवन में दुःख के बाद सुख और सुख के बाद दुःख आता है। मनुष्य इसी जगत् का एक भाग है। बीजगुप्त भी मनुष्य था। उसने सुख देखा था, उसके लिए दुःख का जानना अपेक्षित था, लेकिन वह अपने दुःख के भार से विचलित हो जायेगा, उसने ऐसा सोचा तक नहीं था, जो नहीं होना चाहिए था वही उसके साथ हो रहा था। ऐसे मनोभावों और स्थितियों को इतने मोहक ढंग से वर्मा जी ने प्रस्तुत कर दिया है जो तरुण कवि की मौलिकता है। इस दृश्य को देखकर प्रसाद का आनन्दवादी-दर्शन स्मृति-पटल पर आच्छादित होता है—''यथा कर्म का भोग, भोग का कर्म यही जड़-चेतन का आनन्द।''

यह उपन्यास नाटकीयता लिये हुए है। एक स्थिति ऐसी आती है कि भोग-विलासी, ऐश्वर्यमयी जीवन से वैराग्य उत्पन्न हो जाता है और मन सात्त्विक जीवन व्यतीत करने की ओर उन्मुख हो जाता है, वहीं दूसरी ओर इन्द्रियों पर नियन्त्रण रखनेवाला ही नहीं, बल्कि उनको तनिक भी उत्पन्न न होने देनेवाला व्यक्ति भी अपनी इन्द्रियों पर नियन्त्रण खो बैठता है और उसकी भावनाएँ उच्छृंखलता की चरम सीमा पर पहुँच जाती हैं। और यह मन ही तो है, जो विचलित हो जाता है, दो आकर्षक बिन्दुओं का चुनाव करने में। ऐसे अन्तर्द्वन्द्व को

1. वही, पृ. 65
2. वही, पृ. 66

व्यक्त करने में वर्मा जी की नाटकीयता जीवन्त बन पड़ी है। यह मनोवैज्ञानिक अन्तर्द्वन्द्व केवल बीजगुप्त में ही नहीं है, अपितु चित्रलेखा और कुमारगिरि में भी देखने को मिलता है। जब चित्रलेखा बीजगुप्त के साथ ऐश्वर्य में आकण्ठ डूब जाती है तब एक स्थिति यह आती है कि वह ऐसी विलासितापूर्ण ज़िन्दगी से ऊबने लगती है, वहाँ शान्ति नहीं मिलती। जैसे ही वह कुमारगिरि के पास पहुँचती है वह उसकी ओर प्रथम दृष्टि में ही प्रेम को प्रकट करने की सोचती हुई अपने में विचित्र परिवर्तन अनुभूत करती है, ''चित्रलेखा ने अपने को टटोला...जीवन के आमोद-प्रमोद से वह ऊब गयी थी, अति सुख उसके लिए उत्पीड़न हो गया था। कुमारगिरि की कुटी के प्रशान्त वातावरण में चित्रलेखा ने सुख देखा, तृप्ति देखी।'' इसी प्रकार कुमारगिरि का अन्तर्द्वन्द्व रूपी चेतन मन चित्रलेखा के समक्ष उस समय नतमस्तक हो जाता है, जब कुमारगिरि अपना प्रेम प्रकट करते हुए कहता है कि नर्तकी मैं तुमसे प्रेम करता हूँ। और चित्रलेखा हँसती हुई कहती है, ''मैं जानती हूँ कि तुम मुझसे प्रेम करते हो, पर मैं तुमसे प्रेम नहीं करती। एक क्षण के लिए मेरी इच्छा तुम पर आधिपत्य जमाने की हुई थी और मैंने उसका प्रयत्न किया। तुमने आत्म-समर्पण कर दिया है। किस बल पर तुम मेरा प्रेम चाहते हो?'' इस प्रकार की मानवीय स्थितियों में पारस्परिक अन्तःसंघर्ष दिखाकर वर्मा जी ने अपनी सूक्ष्म मनोवैज्ञानिकता का परिचय दिया है।

चित्रलेखा इस उपन्यास की वह केन्द्र केन्द्रीय है, जिसके परितः समस्त पात्र भ्रमण करते दीखते हैं। चित्रलेखा का व्यक्तित्व ही कुछ इस प्रकार का है। स्वयं लेखक के शब्दों में, ''कुछ ऐसे व्यक्ति होते हैं जो दूसरों को अपनी ओर आकर्षित कर लेते हैं, जो दूसरे के व्यक्तित्व को आकर्षित करके उसको दबा देते हैं और उसको अपना दास बना लेते हैं। चित्रलेखा का व्यक्तित्व भी ऐसा था।'' यहाँ आकर एक प्रश्न उठता है कि क्या चित्रलेखा का चरित्र अशिष्ट एवं पतनशील है? जो कुमारगिरि और बीजगुप्त जैसे दो प्रभावशाली चरित्रों का उत्थान-पतन करती दृष्टिगत होती है। लोगों का मानना है कि कुमारगिरि का पतन दिखाकर लेखक ने भारतीय संस्कृति और अध्यात्मवाद पर कुठाराघात किया है। किन्तु ऐसा नहीं है। डॉ. कुसुम वार्ष्णेय का कथन है, ''लेखक ने किसी दर्शन की खिल्ली नहीं उड़ायी है। उसने केवल अध्यात्मवाद के अतिवादी दर्शन पर अनास्था प्रकट की है। लेखक का स्वर यही है कि जीवन में सन्तुलन बनाये रखने के लिए मनुष्य को अपनी भावनाओं तथा इच्छाओं से सहयोग करना, आवश्यक है। यही जीवन-दर्शन वर्तमान परिस्थिति में हमारे लिये उपयोगी है, उपयुक्त है।''[1] वस्तुतः लेखक ने जीवन में मनुष्य को अपने जीवन में सहयोग एवं समयानुसार सन्तुलित बनाये रखना चाहिए पर बल दिया है। यह लेखक की सार्थकता ही कही जायेगी।

चित्रलेखा का नायक बीजगुप्त लेखक के जीवन-दर्शन का प्रतिनिधित्व करता है, ऐसा विद्वानों का मानना है। बीजगुप्त के जीवन का विकास स्वाभाविक गति के साथ हुआ है, उसमें मानसिक कुण्ठाएँ कुमारगिरि की भाँति नहीं हैं, परन्तु उसके चरित्र में समस्त मानवीय एवं अमानवीय गुण-अवगुण भी हैं। हाँ उसमें छल-कपट, दुराव-छिपाव की प्रवृत्ति नहीं है। उसका प्रेम स्वस्थ एवं स्वच्छ जल की भाँति है, उसका प्रेम अन्ततः पवित्र एवं स्थायी बना रहता है।

---

1. वही, पृ. 73

उपन्यास के पात्रों का चित्रण करने में लेखक ने जो शैली अपनायी है उसमें प्रौढ़ता, उत्सुकता, मादकता, सात्त्विकता, स्वच्छन्दता एवं काव्यात्मकता है। एक स्थान पर लेखक ने कुमारगिरि का अनावश्यक परिचय देकर विषय की पुनरावृत्ति कर दी है, लेकिन पठनीयता एवं रोचकता निरन्तर बनी रही है।

अन्ततः यही कहा जा सकता है कि वर्मा जी की दृष्टि में पाप-पुण्य कुछ भी नहीं है, वह जो भी है मनुष्य के दृष्टिकोण की विषमता का दूसरा नाम है। जैसा कि अन्त में महाप्रभु रत्नाम्बर कहते हैं, "प्रत्येक व्यक्ति इस संसार के रंगमंच पर अभिनय करने आता है।...मनुष्य अपना स्वामी नहीं है, वह परिस्थितियों का दास है, विवश है। वह कर्त्ता नहीं है, वह केवल साधन है। फिर पाप और पुण्य कैसा?"

—————

अमीरचन्द वैश्य

'चित्रलेखा' : रचना-विधान और भाषा

हिन्दी के साहित्य-संसार में लखनऊ के तीन लेखक अति प्रसिद्ध हैं। यशपाल, भगवतीचरण वर्मा और अमृतलाल नागर। ये तीनों कथा-साहित्य के प्रणेता हैं। उपन्यासकार और कहानीकार। तीनों का व्यक्तित्व एक समान नहीं है। प्रसिद्ध समालोक प्रो. मधुरेश ने यशपाल को तो प्रगतिशील आन्दोलन से जोड़कर उनका विस्तृत मूल्यांकन किया है। और वर्मा जी एवं नागर जी को 'सामाजिक यथार्थवादी उपन्यास' की धारा से सम्बद्ध करके उनके कृतित्व का मूल्यांकन किया है।

भगवतीचरण वर्मा (जन्म-30 अगस्त, 1903) के बारे में संक्षिप्त टिप्पणी करते हुए प्रो. मधुरेश ने लिखा है—"भगवतीचरण वर्मा के उपन्यास-लेखन की शुरुआत भले ही 'पतन' (1928) से हुई हो, लेकिन उनकी पहचान 'चित्रलेखा' (1934) से ही बनी। प्रेमचन्द ने साहित्य और कला को मनोरंजन के स्तर से उठाकर जीवन और समाज के व्यापक सवालों से जोड़ा था। भगवतीचरण वर्मा ने उपन्यास को फिर से मनोरंजन से जोड़कर देखा और प्रेमचन्द-परम्परा के कथाकारों पर आरोप लगाया कि वे उपन्यास के मूल तत्त्व के रूप में स्वीकृत मनोरंजन की उपेक्षा करते रहे हैं।" (हिन्दी उपन्यास का विकास, पृ. 100-101) वर्मा जी ने यशपाल के समान प्रगतिशील आन्दोलन से स्वयं को न जोड़कर अपने उपन्यासों में 'व्यक्ति' को एक पृथक् आधारभूत सत्ता मानते हुए 'समाज' से अलग और हटकर माना। (प्रो. मधुरेश, वही, पृ. 101)

मौर्य काल के सम्राट चन्द्रगुप्त मौर्य के ऐतिहासिक काल-खण्ड की पृष्ठभूमि पर आधारित 'चत्रलेखा' उपन्यास लोकप्रिय माना जाता है। इस उपन्यास पर इसी नाम से फ़िल्म का भी निर्माण हुआ था। इस उपन्यास में तीन व्यक्ति चरित्रों की प्रधानता है—सामन्त बीजगुप्त, नर्तकी चित्रलेखा और युवा योगी कुमारगिरि। शेष पात्र महाप्रभु रत्नाम्बर एवं उनके दो प्रमुख शिष्य श्वेतांक और विशालदेव के अलावा आर्यश्रेष्ठ मृत्युञ्जय एवं उनकी पुत्री कुमारी यशोधरा गौण पात्र हैं। ये गौण पात्र उपन्यास के प्रमुख पात्रों के अन्तर्द्वन्द्व का उद्घाटन करके उनके चरित्र की परिवर्तनशीलता उजागर करते हैं, जिससे पाप-पुण्य को परिभाषित करने का उपक्रम किया गया है।

उपन्यास की कथा का प्रारम्भ 'उपक्रमणिका' से किया गया है। श्वेतांक ने पूछा—"और पाप!" यह सुनकर 'महाप्रभु रत्नाम्बर मानो एक गहरी निद्रा से चौंक उठे।' उन्होंने श्वेतांक की ओर एक बार बड़े ध्यान से देखा—"पाप? बड़ा कठिन प्रश्न है वत्स! पर साथ ही बड़ा स्वाभाविक। तुम पूछते हो पाप क्या है!" (चित्रलेखा, पे. बैक संस्करण, 2013 पृ. 07)

इस प्रारम्भिक संवाद से पाठक अनायास समझ जाता है कि इस उपन्यास की रचना का प्रमुख प्रयोजन "पाप" एवं 'पुण्य' को परिभाषित करना है। महाप्रभु रत्नाम्बर अपने दोनों

शिष्यों को जीवन की ओर उन्मुख करते हैं, जिससे वे अपने अनुभव से पाप-पुण्य की समीक्षा कर सकें। श्वेतांक को उसकी प्रवृत्ति के अनुसार बीजगुप्त के सेवक के रूप में सेवारत करवाते हैं और विशालदेव को योगी कुमारगिरि के शिष्य के रूप में।

सम्पूर्ण उपन्यास में 'अनुक्रमणिका' और 'उपसंहार' के कथा का विन्यास बाईस परिच्छेदों में कौशल से किया गया है। सभी परिच्छेद पूर्वापर क्रम से परस्पर सम्बद्ध है। एक परिच्छेद पढ़ने के बाद पाठक दूसरा परिच्छेद पढ़ने-समझने के लिए आतुर होने लगता है। आदि से अन्त तक उसकी उत्सुकता अग्रसर होती रहती है। दूसरे शब्दों में कह सकते हैं कि 'चित्रलेखा' की कथा में रोचकता है, जो पाठक को ऊबने नहीं देती है।

उपन्यास का प्रारम्भ संवाद से हुआ है। अतः लेखक ने वर्णनात्मक शैली के साथ-साथ संवादों के माध्यम से कथा-क्रम को आगे बढ़ाते हुए प्रमुख पात्रों एवं गौण पात्रों की चारित्रिक विशेषताओं का उद्घाटन किया है।

अपने प्रयोजन की सिद्धि वर्मा जी ने व्यक्तिवादी ढंग से की है। अतः उनके तीनों प्रमुख पात्र—सामन्त बीजगुप्त, नर्तकी चित्रलेखा और योगी कुमारगिरि स्थिर न होकर गतिशील हैं। प्रारम्भ का भोगी बीजगुप्त आगे चलकर विरागी हो जाता है। पाटलिपुत्र की प्रसिद्ध नर्तकी चित्रलेखा चंचल मन से प्रेरित होकर कुमारगिरि की ओर आकृष्ट हो जाती है। वह बीजगुप्त के प्रेम का तिरस्कार करती है। लेकिन योगी कुमारगिरि वासना के वशीभूत होकर चित्रलेखा को भी पथभ्रष्ट कर देता है। विरागी बीजगुप्त के सामने उसका हार्दिक पश्चात्ताप उसके चरित्र का उन्नयन करता है। अन्त में वह बीजगुप्त से कहती है, "तो फिर ऐसा ही हो, संसार में हम दोनों भिखारी बनकर निकल पड़े। प्रेम और केवल प्रेम हमारा आधार हो। मेरे देवता! मैं अपनी सम्पत्ति आज ही दान किये देती हूँ, रात में हम दोनों ही अथाह संसार में प्रेम की नौका पर बैठकर निकल चलें।" चित्रलेखा का मुखमण्डल चमक उठा। उसके नयनों में एक प्रकार की ज्योति आ गयी, उसकी आत्मा प्रकाशमान् हो उठी। (वही संस्करण, पृ. 197)

उपन्यास का कथा-क्रम एक वर्ष में पूरा हो जाता है। महाप्रभु रत्नाम्बर के समक्ष श्वेतांक बीजगुप्त को 'त्याग की प्रतिमूर्ति' बताता है। कुमारगिरि को पशु। लेकिन विशालदेव योगी कुमारगिरि को अजित बताता है। बीजगुप्त को पापी। यह पढ़कर पाठक को झटका लगता है। वर्मा जी पाठक को सन्तुष्ट करने के लिए महाप्रभु रत्नाम्बर से कहलवाते हैं, "हम न पाप करते हैं और न पुण्य करते हैं, हम केवल वह करते हैं, जो हमें करना पड़ता है।" (वही, पृ. 200)

उपन्यास के रचना-विधान का यह निष्कर्ष बहुत ख़तरनाक है। इस दृष्टि से प्रत्येक प्रकार का शोषण, अनाचार, भ्रष्टाचार, प्राकृतिक सम्पदाओं का दोहन अनुचित नहीं है, क्योंकि परिस्थितियों के वशीभूत होकर पूँजीपतियों और सत्ता के मठाधीशों को ऐसा करना अनिवार्य है। यदि लेखक का उपर्युक्त विचार ठीक मान लिया जाये तो उस समय ब्रिटिश शासक जो शोषण कर रहे थे, वह पाप नहीं था। जिन्होंने देश की आज़ादी के लिए बलिदान किये, उन्होंने भी कोई पुण्य का काम नहीं किया। परिस्थितियों से लाचार होकर उन्हें ऐसा करना पड़ा। वास्तविकता तो यह है जो शुभ कार्य कोटि-कोटि अकिंचनों के कल्याण हेतु किये जाते हैं, वे पुण्य कार्य हैं। शोषण के गोरखधन्धे पाप।

सारांश यह है कि लेखक का अन्तिम निष्कर्ष रचना-विधान की बड़ी ख़ामी है। हाँ, उपन्यास के कथा-विन्यास में नाटकीय आकस्मिकता ने उसे रोचक और पठनीय बनाया है। पात्रों की वैचारिक द्वन्द्वात्मकता और विभिन्न मनोदशाओं ने भी उपन्यास को कलात्मकता प्रदान की है।

पहले परिच्छेद में महाप्रभु रत्नाम्बर अपने शिष्य श्वेतांक के साथ बीजगुप्त के भवन में अर्द्धरात्रि के समय पहुँचकर बीजगुप्त और चित्रलेखा दोनों को चौंका देते हैं। तीसरे परिच्छेद में चित्रलेखा अपने भोगवादी विचारों से प्रेरित होकर ब्रह्मचारी श्वेतांक को मदिरा-पान के लिए विवश कर देती है। और बीजगुप्त हँसते हुए कहता है "ब्रह्मचारी! आज तुम्हें नर्तकी ने दीक्षा दी है, उसके उपलक्ष्य में मैं चित्रलेखा को बधाई देता हूँ।" (वही, पृ. 29) यह दीक्षा श्वेतांक के चरित्र में परिवर्तन उपस्थित कर देती है। पाँचवें परिच्छेद में सम्राट् चन्द्रगुप्त मौर्य की सभा में योगी कुमारगिरि चमत्कार दिखाकर कहता है—"और यह ईश्वर है।" चमत्कार देखकर सभी उपस्थित जन प्रभावित हो जाते हैं। लेकिन चित्रलेखा अपने कथन से सभा में हलचल मचा देती है। सम्राट् नर्तकी चित्रलेखा को विजेता घोषित करते हैं। चाणक्य विजय-मुकुट उसके मस्तक पर रख देते हैं, जिससे योगी कुमारगिरि बहुत क्षुब्ध होता है। और चित्रलेखा अपना विजय-मुकुट योगी के मस्तक पर रखकर अपने अभूतपूर्व दण्ड से सभा को चौंका देती है। अनुराग से विराग की ओर अग्रसर होकर चित्रलेखा योगी कुमारगिरि की कुटी में चली जाती है। इस परिवर्तन से बीजगुप्त क्षुब्ध हो जाता है। वह काशी-यात्रा के लिए प्रस्थान करता है। साथ में आर्य मृत्युञ्जय भी यशोधरा के संग जाते हैं। यशोधरा का सान्निध्य बीजगुप्त को आकृष्ट करता है। वह यात्रा से लौटकर उससे विवाह करने का संकल्प कर लेता है, किन्तु श्वेतांक की मनोकामना की पूर्ति के लिए वह अपनी सम्पत्ति और पदवी उसे सौंपकर उसका विवाह यशोधरा से करा देता है। स्वयं वीतरागी हो जाता है। योगी चित्रलेखा से झूठ बोलता है कि बीजगुप्त ने यशोधरा से विवाह कर लिया है। यह असत्य चित्रलेखा को और अधिक क्षुब्ध करता है। वह योगी के समक्ष स्वयं को समर्पित कर देती है। वासना से दूर रहनेवाला योगी वासना के गर्त में गिर पड़ता है।

उपन्यास के रचना-विधान में पात्रों के परिवर्तनशील चरित्र पाठक के लिए चुम्बक का काम करते हैं। इस कृति का रचना-विधान यह विचार भी ध्वनित करता है कि जीवन-यापन के लिए प्रवृत्ति मार्ग उचित है। योगी कुमारगिरि के निवृत्ति मार्ग पर चलकर बड़े-से-बड़ा जितेन्द्रिय भी पथ-भ्रष्ट हो सकता है। सम्भवतः इसीलिए प्राचीन भारत में चार आश्रमों की व्यवस्था की गयी थी। प्रत्येक आश्रम में श्रम अनिवार्य माना जाता है। युवा संन्यासी स्वामी विवेकानन्द ने अपना सारा जीवन जन-सेवा के लिए समर्पित कर दिया था। इस उपन्यास में योगी कुमारगिरि निठल्ला चिन्तन करता है। उसे अपनी साधना पर घमण्ड है। लेकिन उसका निष्कर्म जीवन चित्रलेखा के सामने निष्प्रभ हो जाता है।

डॉ. गोपाल राय ने इस उपन्यास के रचना-विधान पर ठीक टिप्पणी की है—महाप्रभु रत्नाम्बर को "विचार की वैज्ञानिकता विवादास्पद है, यद्यपि उपन्यास को रोचक बनाने में इसका महत्त्वपूर्ण योग है। किशोर, युवा और भोगवादी मनोवृत्तिवाले पाठकों को दार्शनिक आधार प्रदान करने के लिए यह विचार सुविधाजनक है, अतः इसकी लोकप्रियता भी स्वाभाविक है। पर इस उपन्यास में केवल समस्या-ही-समस्या है, जीवन की धड़कन बहुत कम

है, इस कारण इस श्रेष्ठ उपन्यास में किसी को कठिनाई भी हो सकती है।" (हिन्दी उपन्यास का इतिहास, पृ. 157)

अब इस ऐतिहासिक उपन्यास की अनेक भाषिक संरचनाओं का विश्लेषण भी अनिवार्य है। कवि और लेखक के पास वागर्थ का सम्बल होता है, जिसका समुचित प्रयोग कर वह अपनी रचना की अन्तर्वस्तु को कलात्मक रूप प्रदान करता है।

लेस्ली स्टीफेन ने ऐतिहासिक उपन्यास की पहचान वर्णसंकर रचना के रूप में की थी। उनकी मान्यता थी यह इतिहास और साहित्य दो परस्पर विरोधी माने जानेवाले तत्त्व के मेल से बनता है। इसी कारण वह किसी को सन्तुष्ट नहीं कर पाता है। (मधुरेश, हिन्दी उपन्यास का विकास, पृ. 159) आशय यह है कि न तो इतिहासकार सन्तुष्ट हो पाता है, न ही साहित्यकार।

'चित्रलेखा' सम्राट् चन्द्रगुप्त मौर्य और चाणक्य ऐतिहासिक पात्र हैं। अन्य पात्र काल्पनिक हैं। लेखक ने इतिहास की पृष्ठभूमि को दृष्टिगत रखते हुए कथा-विन्यास का कलात्मक प्रयोग किया है। इस कृति का रचना-विधान वर्णनात्मक और नाटकीय है। अतः उपन्यास में प्रमुख रूप से दो प्रकार की संरचनाएँ हैं। प्रत्येक संरचना में सहज बोधगम्य एवं समासरहित तत्सम पदावली का प्रयोग अवधानपूर्वक किया गया है। यत्र-तत्र बोलचाल की पदावली का समावेश हुआ है।

लेखक ने वर्णनात्मक भाषिक संरचना के माध्यम से दो काम किये हैं। एक तो यह कि पात्रों के पूर्व जीवन को आलोकित किया गया है। दूसरा यह कि उपन्यास के प्रमुख पात्रों के वैशिष्ट्य को उजागर किया गया है और साथ-ही-साथ तत्कालीन सामाजिक परिवेश की झलक भी प्रत्यक्ष की है।

उपन्यास के पहले परिच्छेद में नर्तकी चित्रलेखा का परिचय अधोलिखित भाषिक संरचना में किया गया है—

"चित्रलेखा ब्राह्मण विधवा थी। वह विधवा उस समय हुई, जिस समय उसकी अवस्था अठारह वर्ष की थी।...एक दिन उसके जीवन में कृष्णादित्य ने प्रवेश किया। कृष्णादित्य क्षत्रिय और शूद्रा का वर्णशंकर (वर्णसंकर) पुत्र था।...कृष्णादित्य ने विधवा चित्रलेखा की तपस्या भंग कर दी।"

"सुन्दरी चित्रलेखा का दबा हुआ यौवन विकसित हो गया, विराग का तेज उल्लास की चमक से दब गया।...चित्रलेखा गर्भवती हो गयी। गुप्त प्रेम संसार पर प्रकट हो गया। कृष्णादित्य के पिता ने कृष्णादित्य को निकाल दिया और चित्रलेखा के पिता ने चित्रलेखा को।...चित्रलेखा को एक पुत्र हुआ, पर उत्पन्न होने के साथ ही वह संसार को भी छोड़ गया। चित्रलेखा का कण्ठ कोमल था और शरीर सुन्दर। जिस नर्तकी ने उसे आश्रय दिया था, उसने उसे नृत्य तथा संगीत-कला की शिक्षा दी। इसके बाद चित्रलेखा भी नर्तकी हो गयी।" (वही सं., पृ. 13)

प्रसंगवश यहाँ उल्लेखनीय है कि कृष्णादित्य ने अपमानजनक जीवन की अपेक्षा मृत्यु का वरण श्रेयस्कर समझा।

उपर्युक्त अंश आगे बढ़ाने के बाद यह स्पष्ट हो जाता है कि उस युग में विधवा विवाह मान्य नहीं था। वर्णसंकर सन्तानें उस समय भी हुआ करती थीं। और समाज में विधवा को नहीं अपितु उसके नर्तकी रूप का समादर किया जाता था।

उद्धृत अंश की भाषा सरल है। सांकेतिक भी है; लेकिन उद्धरण के प्रारम्भिक अंश में 'कृष्णादित्य' तीन बार प्रयुक्त हुआ है। दूसरी-तीसरी बार नाम के स्थान पर सर्वनाम—'वह' एवं 'उस' ने का प्रयोग समुचित लगता है। 'गुप्त प्रेम संसार पर प्रकट हो गया।' इस वाक्य में 'संसार में प्रकट हो गया' वाक्यांश व्याकरणोचित है। 'वर्णशंकर' का शुद्ध रूप 'वर्णसंकर' है। यह भूल प्रूफ रीडर की है शायद।

उपर्युक्त उद्धरण से कुछ भिन्न भाषिक संरचना में लेखक ने पात्रों चरित्र-चित्रों की आकर्षक छवि अंकित की है। सामन्त बीजगुप्त और प्रसिद्ध नर्तकी चित्रलेखा के प्रगाढ़ सम्बन्ध के सन्दर्भ में चित्रलेखा की मस्ती और सुन्दरता का शब्द-चित्र प्रारम्भ में अंकित किया है—''चित्रलेखा की अधखुली आँखों में मतवालापन था और उसके अरुण कपोलों में उल्लास था। यौवन की उमंग में सौन्दर्य किलोलें कर रहा था, आलिंगन के पाश में वासना हँस रही थी। चित्रलेखा ने मदिरा का एक घूँट पिया, इसके बाद वह मुस्करायी। एक क्षण के लिए उसके अधरों ने बीजगुप्त के अधरों से मौन भाषा में कुछ बात कही, फिर धीरे से उसने उत्तर दिया—'मस्ती'। (वही, पृ. 11, 12)

इस उद्धरण में भाषा स्वतः अलंकृत हो गयी है। मानवीकरण के स्वाभाविक समावेश ने चित्रलेखा की विलासप्रियता को साकार कर दिया है। 'मस्ती' वर्मा जी का प्रिय शब्द है। भाषिक संरचना में समासरहित तत्सम पदावली के साथ बोल-चाल के शब्द वाक्यों में चमक रहे हैं। हाँ, 'कपोलों में' के स्थान पर 'कपोलों पर' होता तो वाक्य अधिक अच्छा होता।

उपर्युक्त उद्धरण के बाद अनलंकृत भाषा में सामन्त बीजगुप्त के भवन की भव्यता का वर्णन इस ढंग से किया गया है—''उस समय प्रायः आधी रात बीत चुकी थी। बीजगुप्त का भवन सहस्रों दीप-शिखाओं से आलोकित हो रहा था, द्वार पर शहनाई में विहाग बज रहा था। केलि-भवन में नगर की सर्वसुन्दरी नर्तकी के साथ बीजगुप्त यौवन की उमंग में निमग्न था और बाहर गहरे अन्धकार में सारा विश्व।'' (वही, पृ. 12)

कथा-विन्यास की दृष्टि से यह वर्णन औचित्यपूर्ण है, लेकिन 'शहनाई' फ़ारसी शब्द है। अतः मौर्य काल में इसका वादन असम्भव प्रतीत होता है।

ऐसी ही अनलंकृत भाषिक संरचना में उपन्यास के तीसरे मुख्य पात्र योगी कुमारगिरि का परिचय प्रस्तुत किया गया है—''कुमारगिरि योगी था! योगी? हाँ, क्योंकि उसने संसार छोड़ दिया था। क्यों? एक दूसरा कल्पना का संसार प्राप्त करने के लिए, इस आशा पर कि वह संसार सुख से पूर्ण होगा। जनरव से उसे अरुचि थी, कल्पना का मण्डल उसके विचरने का क्षेत्र था। संसार में उसे शान्ति न थी, इसीलिए शान्ति को पाने के लिए उसे निर्जन की शरण लेनी पड़ी थी। संयम और नियम—इन पर उसे विश्वास था, इच्छाएँ उसके वशीभूत थीं'' (वही, पृ. 19, 20)

यहाँ तटस्थ भाव से लेखक योगी कुमारगिरि का परिचय, प्रश्नोत्तर ढंग से, दिया है। आचार्य रामचन्द्र शुक्ल ने कहीं कहा है कि उस काल में 'कुमारगिरि' जैसे नामों का प्रचलन नहीं था।

ऐतिहासिक पृष्ठभूमि को दृष्टिगत रखते हुए लेखक ने सम्राट् चन्द्रगुप्त मौर्य की राज-सभा का वर्णन संक्षेप में किया है। यह वर्णन पढ़कर तत्कालीन सम्राट् की सभा का परिदृश्य प्रत्यक्ष हो जाता है—

"महायज्ञ के अभिमन्त्रित धूम्र से सुवासित राज-प्रासाद के विशाल प्रांगण में सम्राट् चन्द्रगुप्त मौर्य के अतिथि आसीन थे। रत्नजटित स्वर्ण के राज-सिंहासन पर महाराज विराजमान थे और उनका मुख पूर्व की ओर था। उनके दक्षिण ओर क्रम से यथायोग्य विशाल साम्राज्य के आमन्त्रित सामन्तगण बैठे थे और वाम पार्श्व में राज्य के प्रधान कर्मचारी। सामने कर्मकाण्डी ब्राह्मणों तथा तपस्वियों का जमघट था।" (वही, पृ. 41)

उपर्युक्त सभा दर्शन पर तर्क करने के लिए आयोजित की गयी थी। तर्क-वितर्क सभा में सुन्दरी नर्तकी चित्रलेखा नृत्य प्रस्तुत करती है। लेखक ने सर्वसुन्दरी चित्रलेखा के आकर्षक सौन्दर्य और उसकी नृत्य कला का वर्णन अलंकृत भाषिक संरचना में किया है। इस सन्दर्भ में अधोलिखित उद्धरण पठनीय हैं।

"शृंगार-गृह से उसी समय चित्रलेखा ने सभा-मण्डप में प्रवेश किया। आभूषणों की झन्कार में एक प्रकार का विचित्र संगीत था। धर्म का नीरस तथा शुष्क वायुमण्डल राग से भरे सौन्दर्य की मस्ती से विकम्पित हो उठा, काँपती हुई उषा के धुँधलेपन को चीरते हुए मानो प्रातः कालीन सूर्य के अरुण प्रकाश ने प्रवेश किया। हेमन्त के शीतल तथा शुष्क वायु में मधुमास के हलके ताप और मतवाले सौरभ का समावेश हुआ। सारा वातावरण ही बदल गया।"

"उस समय उसके सौन्दर्य में अभूतपूर्व आकर्षण था। उसका मुख पूर्णिमा के चन्द्रमा की भाँति था और उसकी लहराती हुई वेणी नाग की भाँति थी, जो विष से त्रस्त होकर चन्द्रमा से उसका अमृत छीनने को उससे लिपट गया हो।"

"चित्रलेखा के सुन्दर कमल-से कोमल पैरों ने घुँघरूओं के साथ सम पर ताल दिया और नृत्य आरम्भ हो गया। चित्रलेखा जिस स्थल पर जाती थी, विद्युत् की भाँति चमक उठती थी। ...चारों ओर गहरा सन्नाटा छाया हुआ था। प्रत्येक व्यक्ति मन्त्रमुग्ध-सा कला के सर्वोच्च प्रदर्शन को निरख रहा था।" (वही, पृ. 44, 45)

इन उद्धरणों का भाषिक वैशिष्ट्य यह है कि लेखक ने सटीक अलंकृत तत्सम पदावली के साथ बोल-चाल के कई शब्दों का सार्थक प्रयोग किया है। यहाँ लेखक ने अपने कथ्य कल्पना के रंग से रँगकर उसे चुम्बकीय आकर्षण प्रदान किया है। उत्प्रेक्षा और उपमा का सहज समावेश करने के लिए परम्परागत उपमानों—पूर्णिमा का चन्द्रमा, नाग, विद्युत् का औचित्यपूर्ण प्रयोग किया गया है।

इसी प्रकार की भाषिक संरचना का प्रयोग नवें परिच्छेद में आर्यश्रेष्ठ मृत्युञ्जय की पुत्री कुमारी यशोधरा के सौन्दर्य का भी वर्णन किया गया है। (देखिये, पृ. 80, वही संस्करण)

वर्मा जी ने अनलंकृत शैली में, किन्तु औचित्यपूर्ण भाषा में उपन्यासों के पात्रों के चरित्र-चित्र अवधानपूर्वक अंकित किये हैं। साथ-ही-साथ उनकी मनोदशा के रूप भी। एक लघु उद्धरण पठनीय है—"चित्रलेखा बीजगुप्त के जीवन से बिना उसकी इच्छा के चली गयी थी, यशोधरा उसके जीवन में बिना उसकी इच्छा के आ गयी थी। बीजगुप्त हँस पड़ा, जीवन उसके निकट एक समस्या थी।" (वही, पृ. 154)

पहले लिखा गया है कि इस उपन्यास का रचना-विधान प्रमुख रूप से नाटकीय है। अतः लेखक ने नाटकोचित संवादात्मक भाषिक संरचनाओं के अनेक प्रयोग किये हैं। ऐसी संरचनाओं में तर्क-वितर्क से युक्त संवाद हैं। चरित्रों के वैशिष्ट्य-उद्घाटन के संवाद हैं भाव-व्यञ्जक संवाद हैं। लम्बे और छोटे संवाद भी हैं।

सम्पूर्ण उपन्यास में कथा-क्रम के अनुसार सभी पात्रों के संवादों के माध्यम से लेखक अपना अभीष्ट प्रयोजन पूर्ण किया है।

महाप्रभु रत्नाम्बर से उनके शिष्यों श्वेतांक और विशालदेव के संवाद, सामन्त बीजगुप्त और चित्रलेखा के संवाद, बीजगुप्त से महाप्रभु रत्नाम्बर के संवाद, योगी कुमारगिरि से शिष्य विशालदेव के संवाद, चित्रलेखा और श्वेतांक के संवाद, चाणक्य और योगी कुमारगिरि के संवाद, चित्रलेखा-कुमारगिरि के संवाद, श्वेतांक-बीजगुप्त के संवाद, आर्यश्रेष्ठ मृत्युञ्जय-बीजगुप्त के संवाद, योगी कुमारगिरि-विरागी चित्रलेखा के संवाद, पश्चात्ताप से भरी चित्रलेखा एवं विरागी बीजगुप्त के संवाद प्रभावपूर्ण भाषा में रचे गये हैं। उपन्यास का उपसंहार भी महाप्रभु रत्नाम्बर-श्वेतांक-विशालदेव के संवादों से होता है। तार्किक विचार-विमर्श से युक्त संवाद गम्भीर हैं। शिष्टाचार द्योतक संवादों की भाषा विनम्रता से युक्त हैं। सर्वसुन्दरी चित्रलेखा का नृत्य पहली बार देखकर सामन्त बीजगुप्त उससे अनुरोध करता है—''क्या कभी आपके स्थान पर आपके दर्शन कर सकने का सौभाग्य प्राप्त कर सकूँगा। (वही, पृ. 14)

नर्तकी का चंचल मन योगी कुमारगिरि की ओर आकृष्ट हो जाता है। वह अपनी वाक्-चातुर्य से कुमारगिरि को सम्राट् चन्द्रगुप्त मौर्य की सभा में परास्त तो कर देती है, लेकिन उसका संवाद उसकी मनोदशा योगी के समक्ष उद्घाटित कर देता है। वह शान्त भाव से अपने मन की सच्ची बात कहती है—''योगी, तुम्हारी यह धारणा अनुचित है। मैं फिर कहती हूँ कि तुम्हें पराजित करने की न तो मुझमें क्षमता है और न शक्ति है।'' (पृ. 53) संवाद पढ़ते ही चित्रलेखा की दुर्बलता स्पष्ट हो जाती है।

इस परिवर्तनशील जगत् में कुछ भी स्थायी नहीं है। चित्रलेखा और बीजगुप्त के संवाद प्रेम की परिवर्तनशीलता के द्योतक हैं। अपनी परिवर्तित मनोदशा से प्रेरित होकर विलासप्रिया चित्रलेखा अनायास अपने प्रियतम बीजगुप्त से कहती है—''इस परिवर्तनशील संसार में किसी भी चीज़ का बदल जाना अस्वाभाविक नहीं है।'' यह सुनकर बीजगुप्त स्तब्ध रह जाता है और प्रश्न पूछता है—क्या इस परिवर्तनशील संसार में किसी भी चीज़ का बदल जाना अस्वाभाविक नहीं है।'' (पृ. 76) और उसे आभास होने लगता है कि 'चित्रलेखा का प्रेम बदल सकता है।' (पृ. 76)

इसी प्रकार बीजगुप्त-यशोधरा एवं बीजगुप्त-श्वेतांक के संवाद तीनों पात्रों के संवाद परिवर्तनशील प्रेम-भाव के द्योतक हैं। बीजगुप्त विरागी हो जाता है। श्वेतांक अनुरागी। कुमारी यशोधरा से विवाह करके। बीजगुप्त का चरित्र बदल जाता है। दूसरी ओर योगी कुमारगिरि वासना में डूबकर पतित हो जाता है। चित्रलेखा अपने पतन से पश्चात्ताप की अग्नि से सन्तप्त होकर अपने पूर्व प्रेमी बीजगुप्त के चरणों पर झुक जाती है।

इस प्रकार वर्मा जी ने पात्रोचित भाषा में अपने प्रमुख पात्रों के चरित्रों की गत्यात्मकता उद्घाटित की है, जो कथा-विन्यास के लिए अनिवार्य प्रतीत होती है।

यदि लघु संवादों से पात्रों के मनोभाव व्यक्त होते हैं तो दीर्घ संवादों से दर्शन और विचारों की तार्किकता। दोनों प्रकार के संवाद कलात्मक ढंग से कथा-विन्यास में अनुस्यूत हैं।

पहले साक्षात्कार के समय नर्तकी चित्रलेखा अपने स्वच्छन्द स्वभाव के कारण सामन्त बीजगुप्त को रूखा उत्तर देती है—''नहीं, मैं व्यक्ति से नहीं मिलती। मैं केवल समुदाय के सामने आती हूँ, व्यक्ति का मेरे जीवन में कोई सम्बन्ध नहीं।'' (वही, पृ. 15)

चित्रलेखा का यह कथन उस युग की सामाजिक परिस्थितियों की ओर यह संकेत कर रहा है कि सुन्दरी नर्तकी गणिका के रूप में अपना जीवन व्यतीत करती है। लेकिन उपन्यास के कथा-विन्यास में पहले चित्रलेखा बीजगुप्त से प्रेम-सम्बन्ध जोड़ती है, फिर योगी कुमारगिरि से। योगी द्वारा पथ-भ्रष्ट होने के बाद वह विरागी बीजगुप्त के पैर पकड़कर विनयपूर्वक कहती है—"मैं कहती हूँ कि मैं तुम्हें जाने न दूँगी, तुम्हें मेरे साथ मेरे भवन चलना होगा। बीजगुप्त! मेरे नाथ! क्या तुम्हारे हृदय में मेरे प्रति प्रेम मर गया है? बोलो नाथ, क्या...", चित्रलेखा की हिचकियाँ बँध गयीं, वह सिसक-सिसककर रो रही थी।" (वही, पृ. 195)

यही चित्रलेखा जब अपने प्रियतम बीजगुप्त के साथ, रात के समय, कुमारगिरि की कुटी में पहुँचती है, तब वह उसका अपमान यह कहकर कहता है कि "स्त्री अन्धकार है, मोह है, माया है और वासना है। ज्ञान के आलोकमय संसार में स्त्री का कोई स्थान नहीं।" यह सुनते ही चित्रलेखा तीर के समान तीक्ष्ण वाक्य का प्रहार सविनय करती है—"प्रकाश पर लुब्ध पतंग को अन्धकार का प्रणाम है।" (वही, पृ. 34) इस तीक्ष्ण वाक्य से कुमारगिरि आहत और क्षुब्ध हो जाता है। कुमारगिरि का उपर्युक्त कथन और अन्य संवाद उसके पाखण्ड और दम्भ को उजागर करते हैं। और चित्रलेखा का उक्त कथन उसकी प्रत्युत्पन्नमति को। लेकिन उसकी द्वन्द्वात्मकता और मानसिक चंचलता शनैः-शनैः उजागर हो जाती है। एक ओर तो वह कुमारगिरि को 'योगी' और 'मूर्ख' समझकर कहती है कि "उसकी आत्मा मर चुकी है।" लेकिन मानसिक रूप से प्रियतम बीजगुप्त को धोखा देते हुए मन-ही-मन कहती है—"पर कुमारगिरि सुन्दर अवश्य है।" (पृ. 39)

इस उपन्यास के सन्दर्भ में पहले संकेत किया जा चुका है कि इसके नाटकीय रचना-विधान में तर्क-वितर्क प्रधान संवादों का बाहुल्य है। ऐसे संवाद दार्शनिक एवं जीवन से सम्बद्ध अनेक प्रश्नों पर विचार-विमर्श करके उपन्यास के पात्र अपनी-अपनी तर्कशीलता का प्रमाण प्रस्तुत करते हैं। ऐसे संवादों की भाषा गरिष्ठ न होकर सजग व्यक्ति के लिए बोधगम्य है।

सम्राट् चन्द्रगुप्त के सुवासित राज-प्रासाद के विशाल प्रांगण में राज-सभा का आयोजन किया जाता है, जिसमें महाराज चाणक्य से पूछते हैं—"क्या आप बतलाने की कृपा करेंगे कि नीतिशास्त्र धर्म के अन्तर्गत है अथवा नहीं।" (पृ. 41)

महामति चाणक्य विद्वन्मण्डली को मस्तक नवाकर तर्कपूर्ण उत्तर देते हैं—"महाराज का कथन सर्वथा उचित है। मेरे नीतिशास्त्र में कहीं-कहीं निर्धारित धर्म की रूढ़ियों के विरोधी सिद्धान्त मिलते हैं।...धर्म समाज द्वारा निर्मित है। धर्म ने नीतिशास्त्र को जन्म नहीं दिया है, वरन् इसके विपरीत नीतिशास्त्र ने धर्म को जन्म दिया है। समाज को जीवित रखने के लिए समाज द्वारा निर्धारित नियमों को ही नीतिशास्त्र कहते हैं और इस नीतिशास्त्र का आधार तर्क है। धर्म का आधार विश्वास है।" (पृ. 41)

चाणक्य की तर्कपूर्ण वाक्य सुनकर सभा में घोर निस्तब्धता छा गयी। उनके कथन का प्रतिवाद करते हुए सभा में उपस्थित नवयुवक योगी कुमारगिरि ने कहा—"... धर्म ईश्वर का सांसारिक रूप है, वह मनुष्य को ईश्वर से मिलाने का साधन है।...उचित और अनुचित, न्याय और अन्याय—इन सबकी कसौटी धर्म है, धर्म के अन्तर्गत सारा विश्व है।" (पृ. 42)

महामति चाणक्य सतर्क भाव से पूछते हैं—"...योगी, जानते हो धर्म को किसने जन्म दिया है?"

"ईश्वर ने, मनुष्य की अन्तरात्मा द्वारा।"

"और ईश्वर को?"

और चाणक्य आगे यह भी कहते हैं—"हाँ, ईश्वर अनादि है, पर उस ईश्वर को, मैं दावे के साथ कहता हूँ, कोई नहीं जानता, वह कल्पना से परे है।...हमारा और तुम्हारा ईश्वर कल्पना-जनित ईश्वर है। अपनी आवश्यकताओं को पूरा करने के लिए ही समाज ने उस ईश्वर को जन्म दिया है।" (पृ. 42, 43)

विद्वान् जानते हैं कि भारत की दार्शनिक परम्परा में ईश्वरवाद और निरीश्वरवाद दोनों विचारधाराएँ थीं। चाणक्य के माध्यम से वर्मा जी ने आधुनिक विचारों की अभिव्यक्ति की है। वास्तविकता यह है कि ईश्वर ने मानव को नहीं, अपितु मानव ने ईश्वर की कल्पना करके उसे महिमा-मण्डित किया है। भाग्य और भगवान् दोनों शोषण के प्रबल साधन हैं। योगी कुमारगिरि का पाखण्ड यह वास्तविकता उजागर भी कर देता है।

पाखण्डी और दम्भी योगी कुमारगिरि अपनी शरणागत असाधारण सुन्दरी नर्तकी चित्रलेखा से क्या कहता है, यह भी पढ़ लीजिये—"नहीं, तुम मेरा प्रयोजन नहीं समझीं। मेरी दीक्षा के अर्थ हैं संसार के समस्त भोग-विलास तथा वासनाओं को सदा के लिए तिलांजलि दे देना। जिस अकर्मण्यता से तुम घृणा करती हो, उसी अकर्मण्यता को अपनाना; जिस शुष्क साधना की तुम हँसी उड़ाती हो, उसकी शुष्क साधना में अपने कोमल शरीर को तपाना।" (पृ. 54) योगी की कथनी और करनी में ज़मीन-आसमान का अन्तर है। इसीलिए वह स्वयं वासना-लिप्त होकर पतन के गर्त में गिर जाता है।

लेखक ने पात्रों के द्वन्द्वात्मक संवादों के माध्यम से अतिशय भोगवाद एवं अतिशय वैराग्य का खण्डन करते हुए जीवन के लिए प्रवृत्ति मार्ग को श्रेयस्कर बनाया है। प्रवृत्ति मार्ग पर चलने के बाद निवृत्ति मार्ग अपनाना समुचित है। उपन्यास के अन्त में बीजगुप्त और चित्रलेखा ऐसा ही आचरण करते हैं। (देखिये बाईसवाँ परिच्छेद, पृ. 190-197)

सामन्त बीजगुप्त के त्याग-भाव को देखकर सम्राट् चन्द्रगुप्त प्रसन्न मन से कहते हैं—"बीजगुप्त! तुम एक महान् आत्मा हो। तुमने असम्भव को सम्भव कर दिखाया। आज भारतवर्ष का सम्राट् चन्द्रगुप्त मौर्य तुम्हारे मस्तक नमाता है।" (पृ. 193)

कहने की आवश्यकता नहीं है कि इस उपन्यास में अनेकानेक प्रभावपूर्ण संवादों ने कथा-विन्यास को गतिशील और मनोरंजक बनाया है।

एक अन्य उद्धरण से यह विशेषता और स्पष्ट हो जायेगी। सम्राट् चन्द्रगुप्त मौर्य की सभा में युवा योगी कुमारगिरि की अनर्गल बातों का विरोध चित्रलेखा ने किया, तब उसने उसे स्वीकार कर लिया। इससे रुष्ट होकर सम्राट् ने चाणक्य को संकेत किया और उन्होंने चित्रलेखा के मस्तक पर विजय-मुकुट रख दिया और कुमारगिरि से कहा—"और योगी, तुमने अनुचित किया। तुम्हें इसका दण्ड मिलना चाहिए; परन्तु तुम्हें दण्ड देने का अधिकार चित्रलेखा का होगा।"

यह सुनकर कुमारगिरि लाल-ताल होकर कहता है—"हमें सभा में कोई भी व्यक्ति पराजित नहीं कर सकता और न मुझको दण्ड देने का कोई व्यास साहस ही कर सकता है।" (पृ. 49) यह कहकर वह तनकर खड़ा हो जाता है। उसका कथन मिथ्या अभिमान व्यक्त कर रहा है।

वर्मा जी ने अपने कथा-विन्यास में आनेवाले परिवर्तक मोड़ का संकेत करने के लिए भयंकर प्राकृतिक परिदृश्य प्रभावपूर्ण भाषा में व्यक्त किये हैं। आठवें परिच्छेद के प्रारम्भ में लिखते हैं—"महासागर के शान्त वक्षःस्थल पर भयानक झंझावात उठने के पहले एक घोर निस्तब्धता छा जाती है। उस समय वायुमण्डल उत्तेजित हो उठता है और सारा वातावरण भावी क्रान्ति की आशंका से शून्य-सा हो जाता है।" (पृ. 71) "और उसके बाद? वायु के प्रचण्ड झोंके, लहरों का ताण्डव-नर्तन तथा विप्लव गायन।" (पृ. 72)

इस एक वाक्य में क्रियापद का प्रयोग नहीं किया गया है, जो औचित्यपूर्ण है। इसी परिच्छेद में चित्रलेखा प्रेम-सम्बन्ध को परिवर्तनशील बताकर बीजगुप्त का मानस आन्दोलित कर देती है।

उपर्युक्त उद्धरण में महासागर का भयंकर रूप चाक्षुष बिम्ब के रूप में उकेरा गया है। इसके बाद परिस्थिति की त्रासद घटना का आभास कराने के लिए ज्वालामुखी के फटने की भयंकरता भी चाक्षुष बिम्ब के रूप में प्रत्यक्ष की है।

इसके अलावा उपन्यास के पन्द्रहवें परिच्छेद में ग्रीष्म ऋतु की सुहावनी रात का वर्णन उद्दीपन के रूप में किया गया है। बीजगुप्त की उद्विग्न मनोदशा के सन्दर्भ में। (पृ. 130, 131) और साथ-ही-साथ प्रकृति की अपूर्णता का भी, जो तार्किक है। (पृ. 134)

पहले लिखा जा चुका है कि यद्यपि इस उपन्यास में तत्सम पदावली की प्रधानता है, तथापि तद्भव एवं उर्दू के शब्दों का प्रयोग भी निपुणता से किया गया है। कहीं-कहीं भाषा मुहावरेदार भी है। उदाहरण के लिए अधोलिखित वाक्य पठनीय हैं—"पाटलिपुत्र का जनसमुदाय चित्रलेखा के पैरों पर लोटा करता था। ...बड़े-बड़े शक्तिशाली नवयुवक उसके प्रणय के प्यासे थे।' (पृ. 14) 'पैरों पर लोटा करता था' एवं 'उसके प्रणय के प्यासे थे।' वाक्यों में क्रियापद मुहावरेदार भाषा के रूप में हैं। "आप ठीक कहते हैं आर्य मृत्युञ्जय। यद्यपि मैं यह विवाह न करने पर तुला हुआ हूँ, फिर भी मनुष्य मति का क्या ठिकाना।" (पृ. 187)

बीजगुप्त इस कथन में 'तुला हुआ हूँ' और 'मति का क्या ठिकाना' वाक्यांश मुहावरों की झलक दिखला रहे हैं।

तत्सम पदावली के साथ-साथ बोल-चाल की भाषा के शब्दों का सहमेल देखिये—

"यह वाटिका जिस पर तुम मोहित हो रही हो, स्वयं कृत्रिम है। यदि प्रकृति देखना चाहती हो, तो जंगलों में जाओ, जहाँ सिंह अपनी ख़ून की प्यासी जीभ को लिये हुए फिरा करते हैं, जहाँ बड़ी-बड़ी घास में विषधर सर्प अकारण ही लोगों को काटकर मृत्यु के घाट उतारने को प्रस्तुत रहते हैं।" (पृ. 136) 'मौत के घाट उतारना' मुहावरे का प्रयोग 'मृत्यु के घाट उतारना' के रूप में किया है। अरबी शब्द 'मौत' के स्थान पर तत्सम 'मृत्यु' शब्द का प्रयोग जान-बूझकर किया गया है। मुहावरे में शब्द बदला नहीं जाता है। लेकिन कवि और लेखक व्याकरणिक नियमों का उल्लंघन प्रायः किया करते हैं।

ऐसी ही भाषिक संरचना का एक और उद्धरण विचारणीय है—"चित्रलेखा का रथ बीजगुप्त के द्वार पर रुका, उस समय सन्ध्या हो गयी थी। दिन की भयानक गरमी के बाद पाटलिपुत्र की सड़कों पर रथ उमड़ पड़े थे, फूलों के हार लिये हुए मालिन युवतियाँ सामन्तों को हार पहना रही थीं, सुवासित तथा शीतल शर्बत के पात्र धनी युवक तथा युवतियों के होंठों का चुम्बन कर रहे थे। चारों ओर उल्लास और विलास था।" (पृ. 72)

उपर्युक्त उद्धरण में तत्सम पदावली के साथ बोलचाल के शब्दों का बेहिचक प्रयोग किया गया है। 'शर्बती' अरबी शब्द है। क्या इसका प्रयोग औचित्यपूर्ण है। 'सड़क' के स्थान पर 'राजमार्ग' था 'राजमार्ग' का प्रयोग अभीष्ट नहीं है। देश-काल को ध्यान में रखते हुए। 'शर्बत' शब्द के प्रयोग में काल-दोष नहीं है? वास्तविकता यह है कि अपनी ऐतिहासिक कथा के विन्यास में लीन रहते हुए लेखक कभी-कभी वर्तमान काल से भी प्रभावित होता रहता है। एक बात खटक रही है कि 'चारों ओर उल्लास और विलास' के साथ-साथ युवती मालिनों की मनोदशा और उनके श्रमपूर्ण जीवन की झलक भी दिखायी जा सकती थी। लेकिन लेखक ने ऐसे जीवन की उपेक्षा कर दी है। उस काल में भी विषमता होगी। 'संस्कृत कविता की लोकधर्मी परम्परा' (ले. राधावल्लभ त्रिपाठी) पढ़कर यह सत्य अनायास उजागर हो जाता है कि प्राचीन भारत में श्रमशील लोक (लोगों) का जीवन त्रासद अभावों में बीता करता था।

वर्मा जी ने इस उपन्यास की भाषिक संरचना में हिन्दी भाषा के जन-प्रचलित शब्दों का प्रयोग सहज ढंग से किया है। ऐसे प्रयोगों से भाषा सम्प्रेषणीय हो गयी है। उदाहरण के लिए कुछ शब्दों एवं पदों-वाक्यों का उल्लेख अनिवार्य है। 'मद से मतवाली' (पृ. 10), 'अधखुली आँखों में मतवालापन' (पृ. 11), 'मस्ती' (पृ. 12), 'शायद' (पृ. 22), 'ठीक' (पृ. 23), 'चीज़' (पृ. 27), 'मदिरा का प्याला' (पृ. 28), 'आँखो में विचित्र जादू' (पृ. 29), 'इनकार' (पृ. 55), 'अतृप्त शराबी' (पृ. 57), 'भरपूर' (पृ. 57), 'योगी के हाथ' (पृ. 59), 'अच्छा' (पृ. 60), 'भीड़' (पृ. 63), 'घोड़ों की बाग' (पृ. 73), 'घर' (पृ. 72), 'दोपहर', 'गर्मी', (पृ. 131), 'खस की टट्टियाँ' (पृ. 134), 'ठण्डी साँस' (पृ. 137), 'सिर से पैर तक सिहर उठी' (पृ. 144), 'गरम श्वास' (पृ. 145), 'मुस्कराहट' (पृ. 155), 'संकोच की बात' (पृ. 159), 'बाज़ार' (पृ. 161), 'जौहरी' (पृ. 170), 'पुरानी' (पृ. 172), 'वे बाहर चले गये' (पृ. 180), 'हज़ार डंक' (पृ. 183), 'मृत्युञ्जय आसमान से नीचे गिरे' (पृ.187), 'संसार में एक तुम्हारी ही बात मैं नहीं टाल सकता' (पृ. 195)। इनके अलावा 'महीन रेशम का दुपट्टा' (पृ. 44) 'मशाल' एवं 'शोला' (पृ. 131) का भी सार्थक प्रयोग किया गया है। 'अधखुली आँखों में मतवालापन' में आकर्षक चाक्षुष बिम्ब है।

'बात बनना' और 'बात बिगड़ना' का साथ-साथ प्रयोग करके पात्रों के मनोभावों की प्रभावपूर्ण अभिव्यक्ति की गयी है—

''बात बनी, और बिगड़ गयी—मृत्युञ्जय ने इसका अनुभव किया।''

''बात बिगड़ी, और बन गयी—बीजगुप्त ने इसका अनुभव किया'' (पृ. 91)

तर्क-वितर्क के प्रसंगों की भाषा तत्समबहुल है। उसे समझने के लिए अवधानपूर्वक पढ़ना अनिवार्य है। यत्र-तत्र सूक्ति वाक्य भी अपनी चमक से आकृष्ट करते हैं। यथा—

(1) 'क्रान्ति और शान्ति का मुक़ाबला था, जीवन और मुक्ति में होड़ थी'। (पृ. 35)

(2) ''हमारे प्रत्येक कार्य में अदृश्य का हाथ है।'' (पृ. 113)

(3) ''ममत्व का विस्मरण बड़ा दुःसाध्य कार्य है।'' (पृ. 55)

(4) ''अनुराग की सजीवता विराग की अकर्मण्यता पर विजय पा रही थी।'' (पृ. 85)

(5) ''सुख प्रत्येक व्यक्ति चाहता है।'' (पृ. 200)

चित्रलेखा की भाषिक संरचना में यत्र-तत्र औचित्यपूर्ण शब्दों का प्रयोग नहीं किया गया है। अतएव वाक्य-रचना सदोष हो गयी है, जो खटकती है। प्रमाण के लिए अधोलिखित वाक्य विचारणीय हैं—

(1) 'तुम्हारा भवन और तुम्हारा समाज–इन **चीज़ों** से भिज्ञ कराना आवश्यक है।' (पृ.17)

इस वाक्य में **'चीज़ों'** पद का प्रयोग अनावश्यक है। इसके बिना भी अभीष्ट अर्थ की अभिव्यक्ति सम्भव है। **'भिज्ञ'** का शुद्ध रूप **'अभिज्ञ'** है, और इसका विलोम **'अनभिज्ञ'** है।

(2) ''योगी का **रौद्र वेश** देखकर सारी सभा काँप उठी, पर चित्रलेखा हँस पड़ी।'' (पृ. 49)

इस वाक्य में **'रौद्र वेश'** पदों के स्थान पर **'रौद्ररूप'** पर अपेक्षित हैं। **'रौद्ररूप'** से क्रोध से आविष्ट शारीरिक भंगिमाओं की अभिव्यक्ति होती है।

(3) ''तुम मेरी सहायता केवल इस प्रकार कर सकते हो कि तुम **बीजगुप्त** पर मेरा भेद प्रकट न करो।'' (पृ. 67)

इस वाक्य में **'बीजगुप्त पर'** का प्रयोग खटक रहा है। अर्थ की अभिव्यक्ति के लिए **'बीजगुप्त के सामने'** ठीक मालूम होता है।

(4) ''जिस समय तुम चित्रलेखा के **भवन पर** पहुँचे, वह उस समय वहाँ नहीं थी?'' (पृ. 69)

इस वाक्य में केवल 'भवन' पद अनिवार्य है। **'भवन पर'** प्रयोग सदोष है।

(5) ''राजपथ पर **विशाल जनरव** मानो 'चित्रलेखा का स्वागत कर रहा था।'' (पृ. 73)

'विशाल जनरव' में **'विशाल'** विशेषण पद के स्थान पर **'तुमुल'** विशेषण अनिवार्य प्रतीत होता है। अर्थ की दृष्टि से। प्रसाद जी ने इस विशेषण का ठीक प्रयोग किया है–'तुमुल कोलाहल कलह में मैं हृदय की बात रे मन।' (कामायनी)

(6) ''यह तो अपना विश्वास है, पर इतना **यहाँ पर** कह देना अनुचित न होगा...।'' (पृ. 77)

'यहाँ पर' में **'पर'** का प्रयोग अनावश्यक है। त्रिलोचन शास्त्री कहा करते थे कि 'यहाँ-वहाँ' के बाद 'पर' कारक का प्रयोग अनावश्यक है। दूसरी त्रुटि यह है कि 'इतना' पद अपने ठीक स्थान पर नहीं है। इसका ठीक स्थान 'कह देना' से पहले है अर्थात् 'उतना कह देना अनुचित न होगा...।'

(7) ''चित्रलेखा के **रथ को** देखकर बड़े-बड़े सामन्तों के रथ रुक जाते थे...।'' (पृ. 73)

इस वाक्य 'रथ' पद के बाद 'को' विभक्ति अनावश्यक है। 'चित्रलेखा का रथ देखकर' औचित्यपूर्ण है। निर्जीव कर्म के बाद 'को' का प्रयोग नहीं किया जाता है।

(8) ''चित्रलेखा! कई दिनों से चित्त उद्विग्न रहा है। क्यों? यह मैं **स्वयं ही** नहीं चाहता हूँ। एक बात **पूछूँगा**–कई दिनों से तुम मेरे यहाँ नहीं आयीं, इसका क्या कारण है?'' (पृ. 74)

इस वाक्य में 'स्वयं' पद पर्याप्त है। 'ही' का प्रयोग अर्थ समझने में बाधक है। अर्थात् उद्विग्नता का कारण और सभी जानते हैं। बीजगुप्त ही नहीं जानता है। वार्त्तालाप वर्तमान

काल में चल रहा है। अतः भविष्य काल के रूप पूछूँगा' के स्थान पर 'पूछता हूँ' लिखना उचित है।

कोई भी श्रेष्ठ कृति निर्दोष नहीं होती है। सदोष होते हुए भी उसका महत्त्व कम नहीं होता है। 'कामायनी' जैसी कृति को भी 'दोषरहित, दूषण सहित' बताया गया है। हिन्दी का, स्वभाव तद्‌भव प्रधान है। उसमें अरबी-फ़ारसी शब्द दूध में मिसरी के समान घुल गये हैं। निराला ने अपनी प्रसिद्ध लम्बी कविता 'राम की शक्ति-पूजा' में अमानिशा के अन्धकार के विरोध में 'केवल जलती मशाल' का कलात्मक प्रयोग करके अपनी भाषा को अभिनव भंगिमा प्रदान की है। उल्लेखनीय है कि 'मशाल' शब्द अरबी से हिन्दी में आया है। भाषा-मर्मज्ञ तुलसी ने ऐसे शब्दों का प्रयोग सार्थक ढंग से किया है।

'चित्रलेखा' उपन्यास छायावादी काल की कृति है। संस्कृतनिष्ठ काव्यभाषा को स्वयं निराला ने बदलकर उसे जीवन के निकट लाने का प्रयास किया था। उस काल के उदीयमान् कवियों—भगवतीचरण वर्मा, बच्चन, दिनकर, नरेन्द्र शर्मा आदि ने हिन्दी की सर्जनात्मक भाषा को सहज बोधगम्य रूप प्रदान किया।

वर्मा जी की 'चित्रलेखा' का भाषा का वैशिष्ट्य है कि वह अपनी अन्तर्वस्तु के अनुरूप है। तत्सम प्रधान पदावली को तद्‌भवता में भाषा को गति प्रदान की है। पात्रों का गतिशील और द्वन्द्वात्मक चरित्र प्रत्यक्ष किया है। वर्मा जी के समकालीन उपन्यासकार यशपाल ने भी 'दिव्या' (1945) और 'अमिता' (1956) नामक ऐतिहासिक उपन्यास रचे हैं, जो वर्तमान से भी सम्बद्ध हैं। उनके उपन्यास 'दिव्या' की भाषा भी तत्समबहुल है। पढ़ते समय पाठक को अनेक अप्रचलित शब्दों के अर्थ समझने की आवश्यकता महसूस होती है। 'चित्रलेखा' की तुलना में 'दिव्या' श्रेष्ठ कृति है, लेकिन उसकी सर्जनात्मक भाषा प्रयत्न-साधित है और 'चित्रलेखा' की भाषा सहज बोधगम्य।

———

मधुरेश

'चित्रलेखा' का महत्त्व

ह्रासकालीन अवध के नवाबी दौर की क्षीण-सी ऐतिहासिक पृष्ठभूमि पर आधारित 'पतन' (1928) के साथ भगवतीचरण वर्मा (1903-1981) ने जब साहित्य-मंच पर प्रवेश किया, प्रेमचन्द तब हिन्दी में न सिर्फ़ सर्वाधिक सक्रिय लेखक थे, अनेक कालजयी कहानियों, निबन्धों और सम्पादकीयों के रूप में लिखी जानेवाली 'हंस' की टिप्पणियों सहित 'ग़बन', 'कर्मभूमि', 'गोदान' आदि जैसी रचनाएँ भी आने को शेष थीं। लेकिन 'पतन' उस प्रवृत्ति के एक मद्धिम-से सुर का प्रतिनिधित्व अवश्य करता था जो प्रेमचन्द के उत्कर्ष काल में ही उनके विरुद्ध शुरू हुई थी। इलाचन्द्र जोशी का 'घृणामयी', जैनेन्द्र कुमार का 'परख' आदि ऐसी ही कुछ अन्य फुसफुसाहटें थीं जिन्हें प्रेमचन्द के स्थापित रूप के प्रति रचनात्मक असन्तोष के रूप में सुना और देखा जा सकता है। इसके बाद के आगे आनेवाले कुछ वर्ष हिन्दी उपन्यास के विकास की दृष्टि से गहरे संक्रमण एवं परिवर्तन के सूचक हैं। इसके पूर्व सन् 1927 में प्रकाशित अपने उपन्यास 'निर्मला' में उन्होंने स्वयं इस बात का संकेत दे दिया था कि आगामी उपन्यास की दिशा क्या होगी। व्यक्ति-केन्द्रित मानव-मन की अन्तरंग और आन्तरिक छवियोंवाले उपन्यास का एक धुँधला-सा आभास उनके सामने स्पष्ट था। हिन्दी में मनोवैज्ञानिक उपन्यास की विभिन्न शाखाओं-प्रशाखाओं के रूप में इलाचन्द्र जोशी, जैनेन्द्र कुमार और अज्ञेय, प्रेमचन्द के जीवनकाल में ही या फिर उनके कुछ बाद प्रतिष्ठित और स्थापित हुए। इनके बीच और साथ प्रेमचन्द अन्त तक रचनात्मक रूप में सक्रिय बने रहे। अपने समय में प्रेमचन्द अपने समय की रचनाशीलता के प्रति बेहद सजग और चौकन्ने लेखक का उदाहरण थे। यूरोपीय लेखन में उन्होंने न सिर्फ़ मेटरलिंक, गाल्सवर्दी, जॉर्ज इलियट, अनातोले फ्रांस आदि का अनुवाद या रूपान्तरण हिन्दी में किया था, अपने निबन्धों और टिप्पणियों में जहाँ-तहाँ वे अपनी इस पठन-शीलता का साक्ष्य भी देते हैं। अन्य भारतीय भाषाओं के अपने समकालीन लेखकों की सक्रियता के साथ उर्दू-फ़ारसी की समृद्ध कथा-परम्परा से वे बहुत गहरे रूप में जुड़े थे, उसका स्वयं एक हिस्सा भी थे।

सन् 1927 में 'निर्मला' में भावी उपन्यास की सम्भावनाओं का संकेत और कुछ आभास दे देने के बावजूद प्रेमचन्द ने अपने परवर्ती दौर के उपन्यास जब लिखे; 'घृणामयी', 'परख' और 'सुनीता' तथा 'पतन' और 'चित्रलेखा' जैसे उपन्यास आ चुके थे। विकृत और कुण्ठित चरित्रोंवाले पात्रों के प्रति अपने असामान्य आकर्षण के कारण इलाचन्द्र जोशी से भिन्न जैनेन्द्र और भगवतीचरण वर्मा हिन्दी उपन्यास में परिवर्तित सुरों का जीवन्त प्रतिनिधित्व करनेवाले लेखक थे। जैनेन्द्र कुमार के माध्यम से प्राप्त, मुलतान जेल से प्राप्त अज्ञेय की प्रारम्भिक रचनाएँ प्रेमचन्द ने ही 'हंस' में प्रकाशित की थीं—उन अज्ञेय की जिनका 'शेखर : एक जीवनी' का पहला खण्ड 'गोदान' के कोई चार वर्ष बाद सन् 1940 में प्रकाशित हुआ।

पचास के दशक में जब प्रेमचन्द को दाख़िल-ख़ारिज करते हुए इस मनोवैज्ञानिक उपन्यास को स्थापित करने की कोशिश की गयी, भारती-मण्डल के सम्पादन में प्रकाशित 'आलोचना' के अक्टूबर 1954 में प्रकाशित उपन्यास विशेषांक की इस प्रसंग में एक ऐतिहासिक भूमिका थी। उसमें प्रेमचन्दोत्तर उपन्यास में जिन तीन उपन्यासों को विशेष रूप से रेखांकित किया गया वे 'शेखर : एक जीवनी', 'सुनीता' और 'संन्यासी' थे। प्रगतिवादी कथाकारों को 'साम्यवादी उपन्यास' के रूप में मोतीसिंह ने पूरी तरह खारिज करते हुए लिखा था। लक्ष्मीकान्त वर्मा के लेख 'प्रेमचन्दोत्तर काल : नये धरातल' में प्रेमचन्द के सम्बन्ध में टिप्पणी करते हुए लिखा गया, प्रेमचन्द के आदर्शोन्मुख यथार्थवाद ने हिन्दी उपन्यास का कई अर्थों में आदर्श के साथ-साथ यथार्थ का वृहत्तर क्षेत्र प्रदान किया था। उन्होंने सामन्तवादी कृत्रिमता और ढहते हुए मूल्यों को अपने उपन्यासों में चित्रित करके उन गलित और कुत्सित प्रसंगों को उभारकर सामने लाने का प्रयास किया था जो अंग्रेज़ी साम्राज्यवाद, मशीन-युग और पनपते हुए सामाजिक असन्तुलन के कारण समस्त राष्ट्रीय चेतना को दबाये जा रहे थे। उनका मोह राष्ट्रीय आन्दोलनों के प्रति था। इसलिए वे अपने परम्परावादी आदर्शवाद को उस राष्ट्रीय चेतना से सम्बद्ध करने की चेष्टा भी करते थे। समस्त राष्ट्रीय चेतना के प्रति जागरूक होते हुए भी प्रेमचन्द में आधुनिकता नहीं थी। उनके उपन्यासों और कहानियों में बहुत-कुछ परम्परा का परिष्कृत रूप है, आधुनिक विचारों का संसर्ग नहीं' (आलोचना, उपन्यास विशेषांक, पूर्णाङ्क 13, अक्टूबर 1954, पृ. 91)

भगवतीचरण वर्मा के 'चित्रलेखा' (1934), को लक्ष्मीकान्त वर्मा प्रेमचन्दोत्तर कथा-पीढ़ी के सांस्कृतिक परम्परा और आधुनिक विचारधारा के बीच संघर्ष के प्रस्थान-बिन्दु के रूप में देखते हैं जिसका ही और विकसित रूप 'शेखर', 'संन्यासी' आदि के रूप में परिलक्षित होता है। जैनेन्द्र को वे इस श्रेणी में इसलिए नहीं रखते क्योंकि जैनेन्द्र में इतनी जटिलता और नैतिक-अनैतिक की परम्परागत रूढ़िग्राहिता है कि वे, स्पष्टता की कमी होने के कारण प्रभावशाली नहीं हो पाते (वही, पृ. 92)। 'चित्रलेखा' को वे 'नये नैतिक दृष्टिकोण की अन्वेषणात्मक जिज्ञासा' के रूप में देखते हुए टिप्पणी करते हैं, 'चित्रलेखा' की मौलिक समस्या नैतिक मूल्यों का पुनःस्थापन मात्र है। पाप-पुण्य, सत्य-असत्य, जीवन और यथार्थ, व्यक्ति और समूह की आधारभूत समस्या—यही 'चित्रलेखा' की प्रमुख विषय वस्तु है। परम्परा को सुधारवादी प्रवृत्ति, जिसकी स्थापना प्रेमचन्द ने की थी, युग की समस्याओं को देखते हुए पर्याप्त नहीं थी। मानवानुभूतियों की गहराई में छिपा हुआ विद्रोह ऊबकर और खीझकर, समस्त बन्धनों को तोड़कर अकेला खड़ा होना चाहता था लेकिन संस्कार के बन्धन में उलझने के नाते उसे फिर से प्राचीन ऐतिहासिक पृष्ठभूमि में मूल समस्याओं को देखने के लिए बाध्य होना पड़ रहा था। 'चित्रलेखा' का ऐतिहासिक आवरण केवल उस मोह का आडम्बर था जिसे लेखक छोड़ने में अपने को असमर्थ पा रहा था। (वही, पृ. 91, 92)

भगवतीचरण वर्मा छायावादोत्तर काव्य की उस त्रयी के एक प्रमुख घटक थे जो दिनकर और बच्चन से मिलकर बनती थी। प्रसाद-पन्त-निराला वाली संस्कृतनिष्ठ तत्समबहुल काव्यभाषा का जन सामान्य की भाषा में रूपान्तरण उसका एक ऐतिहासिक कार्य था। राष्ट्रीय आन्दोलन को मस्ती और ख़ुमार से सराबोर कर उसने सब-कुछ न्योछावर करने की भावना का विकास किया जो माखनलाल चतुर्वेदी से चलकर सुभद्रा कुमारी चौहान से होते हुए

बालकृष्ण शर्मा 'नवीन' तक आयी थी। मिट्टी के प्याले का क्षणवादी सुख-सौन्दर्य और 'भैंसागाड़ी' जैसी यथार्थपरक व्यंजना वस्तुतः भगवतीचरण वर्मा के काव्य के दो छोर थे। रहस्य और अलौकिक की सत्ता के विरुद्ध लौकिक वास्तविकता के प्रति गहरा आग्रह उनमें सब कहीं लक्षित किया जा सकता है जिसमें शास्त्र से कहीं अधिक मूल्य लोक का था। पाखण्ड और छद्म दार्शनिकता से मुक्त सहज और प्रकृत जीवन की चाह इन कवियों का प्रेम था जिसमें प्रेम की एक नियामक और निर्णायक भूमिका थी। कुण्ठा और वर्जनाविहीन जीवन के प्रति एक सहज आकर्षण ही इस कवि समुदाय का घोषित-अघोषित लक्ष्य था। बच्चन की तब प्रसिद्ध और मुँहचढ़ी काव्योक्ति थी।

कह रहा जग वासनामय हो रहा उद्गार मेरा।
मैं छिपाना जानता तो जग मुझे साधु समझता,
शत्रु मेरा हो रहा है छल रहित व्यवहार मेरा।

इसी काव्य-परिवेश में भगवतीचरण वर्मा का 'चित्रलेखा' प्रकाशित हुआ। उपन्यास के क्षेत्र में इसके पूर्व 'पतन' (1928) से वे अपनी शुरुआत कर चुके थे। लेकिन 'चित्रलेखा' की जैसे बात ही कुछ और थी। 'चित्रलेखा' ज्ञान और अनुभव, लोक और शास्त्र के द्वन्द्व की कथा थी जो पाप और पुण्य जैसे एक शाश्वत एवं सार्वभौम विषय को अपने केन्द्र में रखकर विकसित होती है। गुरु रत्नाम्बर की पीढ़ी तपस्या और ज्ञान पर बल देती है जबकि उनके शिष्यों--श्वेतांक और विशालदेव की युवा पीढ़ी अनुभव और व्यवहार पर।

जब श्वेतांक अपने गुरु के समक्ष 'पाप' को जानने की जिज्ञासा करता है, महाप्रभु रत्नाम्बर कहते हैं, 'जो बात अध्ययन से नहीं जानी जा सकती उसको अनुभव से जानने का प्रयत्न करने के लिए ही मैं तुम दोनों को संसार में भेज रहा हूँ।' (चित्रलेखा, संस्करण 2012, पृ. 9) दोनों युवा शिष्यों की समान जिज्ञासा के शमन के लिए आचार्य रत्नाम्बर अपने दो पूर्व शिष्यों को माध्यम बनाते हैं--बीजगुप्त और कुमारगिरि--जो क्रमशः भोग और योग के क्षेत्रों में पर्याप्त ख्याति और सिद्धि अर्जित कर चुके हैं। कथा-भूमि उस काल का पाटलिपुत्र है जो कदाचित् भारतीय इतिहास में मौर्य साम्राज्य के रूप में पहले सुविस्तृत और सुसंगठित साम्राज्य की राजधानी के रूप में जाना जाता है। लेकिन कथा में लेखक इस ऐतिहासिक पृष्ठभूमि का कहीं कोई सार्थक उपयोग नहीं करता। बीजगुप्त भले ही इस मौर्य साम्राज्य का एक सामन्त हो, राजकीय कार्य एवं दायित्व में उसकी कहीं कोई भूमिका नहीं है। मौर्य सम्राट् चन्द्रगुप्त और उस विशाल साम्राज्य के संस्थापक एवं 'अर्थशास्त्र' जैसे ग्रन्थ के रचयिता आचार्य विष्णुगुप्त कौटिल्य केवल एक बार 'दर्शन' के एक सम्मेलन में दिखायी देते हैं। इसमें योगी कुमारगिरि की उपस्थिति में चित्रलेखा से उसके तार्किक विवाद में नर्तकी चित्रलेखा विजयी होती है और अपने अहंकार के कारण योगी कुमारगिरि पराभव को प्राप्त होकर अपमान और तिरस्कार का पात्र बनता है। विजय के उपलक्ष्य में सम्राट् द्वारा स्वर्ण मुकुट के रूप में जो सम्मान चित्रलेखा को प्राप्त होता है, वह सम्मान एकान्त में वह योगी कुमारगिरि के मस्तक पर रखकर उसकी कुण्ठा एवं ग्लानि का मार्जन करती है।

पाटलिपुत्र की असाधारण सुन्दरी चित्रलेखा वेश्या नहीं, कलाविद् नर्तकी है। वह एक ब्राह्मण परिवार की कन्या थी जो अठारह वर्ष की आयु में विधवा हो गयी थी। फिर प्रेमी कृष्णादित्य की आकस्मिक मृत्यु के बाद अनातोले फ्रांस की थायस की तरह ही, वह काशी

की एक नर्तकी के संरक्षण में रहकर एक कुशल और कला प्रवीण नर्तकी बन जाती है। कृष्णादित्य से हुआ उसका पुत्र प्रसव के बाद ही नहीं रहने से वह स्वतन्त्र थी। पाटलिपुत्र आ जाने पर, एक नृत्य के अवसर पर दर्शकों की भीड़ में सामने बैठे बीजगुप्त को देख उसे भ्रम हुआ था कि कृष्णादित्य ही उसके सामने बैठा है। बीजगुप्त के आरम्भिक प्रयासों एवं प्रस्तावों को अमान्य करते हुए चित्रलेखा ने अन्ततः दासी द्वारा उसे स्वीकृति का सन्देश भिजवाकर उसे अपने जीवन में स्थान दिया। इस तरह उसके जीवन में आया बीजगुप्त उसके जीवन का स्थायी अंग बन जाता है। अपने प्रासाद में, चित्रलेखा की उपस्थिति को परिचय के सूत्र में बाँधते हुए बीजगुप्त श्वेतांक को 'पत्नी के बराबर' कहकर उसका परिचय देता है। एक तरह से ऐतिहासिक पृष्ठभूमि में यह लिव-इन-रिलेशनशिप का आरम्भिक रूप है जो बाद में भगवत शरण उपाध्याय के 'कालिदास' में कालिदास और उज्जयिनी की कलावन्ती नर्तकी कौमुदी के बीच दिखायी देता है। बीजगुप्त से अपने इस सम्बन्ध के कारण ही चित्रलेखा श्वेतांक के लिए भी आदरणीया है। यह अकारण नहीं है कि वह उसे स्वामिनी का गौरव देता है। एक दिन बीजगुप्त की अनुपस्थिति में चित्रलेखा के सत्कार की प्रक्रिया में, उसे चित्रलेखा को निकट से देखने का अवसर मिलता है, 'उस समय वह तकिये के सहारे बैठी हुई थी। उसके सिर का वस्त्र खिसक गया था और उसके सिर के बाल अन्धकार की भाँति काले थे। उन बालों में गुँथी हुई मोतियों की माला प्रकाश की भाँति चमक रही थी। चित्रलेखा का यौवन उन्माद का प्रतिबिम्ब था। उसके अरुण कपोलों पर लाली थी। उसके अधर मन्द मुस्कान से भीगे हुए थे। उसकी आँखें हँस रही थीं' (वही, पृ. 28) अपरूप सौन्दर्य की स्वामिनी होकर भी विनम्र और आत्मीय है। पहली बार श्वेतांक को मदिरा पिलाने के बाद वह उससे क्षमा भी माँगती है और फिर उसे भाई जैसा व्यवहार देकर हमेशा के लिए उससे एक आत्मीय सूत्र में बँध जाती है।

अपरूप सौन्दर्य की स्वामिनी होकर भी उसके परिचय का आधार उसका रूप नहीं है। वह रूप का अतिक्रमण करती है। चाहे एकान्त में बीजगुप्त या कुमारगिरि से उसका संवाद हो या मौर्य सम्राट् की सभा में कुमारगिरि और बीजगुप्त की उपस्थिति में शास्त्रार्थ की उसकी मुद्रा, वह तर्कप्रवण और गहरी तन्मयता से असाधारण प्रभावी रूप में अपना पक्ष प्रस्तुत करती है। अपने इस गुण के कारण वह सहज ही शरत् चन्द्र के 'शेष प्रश्न' की कमल की याद दिलाती है। अपनी प्रखर तर्कशक्ति से वह कुछ भी प्रमाणित कर सकने में सक्षम हैं।

एक रात्रि असमय में बीजगुप्त के साथ कुमारगिरि की कुटी में आश्रय हेतु आ जाने पर जब कुमारगिरि आपत्ति करते हुए स्त्री को अन्धकार, माया, मोह, वासना आदि के रूप में तिरस्कृत करते हुए ज्ञान के आलोकमय संसार में उसके होने को व्यर्थ घोषित करते हुए, अपने दर्प का प्रदर्शन करता है, कटाक्ष करते हुए चित्रलेखा कहती है, 'प्रकाश पर लुब्ध पतंग को अन्धकार का प्रणाम है'। (वही, पृ. 34)

सम्राट् की धर्म-सभा में, चाणक्य द्वारा योगी कुमारगिरि के दर्प-दलन को अन्ततः योगी चमत्कार द्वारा ईश्वर की सत्ता को प्रदर्शित और प्रमाणित करने का प्रयास करता है, चित्रलेखा, उसे चुनौती देती है—उससे यह पूछकर कि क्या उसने स्वयं उस सत्य को देखा है? भरी सभा में अपनी विजय का प्रतीक स्वर्णमुकुट कुमारगिरि को पहनाकर उसकी पराजय को वह विजय में बदल देती है।

कुमारगिरि द्वारा स्त्री की अवमानना और अवमूल्यन का विरोध वह तब भी करती है जब वह उससे दीक्षा का प्रस्ताव करती है, 'और रही स्त्री के अन्धकार तथा माया होने की बात योगी, वहाँ भी तुम भूलते हो। स्त्री शक्ति है। वह सृष्टि है, यदि उसे संचालित करनेवाला व्यक्ति योग्य है, वह विनाश है यदि उसे संचालित करनेवाला व्यक्ति अयोग्य है। इसलिए जो मनुष्य स्त्री से भय खाता है वह या तो अयोग्य है, या कायर है। अयोग्य और कायर दोनों ही व्यक्ति अपूर्ण हैं। (वही, पृ. 56)

चित्रलेखा स्थितियों पर अधिकार करना जानती है। उसकी सारी स्वामिभक्ति के बावजूद, अपनी आत्मीयता से श्वेतांक को जीतकर बीजगुप्त के विरुद्ध उसके भेद एवं मनोभावों को जानने के लिए श्वेतांक का उपयोग करने में वह सफल होती है। लोकव्यवहार में वह निपुण है और तत्परतापूर्वक चीज़ों को समझने की उसमें सहज बुद्धि है। मृत्यृञ्जय के यहाँ किसी सामन्त पत्नी के कटाक्ष पर सहसा बीजगुप्त के आ जाने पर चित्रलेखा के त्वरित भावपरिवर्तन पर यशोधरा मुग्ध हुए बिना नहीं रहती। बीजगुप्त के साथ यशोधरा के स्थायी बन्धन के लिए वह बधाई देती है और बिना किसी के कुछ बताये ही मृत्युञ्जय के निमन्त्रण का आशय समझने में वह कहीं कोई चूक नहीं करती। दूसरों को प्रभावित करके अपने रूप का दास बना लेने की अद्भुत शक्ति उसमें है, इससे न ही श्वेतांक बच पाता है न ही योगी कुमारगिरि। योगी से अपने सम्बन्ध को लेकर उसके मन में न कोई भ्रम है न ही कोई संकोच, वह मलय समीरण से अठखेलियाँ करने आयी थी, ज्वालामुखी में जलने न आयी थी' (वही, पृ. 144) साकार की साधना का कुमारगिरि का प्रस्ताव अन्ततः इस दिशा में उसकी अचूक समझ और सफलता का ही प्रमाण है।

साकार की कुमारगिरि की उपासना के प्रसंग में वह कहती है, 'योगी, अपने को भूलो मत–तुम्हारे सामने जो स्त्री खड़ी है वह इतनी असहाय नहीं कि उस पर शासन कर सको। तुम समझते हो कि तुमने मुझे दीक्षा दी है, यह तुम्हारा भ्रम है।...क्या तुम यह नहीं जानते हो कि जिस पर तुम शासन करना चाहते हो, तुमने अपने को उसका दास बना लिया है? (वही, पृ. 151)

विशालदेव से जब उसे पता चलता है कि बीजगुप्त ने यशोधरा से विवाह नहीं किया है, वह क्रोध में कुमारगिरि पर फट पड़ती है। उसके मिथ्या भाषण पर उसे लांछित करते हुए वह कहती है, 'वासना के कीड़े! तुम प्रेम क्या जानो। तुम अपने लिये जीवित हो, ममत्व ही तुम्हारा केन्द्र है–तुम प्रेम करना क्या जानो। प्रेम बलिदान है, आत्मत्याग ममत्व का विस्मरण है। तुम्हारी तपस्या और तुम्हारा ज्ञान–तुम्हारी साधना और तुम्हारी आराधना–यह सब भ्रम है, सत्य से कोसों दूर है। तुम अपनी तुष्टि के लिए गृहस्थ-आश्रम की बाधाओं से, कायरतापूर्वक, संन्यासी का ढोंग लेकर विश्व को धोखा देते हुए, मुख मोड़ सकते हो–और फिर भी तुम प्रेम की दुहाई देते हो! (वही, पृ. 179, 180)

स्त्री को संचालित करनेवाले जैसे दो प्रकार के व्यक्तियों का उदाहरण देकर वह स्त्री को शक्ति और विनाश के रूप में देखती है उसके ही दो रूप क्रमशः बीजगुप्त और कुमारगिरि हैं। बीजगुप्त जैसा है, उससे भिन्न कुछ और दिखाने का प्रयत्न नहीं करता। इसीलिए उसके पास छिपाने को अधिक नहीं है। वह प्रेमी है, भोगी और विलासी है और इससे भिन्न या इतर किसी अन्य रूप में अपने को परिचित कराने की उसे कोई आवश्यकता नहीं होती।

अपनी इस प्रकृति के कारण ही वह मृत्युञ्जय की दृष्टि में 'मनुष्यता से पूर्ण मनुष्य' है और चित्रलेखा से उसके सम्बन्धों को खुली किताब की तरह पढ़ पाने की स्थिति में होने पर भी अपनी इकलौती और प्राणप्रिय पुत्री यशोधरा के लिए वह उसे एक आदर्श जीवन साथी के रूप में देखता और प्रस्तावित करता है। यशोधरा से वह कहता है, 'नहीं, मेरे जीवन में कोई गुप्त बात नहीं है। गुप्त वे बातें रखी जाती हैं, जो अनुचित होती हैं। गुप्त रखना भय का द्योतक है और भयभीत न होना मनुष्य के अपराधी होने का द्योतक है। मैं जो करता हूँ, उसे उचित समझता हूँ, इसलिए उसे कभी गुप्त नहीं रखता। कारण मैं तुम्हें इसलिए नहीं बतलाना चाहता था कि अपने दुःख से दूसरों को दुःखी करना अनुचित है।' (वही, पृ. 137)

अनुमान और अनुभव की प्रौढ़ता के कारण एक दृष्टि में ही वह कुमारगिरि और चित्रलेखा के बीच विकसित पारस्परिक आकर्षण को पहचान लेता है। इसे वह श्वेतांक पर प्रकट भी करता है। श्वेतांक जिसे स्वामिनी चित्रलेखा की विजय समझ रहा है वह वस्तुतः चित्रलेखा की भावी विपत्ति और अनिष्ट का संकेत है। कुमारगिरि और चित्रलेखा दोनों ही अपने-अपने ढंग से अहंभाव से भरे हैं। दोनों ही ममत्व की तुष्टि में विश्वास रखते हैं। बीजगुप्त इसे समझने में कहीं कोई चूक नहीं करता कि यह घटना दोनों को अपनी-अपनी साधना से विरत करके उनकी शक्ति के ह्रास का कारण बनेगी।

बीजगुप्त पर नियतिवादी दर्शन का गहरा प्रभाव है। उसकी दृष्टि में मनुष्य स्वतन्त्र विचारवाला प्राणी होने पर भी परिस्थितियों का दास है। यह परिस्थिति-चक्र मनुष्य के पूर्वजन्म के कर्मों के फल का विधान है। कुमारगिरि के प्रति चित्रलेखा के आकर्षण में वह कोई अवरोध उपस्थित नहीं करता क्योंकि प्रेम में चित्रलेखा को भी निर्णय का वह समान अधिकार देता है। लेकिन इस सम्बन्ध की परिणति का संकेत वह श्वेतांक को पहले ही दे देता है, 'मनुष्य की विजय वहीं सम्भव है, जहाँ वह परिस्थितियों के चक्र में पड़कर उसी के साथ चक्कर न खाये वरन् अपने कर्त्तव्याकर्त्तव्य का विचार रखते हुए उस पर विजय पावे। चित्रलेखा परिस्थितियों के चक्र में पड़ गयी है, कुमारगिरि का उसके जीवन में आना उसके लिए घातक है और उसका कुमारगिरि के जीवन में आना कुमारगिरि के लिए घातक है। दुर्भाग्यवश दोनों ही एक-दूसरे के जीवन में बिना जाने हुए अपनी-अपनी साधनाओं को भ्रष्ट करने के लिए आ गये हैं—भगवान् ही उनकी सहायता कर सकता है' (वही, पृ. 70) सामन्ती समाज का वह आदर्श और प्रतिनिधि पात्र है। उस समाज की ज़रूरतों के अनुरूप वह कुशल वीणावादक और गायक है और यशोधरा के यहाँ आयोजित सभा में वीणापर अपनी वागीश्वरी की अलाप से वह श्रोताओं को मुग्ध कर देता है। प्रेम में अधिकार और वर्चस्व की भूमिका को वह अस्वीकार करता है। कुमारगिरि से शारीरिक सम्बन्ध के बाद बीजगुप्त के पास लौटने पर जब चित्रलेखा अपने संकोच की बात कहती है, बीजगुप्त उसके संकोच को तोड़ते हुए कहता है, 'केवल इतनी-सी बात थी?' बीजगुप्त हँस पड़ा, 'चित्रलेखा! तुमने बहुत बड़ी भूल की। तुमने मुझे समझने में भ्रम किया...प्रेम स्वयं एक त्याग है, विस्मृति है, तन्मयता है। प्रेम के प्रांगण में कोई अपराध नहीं होता, फिर क्षमा कैसी।' (वही, पृ. 196)

भगवतीचरण वर्मा के 'चित्रलेखा' का जो पात्र अनातोले फ्रांस के 'थायस' के सबसे अधिक निकट है, वह पापन्युशियस का प्रतिरूप कुमारगिरि है। वह दम्भी और अंहकारी व्यक्ति है जिसे अपनी योग-साधना और धार्मिक शक्ति पर अपार विश्वास है—दम्भ की सीमा

अच्छाइयों और बुराइयों में एक विशिष्ट तीव्र आग्रह है, मैं भी यह कुछ लेकर प्रस्तुत हुआ हूँ... (सामन्त बीजगुप्त, भूमिका, संस्करण 1955)

वनकाम सुनील ने, रांगेय राघव के 'सीधा-सादा रास्ता' की तरह प्रायः उन्हीं पात्रों को लेकर 'सामन्त बीजगुप्त' की रचना की है जो 'चित्रलेखा' में हैं। उन्होंने उन पात्रों की स्थितियाँ, घटना-प्रसंगों एवं उपस्थितिगत विस्तार को अपने ढंग से निर्धारित और निर्मित किया है। चित्रलेखा के रूप में प्रतिष्ठित ख्यात नर्तकी का अतीत वही है जो 'चित्रलेखा' में अंकित है। 'सामन्त बीजगुप्त' की कथा महामात्र देवधर की युवा पुत्री तिष्या की कथा के रूप में काशी से शुरू होती है। कौमार अवस्था में धारण किये मातृत्व को वह गंगा में बहाने आयी है। निर्जन तट पर शिशु को छोड़ जब वह गंगा में छलाँग लगाना चाहती है, देर से उस पर दृष्टि रखे नौका पर सवार सुदर्शन युवक उसे बचा लेता है। वह बीजगुप्त है जो किसी राजकीय कार्य से पाटलिपुत्र से काशी आया है। अपने मृत शिशु को गंगा में प्रवाहित करने के बाद, नर्तकी सुनयना के संरक्षण में तिष्या कालान्तर में नर्तकी के रूप में पाटलिपुत्र पहुँचती है। शुरू में सुनयना उसे नृत्य एवं गायन की शिक्षा देती है, लेकिन साम्राज्य के दसवें स्थापना-दिवस के अवसर पर अपनी कलानिपुणता और अपरूप सौन्दर्य के कारण अपनी संरक्षिका सखी-स्वामिनी सुनयना को परास्त करके न सिर्फ़ तिष्या को राजनर्तकी का गौरव मिलता है, स्वयं सम्राट् द्वारा 'चित्रलेखा' का विरुद भी मिलता है। स्वयं सम्राट् उसकी व्याख्या करते हैं—दर्शकों के हृदय पर अभिनव चित्र अंकित करने के कारण ही वह वस्तुतः चित्रलेखा है।

वनकाम सुनील के उपन्यास के शीर्षक 'सामन्त बीजगुप्त' से ही यह स्पष्ट है कि उनकी कथा चित्रलेखा के बजाय बीजगुप्त के दृष्टबिन्दु से प्रस्तुत की गयी है। बीजगुप्त एक युवा सामन्त है—उत्साही और गुणी। सम्राट् के दरबार में वह कदाचित् सबसे युवा सामन्त है राज्य की बहुविध गतिविधियों में जिसकी सक्रिय भूमिका है। अपनी जिस काशी-यात्रा में वह चित्रलेखा की प्राण-रक्षा का निमित्त बनता है उसकी वह यात्रा भी वस्तुतः उसके राज-काज का ही एक हिस्सा है। मौर्य साम्राज्य के दसवें स्थापना-दिवस का जो विशाल आयोजन प्रस्तावित है उसी के लिए काशी से नर्तकी सुनयना की कला-प्रस्तुति का दायित्व उसके ऊपर ही है। इस यात्रा में वह केवल चित्रलेखा—तिष्या—की ही प्राण रक्षा नहीं करता, तक्षशिला से मामा के यहाँ से स्नातक की शिक्षा पूरी करके लौटती सामन्त मृत्युज्जय की युवा और सुन्दरी पुत्री की दस्युओं से भी रक्षा करता है। बीजगुप्त और यशोधरा का प्रकरण यहाँ कथा में विस्तारपूर्वक अंकित है। बीजगुप्त के प्रेम की वास्तविक पात्र, चित्रलेखा की उपस्थिति और बीजगुप्त से उसकी सारी अन्तरंगता के बादजूद यही यशोधरा है। भगवतीचरण वर्मा की 'चित्रलेखा' में यशोधरा-जैसे एक गतिहीन और बीजगुप्त के त्याग का माध्यम पात्र है, 'सामन्त बीजगुप्त' में वह नितान्त परिवर्तित और विकसित रूप में प्रस्तुत है। आत्मविश्वास से पूर्ण वह एक आत्म सजग और शिक्षित युवती है जो कुछ रसिकों के साथ तक्षशिला से पाटलिपुत्र तक की यात्रा करती है। यद्यपि सार्थों की व्यवस्था के उस दौर में उसकी यह एकाकी यात्रा बहुत विश्वसनीय नहीं लगती।

यहाँ यशोधरा का विवाह श्वेतांक से न होकर बीजगुप्त से ही होता है। क्योंकि बीजगुप्त ही उसके प्रेम का लक्ष्य है। श्वेतांक इस तर्क से इस सम्बन्ध के लिए मना कर देता है कि जब यशोधरा के विवाह का प्रस्ताव बीजगुप्त के लिए है वह स्वतः ही उसकी स्वामिनी हो

जाती है। बीजगुप्त और यशोधरा का सम्बन्ध उस सामन्ती व्यवस्था में, एक आदर्श सम्बन्ध है—आकर्षक, गुणी और साहसी सामन्त का एक सुन्दर, शिक्षित और समान वर्ग तथा स्तर की युवती से सम्बन्ध।

भगवतीचरण वर्मा के 'चित्रलेखा' में देश और समाज का एक हलका-सा संकेत सम्राट की दार्शनिक सभा में मिलता है—चाणक्य की उपस्थिति के बीच। 'सामान्त बीजगुप्त' में देश-काल का उपयोग अधिक विस्तार और सघनता से हुआ है। बोधिगया में बौद्ध षड्यन्त्र की उपस्थिति इसका एक सटीक उदाहरण है जिसमें राज की ओर से मृत्युञ्जय और बीजगुप्त के भाग लेने की राजाज्ञा होती है। इस यात्रा में मृत्यञ्जय के साथ यशोधरा भी जाती है। इस नवीन राजाज्ञा से बीजगुप्त को सुवर्णगिरिवाली अपनी पूर्व नियोजित यात्रा स्थगित करनी होती है। नन्द वंश के बौद्ध अनुयायी इस साम्राज्य विरोधी षड्यन्त्र में सक्रिय हैं। इस यात्रा में बीजगुप्त और यशोधरा को भावनात्मक स्तर पर अधिक निकट आने का अवसर मिलता है। शोण और गंगा के संगम पर हिरण्य व्यहेश्वर महादेव के विशाल मन्दिर की कल्पना वस्तुतः 'सामन्त बीजगुप्त' की एक मौलिक योजना है। उसके निकट ही योगी कुमारगिरि का आश्रम है। इसी मन्दिर में संयोगवश किसी श्रेष्ठिकुमार और राजवंश की युवा कन्या की प्रेमकथा सुनकर यशोधरा न सिर्फ़ अपनी भावप्रवणता और संवेदनशीलता का परिचय देती है, युवती के कातर अनुरोध पर वह बीजगुप्त से इस प्रसंग में सक्रिय हस्तक्षेप का आग्रह भी करती है।

जैसा कि स्पष्ट है यहाँ कथा के केन्द्र में चित्रलेखा नहीं है। अपने अतीत में बन्द वह एक दम्भी, कुण्ठित और अतृप्त स्त्री है—क्रोध और प्रतिहिंसा ही जिसका स्थायी भाव है। बीजगुप्त के रूप में वह एक बड़ी और महत्त्वपूर्ण जगह घेरती अवश्य है, लेकिन बीजगुप्त के लिए वह उसी प्रकार जीवन और अस्तित्व का पर्याय नहीं है जैसी वह 'चित्रलेखा' की नायिका के रूप में है। यहाँ वस्तुतः नायिका और कथा में केन्द्रीय भूमिका में वह नहीं, यशोधरा है। कुमारगिरि के आश्रम में गहरे भावावेश में वह बीजगुप्त से कहती है, 'कुमारगिरि अपनी योग-साधना को भूल मेरी संयोग कामना में विदग्ध हुआ मेरे पीछे घूमेगा और मैं उस पर थूकूँगी भी नहीं; यशोधरा या तो आत्महत्या कर लेगी या तुम उसे भी बचा लेने में सफल हो गये तो वह मेरी तरह नगरवधू के आसन की प्रतिष्ठा करेगी।' (वही, पृ. 242, 243) यशोधरा, बीजगुप्त, कुमारगिरि आदि कभी किसी-न-किसी स्तर और रूप में उसके इस प्रतिशोध-भाव के केन्द्र में आते हैं। कुमारगिरि सब कहीं कामनाओं और सहज जीवन-शैली को बाधित करके दमन और कुण्ठाओं का जीवन जीता है। चाहे 'थायस' का पापन्युशियस हो, 'चित्रलेखा' और 'सामन्त बीजगुप्त' का कुमारगिरि उसकी वास्तविक और मूल धातु प्रायः सब कहीं एक है। अहंकार और दम्भ उसके चरित्र का केन्द्रीय एवं स्थायी भाव है जो अन्ततः टूटता और क्षरित होता है। जिस थायस के उद्धार के लिए वह अपना सब-कुछ दाँव पर लगा देता है, आश्रम में अलबीना सहित सब कोई उसी थायस के प्रति उसके वासनात्मक ज्वार की भर्त्सना करते हैं। थायस के प्रति उसका यह आकर्षण ही उसके अपमान और पराभव का कारण बनता है। उसकी कुण्ठा ही उसे एक कुरूप और विकृत व्यक्ति में बदल देती है। 'चित्रलेखा' में भी चित्रलेखा के कारण ही वह योगभ्रष्ट होता है। उससे झूठ बोलकर, बीजगुप्त और यशोधरा के विवाह के प्रसंग में, उससे दैहिक सम्बन्ध स्थापित करने में सफल होकर

भी अन्ततः वह उसकी घृणा का पात्र बनता है। 'सामन्त बीजगुप्त' में वह चित्रलेखा ही नहीं, यशोधरा के प्रति भी अपनी कुण्ठित मनोभावना व्यक्त करने में कोई संकोच नहीं करता। आश्चर्य यह है कि 'चित्रलेखा' में विशालदेव सब-कुछ देख और जानकर भी इस सच्चाई को न सिर्फ़ छिपाता है, कुमारगिरि के प्रसंग में अतिरेकी, एकांगी और भ्रामक अभिमत देता है।

वनकाम सुनील 'सामन्त बीजगुप्त' में 'श्रृंगार' के बाद 'शान्ति' खण्ड में कथा का समाहार भगवतीचरण वर्मा के नियतिवादी जीवन-दर्शन में न करके भगवद्गीता के आधार पर संसार में कर्म के विधान को आधार बनाकर इस नियतिवादी दर्शन का प्रत्याख्यान करते हैं। खँडहरों के ढूह में स्थित हिरण्य व्यहेश्वर महादेव के मन्दिर की इस कथा में एक विशिष्ट भूमिका है। वहाँ पूजा-अर्चना करने से मनोकामना पूर्ण होने का विश्वास लेकर यशोधरा अनेक बार जाती है। कुमारगिरि को भरमाने और लुभाने के लिए चित्रलेखा भी इस पृष्ठभूमि का उपयोग करती है। कथा के अनेक प्रसंगों और घटनाओं के निर्माण एवं विकास में उसकी एक विशिष्ट और निर्णायक भूमिका है।

जब 1934 में 'चित्रलेखा' प्रकाशित हुआ, प्रेमचन्द रचनात्मक रूप में खूब सक्रिय थे। उसके दो वर्ष पूर्व उनका 'कर्मभूमि' छप चुका था और दो वर्ष बाद उनका 'गोदान' आने को था। भविष्य का उपन्यास क्या और कैसा होना है, इसका कुछ संकेत वे 'निर्मला' (1927) के साथ अपने 'उपन्यास' शीर्षक निबन्ध में दे चुके थे। भगवतीचरण वर्मा ने आगे चलकर राजनीतिक सामाजिक परिदृश्यवाले बड़े फलक के उपन्यास भी श्रृंखलाबद्ध ढंग से लिखे। लेकिन उनके वे उपन्यास भी प्रेमचन्द की परम्परा के उपन्यास नहीं हैं। वहाँ पात्र लम्बी-लम्बी राजनीतिक बहसें भले ही करते हों, अपने समय की राजनीतिक चेतना को वे कहीं नहीं छूते। 'चित्रलेखा' वस्तुतः दो मूल्य-दृष्टियों के टकराव का उदाहरण है। यहाँ एक ओर यदि वे भौतिकवादी जीवन-दृष्टि को पाखण्डपूर्ण अध्यात्म से विलगाने का प्रयास करते हैं, वहीं उपन्यास के क्षितिज पर एक नयी उगती नारी की आहट भी सुनते दिखायी देते हैं। चित्रलेखा इस दौर की प्रेमचन्द की नायिकाओं—सुखदा, धनिया—की सगोत्री न होकर जैनेन्द्र की सुनीता की बड़ी बहन है। वह इलाचन्द्र जोशी की लज्जा—'घृणामयी'—(1929) और जैनेन्द्र की 'परख' (1929) की कट्टो की परम्परा की नायिकाएँ हैं जो सारी सामाजिक वर्जनाओं के बीच प्रेम के अपने अधिकार की बात करती हैं—भले ही बहुत धीमे स्वर में 'चित्रलेखा' की ऐतिहासिक पृष्ठभूमि और सामाजिक स्थितियाँ इसे और सरल करती हैं। साहित्य के इतिहासकार मनोवैज्ञानिक उपन्यास की चर्चा में भगवतीचरण वर्मा का उल्लेख प्रायः नहीं करते। भगवतीचरण वर्मा के प्रसंग में मनोवैज्ञानिक सिद्धान्तविदों—फ्रायड, एडलर और जुंग—का नाम उस तरह नहीं लिया जाता जैसे वह इलाचन्द्र जोशी, जैनेन्द्र और अज्ञेय के प्रसंग में लिया जाता है। लेकिन अपनी प्रकृति में 'चित्रलेखा' इसी गोत्र और परिवार में आती है। लक्ष्मीकान्त वर्मा जब उसे प्रेमचन्दोत्तर काल के नये धरातल के रूप में देखते और पहचानते हैं तो वे वस्तुतः इसी ओर संकेत कर रहे होते हैं। दो पुरुषों के बीच एक स्त्री या एक पुरुष के जीवन में उपस्थित एक से अधिक स्त्रियों को आधार बनाकर जैसे त्रिकोणात्मक मनोवैज्ञानिक उपन्यास हिन्दी सहित सब कहीं पर्याप्त संख्या में लिखे गये, 'चित्रलेखा' उसी का एक प्रतिनिधि और उल्लेखनीय उदाहरण है।

'चित्रलेखा' के असाधारण और स्थायी प्रभाव का सबसे बड़ा कारण अपनी पीढ़ी की मानसिकता का उसका सघन प्रतिनिधित्व है। पुराने आदर्शों और दम्भपूर्ण खोखले जीवन-मूल्यों को प्रश्नांकित कर वह अपना जीवन अपने ढंग और इच्छा से जीने पर बल देता है। यह उस आदर्श से काफ़ी-कुछ मुक्त पीढ़ी है। जिसके लिए बाहर भले ही किसी-न-किसी रूप में एक प्रेमिका हो, घर में परिवार और वंश चलाने के लिए पत्नी भी हो। 'चित्रलेखा' इस दोहरी मानसिकता का प्रत्याख्यान करता है। चित्रलेखा प्रेम का अधिकार माँगती है और उसके लिए सर्वस्व समर्पण का माद्दा रखती है। निरर्थक एवं मृत परम्पराओं, धर्म और अध्यात्म की वेदी पर वह अपने प्रत्यक्ष और वर्तमान की बलि देने को तैयार नहीं है।

दिनकर और बच्चन सहित भगवतीचरण वर्मा की कवित्रयी का एक उल्लेखनीय पक्ष छायावाद की तत्समप्रधान संस्कृतनिष्ठ काव्यभाषा के विरुद्ध भाषा में सहजता और सामान्यता की प्रतिष्ठा थी। छायावाद की यह तत्समप्रधान काव्यभाषा कहीं-न-कहीं अतीत के व्यामोह और कथित गौरव से जुड़ी थी। इस कवित्रयी ने इस भाषा से काव्य को मुक्त करके जनसामान्य की भाषा के निकट लाने का एक ऐतिहासिक उद्यम किया। ऐतिहासिक परिवेश और पृष्ठभूमि के बावजूद 'चित्रलेखा' की भाषा में चमत्कार करनेवाली पठनीयता और प्रवाह है। उसकी यह सहजता उसके ऐतिहासिक कलेवर के बावजूद उसका सबसे बड़ा वैशिष्ट्य है। हिन्दी नाटक में 'स्कन्दगुप्त' और 'आषाढ़ का एक दिन' की भाषा एक ही कालखण्ड के परिवेश के बावजूद अपनी प्रकृति में कितनी भिन्न है इसे अलग से बताने की ज़रूरत नहीं है। सहज और देशज के संयोग से कैसी पठनीय और सम्प्रेषणीय भाषा तक पहुँचा जा सकता है। मोहन राकेश की नाट्य भाषा इसका एक उल्लेखनीय उदाहरण है। मोहन राकेश की यह भाषा वस्तुतः छायावादोत्तर काव्य और विशेषतः 'चित्रलेखा' की भाषा के पुल पर चढ़कर ही यहाँ तक पहुँची है।

———

यदि हर व्यक्ति यह सोच ले कि उसे अच्छा बनना है तो समाज का रूप स्वतः ही बदल जायेगा। मेरे व्यंग्य का उद्देश्य है कि पाठक बुराइयों का रूप देखे लेकिन बुराई करनेवाले पर न हँसकर उन परिस्थितियों पर हँसे जिनसे बुराई उत्पन्न होती है। बुराइयों पर नाराज़ होने और चिल्लाने के बजाय आदमी हँस दे कि कैसे भूले हुए, भ्रमे हुए लोग हैं तो अच्छा है। मेरे साहित्य को पढ़कर आक्रोश भले ही न उमड़े पर बुराइयों के प्रति वितृष्णा तो उत्पन्न होगी ही और मैं समझता हूँ कि साहित्य का यही उद्देश्य है।

प्र. : आपने यह माना है कि सामाजिक बुराइयाँ तभी दूर हो सकती हैं जब मनुष्य की चेतना विकसित हो। चेतना किस तरह विकसित हो सकती है?

उ. : मैंने पहले ही कहा है कि बौद्धिकता को मैं जीवन का आधार न मानकर उपकरण मानता हूँ। जब बातों को हम भावनात्मक स्तर पर ग्रहण करें तब वे जीवन के लिए उपयोगी हैं। तब वे जीवन का मूल स्रोत हो जाती हैं। इसीलिए मैं श्रेष्ठ साहित्य की कसौटी यह मानता हूँ कि वह बुद्धि की सहायता से भावना को उदात्त बनाये।

प्र. : नियतिवादी दर्शन के आधार पर नैतिकता का मूल्यांकन किस प्रकार हो सकता है?

उ. : यहाँ कभी-कभी मैं भी बड़े चक्कर में पड़ जाता हूँ कि क्या नैतिकता नाम की कोई चीज़ है भी? नैतिकता को मैं सामाजिक तत्त्व मानता हूँ, वैयक्तिक नहीं। हम सामाजिक प्राणी हैं और समाज में रहते हैं। जब समाज से मैं सुख-सुविधाओं की अपेक्षा करता हूँ तो ऐसी हालत में मेरा धर्म हो जाता है कि समाज को मैं कमज़ोर न बनाऊँ। मैं नैतिकता को उस हद तक ठीक समझता हूँ जहाँ तक वह समाज को क़ायम रखने में सहायक सिद्ध हो। नैतिकता शुद्ध रूप से कोई अलग चीज़ है—ऐसा मुझे नहीं लगता। कुछ तथाकथित नैतिक नियम जो आज बड़े ऊँचे समझे जाते हैं, पाँच वर्षों के बाद ही शायद उसका कोई मूल्य नहीं होगा। विवाह की व्यवस्था, फेमिलीप्लानिंग और भी न जाने कितनी मान्यताएँ, जो कि आज से पचास वर्ष पूर्व अजीब-से नैतिक मूल्यों से जकड़ी हुई थी, आज उनका रूप बदल गया है। ये सारी व्यवस्थाएँ समाज के साथ-साथ बदलती हैं—ऐसी स्थिति में नैतिकता को हम कोई ख़ास चीज़ नहीं कह सकते।

प्र. : 'रेखा' उपन्यास की नायिका रेखा के सारे शारीरिक सम्बन्धों को नियति का खेल बतलाया गया है। ऐसा क्यों?

उ. : रेखा पर ऐसे प्रश्न बहुत उठाये गये हैं। दरअसल रेखा एक मनोवैज्ञानिक उपन्यास है जो कि रेखा के जीवन की एक ट्रेजेडी पर आधारित है। वह प्रेम के स्वरूप को समझ नहीं पाती। वह अपने प्रोफ़ेसर से इतनी प्रभावित हो जाती है कि इस सत्य को भूल जाती है कि शारीरिक भूख नाम की भी कोई चीज़ होती है। बाद में वह समझौता करना चाहती है कि शरीर और आत्मा को अलग-अलग रख सकें पर इसमें वह असफल हो जाती है। उपन्यास का आधार यही ट्रेजेडी है।

प्र. : आपकी राय में साहित्यकार की प्रतिबद्धता किससे होनी चाहिए?

उ. : प्रतिबद्धता के तीन रूप मुझे दिखलायी पड़ते हैं। सबसे पहले तो साहित्यकार की प्रतिबद्धता अपने ही लिये होनी चाहिए। साहित्यकार अपने अन्दर की चीज़ लिखता है। उधार का लिया हुआ सत्य प्राणहीन होता है। जब अपने अन्दर की चीज़ लिखी जायेगी तभी रचना प्राणवान् होगी। मेरे विचार से दूसरी प्रतिबद्धता पाठक से होनी चाहिए। हम पाठक को कोई चीज़ देते हैं तो इसलिए कि वह पाठक का मनोरंजन करे और उसकी भावना को

उदात्त बनाये। अब, यदि साहित्य में हम दर्शन दे दें तो वह नीरस हो जायेगा। पाठक कौतूहल और जिज्ञासा के सहारे उसे ग्रहण करता है। पाठक जब पुस्तक ख़रीदता है तो उसके द्वारा वह मनोरंजन और सुख चाहता है। यदि पाठक किसी पुस्तक का बड़ा नाम सुनकर उसे ले जाये और वह उसे नीरस लगे तो मैं समझता हूँ कि मैंने उसके प्रति न्याय नहीं किया। जिस तरह अन्य क्षेत्रों में मुनाफ़ाखोरों को हम बुरा कहते हैं उसी प्रकार साहित्य के क्षेत्र में भी मुनाफ़ाखोरी ठीक नहीं है। लेखन का भी आर्थिक पक्ष—आजीविका का पक्ष होता है। पाठक को हम अपनी चीज़ देते हैं तो उसकी रुचि का भी हमें ध्यान रखना चाहिए। लेखक की तीसरी प्रतिबद्धता समाज के प्रति है। यानी वह अपने लेखन के द्वारा समाज को निर्बल न बनाये।

प्र. : जैसा आप कह रहे हैं—यदि लेखक पाठक के मनोरंजन का ध्यान प्रमुख रूप से रखे तो सस्ते साहित्य और गम्भीर साहित्य में क्या अन्तर रहेगा?

उ. : सस्ता साहित्य ही रुचिकर होता हो यह ज़रूरी नहीं। मेरा अर्थ है कि गम्भीर-से-गम्भीर साहित्य को भी रुचिकर होना चाहिए। यदि मैं अपने प्रति जिम्मेदार हूँ तो सस्ते साहित्य का सृजन मैं कैसे कर सकता हूँ? महज पैसे के लिए कोई चीज़ लिखना मुझे गवारा नहीं। और यदि मैं उसमें गिरा तो मेरा साहित्य नष्ट हो जायेगा क्योंकि वह मेरे अन्दर की चीज़ नहीं है।

प्र. : दर्शकों की रुचि के संस्कार के लिए जिस तरह फ़िल्मों पर कुछ प्रतिबन्ध हैं क्या उसी तरह के प्रतिबन्ध साहित्य पर आप उचित समझते हैं?

उ. : मैं समझता हूँ कि ऐसा प्रतिबन्ध पहले था और आज भी अश्लील साहित्य प्रतिबन्धित है।

प्र. : साहित्य और राजनीति का कितना सम्बन्ध आप समझते हैं? किसी सामाजिक आन्दोलन या क्रान्ति से तटस्थ रहकर साहित्यकार 'जग का मुजरा देख' की मुद्रा बनाये रखे—क्या यह उचित है?

उ. : मैं इसके साथ स्वयं कुछ प्रयोग करता रहा हूँ। राजनीति में हमेशा एक विरोधी दल सामने होता है। जहाँ विरोधी दल है वहाँ आक्रोश, घृणा आदि भावनाएँ होती हैं। मैं समझता हूँ कि साहित्य को उससे मुक्त रखा जा सकता है। अपने लेखन में मैं किसी राजनैतिक दल के सिद्धान्तों की वकालत नहीं करता। कुछ लोग करते हैं। अपने प्रारम्भिक उपन्यासों में मैंने अहिंसावादी दर्शन का समर्थन किया—जैसे 'टेढ़े-मेढ़े रास्ते' में। बाद में मुझे अनुभव हुआ कि यह मेरी अपरिपक्वता है। लेकिन आपने ध्यान दिया होगा कि 'टेढ़े-मेढ़े रास्ते' में भी, गाँधी की अहिंसा से प्रभावित होने के बाद भी, गाँधीवाद की कमज़ोरियों को मैंने दिखलाया है। पर आज जीवन इतना काम्प्लेक्स हो गया है कि साहित्य को राजनीति से पूरी तरह अलग करना बहुत कठिन काम है।

प्र. : 'कलम तलवार से अधिक शक्तिशाली होती है' इस उक्ति को आप तथ्यपूर्ण मानते हैं या केवल मुहावरा?

उ. : मैं इसे मुहावरा मानता हूँ जिसके हाथ में क़लम है साहब, वह भले ही ऐसा लिख दे किन्तु इतिहास तो यह बतलाता है कि तलवार के आगे क़लम हमेशा ही झुकती रही है। बड़े-बड़े राजाओं की प्रशस्ति का गायन करते रहे हैं ये क़लमधारी। पुराने ज़माने में कवि राज्याश्रय में रहते थे। यूरोप में भी न जाने कितना साहित्य राज्याश्रय में ही रचा गया। मैं समझता हूँ राजा तो शक्ति का ही यानी तलवार का ही वहन करता है। हाँ, बुद्धि मनुष्य की

भावना को बदल सकती है और क़लम बुद्धि का प्रतीक है। तो जहाँ तक इस प्रतीक के रूप में बात कही जाती है वहाँ वह पूरी तरह ग़लत नहीं है पर जिस रूप में इस मुहावरे का प्रयोग किया जाता है उससे मैं सहमत नहीं हूँ।

प्र. : 'सीधी-सच्ची बातें' उपन्यास में जसवन्त कपूर कहता है, "हमारे समाज का एक छोटा-सा वर्ग ही निरामिषभोजी है, लेकिन यही छोटा-सा वर्ग हमारा बौद्धिक नेतृत्व करता है। हमारे समाज का बौद्धिक नेतृत्व ब्राह्मणों के हाथ में है और वह निरामिषभोजी है। हमारा आर्थिक नेतृत्व बनिये के हाथ में है और वह भी निरामिषभोजी है। ब्राह्मण और बनिये की यह अहिंसा एक ऐसी भयानक हिंसा में बदल गयी है जिसकी मिसाल दुनिया में नहीं मिलेगी।" क्या निरामिष और सामिष भोजन को हमारी जीवन-पद्धति से इस हद तक जोड़ा जा सकता है?

उ. : जसवन्त कपूर एक दृष्टिकोण सामने रखता है। ज़रूरी नहीं कि वह पूरी तरह मेरा दृष्टिकोण हो। आज के विश्व में जहाँ एक ओर मनुष्य में अहिंसा आयी है वहीं दूसरी ओर रिऐक्शन के रूप में हिंसा उभरी है। यह भी तय है कि जितनी हिंसा आधुनिक महाजनी सभ्यता में उभरी, उतनी पहले कभी नहीं थी। बनिया उसका प्रतीक है। दूसरी ओर अहिंसक ब्राह्मण की व्यवस्था ने शूद्रों को कहाँ पहुँचा दिया? उसे पशु से भी गया-गुज़रा बना दिया। जसवन्त कपूर हमें एक विचार-बिन्दु देता है—बाक़ी, मैं तो कहानी कह रहा हूँ जिसमें पात्र कई मसलों पर अपने ढंग से सोचते हैं, बोलते हैं।

प्र. : आपने लिखा है—'जनता भुलावों में भटकनेवाला एक समूह है।' क्या जनता की शक्ति और समझदारी पर आपको विश्वास नहीं है?

उ. : 'जनता' शब्द का जब हम प्रयोग करते हैं तो अपने देश में आम तौर पर उसका अर्थ उस वर्ग से लिया जाता है जो अशिक्षित है। यह वर्ग अपनी भावना से प्रेरित होकर ही सारे कार्य करता है। उसमें न तो बुद्धिसंगत तर्क-क्षमता है और न ही राजनैतिक चेतना। मैंने अपनी कविताओं में भी कई जगह यह बात कही है जो कि उसी वर्ग से सम्बन्धित है। बाक़ी, यह जो प्रजातन्त्र का नारा है, यह विकसित देशों के लिए ठीक है। मैं समझता हूँ कि अपने हित और अनहित को समझनेवाले लोगों की हमारे यहाँ अभी भी भीषण कमी है।

प्र. : ऐसी घटनाओं की ओर मैं आपका ध्यान आकर्षित करना चाहता हूँ जहाँ जनता की शक्ति ने इतिहास को मोड़ा है। वियतनाम या अंगोला के संघर्ष को नियतिवादी दर्शन पर आप किस तरह तौल सकते हैं?

उ. : आप जिन संघर्षों की बात कह रहे हैं वे ऐसे ही हैं जैसे हमारा स्वाधीनता-आन्दोलन। मैं समझता हूँ कि नियति के चक्र के ये रूप हैं। आज इनके महत्त्व को हम स्वीकार कर लेते हैं पर पचास वर्ष के बाद इनका स्वरूप कैसा होगा—यह नहीं कहा जा सकता। हमने अपने यहाँ देखा कि आन्दोलन के समय हमारी नैतिकता जाने कितनी ऊँची थी पर आज़ादी के बाद हम कितना गिरे—यह तो सामने है। तो, यह निश्चित तौर पर कहना कठिन है कि ऐसे आन्दोलन हमारे समाज के रूप को बदल देते हैं। क्षणिक भावना से चीज़ें बदलती हैं और फिर हम वहीं आ जाते हैं।

—————

जीवन-तालिका

1903 एक प्रतिष्ठित मध्यम वर्गीय कायस्थ परिवार में जन्म। पिता देवीचरण कानपुर के एक सफल वकील। माँ हमीरपुर ज़िले के एक बड़े ज़मींदार की बेटी। माता-पिता की पहली दो सन्तानें जीवित नहीं रही थीं, इसलिए एक साधु या फ़कीर के बताने पर इनके जन्म से पहले सफ़ीपुर (ज़िला उन्नाव) चले गये। वहाँ 30 अगस्त को रविवार के दिन तीसरे पहर तीन-चार बजे के बीच जन्म। जब छह महीने के हो गये तो माता-पिता दोनों कानपुर चले गये।

1908 मार्च में प्लेग से पिता की मृत्यु।

1917-18 चौदह वर्ष की अवस्था में थियोसोफिकल स्कूल में आठवें दर्जे में पढ़ते समय पहली कविता लिखी जो स्कूल की हस्तलिखित पत्रिका में निकली। उसके बाद साप्ताहिक 'प्रताप' में पहली कविता छपने पर कविता का नशा छा गया।

1919 दिसम्बर में ताऊ की मृत्यु हो जाने पर 16-17 बरस की उम्र में परिवार के कर्त्ता।

1920-21 एस. एल. सी. (हाईस्कूल) परीक्षा में थर्ड डिवीजन, क्योंकि सारा समय कविता और साहित्य के नशे में बीतता था।

1923 मार्च में इण्टर (प्रथम वर्ष) में पढ़ते समय हिन्दी साहित्य सम्मेलन के कानपुर अधिवेशन के साथ होनेवाले कवि-सम्मेलन में पहली बार काव्य-पाठ।

उस वर्ष 18 अप्रैल को विवाह। उमा के जीवन-संगिनी बनने पर प्रथम प्यार की पुलक की अनुभूति।

1924 इण्टर सेकण्ड डिवीजन में। विषय—अंग्रेज़ी, हिन्दी, तर्कशास्त्र, इतिहास, गणित।

1925 इलाहाबाद विश्वविद्यालय में बी.ए. द्वितीय वर्ष में पढ़ते समय दिसम्बर महीने में प्रथम सन्तान शकुन्तला का जन्म।

1928 एल-एल.बी. परीक्षा में विश्वविद्यालय में चौथा स्थान। प्रथम पुत्र अभय का जन्म।

1929 दिसम्बर के महीने से उमा क्षय रोग से ग्रस्त।

1930 द्वितीय पुत्र विजय का 23 सितम्बर को जन्म। नवम्बर या दिसम्बर के महीने में कानपुर जैसे बड़े शहर में वकालत न चलने पर हमीरपुर के छोटे क़स्बे में बसकर वकालत करने का निर्णय।

1931 हमीरपुर में वकालत न चलने पर 'चित्रलेखा' उपन्यास लिखना आरम्भ किया। राजा भदरी के निमन्त्रण पर प्रतापगढ़ में सपरिवार रहकर वकालत।

1932 भदरी इस्टेट के मैनेजर की ट्रेनिंग लेने के लिए भदरी में निवास। टी. बी. से बीमार पत्नी तथा बच्चों को इलाहाबाद में छोटे भाई के साथ रहनेवाली माँ के संरक्षण में छोड़ दिया।

राजा भदरी के राज्याश्रय में सपरिवार भदरी में रहकर साहित्य सेवा का प्रस्ताव ठुकराकर इलाहाबाद में निवास।

1933 दसवर्षीय शकुन्तला, पाँच वर्षीय अभय तथा ढाई वर्षीय विजय के लालन-पालन का भार छोड़कर टी.बी. की बीमारी से चार साल संघर्ष करने के बाद उमा का देहान्त।

1934 दूसरा विवाह, उमा के बाद गिरिजा दूसरी पत्नी। 'चित्रलेखा' का प्रकाशन।

1935 हिन्दी साहित्य सम्मेलन, प्रयाग के साहित्यमन्त्री निर्वाचित।

1936 द्वितीय उपन्यास 'तीन वर्ष' तथा प्रथम कहानी-संग्रह 'इन्स्टालमेण्ट' का प्रकाशन।

1937 फिल्म कार्पोरेशन आफ इण्डिया, कलकत्ता में कहानी तथा संवाद लेखक। द्वितीय काव्य-संग्रह 'प्रेम-संगीत' का प्रकाशन। तृतीय उपन्यास 'टेढ़े-मेढ़े रास्ते' का लेखन।

1938 द्वितीय कहानी-संग्रह 'दो बाँके' का प्रकाशन।

1940 हिन्दी साहित्य सम्मेलन के काशी अधिवेशन में तरुण साहित्य सम्मेलन के अध्यक्ष। 24 मार्च से कलकत्ता से साप्ताहिक 'विचार' का प्रकाशन। तृतीय काव्य-संग्रह 'मानव' का प्रकाशन। दो पुत्रों—चतुर्भुज तथा धीरेन्द्र के लालन-पालन का भार छोड़कर द्वितीय पत्नी गिरिजा का कलकत्ता में देहावसान।

1942 द्वितीय विश्व युद्ध में जापान के सम्मिलित हो जाने पर कलकत्ता पर पहला जापानी बम गिरा जिससे वहाँ भगदड़ मच गयी। इसी भगदड़ में साप्ताहिक 'विचार' बन्द हो गया। बाम्बे टाकीज के कहानी तथा संवाद लेखक की हैसियत से भगवती बाबू बम्बईवासी बने।

1944 जीवन में तीसरी पत्नी के रूप में श्रीमती नन्दिता वर्मा का प्रवेश। बाम्बे टाकीज की ढाई साल नौकरी करने के बाद इस्तीफ़ा देकर 6-7 साल के अन्तराल के पश्चात् अपने अधूरे उपन्यास 'टेढ़े-मेढ़े रास्ते' को पूरा करने में लग गये।

1946 तृतीय उपन्यास 'टेढ़े-मेढ़े रास्ते' का प्रकाशन।

1948 जनवरी में बम्बई से मासिक 'विचार' का प्रकाशन। केवल दो अंक निकले। 4 फरवरी से लखनऊ से निकलनेवाले दैनिक 'नवजीवन' के प्रधान सम्पादक का पद-भार ग्रहण। 8 दिसम्बर को त्यागपत्र।

1950 अगस्त से आकाशवाणी, लखनऊ के हिन्दी सलाहकार।

1952 जून से मासिक पत्रिका 'उत्तरा' का प्रकाशन।

1953 आकाशवाणी, दिल्ली में सुगम संगीत के प्रोड्यूसर। अप्रैल तक 'उत्तरा' के कुल 11 अंक निकल सके। उसके बाद बन्द।

1956 पुनः आकाशवाणी, लखनऊ के हिन्दी सलाहकार के पद पर वापस।

1957 आकाशवाणी से त्यागपत्र देकर अप्रैल से पूर्णकालिक साहित्यिक जीवन बिताने तथा पुस्तकों की रायल्टी की आय से जीवन यापन का निर्णय। आकाशवाणी से त्यागपत्र देने के बाद ही अपनी कालजयी कृति 'भूले-बिसरे चित्र' को पूरा करने में लग गये। जिसका पहला परिच्छेद बम्बई में लिखा था।

1959 ''भूले-बिसरे चित्र' प्रकाशित।

1960 'भूले-बिसरे चित्र' पर साहित्य अकादमी पुरस्कार।

1968 साठ साल वैधव्य जीवन बिताने के बाद माँ का लखनऊ के 'चित्रलेखा' निवास-स्थान पर देहावसान।

1969 हिन्दी साहित्य सम्मेलन, प्रयाग द्वारा 'साहित्य वाचस्पति' की मानद उपाधि।

1971 पद्मभूषण से अलंकृत।

1972 उत्तर प्रदेश हिन्दी समिति के अध्यक्ष।

भवगती बाबू की सत्तरवीं वर्षगाँठ पर उनके मित्र और प्रशंसकों ने दिल्ली में उनके अभिनन्दन समारोह की योजना बनायी, उन्होंने समारोह में भाग लेना अस्वीकार कर दिया। फलस्वरूप राजकमल प्रकाशन, नयी दिल्ली ने 'अर्पित मेरी भावना' शीर्षक से उनकी रचनाओं का एक प्रतिनिधि संकलन डॉ. धर्मवीर भारती, श्रीलाल शुक्ल तथा सुरेन्द्र तिवारी से तैयार कराया और उनकी इकहत्तरवीं वर्षगाँठ पर उसके लोकार्पण के अवसर पर दिल्ली में एक साहित्यिक समारोह का आयोजन किया जिसमें नयी-पुरानी सभी पीढ़ियों के प्रमुख साहित्यकारों ने भाग लिया। अज्ञेय ने पुस्तक का लोकार्पण किया।

1978 राज्य सभा के सदस्य मनोनीत।

1979 गम्भीर रूप में बीमार। बीमारी से उठते ही फिर साहित्य-सर्जन में लग गये।

1981 दिल्ली आयुर्विज्ञान संस्थान में 5 अक्टूबर को सायंकाल साढ़े पाँच बजे दिल का दौरा पड़ने से देहावसान।

दूसरे दिन प्रातःकाल लखनऊ में अन्त्येष्टि।

———

प्रकाशित साहित्य

कविता : (1) मधुकण 1932, (2) प्रेम संगीत 1937, (3) एक दिन 1940, (4) मानव 1940, (5) विस्मृति के फूल : मधुकण, प्रेमसंगीत तथा मानव में प्रकाशित कविताओं का संकलन 1952, (6) रंगों से मोह 1962, (7) आज के लोकप्रिय कवि ग्रन्थमाला में 30 लोकप्रिय कविताओं का संकलन 1961, (8) आधुनिक कवि ग्रन्थमाला में 32 प्रतिनिधि कविताओं का संकलन, साथ में 1932 में लिखित, हिन्दी में पहला सफल पद्यात्मक एकांकी 'तारा' 1966, (9) मेरी कविताएँ, (10) सविनय और एक नाराज कविता : अन्तिम काव्य कृति 1984

उपन्यास : (1) पतन 1928, (2) चित्रलेखा 1934, (3) तीन वर्ष 1936, (4) टेढ़े-मेढ़े रास्ते 1946, (5) आख़िरी दाँव 1950, (6) अपने खिलौने 1958, (7) भूले-बिसरे चित्र 1959, (8) वह फिर नहीं आयी 1960, (9) सामर्थ्य और सीमा 1962, (10) थके पाँव 1963, (11) रेखा 1964 (12) सीधी-सच्ची बातें 1966, (13) सबहिं नचावत राम गोसाईं 1970, (14) प्रश्न और मरीचिका 1972, (15) युवराज चूँडा 1976, (16) चाणक्य (अन्तिम कृति) 1982

कहानी-संग्रह : (1) इन्स्टालमेण्ट 1936, (2) दो बाँके 1938, (3) राख और चिनगारी 1952, (4) मेरी कहानियाँ 1971, (5) मोर्चाबन्दी 1976

नाटक : (1) बुझता दीपक 1947, (2) रुपया तुम्हें खा गया 1953, (3) त्रिपथगा (तीन काव्य रूपक-महाकाल, कर्ण, द्रौपदी) 1956, (4) मेरे नाटक 1972

निबन्ध : हमारी उलझन 1951

आलोचना : (1) साहित्य की मान्यताएँ 1963, (2) साहित्य के सिद्धान्त तथा रूप 1976

संस्मरण : (1) ये सात और हम : सात समकालीन कवियों तथा अपना अन्तरंग रेखांकन 1965, (2) अतीत के गर्त से 1979

आत्मकथा : (1) धुप्पल (आत्मकथापरक उपन्यास) 1981, (2) कहि न जाय का कहिये 2001

पटकथा : वासवदत्ता 1954
